A*t*V

Ludwig Watzal ist Redakteur, freier Journalist in Bonn und Lehrbeauftragter an der dortigen Universität. Er hat Monographien zu Fragen der Entwicklungspolitik, zu Albert Schweitzer und Romano Guardini veröffentlicht sowie zahlreiche Studien und Artikel zur Entwicklungs- und Außenpolitik und zu Fragen der Menschenrechte im Nahen Osten. Jüngste Buchpublikationen: Frieden ohne Gerechtigkeit? Israel und die Menschenrechte der Palästinenser; Friedensfeinde. Der Konflikt zwischen Israel und Palästina in Geschichte und Gegenwart.

Weitere Publikationen unter: www.watzal.com

Auch in seinem jüngsten Buch setzt sich Ludwig Watzal mit der Geschichte dieses Konflikts von der jüdischen Besiedlung Palästinas Ende des 19. Jahrhunderts bis in die Gegenwart differenziert auseinander. Er gehört zu den wenigen Publizisten, die die 1993 in Washington unterzeichnete »Prinzipienerklärung über vorübergehende Selbstverwaltung« nicht euphorisch als Grundlage für eine Aussöhnung feierten. Seine These, dieses Abkommen »legalisiere« die Okkupation, hat sich bestätigt. Mit der gleichen Anschaulichkeit schildert er den fortwirkenden Kulturkampf zwischen orthodox-fundamentalistischen Juden, nationalistischen Siedlern und liberalen Israelis sowie die Diskriminierungen der Palästinenser durch Arafats Regime. Die faktenreiche Studie gibt neuen Aufschluß über die Zusammenhänge von Politik und Demokratie, Terror und Unterdrückung sowie Achtung der Menschenwürde in der Krisenregion des Nahen Ostens.

Ludwig Watzal

Feinde des Friedens

Der endlose Konflikt zwischen Israel
und den Palästinensern

Aufbau Taschenbuch Verlag

Mit 11 Karten

Die fremdsprachigen Zitate wurden vom Autor übersetzt.

ISBN 3-7466-8071-9

2. Auflage 2002
© Aufbau Taschenbuch Verlag Berlin 2001
Einbandgestaltung Preuße & Hülpüsch Grafik Design
unter Verwendung eines Fotos von dpa Deutsche Presse-Agentur GmbH
Satz LVD GmbH, Berlin
Druck Elsnerdruck GmbH, Berlin
Printed in Germany

www.aufbau-taschenbuch.de

Inhalt

Vorwort

Der Nahe Osten kommt nicht zur Ruhe. In Israel und in den palästinensischen Autonomiegebieten gibt es seit September 1993 einen Friedensprozeß, der nicht zum Frieden führte, sondern eine neue Eskalation der Gewalt auslöste. Gegenseitige Anerkennung der legitimen und politischen Rechte und das Ziel, »in friedlicher Koexistenz und in Garantie von Würde und Sicherheit des jeweils anderen zu leben«, wie im Oslo-Abkommen proklamiert, oder gar die Gründung eines Palästinenserstaates in der Westbank und im Gaza-Streifen scheinen utopisch.

Die führenden Politiker aus der Region, den USA, von UNO und EU stehen vor einem Scherbenhaufen ihrer Bemühungen. Für die Palästinenser erwies sich der Friedensprozeß zusehends als Fortsetzung der Okkupation im »legalistischen« Gewand. Nicht eingehaltene Zusagen in den Friedensabkommen durch Israel, die Expansion der Siedlungen, die weitere Enteignung und Zerstückelung palästinensischen Landes durch den Bau eines separaten Straßensystems für die Siedler, Zerstörungen von Häusern der Palästinenser u. v. m. haben ihre Frustrationen und Hoffnungslosigkeit vermehrt. Ariel Sharons Besuch des Tempelbergs am 28. September 2000 war der berühmte Tropfen, der das Faß zum Überlaufen brachte. Der Al-Aqsa-Aufstand war geboren. Es ist seit der ersten Intifada 1987 der zweite Versuch der Palästinenser, die israelische Besatzung abzuschütteln. Seither führt Israel mit dem Argument der Terrorismusbekämpfung einen Krieg gegen das palästinensische Volk und die von Yassir Arafat geleitete Autonomieverwaltung. Durch brutale Gewalt ist es den Israelis bisher nicht gelungen, den Aufstand niederzuschlagen. Arafat und dem palästinensischen Volk sollen nun Bedingungen aufoktroyiert werden.

53 Jahre nach seiner Gründung ist sowohl Israels innenpolitische Lage als auch seine Position in der Region prekär. Gegensätzliche politische, ideologische bzw. religiöse Vorstellungen

und ethnische Konflikte spalten die Gesellschaft. Die arabischen Nachbarstaaten wollen Israel politisch und wirtschaftlich isolieren. Die Geschichte weist Israel nicht nur als »Opfer« der »arabischen Aggression« aus, es hat auch eigene hegemoniale Ziele verfolgt und ist selbst zum »Täter« geworden. Anstatt gegenseitige Vorurteile und Feindbilder abzubauen, ist die Dämonisierung des jeweiligen anderen zur Zeit wieder in vollem Gange.

Einen einfachen Ausweg aus dem Chaos gibt es nicht. Weder die jordanisch-ägyptische Friedensinitiative noch der Bericht der Mitchell-Kommission weist einen Königsweg; zudem werden sie von beiden Seiten nicht einhellig akzeptiert. Bill Clintons »Friedensinitiative« kurz vor seinem Ausscheiden aus dem Amt des US-Präsidenten kam zu spät. Warum hat er diese weitgehenden Vorstellungen nicht früher zur Grundlage amerikanischer Politik erklärt? Die Clinton-Administration hat zwar bei ihren Aktivitäten viel stärker auf diplomatische Ausgewogenheit geachtet als George Bush und seine Berater, doch letztendlich fast immer durch einseitige Parteinahme zugunsten Israels Gelegenheiten zu einem fairen und dauerhaften Frieden verspielt. Das Veto der Vereinigten Staaten gegen Resolutionen des UN-Sicherheitsrates, in denen Maßnahmen der israelischen Regierung verurteilt wurden, ist ein Beispiel dafür. Die Europäische Gemeinschaft hat die fortdauernde Besiedelung palästinensischer Gebiete durch Israelis ebenfalls toleriert.

Mit einer nüchternen Einschätzung der Politik Israels tun sich die meisten Deutschen aus historischen Gründen schwer. Dem israelisch-jüdischen wie dem palästinensischen Volk wäre am besten gedient, wenn die Bundesrepublik normale zwischenstaatliche Beziehungen zu ihnen aufbaute. Dies setzt eine differenzierte Analyse des israelisch-palästinensischen Konflikts und des Friedensprozesses voraus, die den Status der Menschenrechte und die Entwicklung der Demokratie in beiden Gesellschaften ebenso einschließen muß wie die Frage nach ihren außenpolitischen Zielen. Nur ohne ideologische und geschichtlich bedingte Verzerrungen der politischen Realität kann es einen Weg aus dem Dilemma geben.

Der Verfasser dankt dem Aufbau-Verlag, der die Entstehung dieses Buches in vielfacher Hinsicht unterstützt hat.

Zur Geschichte Palästinas und Israels

1. Zur Vorgeschichte der Staatsgründung Israels

Der bilaterale Konflikt zwischen Israelis und Palästinensern begann mit dem zionistischen Machtanspruch und der »zionistischen Landnahme« (Dan Diner) in Palästina vor mehr als hundert Jahren. Dieser Konflikt kann nur im Zusammenhang mit dem Imperialismus und Kolonialismus am Ende des 19. Jahrhunderts adäquat beurteilt werden.

Die Sehnsucht der Juden, nach »Zion« zurückzukehren, drückt sich im Achtzehnbittengebet und im Abschiedsgruß nach jedem Pessachfest aus: nächstes Jahr in Jerusalem. Im Zionismus verband sich dieser Wunsch mit einem politischen Programm.

Auf dem ersten Zionistenkongreß 1897 in Basel stellte Theodor Herzl das nationalistisch-politische Programm für einen unabhängigen »Judenstaat« vor. Er war der Überzeugung, die Judenfrage könne nicht durch Verschmelzen der Juden mit anderen Völkern gelöst werden.

Als einer der Vordenker des modernen Zionismus gilt Moses Hess. Wegen des latenten Antisemitismus und des sich in den europäischen Industriestaaten verstärkenden Nationalismus hatte er 1862 als einer der ersten den Aufbau eines eigenen Staates der Juden in ihrem angestammten Land Palästina gefordert. Hess, ein Zeitgenosse von Karl Marx, verband als tiefgläubiger Jude sozialistische Ideen mit der Ethik des Judentums zu einem aufgeklärten Nationalismus. Seine Idee, eine jüdische Bauern- und Arbeiterschaft aufzubauen,[1] hat die Entwicklung Israels über Jahrzehnte geprägt.

Die westliche Christenheit betrachtete die Araber als »Fremde« im »heiligen Land«. Ihre »symbolische Enteignung« korrespondierte mit der kolonialen Attitüde, alles Land in Besitz zu nehmen, das von »niemandem« beansprucht wurde. Für einen Mann wie den amerikanischen Präsidenten Woodrow Wilson stellte sich die Rückkehr der Juden nach Palästina als die Erfüllung der biblischen Prophezeiungen dar. Demzufolge unterstützte er das zionistische Projekt nach Kräften.

Die Forderung nach einer Emanzipation der Juden war zunächst ein westeuropäisches Phänomen, das paradoxerweise das Übel des modernen Antisemitismus hervorbrachte. Den Begriff Antisemitismus hat Wilhelm Marr 1879 zur Unterscheidung vom traditionell-religösen Judenhaß geprägt, dessen Wurzeln weit in die Geschichte zurückreichen. »Der Jude« stellte für den modernen Antisemitismus den Inbegriff des Negativen dar. Ein zum Christentum übergetretener Jude gilt für diese Form des Antisemitismus weiterhin als Jude. Sie wendet sich gegen assimilierte wie auch gegen nichtassimilierte Menschen jüdischen Glaubens.

Im Osten hatte die Emanzipationsfrage zunächst keine Bedeutung, da die religiösen Kreise eine solche ablehnten. Als es infolge der Pogrome schließlich ebenfalls zu einer Emanzipationsbewegung kam, überwog das jüdisch-nationale Element. Diese Bewegung nannte sich »Aufklärung«.

Einer der führenden Männer dieser Bewegung war Peres Smolenskin. Er fürchtete die Assimilation und lehnte eine Verflechtung mit der westlichen Kultur ab. Die von ihm in Wien gegründete Zeitung »Die Morgenröte« sollte bald zum führenden Organ der neuen zionistischen Bewegung werden. In seiner Programmschrift »Ewiges Volk« wandte er sich sowohl gegen das Reformjudentum, das das Judentum zur Konfession degradierte, als auch gegen die in Gesetzesritualen erstarrte religiöse Orthodoxie. Für ihn war die Religion das nationale Bindeglied des jüdischen Volkes, das er auch als Volk des Geistes charakterisierte. Die geistige Wiedergeburt betrachtete er als das Entscheidende.

Nach der Ermordung Zar Alexanders II. kam es zu Pogromen in Rußland. Daraufhin wanderten osteuropäische Juden in größerer Zahl nach »Zion« aus, nach Westeuropa kamen weniger. Diese gefährdeten die Assimilation des westeuropäischen Judentums. Insbesondere das jüdische Großbürgertum ging zu seinen »Glaubensbrüdern« auf Distanz. Sir Edwin Montagu bekannte, daß ihn mit den Juden anderer Länder nur die Religion verbinde: »Ich stelle fest, daß es keine jüdische Nation gibt«, so der Engländer.

Mehr Resonanz als Moses Hess hatte Leo Pinsker mit seiner Schrift »Autoemanzipation«, die im Pogromjahr 1882 erschien.[2] Darin wandte sich der Arzt aus Odessa gegen die Assimilation und sprach sich für die Gleichberechtigung des jüdischen Volkes aus, das vor allem wieder eine Nation werden müsse. Nur durch eine Autoemanzipation könne dieses Ziel erreicht werden. Dabei ging es ihm zunächst nicht um eine bestimmte territoriale Lösung. Erst unter dem Einfluß der »Zionsfreunde« (Chowewe Zion) befürwortete er die Auswanderung und die Besiedelung Palästinas. Mit dem Bau von Rishon le Zion im Jahre 1882 nahm das zionistische Siedlungsprojekt seinen Anfang. Zu dieser Zeit lebten rund 25 000 Juden unter einer halben Million Araber in Palästina.

Erst mit der Veröffentlichung von Theodor Herzls programmatischer Schrift »Der Judenstaat«[3] wurde der politische Zionismus begründet, der dezidiert die Schaffung eines unabhängigen jüdischen Staates zum Ziel hatte. Dies war auch eine Reaktion der jüdischen Eliten auf die Auflösung traditioneller jüdischer Werte – man entdeckte quasi den verschütteten nationalen Charakter des Judentums. Nur ein jüdisch-politisches Gebilde »in Palästina oder irgendwo auf diesem Planeten« könne die jüdische Frage lösen. Herzl erhielt vom ersten Zionistenkongreß 1897 in Basel, wo auch die »Zionistische Weltorganisation« ins Leben gerufen wurde, den Auftrag, mit den europäischen Regierungen über die Überlassung eines Territoriums für den Judenstaat zu verhandeln. Die Judenfrage war für ihn eine nationale Frage, die nur durch die Schaffung eines eigenen Staates zufriedenstellend gelöst werden konnte. Auf der Baseler Versammlung wurde die »Schaffung einer öffentlich-rechtlichen Heimstätte« für das jüdische Volk in Palästina beschlossen. Prophetisch schrieb Herzl in sein Tagebuch: »In Basel habe ich den Judenstaat gegründet.« Damit war über die Alternative einer völligen Anpassung der Juden an die Völker, die Walther Rathenau in seiner Broschüre »Höre Israel« (1897) empfohlen hatte, negativ entschieden. Herzls Strategie wurde nun zielbewußt und systematisch verfolgt. Der Zionismus trug die messianischen Erlösungsvorstellungen nicht mehr in einer religiösen Terminologie vor, sondern bediente sich dazu politischer Begriffe. Seine

Absicht war es nicht, die tradierte jüdische Kultur bloß fortzu-
führen, er wollte sie radikal erneuern. Deshalb widersetzten sich
die Ultra-Orthodoxen den Zionisten und warfen ihnen vor, mit
ihrem Programm die messianische Zukunft antizipieren zu wollen. Dieser Vorwurf prallte aber an Herzl ab. Ein wichtiges konstituierendes Element in seiner und anderer Zionisten Vorstellungen nahm der Antisemitismus ein. Beispielsweise vertrat
Alfred Lilienthal die Ansicht, daß es die Aufgabe des Rabbinats,
jüdischer Nationalisten und Gemeindevertreter sei, das Vorurteil wachzuhalten.[4] Die jüdische Identität wurde demnach von
Beginn an negativ bestimmt.

Für die Geburt Israels war die Idee des Zionismus notwendig.
Er kann jedoch nur angemessen gewürdigt werden, wenn man
seine Opfer, die Palästinenser, mit berücksichtigt. Denn mit der
Umsetzung der Idee des Zionismus begann auch die Tragödie
des palästinensischen Volkes. Die zionistische Nationalbewegung entstand just zu dem Zeitpunkt, als sich der westliche Kolonialismus anschickte, die Welt in Einflußsphären aufzuteilen.
Beide gingen eine Verbindung ein. Insbesondere der britische
Imperialismus unterstützte die Zionisten in ihrem Verlangen, in
Palästina eine »Heimstätte« zu errichten, weil er seine Herrschaft im arabischen Raum gegenüber den anderen Kolonialmächten konsolidieren wollte. Ein weiteres gemeinsames An-
liegen dieser Allianz war die Spaltung des arabischen Raumes.
Wenn die zionistische Bewegung und der europäische Kolonialismus auch vieles gemeinsam hatten, so gab es allerdings
einen fundamentalen Unterschied: War es die »Mission« der
Kolonialisten, den vermeintlich kulturell unterentwickelten
Völkern die Segnungen der westlichen Kultur zu bringen, so be-
inhaltete die Motivation der zionistischen Bewegung, die Gründung eines jüdischen Staates, die Verdrängung eines anderen
Volkes.

Wie wurde das zionistische Kolonialprojekt aber umgesetzt?
Das Land wurde durch den jüdischen Nationalfonds erworben
und nur an Juden verpachtet: Die »jüdische Arbeit« und der Kauf
von »jüdischer Ware« wurden propagiert, was einen Boykott von
arabischen Produkten bedeutete. Die entsprechenden Parolen
lauteten: jüdischer Boden, jüdische Arbeit, jüdische Waren.

Der Zionismus brachte nicht nur eine erhebliche Benachteiligung für die arabische Bevölkerung mit sich, sondern verursachte auch ein Schisma innerhalb der jüdischen Zivilisation selbst: zwischen säkularen Nationalisten und religiösen Juden. Er führte ein ethnozentrisches Wertesystem in eine Kultur ein, die auf einem monotheistischen Gottesglauben beruhte. Diese Spaltung innerhalb der Judenheit führte zu der zionistischen Bewegung, die letztendlich einen ethnozentrischen Staat für die Juden schuf. Die Konsequenz dieser Entwicklung, die sich völlig von der jüdischen Kultur losgesagt hat, hat Asher Ginzburg unter seinem Pseudonym Ahad Ha'am formuliert. Seine Vorstellungen sind in Israel nicht unbekannt, werden aber nicht rezipiert. Er hat darauf hingewiesen, daß ein zionistischer Staat, der nicht auf der jüdischen Kultur basiert, ein Staat wie Deutschland oder Frankreich werde, nur daß er von Juden bewohnt sei. Einen solchen Staat habe es schon einmal zur Zeit des Königs Herodes gegeben. In diesem »Staat der Juden« wurde die jüdische Kultur zurückgewiesen und verfolgt. Ebenso könne Herzls »Judenstaat« keine jüdische Kultur hervorbringen, weil die Juden dort so sein wollten »wie alle anderen Völker auch«. Somit ermangelten seiner Idee jene kulturellen Eigenschaften des historischen Judentums. Dieser Einwand Ha'ams wird heute von der ethnozentrischen Variante des Zionismus umgesetzt, die darauf pocht, daß das jüdische Volk nicht wie die anderen Völker sei. Bereits 1913 schrieb Ha'am in einem Brief an einen Siedler, in dem er das Verhalten der Zionisten gegenüber den Arabern kritisierte: »Wenn dies der ›Messias‹ sein soll, wünsche ich nicht, daß er kommt.«

Bis heute wird die Frage diskutiert, ob Herzl oder den anderen zionistischen Vertretern die Existenz der Araber nicht bekannt war oder für irrelevant erachtet wurde. Agierten Herzl und seine Unterstützer in einem politischen Vakuum? Daß das Problem Herzl und anderen unbekannt war, kann heute wohl niemand mehr behaupten. Es war wohl eher eine Kombination von kultureller Überheblichkeit, Ignoranz und Zeitgeist, die eine unselige Allianz eingingen. Als Max Nordau erfuhr, daß in Palästina Araber leben, soll er zu Herzl gesagt haben: »In Palästina gibt es ja Araber! Das wußte ich nicht! Wir begehen also ein Unrecht.« Der politische Slogan von Israel Zangwill »Ein Land ohne Volk, für ein Volk ohne Land« traf ganz den expansionistischen Zeitgeist der Epoche. Er sollte einer der zionistischen Geschichtsmythen sein, die bis heute tradiert werden. Ahad Ha'am schrieb 1891 nach seiner Rückkehr aus Palästina in dem Artikel »Wahrheit aus Palästina«, daß das Land nicht leer sei und man kaum unbearbeitetes Land finde. »Sollte einmal die Zeit kommen, wo sich das Leben unseres Volkes in einem solchen Ausmaß entwickelt hat, daß wir in einem kleineren oder größeren Ausmaß die einheimische Bevölkerung verdrängen werden, glaube ich, daß sie nicht so einfach ihren Platz räumen werden.« Ha'am sah also die Unvermeidbarkeit des Konfliktes zwischen der zionistischen Kolonisierung und den einheimischen Palästinensern voraus. In dessen Folge kam es in Palästina zu einem Zusammenprall zweier säkularer Nationalismen: des jüdischen und des arabisch-palästinensischen. Dieser Nationalismus wird heute mehr und mehr vom jüdischen und islamischen Fundamentalismus verdrängt bzw. instrumentalisiert.

Nach Aussagen führender Vertreter der zionistischen Bewegung gab es keinen Zweifel, was mit der einheimischen Bevölkerung geschehen sollte. Israel Zangwill stellte sich vor, »die eingesessenen Stämme entweder mit dem Schwert zu verjagen, wie das unsere Vorfahren getan haben, oder mit dem Problem zu kämpfen, das eine große, fremde Bevölkerung darstellt«[5]. Auch die Idee eines Transfers wurde bereits von Herzl in seinem Tagebuch vorgeschlagen. »Die arme Bevölkerung trachten wir unbemerkt über die Grenze zu schaffen, indem wir ihr in den Durchzugsländern Arbeit verschaffen, aber in unserem eigenen Lande jederlei Arbeit verweigern. Die besitzende Bevölkerung wird zu uns übergehen. Das Expropriationswerk muß – ebenso wie die Fortschaffung der Armen – mit Zartheit und Behutsamkeit erfolgen. Die Immobilienbesitzer sollen glauben, uns zu prellen, uns über den Wert zu verkaufen, aber zurück verkauft wird ihnen nichts.«[6] Daß die zionistische Bewegung nicht mit lauteren Motiven in Palästina siedeln wollte, verdeutlicht schon die Aussage David Ben-Gurions, des ersten Ministerpräsidenten Israels, aus dem Jahre 1937: »Das Land ist in unseren Augen nicht das Land seiner jetzigen Bewohner ... Wenn man sagt, daß

Eretz Israel das Land zweier Nationen sei, so verfälscht man die zionistische Wahrheit doppelt ... Palästina muß und soll nicht die Fragen beider Völker lösen, sondern nur die Frage eines Volkes, des jüdischen Volkes in der Welt.«[7] Herzl setzte sich niemals mit den historischen Ansprüchen der Palästinenser auseinander. Die Zionisten wollten also von Beginn an das Land nicht mit der einheimischen Bevölkerung teilen, sondern stellten die Präsenz der Araber generell in Frage. Das Ergebnis dieser Haltung ist eine exklusive Ideologie, die eine nichtjüdische Bevölkerung als überflüssig ansieht. Ein solches Bewußtsein ist sehr anfällig für die Idee eines Bevölkerungstransfers oder einer Ausweisung. In dieser Denkschule, die bis heute sehr einflußreich ist, werden Araber zur lästigen Minderheit deklariert. Netanyahu erklärte in einer Rede an der Bar-Ilan Universität am 19. November 1989, die Israelis hätten während des Massakers der Chinesen auf dem Platz des Himmlischen Friedens in Peking die Gelegenheit nutzen sollen, die Palästinenser zu vertreiben, »weil die Gefahr relativ klein gewesen wäre«.[8] Der Wissenschaftler Nur Masalha dokumentiert, wie weit dieses rassistische Denken in der politischen Klasse Israels verbreitet ist; selbst in der Wissenschaft werden solche Meinungen vertreten. Auch David Ben-Gurion war ein entschiedener Verfechter eines Transfers, wie der Historiker Benny Morris nachgewiesen hat.

Über die Größe des von der zionistischen Bewegung beanspruchten Landes gab es unterschiedliche Vorstellungen. Je nach politischer Auffassung und den politischen Umständen wurden und werden noch heute ganz verschiedene Grenzverläufe angegeben. So wollte Max Nordau die »Grenzen Europas bis an den Euphrat« ausdehnen. Auf der Versailler Friedenskonferenz schlug die zionistische Organisation vor, den Süden des Libanon, Teile Syriens, entlang der Hedscha-Bahn nach Jordanien sowie einen Teil des Sinai bis Al Arish als »Heimstätte« zu erhalten. Es gab aber auch Stimmen, die ein Palästina wie zu Davids oder Salomons Zeiten forderten. Herzl soll gegenüber Reichskanzler Chlodwig Fürst zu Hohenlohe-Schillingsfürst gesagt haben, »wir verlangen, was wir brauchen, gemäß unserer Bevölkerung«. Dies scheint bis heute ein Leitmotiv israelischen Expansions- und Siedlungsstrebens geblieben zu sein. Bis in die jüngste Zeit hinein hat Israel keiner eindeutigen Grenzziehung zugestimmt bzw. keine genaueren Angaben über seine zukünftigen Grenzen gemacht.

Was ist eigentlich Zionismus? Der Zionismus beruht auf drei Grundannahmen: 1. Die Juden sind ein Volk und nicht nur eine Religionsgemeinschaft. Deshalb ist die Judenfrage eine nationale Frage. 2. Der Antisemitismus und die daraus resultierende Judenverfolgung stellen eine latente Gefahr für die Juden dar. 3. Palästina (Eretz Israel) war und ist die Heimat des jüdischen Volkes.

Von Beginn der zionistischen Kolonisation an war das Ziel, eine jüdische Mehrheit in Palästina anzustreben. Für Vladimir Jabotinsky, den Vorsitzenden der revisionistischen Richtung des Zionismus, war das Erreichen einer jüdischen Mehrheit das Hauptziel des Zionismus, da der Terminus »Jüdischer Staat« eine jüdische Mehrheit impliziere. Palästina werde in dem Augenblick ein jüdisches Land, wenn es eine jüdische Mehrheit habe. Ironisch merkte Jabotinsky an, die Palästinenser hätten wohl nicht die richtige Vorstellung von dem zionistischen Unternehmen. Wie sich aus den Reaktionen der Palästinenser vor Ort ersehen läßt, hatten sie die wahren Intentionen des Zionismus sehr wohl begriffen. Gegen die Landnahme richteten sich von Beginn an Protest und Widerstand, die bis heute andauern. In diesem Widerstand liegt auch die Ursache des palästinensischen Nationalismus, dessen Ursprünge Rashid Khalidi bereits auf das Jahr 1908 datiert. Das zionistische Siedlungsprojekt stieß bei den Bauern auf heftigen Widerstand, und dies führte auch zu einer Mobilisierung der städtischen Mittelschichten. Die ersten palästinensischen Zeitungen wie »Al-Quds« warnten vor dem Zionismus als einer Gefahr für die »palästinensische Nation« und das »palästinensische Land«. Die zionistische Besiedlung würde zwangsläufig die einheimische Bevölkerung aus ihrem Land drängen.[9]

Um die Landnahme und ihre Rückkehr zu begründen, bediente sich die zionistische Bewegung einer einheitlichen Geschichtsinterpretation, nach der die heutigen Juden die Nachfahren der Hebräer seien . Dies konnte jedoch auch von jüdischen Anthropologen bisher nicht bewiesen werden. Daß die Juden und nicht die Araber die Ureinwohner Palästinas sind, läßt sich ebenfalls nicht belegen. Nur teilweise ist richtig, daß die Juden illegal vertrieben wurden, weil viele Juden Palästina aus ökonomischen Gründen vor ihrer Vertreibung durch die Römer verlassen hatten. Darüber hinaus wurden immer wieder religiöse Hilfsargumente verwendet, um den Zionismus zu untermauern und ihm damit Legitimität zu geben. Für viele waren diese Argumente nicht Ideologie, sondern Realität. Wie weit diese Legendenbildung geht, zeigt das Buch von Joan Peters. Sie spricht den Arabern jegliches Existenzrecht in Palästina ab. Das Land sei leer gewesen, sie hätten ihre Genealogie gefälscht, so ihre unhaltbaren Behauptungen.[10] Norman G. Finkelstein zählt dieses Werk, das in den USA als bahnbrechend gefeiert wurde, zu den »spektakulärsten Betrügereien, die jemals zum arabisch-israelischen Konflikt veröffentlicht worden sind«[11]. Die Zionisten beschreiben die Palästinenser als Araber, die erst kürzlich nach Palästina aufgrund der von den Siedlern geschaffenen Möglichkeiten eingewandert seien. Diesen Mythos wiederholte auch der ehemalige Ministerpräsident Israels, Benjamin Netanyahu: »Viele Araber immigrierten nach Palästina als Antwort auf die Zunahme der Arbeitsplätze, die von den Juden geschaffen wurden.« Selbst den Zangwillschen Mythos vom Land ohne Volk wiederholte Netanyahu bei seinem Staatsbesuch in Österreich vom September 1997. Heute sei das »harte unbewohnte Niemandsland« im Nahen Osten ein »moderner, dynamischer Staat«[12]. Was die Siedler tatsächlich einführten, waren rentablere Produktionsmethoden, denen die feudalistischen arabischen Verhältnisse deutlich unterlegen waren.

In Wirklichkeit wurden die Palästinenser als »Rechtsbrecher« angesehen, deren eigentliche Heimat in den 22 arabischen Staaten sei. Folglich wurden sie als Verhandlungspartner nicht anerkannt. Das Verhalten der ersten Kolonialisten gegenüber den Palästinensern beschrieb Ahad Ha'am nach seiner Rückkehr aus Palästina 1891 wie folgt: »Sie meinen, die einzige Sprache, die die Araber verstünden, sei die Sprache der Gewalt. Ihr Verhalten ihnen gegenüber ist – milde gesagt – aggressiv. Sie greifen sie grundlos in ihren Dörfern an und sind stolz darauf, sie mit Trit-

17

ten und Schlägen zu erniedrigen. Das ist der Ausdruck ihrer Wut darüber, daß sich ein anderes Volk in ›ihrem‹ Land befindet und nicht weichen will.« Er warnte die zionistische Bewegung davor, die Araber zu verachten und sie wie Barbaren zu behandeln sowie ihre Interessen zu mißachten. Die zionistische Besiedlung brachte der einheimischen Bevölkerung den Verlust ihrer Heimat, die Vernichtung ihrer Gesellschaft, ihrer Kultur und Tradition sowie die Massenflucht in Flüchtlingslager. Die Folgen dieser Kolonisierung haben sich auf die Palästinenser bis heute verheerend ausgewirkt. Sie ging für die dort lebenden Palästinenser mit Chaos und Zerstörung einher. Die meisten der arabischen Bewohner verloren ihre Häuser, ihr Land, ihre Geschäfte und ihr Vermögen. Der Kolonisierungsprozeß ruinierte die palästinensische Gesellschaft. Hat der Zionismus durch die Vertreibung der Palästinenser von 1948 nicht seine ethische Legitimation verloren?

Trotz enormer diplomatischer Fortschritte standen die meisten Juden dem Zionismus indifferent gegenüber. Diese Haltung änderte sich erst, als die Nationalsozialisten den Antisemitismus als Herrschaftsinstrument benutzten und die Juden systematisch ermordeten. Der Zionismus machte sich die auf dem NS-Rassenwahn begründete Verfolgung und Ermordung von Juden zunutze und schloß daraus auf die ausweglose Lage der Juden allgemein. Der Antisemitismus erwies sich somit als ein konstituierendes Element des Zionismus. Er mache die Juden erst zu Juden und sei das »Lebenselixier« für die zionistische Bewegung, so Herzl. Ohne den Antisemitismus wäre der Zionismus wohl eine esoterisch-nationale Bewegung geblieben.

Neben dieser Sichtweise gibt es aber auch eine ökonomische Interpretation. Danach liegen die Ursachen der Judenfeindlichkeit nicht so sehr in der »Rasse«, Kultur oder ihrer Position als Minderheit begründet, sondern in den ökonomischen Bedingungen. Der aufstrebende Kapitalismus habe die Unterschiede zwischen den einzelnen Klassen vertieft. Dies habe zu neuen Ressentiments gegenüber den Juden geführt. Frustrationen seien auf die jüdische Minderheit anstatt auf die Verursacher der Misere projiziert worden. Die Machteliten hätten den Antisemitismus als Herrschaftsinstrument benutzt, um das Kleinbürgertum in seinem latenten Rassismus zu bestärken. Die Leidtragenden seien die Juden Europas. Somit wäre nicht nur der Antisemitismus konstitutiv für den Zionismus. Dieser habe sich den Antisemitismus auch insofern zunutze gemacht, indem er behaupte, daß es außerhalb eines jüdischen Staates keine Emanzipation geben könne. Dieses »ewige Opfer-Image« sei auch in Israel konstitutiv für die Identität des Staates geworden.[13] Nach Akira Orr wären die Zionisten nach einem Verschwinden des Antisemitismus nicht in der Lage, säkulares Judentum zu definieren und ihren Staat zu rechtfertigen. Somit habe der Zionismus keines der Probleme gelöst, die er ursprünglich habe beseitigen wollen.

Ohne die Hilfe einer Großmacht wäre die zionistische Bewegung nicht erfolgreich gewesen. Ein entscheidendes Dokument war die Erklärung von Lord Arthur James Balfour an Lord Walter Lionel Rothschild aus dem Jahre 1917. Sie war der Freibrief zur Schaffung eines jüdischen Staates, obwohl sie vom Standpunkt des Völkerrechts ohne Belang war. Es war eine einseitige Sympathieerklärung der britischen Regierung. »Lieber Lord Rothschild, ich habe die große Freude, Ihnen im Auftrag der Regierung Seiner Majestät die folgende Sympathieerklärung für die jüdisch-zionistischen Bestrebungen zu übermitteln, die dem Kabinett vorgelegt und von ihm gebilligt wurde. ›Die Regierung Seiner Majestät betrachtet die Errichtung einer nationalen Heimstätte des jüdischen Volkes in Palästina mit Wohlwollen und wird keine Mühe scheuen, die Erreichung dieses Zieles zu fördern, wobei allerdings von der Voraussetzung ausgegangen wird, daß nichts geschieht, was den bürgerlichen und religiösen Rechten der in Palästina bestehenden nicht-jüdischen Gemeinschaft oder den Rechten und dem politischen Status der Juden in anderen Ländern Abbruch tun könnte.‹ Ich wäre Ihnen dankbar, wenn Sie diese Erklärung der zionistischen Föderation zur Kenntnis bringen wollten.«
Nach Meinung der Oxforder Historikerin Elisabeth Monroe war sie »eine der größten Fehler in unserer imperialen Geschichte«. Diese Erklärung suggerierte, daß es in Palästina eine überwiegend jüdische Bevölkerung und einige unbedeutende

Minoritäten gebe. Doch diese unbedeutende Minorität (90 Prozent) lebte ununterbrochen seit 1300 Jahren in Palästina und besaß 97 Prozent des Landes. Die britische Regierung hatte keinerlei Recht, das Schicksal der einheimischen Bevölkerung zur Disposition zu stellen. Dies wäre aber nicht so schlimm gewesen, wenn man das Recht auf Selbstbestimmung, das für andere »befreite Gebiete« galt, auch für Palästina beachtet hätte. Dies geschah nicht zufällig, sondern bewußt: »In Palästina schlagen wir noch nicht einmal vor, die Wünsche der augenblicklichen Bewohner auch nur in Betracht zu ziehen … Die vier Großmächte sind dem Zionismus verpflichtet. Mag der Zionismus richtig oder falsch, gut oder schlecht sein, er ist verwurzelt in einer langen Tradition, in den augenblicklichen Notwendigkeiten, in zukünftigen Hoffnungen, die von größerer Wichtigkeit sind als die Wünsche und die Nachteile von 700 000 Arabern, die zur Zeit in diesem historischen Land leben«, so Lord Balfour in einem Memorandum vom 11. August 1919 an seine Kabinettskollegen. Diese offene und teilweise rassistische Erklärung stellte die Spitze des Betruges an den Palästinensern dar.

Laut Balfour-Deklaration sollten der nicht-jüdischen, sprich arabisch-palästinensischen Gemeinschaft durch die Errichtung einer jüdischen Heimstätte keine Nachteile entstehen. Es gab keine rechtliche Begründung dafür, den Palästinensern neben den Juden nach dem Zusammenbruch des Osmanischen Reiches in dem seit 1922 bestehenden britischen Mandatsgebiet einen Staat zu verweigern. Als die Bewohner Palästinas waren sie die rechtmäßigen Erben des Osmanischen Reiches. Sie hatten eine gemeinsame Kultur, Sprache, Geschichte und zeichneten sich durch enge Familienbande aus. Ihre Ansprüche waren und sind die gleichen, die zu Recht heute die Kroaten, Slowenen, Litauer, Letten, Esten, Ukrainer und andere nationale Minderheiten anmelden. Die palästinensische Identität basiert also nicht auf religiösen Ansprüchen, sondern auf einer eindeutig identifizierbaren palästinensischen Gemeinschaft. Diese berechtigten Ansprüche wurden aber durch die zionistische Bewegung konterkariert. Die Negierung einer nationalen palästinensischen Identität führte zwangsläufig zur Verweigerung des palästinensischen Selbstbestimmungsrechtes.

Martin Buber und Ernst Simon prophezeiten, daß der Zionismus mit der Behandlung und Akzeptanz der Araber stehe und falle. Solche Stimmen wurden von den Zionisten vehement zurückgewiesen und hatten auf den Entwicklungsprozeß keinen Einfluß. Buber gehörte zu den ersten Mahnern des Zionismus und Israels. Auf dem 1921 in Karlsbad abgehaltenen Zionistenkongreß forderte er einen gerechten Bund mit dem arabischen Volk: »Wir verscherzen uns die echten und wertvollen Sympathien, wenn wir eine Methode, die wir bisher als unmenschlich brandmarkten, nunmehr dadurch, daß wir sie selbst üben, praktisch anerkennen ... nicht außen, sondern mitten unter euch, breitet sich das eigentliche, das unüberwindliche Unheil aus.« Die Kongreßmehrheit drückte den Wunsch des jüdischen Volkes aus, mit dem arabischen Volk in Freundschaft und gegenseitigem Respekt zusammenzuleben und mit ihm die gemeinsame Heimat zu einem gedeihlichen Land zu entwickeln. Der Zionistenführer Arthur Ruppin forderte, daß Juden und Araber Seite an Seite gleichberechtigt leben sollten; jeglicher Herrschaftsanspruch wurde von ihm negiert. Wie wenig aufrichtig dies gemeint war, zeigte sich jedoch, als Ruppin sich wiederholt für eine hermetisch geschlossene jüdische Wirtschaft einsetzte.[14]

Die zionistische Bewegung bemühte sich zunächst, ihre kolonialistischen Ziele rhetorisch zu verbrämen. Chaim Weizman erklärte 1918 in Jaffa, daß die Juden Schulter an Schulter mit den Arabern für Wohlstand in Palästina arbeiten wollten. Palästinensischen und syrischen Führern in Kairo versicherte er, daß der Zionismus nicht die Macht in Palästina anstrebe. Auch vor der Peel-Kommission, die die britische Regierung im August 1936 eingesetzt hatte und die im November 1936 ihre Arbeit in Palästina aufnahm, gab sich Weizman kooperationsbereit und verwies auf die Balfour-Deklaration. Ihm und seinen Mitstreitern sei bekannt, daß die nichtjüdische Bevölkerung Palästinas nicht unterdrückt werden dürfe. Für die nichtjüdische Bevölkerung stellte die Deklaration eine gewisse Garantie dar. Gleichzeitig verlangte Weizman aber einen Staat, der so »jüdisch« sein sollte wie England englisch. Dieses Ziel wurde hartnäckig verfolgt. Weizman dazu vor der Peel-Kommission: »Wir sind ein steifnackiges Volk und ein Volk mit langem Gedächtnis. Wir vergessen niemals ... Wir haben Palästina niemals vergessen. Und die Standhaftigkeit, welche die Juden durch die Jahrhunderte und durch eine lange Kette unmenschlicher Leiden erhalten hat, ist in erster Linie jener psychologischen Anhänglichkeit an Palästina zu verdanken.«

Ernsthaft haben weder jüdische Siedler noch die britische Besatzungsmacht jemals den Versuch unternommen, zu einer einvernehmlichen Lösung mit den Arabern zu kommen oder deren Rechte auf einen eigenen Staat einzulösen. Man war sich durchaus bewußt, daß durch eine Berücksichtigung der arabischen Interessen Konflikte hätten vermieden werden können, wie der Brief des Schriftstellers Hans Kohn an Martin Buber von 1929 zeigt: »Wir sind zwölf Jahre in Palästina, ohne auch nur einmal ernstlich den Versuch gemacht zu haben, uns um die Zustimmung des Volkes zu kümmern, mit dem Volk zu verhandeln, das im Land wohnt. Wir haben uns ausschließlich auf die Militärmacht Großbritanniens verlassen. Wir haben Ziele aufgestellt, die notwendigerweise und in sich selbst zu Konflikten mit den Arabern führen mußten und von denen wir uns sagen müßten, daß sie Anlaß, und zwar berechtigter Anlaß zu einem nationalen Aufstand gegen uns sind.«

Dieser sollte auch nicht lange auf sich warten lassen. Beim ersten Pogrom 1929 in Hebron wurden die dort lebenden Juden fast vollständig umgebracht. Aus Angst vor der beeindruckenden und gleichzeitig furchterregenden Entwicklung des jüdischen Yishuv (vorstaatliche Besiedelung Palästinas) kam es im April 1936 nach mehreren vorausgegangenen gewalttätigen Zwischenfällen zum Aufstand der Araber sowohl gegen die Mandatsmacht als auch gegen die zionistischen Siedler. Der arabische Antizionismus machte sich 1936 somit erstmals gewaltsam Luft. Dazu hatte nicht unwesentlich der spätere Mufti von Jerusalem, Mohammad Said Amin al Hussaini, beigetragen, der von einem englischen Zionisten, dem ersten Hohen Kommissar Palästinas, Sir Herbert Samuel, ernannt worden war. Dabei war die arabische Bevölkerung Palästinas nicht von Anfang an antizionistisch eingestellt. Noch im Jahre 1908 hatten alle Religionsgemeinschaften in Palästina den Erlaß der muslimischen Regierung begrüßt, der eine größere politische und religiöse

Entfaltungsmöglichkeit zuließ. Am 9. August desselben Jahres hatten alle Religionsgemeinschaften ihre heiligen Orte für die jeweils andere Glaubensgemeinschaft geöffnet.

Die gewaltsamen Auseinandersetzungen zwischen jüdischen Kampfeinheiten und einheimischer palästinensischer Bevölkerung auf der einen Seite und der Kampf gegen die britische Mandatsmacht auf der anderen gerieten Mitte der vierziger Jahre außer Kontrolle, so daß die Briten bereit waren, ihr vom Völkerbund erteiltes Mandat wieder abzugeben. Die in Palästina kämpfenden jüdischen Einheiten – Hagana, Irgun Zwai Leumi und Lehi (Stern-Bande) – haben durch ihren Terror gegen die Palästinenser und die Briten mit ihren Befehlshabern einsame Berühmtheit erlangt. Die zwei späteren Ministerpräsidenten Israels, Menachim Begin und Yitzhak Shamir, wurden von der damaligen Mandatsmacht als »Terroristen« steckbrieflich gesucht. Für ihre Aktionen stehen exemplarisch die Sprengung eines Teils des King-David-Hotels, in dem die Palästina-Regierung saß, und das Dorf Deir Yassin, in dem am 9. April 1948 ein Massaker an 250 arabischen Männern, Frauen und Kindern verübt wurde. Die Araber übten schon einige Tage später Rache, als sie 77 Ärzte, Krankenschwestern und Wissenschaftler auf dem Weg zum Hadassah-Krankenhaus ermordeten. Menachem Begin, Einsatzleiter bei dem Massaker von Deir Yassin vertrat die Meinung, daß dieses »nicht nur seine Berechtigung hatte«, sondern daß es ohne den »Sieg« von Deir Yassin »niemals einen Staat Israel gegeben« hätte. Als Palästina kurz vor einem Bürgerkrieg stand, wandten sich die Briten im Februar 1947 an die Vereinten Nationen, um der UNO die Entscheidung über die Fortsetzung des Mandats zurückzugeben. Am 29. November 1947 verabschiedete die Generalversammlung der Vereinten Nationen Resolution Nr. 194, in der Palästina zwischen Arabern, die 90 Prozent des Landes besaßen, und Juden geteilt werden sollte. Zu diesem Zeitpunkt lebten in Palästina 1 319 000 Araber und mehr als 589 000 Juden. Zwar haben das Ausmaß des Holocaust und die Fluchtbewegungen jüdischer Überlebender aus Europa zweifellos den Staatswerdungsprozeß beschleunigt. Doch gehe die Gründung Israels in erster Linie auf die »politische, wirtschaftliche, gesellschaftliche und militärische Leistung seiner Gründer« zurück, wie Michael Wolffsohn betont.[15]

Man sollte aber auch die massive Unterstützung der Briten und der USA nicht unberücksichtigt lassen. Der Kampf der jüdischen Untergrundbewegungen war sowohl ein Antikolonialkrieg gegen die Briten als auch ein erneuter kolonialer Versuch, einen Staat gegen den Willen eines anderen Volkes auf dessen Territorium zu etablieren.

Die gesamte arabische Welt lehnte den Teilungsplan aus verständlichen Gründen ab, weil er das Recht der Palästinenser auf das ganze Land in Frage stellte und einen unschätzbaren Verlust an Rechten, Eigentum sowie politischen und sozialen Einrichtungen bedeutete.

Die Araber bewerteten die jüdischen Ansprüche auf Palästina als rechtswidrige Inbesitznahme, als eine Form des Kolonialismus, die der ursprünglichen Bevölkerung ihr Recht auf einen Nationalstaat absprach. Dafür zeigte sogar David Ben-Gurion Verständnis, wie Nahum Goldmann berichtet: »Wieso sollten denn die Araber Frieden schließen? Wenn ich arabischer Führer wäre, ich würde nie ein solches Abkommen mit Israel unterzeichnen. Das ist doch ganz normal: wir haben ihr Land genommen. Sicher, Gott hat es uns versprochen, aber wie kann sie das interessieren? Unser Gott ist nicht der ihre ... Sie sehen nur eins: Wir sind gekommen und haben ihr Land geraubt. Warum sollten sie das hinnehmen?« Die Palästinenser befürchteten, dieser Teilungsplan transformiere das »Judenproblem« und den damit einhergehenden westeuropäischen Antisemitismus in den Nahen Osten.

Angesichts der Kampfhandlungen zog die Generalversammlung der Vereinten Nationen den Teilungsplan weniger als sechs Monate nach seiner Annahme wieder zurück und unterbreitete einen Alternativvorschlag, der den Aufruf zu einer vorübergehenden Treuhänderschaft über das ungeteilte Palästina enthielt. Die Araber nahmen diesen Vorschlag an, die Zionisten lehnten ihn auf das heftigste ab. Eine Sondersitzung der Versammlung wurde einberufen, um den Teilungsplan noch einmal in Erwägung zu ziehen. Während dieser Zeit nahmen die Zionisten die Sache selber in die Hand. Während die Briten ihr Mandat am 14. Mai

1948 beendeten, besetzten sie Stadt um Stadt. Die Bevölkerung floh entweder vor Schrecken oder wurde gewaltsam vertrieben. Dabei besetzten die zionistischen Streitkräfte nicht nur die Teile, die für einen jüdischen Staat vorgesehen waren. Bis Mitte Mai 1948 hatten zirka 300 000 Araber das Land verlassen, ohne daß auch nur ein einziger arabischer Soldat aus den Nachbarstaaten Palästina betreten hatte.

Es entstanden drei separate Gebiete: Israel, die Westbank und der Gaza-Streifen. Das historische Jerusalem kam unter arabische Herrschaft, während der Westteil dem jüdischen Staat eingegliedert wurde. Palästina wurde also nicht gemäß dem Plan der UNO geteilt. Als David Ben-Gurion am 14. Mai 1948 den Staat Israel ausrief, waren zehn Prozent Palästinas jüdischer Grundbesitz. Nach den kriegerischen Auseinandersetzungen besaß Israel 77 Prozent der Gesamtfläche Palästinas, also 21 Prozent mehr, als der UN-Teilungsplan vorsah. Die Zionisten akzeptierten den Teilungsplan. Fortan argumentierten sie, die palästinensischen Araber hätten ihr Recht auf irgendeinen Teil des Ganzen eingebüßt, da sie sich weigerten, sich mit der Hälfte Palästinas zufriedenzugeben. Diplomatische Anerkennung und massive ökonomische Unterstützung trugen zur Legitimation des neuen Staates bei.

Von April bis September 1949 kam es auf Initiative des Schlichtungsausschusses (Palestine Conciliation Committee) zu einer Friedenskonferenz in Lausanne. Während die arabischen Staaten und die palästinensischen Vertreter die UN-Resolution als Grundlage von Friedensverhandlungen zu diskutieren wünschten, lehnte der israelische Ministerpräsident Ben-Gurion dies ab. Der damalige israelische Außenminister Moshe Sharett dagegen sah in dieser Konferenz eine Gelegenheit zum Frieden. Er war anders als Ben-Gurion bereit, Territorien abzutreten, die Israel während des Krieges von 1948 besetzt hatte und die nach dem UN-Teilungsplan den Palästinensern gehörten. Er erwog ernsthaft die Rückführung der Flüchtlinge und die Internationalisierung der Heiligen Stätten. Für Ben-Gurion war aber der Friede kein primäres Ziel. Als Sharett dann 1954 für kurze Zeit Ministerpräsident wurde, führte er Geheimgespräche mit der ägyptischen Regierung über eine Beilegung der Palästina-Frage.

Die arabische Seite war aber nicht bereit, die Gespräche öffentlich zu führen, und in Israel lag die eigentliche Macht immer noch in den Händen von Ben-Gurion, »der keinen Frieden mit den Arabern suchte«.[16]

In jüngster Zeit ist es um die Staatsgründung Israels zu heftigen Kontroversen gekommen. Seit der Öffnung der Archive in den achtziger Jahren hinterfragen jüngere jüdische Historiker immer öfter die offizielle Geschichtsdoktrin über die Staatswerdung, die sich zwischen 1948 und 1952 herausbildete und bis heute die Essenz des israelischen Staatsverständnisses bildet. Neben Benny Morris hat insbesondere auch Simcha Flapan die offizielle israelische Geschichtsinterpretation in Frage gestellt. Er bewertet den »Plan D« nicht als politischen Plan zur Vertreibung der Araber, sondern ist davon überzeugt, daß diese lediglich aus Sicherheitsgründen vertrieben worden seien. Morris räumt ein, daß es seit April 1948 »klare Anzeichen für eine Vertreibungspolitik auf nationaler wie lokaler Ebene« gegeben habe. Sowohl Simcha Flapan als auch Morris weisen nach, daß sich eine bewußt geplante Vertreibung der Palästinenser anhand der Dokumente belegen läßt. Einen ausdrücklichen Vertreibungsbefehl Ben-Gurions scheint es jedoch nicht zu geben. Dagegen existieren zahlreiche Erklärungen von ihm, die eindeutig seine Absichten offenlegen. Beispielsweise habe Ben-Gurion auf die Frage von Yigal Allon und Yitzhak Rabin, was mit den Bewohnern von Lydda und Ramle (50 000–70 000) geschehen sollte, geantwortet: »Vertreibt sie!« Oberstleutnant Rabin habe umgehend den Befehl unterzeichnet: »Die Einwohner Lyddas müssen ohne Rücksicht auf das Alter rasch vertrieben werden. Befehl sofort ausführen.« Was dann auch geschah. Wie die »New York Times« vom 23. Oktober 1979 berichtete, wurde in den Memoiren Ben-Gurions die Stelle über die Anordnung der Vertreibung interessanterweise gestrichen. Vor der Schlußoffensive in Galiläa erklärte er vor dem Kabinett: »Wenn im Norden die Kämpfe wieder beginnen, wird Galiläa sauber und leer von Arabern.« Diesen »Vertreibungsbefehl« Ben-Gurions bestätigte Israel Eldad, einer der entschiedensten Ideologen der Rechten, in »Yediot Aharonot« vom 10. Februar 1995: Die Notiz »säubern«

sei mehrmals aufgetaucht und habe sich sowohl auf Galiläa als auch auf Lydda und Ramle bezogen. Auch habe Ben-Gurion keinen Quadratmeter konzediert, der sich in den Händen der Israelis befunden habe, unabhängig davon, ob er von den Vereinten Nationen oder den USA zugestanden worden sei. Und er habe Mussa Alami 1937 erzählt: »Natürlich wollen wir Frieden; aber wir sind nicht wegen des Friedens, sondern wegen des Zionismus gekommen.« Zu den von staatsoffizieller israelischer Seite immer wieder vorgetragenen Argumenten nun im einzelnen:

– Das Einverständnis der zionistischen Bewegung mit der UN-Teilungsresolution vom November 1947 stellte einen einschneidenden Kompromiß dar, mit dem die zionistischen Juden ihre Vorstellungen von einem sich über ganz Palästina erstreckenden jüdischen Staat aufgaben und den Anspruch der Palästinenser auf einen eigenen Staat anerkannten. Israel war zu diesem Opfer bereit, da dies die Voraussetzung dafür war, die Resolution in friedlicher Zusammenarbeit mit den Palästinensern zu verwirklichen.

Dagegen erklärt Flapan, die Zustimmung zum Teilungsplan durch die Zionisten sei nur ein taktisches Zugeständnis im Rahmen einer unveränderten Gesamtstrategie gewesen. Sie habe zum einen darauf abgezielt, die Schaffung eines selbständigen Staates für die Palästinenser zu hintertreiben. Deshalb habe Ben-Gurion ein Geheimabkommen mit König Abdallah von Transjordanien, der mit der Annektierung des für die Palästinenser vorgesehenen Gebietes den ersten Schritt in Richtung auf sein erträumtes großsyrisches Reich zu tun glaubte, geschlossen. Des weiteren habe durch diese Strategie das von der UNO für den jüdischen Staat ausgewiesene Territorium ausgeweitet werden sollen.

– Die arabischen Palästinenser lehnten eine Teilung Palästinas rundweg ab und folgten dem Aufruf des Mufti von Jerusalem, dem jüdischen Staat den totalen Krieg zu erklären; dies zwang die Juden, sich auf eine militärische Lösung einzulassen.

Flapan meint dagegen, es sei nur die halbe Wahrheit, daß die arabischen Palästinenser die Teilung Palästinas ablehnten. Der Mufti, Mohammad Said Amin al Hussaini, habe den Teilungsplan fanatisch bekämpft, doch die Mehrheit der Palästinenser sei seinem Aufruf zum »Heiligen Krieg« gegen Israel zunächst nicht gefolgt. Im Gegenteil: Viele palästinensische Notablen und Gruppen hätten sich bemüht, einen Modus vivendi mit dem neuen Staat zu finden. Erst der entschiedene Widerstand Ben-Gurions gegen die Schaffung eines palästinensischen Staates habe die Palästinenser ganz auf die Seite des Mufti getrieben. Die Anzahl der Kämpfer sei aber nicht sehr groß gewesen, und sie seien in Umfang, Ausrüstung und Ausbildung den Hagana-Truppen weit unterlegen gewesen. Anfang 1948 hätte der Mufti die arabischen Staaten vergeblich um Waffen und Geld gebeten.

– Sowohl vor als auch nach der israelischen Staatsgründung folgten die Palästinenser einem Aufruf der arabischen Führung, das Land vorübergehend zu verlassen, um mit den siegreichen Armeen zurückzukehren. Die jüdische Führung bemühte sich vergeblich, sie zum Bleiben zu bewegen.

Dagegen behauptet Flapan, die israelischen Politiker hätten die Palästinenser aus ihren Städten und Dörfern vertrieben. Während Morris dafür Sicherheitsgründe anführt, erklären Flapan, Pappe und Finkelstein den Transfer aus der zionistischen Ideologie heraus. Das Ziel der zionistischen Bewegung sei es gewesen, einen »jüdischen Staat« zu schaffen. Dazu habe es der gewaltsamen Vertreibung der Einwohner bedurft, wie die Aussage Ben-Gurions auf einer Sitzung der Arbeitspartei von 1938 belege: »Ich bin für die zwangsweise Aussiedlung. Ich sehe nichts Unmoralisches darin.«

– Weiterhin behauptet die offizielle israelische Seite, daß alle arabischen Staaten sich am 15. Mai 1948 vereint hätten, um in Palästina einzumarschieren, den neuentstandenen jüdischen Staat zu vernichten und dessen jüdische Bewohner zu vertreiben.

Dem widerspricht Flapan: Die arabischen Staaten hätten in erster Linie das Abkommen zwischen der provisorischen jüdischen Regierung und König Abdallah verhindern wollen. Sie seien erst nach der Ausrufung des Staates Israel und nach dem Ende des britischen Mandats in Palästina einmarschiert, um ihren arabischen Freunden zu Hilfe zu kommen. Es sei nicht ihre Absicht gewesen, Israel zu zerstören. So habe die jordanische Regierung dem General, der die jordanischen Truppen führte, befohlen, nicht in jüdisches Gebiet einzumarschieren.

– Der arabische Einmarsch – unter Verstoß gegen die UN-Teilungsresolution – machte den Krieg von 1948 unvermeidlich, so die offizielle zionistische Lesart der Geschichte.

Auch der Krieg zwischen Israel und den arabischen Staaten ist nach Flapan nicht unvermeidlich gewesen. Die Araber hätten einem in letzter Minute vorgelegten amerikanischen Vorschlag zugestimmt, der einen dreimonatigen Waffenstillstand unter der Bedingung vorsah, daß Israel seine Unabhängigkeitserklärung zeitweilig aufgeschoben hätte. Die provisorische israelische Regierung habe den amerikanischen Vorschlag jedoch mit sechs zu vier Stimmen abgelehnt.

– Das kleine Israel stand dem Angriff der arabischen Streitkräfte gegenüber wie weiland David dem Riesen Goliath: ein zahlenmäßig weit unterlegenes, schlecht bewaffnetes Volk, das Gefahr lief, von einer übermächtigen Militärmaschinerie zerquetscht zu werden.

Der Vergleich von David und Goliath gehört nach Flapan ins Reich der Legenden. Der eigentliche Selbstverteidigungskrieg habe nur vier Wochen gedauert, bis zum Waffenstillstand vom 11. Juni 1948 – der zu umfangreichen Waffenlieferungen genutzt worden sei. Die besser ausgebildeten und erfahreneren israelischen Truppen hätten damit eine waffentechnische Überlegenheit zu Lande, zu Wasser und in der Luft erlangt.

– Israel hatte seine Hand immer zum Friedensschluß ausgestreckt, aber kein arabischer Führer hatte je das Existenzrecht Israels anerkannt; somit gab es niemanden, mit dem man Friedensgespräche hätte führen können.

Jedoch: In den Jahren zwischen dem Ende des Zweiten Weltkrieges und 1952 wies Israel zahlreiche von arabischen Staaten und neutralen Vermittlern unterbreitete Vorschläge zurück, die zu einer Friedensregelung hätten führen können.[17]

Bis heute wird propagiert, Israel stehe einem übermächtigen Feind gegenüber. Doch wie zum Beispiel aus den Tagebüchern des ehemaligen israelischen Ministerpräsidenten Moshe Sharett hervorgeht, handelt es sich bei dieser Bedrohung um einen Mythos.[18] Insbesondere war auch die Netanyahu-Regierung bemüht, dieses Selbstverständnis zu instrumentalisieren. Sämtliche Aktivitäten Israels wurden als eine Art Notwehrmaßnahme eines ums Überleben kämpfenden Volkes gedeutet. Damit hat Israel automatisch das Recht auf seiner Seite, wie völkerrechtswidrig seine Aktionen auch sein mögen. Denn: Bis zu den Waffenstillstandsverträgen von 1949 waren 750 000 Palästinenser geflohen. Die Vereinten Nationen verabschiedeten mehrere Resolutionen zur Rückführung der Flüchtlinge, aber die Israelis verweigerten ihnen die Rückkehr. Sie leben bis heute in den Flüchtlingslagern in Jordanien, Gaza, Syrien, Libanon, der Westbank und in der Diaspora. Von 550 verlassenen palästinensischen Orten wurden bis auf 121 alle zerstört, auch die Friedhöfe. Man wollte jegliche Erinnerung an eine palästinensische Geschichte auslöschen. In den verbliebenen Dörfern wurden jüdische Einwanderer untergebracht. So fanden über 200 000 sofort eine Wohnung. Im kollektiven Gedächtnis der Palästinenser haben sich diese Ereignisse als »Katastrophe« (An-Naqbah) etabliert.

Obwohl Israel im Unabhängigkeitskrieg gesiegt hatte, entspannte sich die Lage im Lande nicht. Dazu trug die Verhängung des Kriegsrechts am 21. Oktober 1948 bei, das der Militärverwaltung erlaubte, die Bewegungsfreiheit der Palästinenser im Kernland Israel total zu kontrollieren und einzuschränken. Kein Palästinenser konnte seinen Wohnort oder Distrikt ohne die Genehmigung des Militärgouverneurs verlassen. Galiläa war in über fünfzig Militärbezirke eingeteilt. Dieses Militärregime erwies sich als ein sehr effizientes Kontrollinstrument, da es die palästinensische Gemeinschaft spaltete. Zudem hielt Israel an den Ausnahmeregelungen aus der britischen Mandatszeit fest, die die Rechte der Palästinenser außer Kraft setzten. Den israelischen Palästinensern wurde schnell bewußt gemacht, daß sie Bürger zweiter Klasse waren.

Noch verheerender als das Militärregime wirkte sich das 1950 erlassene »Absentee Property Law« aus, das die Palästinenser zu »Anwesend/Abwesenden« erklärte, deren Besitz durch einen Vormund (Custodian of Absentee Property) verwaltet wurde, bevor es dann in jüdischen Privatbesitz oder Staatseigentum überging. Dieses Gesetz erlaubte dem Staat, sowohl Land von Palästinensern zu konfiszieren, die Israel verlassen hatten, als auch von jenen, die geblieben waren. Laut Schätzungen unterlag die Hälfte der palästinensischen Bevölkerung Israels der Kate-

gorie »abwesend«[19]. Bis 1953 wurden zirka 370 jüdische Siedlungen errichtet, davon 350 auf als verlassen deklariertem Land.
Bis 1965 ermöglichten das Gesetz über die Abwesenheit sowie
weitere Gesetze der israelischen Regierung, zirka drei Millionen Morgen palästinensischen Landes zu konfiszieren, 60 Prozent davon gehörten den »Anwesend/Abwesenden«. Einigen
Palästinensern wurde nach dem Gesetz über Landerwerb von
1953 eine Entschädigung angeboten. Diese Zahlungen waren
aber so geringfügig, daß die meisten Palästinenser sie zurück-
wiesen; die Autonomiebehörde besteht weiterhin auf der Entschädigung der Flüchtlinge.

Die Verabschiedung des Rückkehrgesetzes aus dem Jahre
1950 und das Nationalitätengesetz von 1952 trugen gleichfalls
zur Diskriminierung der Palästinenser bei. Durch die jordanische
Annexion der Westbank und Ost-Jerusalems im Jahre 1949 schritt
die Desintegration der Palästinenser weiter fort. Der Gaza-Streifen kam unter ägyptische Verwaltung.

2. Die Kriege Israels und der innenpolitische Wandel

In der westlichen Geschichtsschreibung, Publizistik und der Ta-
gespresse werden die Nahostkriege überwiegend als reine Ver-
teidigungskriege Israels gegen die aggressiven Araber dargestellt. Vor allem in den USA und in Deutschland dominiert diese
einseitige Perspektive. In Wirklichkeit hatte Israel alle seine
Kriege – mit Ausnahme des sogenannten Unabhängigkeitskriegs
und des Yom-Kippur-Kriegs – bewußt geplant, wie neuere Veröffentlichungen u. a. von Morris, Pappe und Shlaim belegen, und
dabei stets auch imperiale Interessen verfolgt. Der israelische
Wissenschaftler Israel Shahak vertritt sogar die These, sein Land
verfolge hegemoniale Ziele im gesamten Nahen Osten.[20] Dieser expansionistische Charakter israelischer Politik zeigte sich
bereits im Suezkrieg 1956.

Die Darstellung der Suezkrise und des Sinaifeldzuges 1956
bedarf einiger Korrekturen. Der ägyptische Staatschef Gamal
Abdul Nasser war wohl Nationalist und Panarabist, aber kein
Kriegstreiber und Antizionist. Nach seiner Machtübernahme

ging es ihm primär darum, Ägypten zu modernisieren und den ausländischen Einfluß zurückzudrängen. Sichtbarstes Zeichen dafür war die Verstaatlichung des Suezkanals nach dem Abzug der britischen Truppen aus der Kanalzone. Im Februar 1955 griffen israelische Streitkräfte Siedlungen im Gaza-Streifen an. Zirka 40 Ägypter wurden getötet. Vom Gaza-Streifen aus hatten die Ägypter ihrerseits bis Ende 1956 immer wieder Israel angegriffen und über 430 Israelis getötet. Nasser bewertete das Palästinaproblem als einen internationalen Konflikt. Seiner Ansicht nach wollte ihn die britische Regierung durch die israelischen Angriffe zwingen, dem Bagdad-Pakt beizutreten. Nasser entschied sich für eine Politik, die auf eine friedliche Regelung der Palästinafrage durch die Vereinten Nationen hinauslief, und versuchte parallel dazu durch Mittelsmänner, einen Modus vivendi mit Israel zu erreichen. Nasser erklärte später mehrfach, er habe keine kriegerischen Absichten gegen Israel gehegt, sondern lediglich den imperialistischen Zugriff der Westmächte auf die arabische Welt lockern wollen. Anstatt mit Ägypten einen Kompromiß zu suchen, entschied sich Ben-Gurion, mit den ehemaligen Kolonialmächten Frankreich und England, Nassers antikolonialistische Politik zu beenden. Er und Moshe Dayan planten den Krieg gegen den Widerstand Moshe Sharetts, dessen Rücktritt die Folge seiner Niederlage im Kabinett war. Mit ihm dankte die moderate Politik ab. Ziel dieses gemeinsamen Waffenganges war einerseits, das progressive ägyptische Regime zu stürzen und eine neue Ordnung zu errichten, andererseits sollte für Israel die Anerkennung durch die arabischen Staaten dabei herausspringen. Dieser Pakt Israels mit den imperialistischen Mächten Frankreich und Großbritannien diskreditierte das Land in der arabischen Welt völlig und trug nicht unwesentlich zur Radikalisierung der arabischen Staaten bei.

Am 29. Oktober 1956 begann der Sinaifeldzug. Äußerer Anlaß war die Blockade der Straße von Tiran am Ausgang des Golfes von Aqaba zum Roten Meer und die Sperrung des Suezkanals für israelische sowie nach Israel fahrende Schiffe. Zusammen mit Großbritannien und Frankreich griff Israel die ägyptischen Stellungen auf dem Sinai an; nach fünf Tagen war der Krieg beendet. Der Sinai und der Gaza-Streifen befanden sich in israelischer Hand, und die Zufahrt zum Hafen von Eilat war wieder frei. Der anfängliche militärische Erfolg wurde zu einer imageschädigenden Niederlage: Nachdem die Vereinten Nationen den Angriff scharf verurteilt hatten und die USA mit einem Waffenembargo drohten, zogen sich die israelischen, britischen und französischen Truppen aus den eroberten Gebieten zurück. Israel erhielt jedoch von den USA die Garantie, daß der Golf von Aqaba ein internationales Gewässer sei, das alle Schiffe »frei und unbehelligt« passieren könnten; Sharm al-Sheikh wurde gegen den Widerstand Ägyptens unter UN-Kontrolle gestellt. Für Israel war dies ein diplomatischer Sieg, für die Araber hingegen eine militärische Niederlage. Die arabischen Nachbarn interpretierten den israelischen Angriff als Willen zur Expansion und als Bedrohung der eigenen Existenz, zumal in Israel der Ruf nach einem Eretz Israel vom Nil bis zum Euphrat immer lauter wurde. Für den Historiker Avi Shlaim war dies kein defensiver Krieg. »Er ist ein überzeugendes Beispiel, wie Geschichte für nationalistische Ziele manipuliert werden kann. Die offizielle israelische Version des Krieges von 1956 – ebenso des Krieges von 1948 – ist nichts mehr als die Propaganda des Siegers.«[21] Auch Sharett schrieb in seinem Tagebuch, der Krieg gegen Ägypten habe bereits im Herbst 1953 auf der Tagesordnung der israelischen Politiker gestanden. Dies erklärt, warum Ben-Gurion den von Nasser auf der Bandung-Konferenz von 1955 angebotenen Friedensvertrag als »verschleierte Denunziation« ablehnte. Am 23. Oktober 1956 reiste Ben-Gurion nach Paris, um ein Geheimabkommen über militärische Zusammenarbeit zwischen Frankreich, Großbritannien und Israel zu unterzeichnen. Die »Operation Kadesh« sollte Israel den Sinai eintragen, der nach Ansicht Ben-Gurions niemals Teil Ägyptens gewesen war.

Bei der Bewertung des Sechstagekrieges vom Juni 1967 gehen die Meinungen auseinander. Das Gros der Historiker in Deutschland vertritt die These, Israel habe einen Präventivkrieg geführt, doch sind in jüngster Zeit von der israelischen Regierung Dokumente zugänglich gemacht worden, die eher für die These eines bewußten israelischen Angriffskrieges sprechen. Daß der Staat von »angriffsbereiten arabischen Armeen eingekreist« war, gehört zu den Legenden, die sich um alle Kriege, die Israel geführt hat, ranken. Nach Aussagen israelischer Politiker und Militärs bestand für Israel damals keine akute Kriegsgefahr. Der damalige Stabschef Israels, Yitzhak Rabin, »glaubte nicht, daß Nasser Krieg wollte«. »Die zwei Divisionen, die er in den Sinai schickte, reichten für eine Offensive nicht aus. Dies wußten er und wir.« Und Abba Eban fügte hinzu: »Nasser wollte keinen Krieg, er wollte den Sieg ohne Krieg.« In seinen Memoiren gab Eban zu, daß Israel keiner tödlichen Gefahr ausgesetzt war, sondern sich die Lage mit jedem Tag besserte. Auch der General Matti Peled gestand 1972 ein, Israel habe sich seit 1949 niemals in einer »tödlichen Lage« befunden, so der Ex-General.[22] In »Le Monde« vom 3. Juni 1972 erklärte er: »All jene Geschichten über die große Gefahr, der wir wegen unseres kleinen Gebietes ausgesetzt waren, kamen erst auf, als der Krieg zu Ende war, sie spielten in unseren Überlegungen vor Ausbruch der Feindseligkeiten keine Rolle. Vorzutäuschen, daß die ägyptische Armee, die an unserer Grenze stand, in der Lage gewesen wäre, die Existenz Israels zu gefährden, ist nicht nur eine Beleidigung für jeden, der die Lage analysiert, sondern ist primär eine Beleidigung der israelischen Armee.« Und Ezer Weizman, von Mai 1993 bis Juni 2000 Israels Präsident, behauptete in »Ha'aretz« vom 29. März 1972, »daß niemals die Gefahr einer Vernichtung bestand. Diese Möglichkeit wurde bei den Treffen niemals in Betracht gezogen.« Oder General Haim Barlev am 4. April 1972 in »Ma'ariv«: »Am Vorabend des Sechstagekrieges bestand niemals die Möglichkeit eines Genozids, und wir dachten niemals über eine solche Möglichkeit nach.« Der ehemalige Wohnungsbauminister Mordechai Bentov sagte dazu am 14. April 1971 in »Al-Hamishmar«: »Die ganze Geschichte der Gefahr einer Zerstörung wurde in jedem Detail im nachhinein erfunden und übertrieben, um die Annexion arabischen Landes zu rechtfertigen.« Yigal Allon gab zu, daß er und Begin »Jerusalem wollten«. Begin schrieb in der »New York Times« vom 21. August 1982: »Im Juni 1967 hatten wir wieder eine Gelegenheit. Die Truppenkonzentrationen der ägyptischen Armee im Sinai waren kein Beweis dafür, daß Nasser bereit war, uns anzugreifen. Wir müssen uns gegenüber ehrlich sein. Wir beschlossen, ihn anzugreifen.« Und Luftwaffengeneral Mordechai Hod: »Sechzehn Jahre Planung gingen in diese entscheidenden achtzig Minuten ein. Wir lebten mit dem Plan, wir überschliefen den Plan, wir verzehrten den Plan. Ständig haben wir ihn perfektioniert.«

Warum entschieden sich die Israelis für einen Präventivschlag, obwohl keine »tödliche Gefahr« bestand? Die Generalität des Landes setzte sich damals massiv für einen Krieg ein. Es bot sich die Möglichkeit, »Jerusalem und die Westbank zu befreien«. Die CIA war Ende Mai 1967 davon überzeugt, daß Israel einen Krieg innerhalb weniger Tage beenden könne. Für den damaligen US-Verteidigungsminster Robert McNamara stellte sich nur die Frage, ob es fünf oder zehn Tage dauern würde, deshalb erhielt die israelische Regierung Anfang Juni grünes Licht von den USA für einen Angriff. Ihre Befürchtung, das Land könne wie 1956 die Früchte des Sieges nicht ernten, wurde vom Weißen Haus zerstreut. Um eine diplomatische Lösung des ägyptischen Vizepräsidenten in Washington zu vereiteln, führte die israelische Armee zwei Tage vor dem geplanten Besuch einen Präventivschlag gegen Ägypten durch. Die USA wollten durch die 15 Meilen vor der Küste vor Anker liegende »US Liberty« ermitteln, ob die Syrer auf dem Golan Truppen aufmarschieren ließen. Am 8. Juni griffen israelische Kampfflugzeuge das Spionageschiff an, um es zu versenken. Das gelang nicht, doch das Kommunikationszentrum wurde zerstört.

Beim Sechstagekrieg ließ sich Israel von ähnlichen Motiven wie bei der Suezkrise leiten. Primär wollte man das Zentrum des radikalen arabischen Nationalismus treffen, dabei sollte auch das Waffenlager des Regimes zerstört werden. Als drittes ging es darum, Syrien und Jordanien als Staaten zu zerschlagen. Israels übergeordnetes Ziel war es, jede Manifestation des arabischen Radikalismus zu vernichten und darüber hinaus Unabhängigkeit und Modernisierung möglichst lange zu verhindern. Israel ist in der Globalstrategie der USA die Rolle zugewiesen worden, jede Art von arabischem Nationalismus zu bekämpfen, wie Noam Chomsky in einem Interview mit dem Verfasser ausdrückte.[23]

Auch der Angriff gegen Syrien und die Eroberung der Golan-

Höhen werden gemeinhin mit dem Sicherheitsargument begründet, da die Syrer gelegentlich auf die zu ihren Füßen liegenden Kibbuzim geschossen hätten und deren Bewohner einige Nächte in Luftschutzbunkern verbringen mußten. Diese Vorstellung hat sich bis heute gehalten. Aber ein am 27. April 1997 veröffentlichtes Interview des Verteidigungsministers Moshe Dayan in »Yediot Aharonot«, das Dayan dem ehemaligen Journalisten von »Ha'aretz«, Rami Tal, am 22. November 1976 und 1. Januar 1977 gegeben hatte, offenbart die gleiche Motivationslage. Dayan berichtete, am 8. Juni 1967 sei eine Delegation von Kibbuzmitgliedern nach Jerusalem gekommen, um die Regierung zum Angriff auf den Golan zu überreden. Dayans Antwort war, daß »die Syrer am vierten Tag des Krieges keine Gefahr für uns darstellten«. Die Zwischenfälle begannen zu 80 Prozent wie folgt: »Wir schickten einen Traktor aufs Feld, dorthin, wo man nichts tun konnte, in die demilitarisierte Zone. Wir wußten, daß die Syrer anfangen würden zu schießen. Wenn sie nicht schossen, sagten wir dem Fahrer, er solle weitermachen, bis es den Syrern zuviel wurde und sie zu schießen anfingen. Dann beschossen wir sie mit unserer Artillerie und später mit der Luftwaffe. So war es.« Dieses Spiel betrieben alle Kommandeure, auch Tzvi Tzur und Yitzhak Rabin. Nach dem Krieg von 1948 und den Waffenstillstandsabkommen habe Israel diese Linien nie als dauerhaft angesehen. »Wir dachten, ... wir könnten die Waffenstillstandslinien durch militärische Aktionen ändern, ohne einen Krieg zu führen; in anderen Worten: Wir dachten, wir könnten ein Stück Land an uns reißen und so lange daran festhalten, bis der Feind die Nase voll hat und sagt, behalte es. Sie mögen das von unserer Seite als naiv ansehen, aber Sie müssen bedenken, daß wir keinerlei Erfahrungen als Staat hatten.«

Entgegen Dayans Behauptung, auf den Golan-Höhen seien lediglich syrische Truppen stationiert, lebten dort damals zirka 120 000 Syrer in 272 Städten und Dörfern. »Die Kibbuzniks sahen den guten Boden im Jordantal und am See Genezareth und träumten davon. Erinnern Sie sich, daß zur damaligen Zeit Ackerland einen unschätzbaren Wert darstellte. Bebaubarer Boden war das Wichtigste und Kostbarste.« Auf die Frage, ob die Kibbuzniks das Land wollten, antwortete Dayan: »Das sage ich

nicht. Sicherlich wollten sie die Syrer nicht mehr sehen. Sie lit-
ten ja auch unter ihnen ... Die Syrer auf der anderen Seite waren Soldaten, die auf sie schossen, und dies mochten sie nicht.
Ich kann Ihnen mit absoluter Sicherheit sagen, die Delegation,
die Premierminister Eschkol überzeugen wollte, den Golan zu
besetzen, dachte nicht an solche Dinge. Die dachten nur an das
Land ... Ich sah sie und sprach mit ihnen. Die versuchten nicht
einmal, ihr Verlangen nach dem Land zu verbergen. Das war,
was sie bestimmte.« Von Beginn des Krieges an habe er gewußt,
daß Israel zwar ein großes Gebiet erobern würde, um des Friedens willen aber das meiste wieder zurückgeben müsse. »Ich sah
in die Augen eines Kibbuznik, und mir war klar, wenn wir den
Golan erobern würden, würden sie anfangen, Land zu besetzen.
Wenn es dort Siedlungen gibt, kannst du dich nicht zurückziehen. Das war unsere Stärke im Unabhängigkeitskrieg, aber es
wird uns daran hindern, Frieden zu schließen.«[24] Dayan hielt die
Entscheidung, jüdische Siedler um Moshe Levinger im Herzen
von Hebron siedeln zu lassen, für ein »Desaster«, weil sie unüberwindliche Hindernisse für einen gerechten Frieden mit den
Palästinensern darstellten. Er sei nicht zurückgetreten, weil er geglaubt habe, die Siedler würden wieder abziehen. Daß sie bis
heute dort lebten, sei die Schuld Yigal Allons. Schon aus Prinzip war Allon gegen alles, was von Dayan kam.

Für die arabische Welt bedeutete diese Niederlage eine Demütigung und die Fortsetzung der Katastrophe von 1948. Nach
dem Sechstagekrieg mußten nochmals Hunderttausende Palästinenser fliehen, Enteignungen und Unrecht mehrten sich. Die ver-
gessenen palästinensischen Flüchtlinge wurden zu einem Problem von globaler Dimension. Israel hatte trotz eines enormen
Zugewinns an Territorium letztendlich einen »Pyrrhussieg« errungen, wie Dan Diner sagt. Dieser Sieg bildete zugleich die
Grundlage für das Wiedererstarken der religiösen Kräfte in Israel.
Der Nahostkonflikt, wie er sich bis heute darstellt, war geboren.

Der Sieg im Sechstagekrieg hatte auch eine religiöse Dimension, die sich für Israel zunehmend als existentielle Frage her-
auskristallisiert. Die Rechte in Israel bewertete den Sieg als
göttlichen Lohn für das jüdische Volk. Der Spiritus rector der
religiös-nationalistischen Ideologie war der Rabbiner Zwi Je-

huda Kook. Als er auf Wunsch der Soldaten zur Klagemauer gebracht wurde, erklärte er: »Wir geben hiermit dem Volke Israels und der gesamten Welt bekannt, daß wir in himmlischem Auftrag soeben zum heiligen Berg und in unsere heilige Stadt heimgekehrt sind. Wir werden sie nie wieder verlassen.« Aus dieser Siegeseuphorie entwickelte sich die Ideologie des sogenannten Eretz Israel Haschlema (Groß-Israel-Ideologie), die das Land für heilig erklärte. Die Westbank wurde von den Nationalisten und Religiösen fortan nur noch Judäa und Samaria genannt. Ihr Einfluß hatte mit der Regierungsübernahme Menachem Begins im Jahre 1977 enorm zugenommen. Dieses ideologische Umfeld beeinflußte auch den Mörder des Ministerpräsidenten Yitzhak Rabin.

Nach dem Krieg kam die israelische Regierung nicht auf das Junktim zurück, die Gebiete als Faustpfand für eventuelle Friedensverhandlungen einsetzen zu wollen. Ägypten und Jordanien bemühten sich um eine friedliche Beilegung. Alle Verhandlungen waren blockiert, nachdem die arabischen Länder bei ihrem Treffen im August 1967 in Khartum die drei »Nein« beschlossen: Nein zum Frieden mit Israel; Nein zu Verhandlungen und Nein zur Anerkennung des Landes. Die PLO-Rhetorik von der Vernichtung des »zionistischen Gebildes« schadete der palästinensischen und arabischen Sache, wurde sie doch von Israel immer wieder geschickt als Begründung für seine Verweigerungshaltung instrumentalisiert.

Der Sicherheitsrat der Vereinten Nationen verabschiedete am 22. November 1967 die Resolution 242, die Israel zum Rückzug aus allen besetzten Gebieten aufforderte. Ebenfalls wurde in 242 allen beteiligten Staaten ihr Existenzrecht in gesicherten Grenzen garantiert. Die israelische Regierung versuchte, die Bedeutung und die Konsequenz der Resolution durch eine geschickte Interpretation zu relativieren. So konstruierte sie einen Gegensatz zwischen dem englischen und dem französischen Text. Im englischen Text steht »Rückzug aus besetzten Gebieten«, im französischen dagegen »Rückzug aus den besetzten Gebieten«. Alle anderen offiziellen Übersetzungen sprechen unzweideutig von »den besetzten Gebieten«, aus denen sich Israel gemäß Völkerrecht zurückziehen müsse.

Die israelische Regierung führte drei Argumente für die Beibehaltung des Status quo ins Feld: Israel benötige aus Sicherheitsgründen strategische Tiefe, aus den besetzten Gebieten wolle man wirtschaftlichen Nutzen ziehen, und aus ideologischer Sicht sei die Westbank historischer jüdischer Boden, auf dem die Juden siedeln müßten.

Die im Sechstagekrieg erlittene Demütigung der Araber, die Weigerung Israels, sich auf die Grenzen von 1967 zurückzuziehen, sowie die Terroranschläge und Flugzeugentführungen der PLO hatten einen neuen Waffengang zwischen den verfeindeten Parteien vorprogrammiert. Am 6. Oktober 1973, dem Yom-Kippur-Tag (Versöhnungstag) – dem höchsten Feiertag des Judentums –, überfielen Ägypten und Syrien in einer koordinierten Aktion Israel. Trotz der Anfangserfolge der arabischen Streitkräfte gelang es den israelischen Truppen, auf ägyptisches Gebiet jenseits des Suezkanals und bis 32 Kilometer vor Damaskus vorzudringen. Nach Drohungen von seiten der Sowjetunion, Atomwaffen einzusetzen, erzwang der amerikanische Außenminister Henry Kissinger am 24. Oktober 1973 von den Israelis einen Waffenstillstand. Die Verhandlungen darüber begannen am 11. November 1973 bei Kilometerstein 101 in Ägypten. Dieser Krieg leitete nicht nur eine Wende im Verhältnis der arabischen Staaten zu Israel ein, sondern stellte auch den Unbesiegbarkeitsmythos der israelischen Armee in Frage. Der UN-Sicherheitsrat rief in seiner Resolution 338 die Konfliktparteien auf, im Rahmen der UN-Resolution 242 einen gerechten und dauerhaften Frieden herbeizuführen. Flankiert wurden diese Maßnahmen von der Verhängung eines Erdölembargos am 16. Oktober 1973 gegen israelfreundliche Staaten.

Trotz des Sieges konnte nichts darüber hinwegtäuschen, daß die israelische Regierung versagt hatte. Nachdem eine Untersuchungskommission der Regierung die Schuld für die schlechte Vorbereitung auf diesen Angriff zugewiesen hatte, traten Ministerpräsidentin Golda Meir und Verteidigungsminister Moshe Dayan zurück. Sie wurden durch Yitzhak Rabin und Shimon Peres ersetzt. Die jüngere Garde der Arbeitspartei konnte jedoch den Niedergang der Partei nicht mehr aufhalten. Mehrere Skandale und interne Parteikrisen führten zum Sieg des national-konservativen Likud-Blocks bei den Parlamentswahlen im Mai 1977.

Die Wahl des national-konservativen Menachem Begin zum Ministerpräsidenten sollte Israel stärker verändern als 30 Jahre Regierungszeit der Arbeitspartei. Der ehemalige Kommandeur der Untergrundbewegung Ezel und Gründer der Cherut-Partei, Begin, ernannte – zur Überraschung aller – Moshe Dayan zum Außenminister und beteuerte seinen Friedenswillen. Begin stellte in seiner Regierungserklärung klar, daß es für ihn kein Palästina, sondern nur Eretz Israel gab. Es reiche vom Mittelmeer bis zum Jordan. Durch eine intensive Siedlungspolitik in allen Teilen Eretz Israels wollte er den Bewohnern von Judäa, Samaria und Gaza den Weg in die Eigenstaatlichkeit verbauen. Für ihn als Revisionisten galt das Überlebensrecht der Juden mehr als das Heimatrecht der Palästinenser.

Die Siedlungspolitik wurde zu einem Hauptanliegen seiner Regierung, die eng mit dem Gush Emunim (Block der Getreuen), einer 1974 gegründeten nationalistisch-religiösen Siedlerbewegung, kooperierte bzw. konkurrierte. Der harte Kern der Gush-Emunim-Siedler ist von Feindschaft gegenüber den Arabern beseelt. Sie vertreten die Groß-Israel-Ideologie und lehnen jeden Kompromiß mit den Palästinensern ab. Ihre Siedlungen wurden schnell zu Zentren der extremen Rechten, die sich auf zwei ideologische Pfeiler stützt – auf einen fremdenfeindlichen, gegen die Gojim (Nichtjuden) im allgemeinen und die Araber im besonderen gerichteten Nationalismus sowie auf einen religiösen Mystizismus. Zu den Gallionsfiguren des Gush gehörten von der ersten Stunde an der Rabbiner Moshe Levinger und der verstorbene Umweltminister Zevulun Hammer. Ihr Spiritus rector war kein Geringerer als Zwi Jehuda Kook, der die Siedlungspolitik durch seine Groß-Israel-Ideologie rechtfertigte.

Mit »religiösen Rechtstiteln« ausgestattet, siedelten sie gemäß dem Sharon-Plan auch im Kernland der Palästinenser. Dieser Plan sah die Einteilung der Westbank in sieben und des Gaza-Streifens in vier palästinensische Enklaven vor, die unter der Oberhoheit Israels stehen sollten. Es war beabsichtigt, einen Keil in Wohngebiete der Palästinenser zu treiben. Kein arabisches Siedlungsgebiet sollte mehr als 100 000 Einwohner zählen. Den Palästinensern wollte man nicht mehr als 15 Prozent des besetzten Territoriums als Wohngebiete zugestehen. Durch paramilitärische, national-religiöse und Vorstadtsiedlungen hat Israel Tatsachen geschaffen, die eine Rückgabe der besetzten Gebiete im Gaza-Streifen und der Westbank unmöglich machen. Die augenblickliche Politik von Ministerpräsident Sharon zielt auf die Erreichung dieser über 20 Jahre alten Ideen.

Moshe Dayan hatte das Amt des Außenministers in Begins Regierung nur angenommen, weil ihm zugesichert worden war, eine Friedensinitiative durchführen zu können. Dayan traf sich im Oktober 1977 mit König Hussein von Jordanien in London. 1977 kam es auch zu einem geheimen Treffen zwischen dem ägyptischen Vizepremierminister Hassan al-Tuhami und Dayan in Marokko. Ägyptens Staatspräsident Anwar al-Sadat besuchte am 19. November 1977 Jerusalem und hielt in der Knesset eine Rede. Darin hob er drei Punkte hervor:
- Es kann keinen Separatfrieden zwischen Israel und Ägypten geben.
- Israel muß alle im Krieg von 1967 eroberten Gebiete räumen.
- Das Hauptproblem sind die Palästinenser. Ohne eine gerechte Lösung dieses Problems wird es keinen Frieden im Nahen Osten geben.

Im September 1978 schlossen Israel und Ägypten in Camp David/USA ein Rahmenabkommen, das am 26. Mai 1979 in Washington feierlich unterzeichnet wurde. In ihm hieß es u. a.: »Der Frieden erfordert die Respektierung der Souveränität, der territorialen Integrität und der politischen Unabhängigkeit aller Staaten in dem Gebiet und ihr Recht, in Frieden innerhalb gesicherter und anerkannter Grenzen ohne Bedrohung oder Gewaltanwendung zu leben.« Über die Palästinenser findet sich folgende diplomatische Anmerkung: »Das Ergebnis der Verhandlungen muß auch die legitimen Rechte des palästinensischen Volkes und seine gerechtfertigten Bedürfnisse anerkennen.« Israel zog sich in zwei Etappen aus dem Sinai zurück. Es verließ die Stadt Jamit und zwanzig weitere Siedlungen. Die Palästinenser sowie die Staaten Syrien, Libyen und Algerien lehnten den Vertrag ab.

Der Journalist Adel S. Elias bewertet den Verhandlungserfolg Israels von 1979 wie folgt: »Es ist die große Tragik der Palästinenser und eine perfide Ironie des Schicksals, daß ausgerechnet das arabische Ägypten der zionistischen Ideologie und ihrer Arroganz der Macht zu solch einem überwältigenden Triumph verhalf.«[25] Schon im Camp David-Vertrag war Israel lediglich bereit, der Bevölkerung der Westbank und des Gaza-Streifens eine eingeschränkte Autonomie zu gewähren. Von Souveränität oder sogar einem eigenen Staat der Palästinenser wollte Israel weder damals noch heute etwas wissen. »Wir haben ein Recht und eine Forderung auf Souveränität über diese Gebiete von Eretz Israel. Dies ist unser Land, es gehört rechtmäßig der jüdischen Nation«, so Begin.

Als Ronald Reagan den glücklosen Jimmy Carter als US-Präsident 1980 ablöste, wurde der Nahostkonflikt in das Ost-West-Schema gepreßt. Reagan und sein Außenminister Alexander Haig waren glühende Antikommunisten. Folgerichtig ließen sie sich von Begin und Ariel Sharon für eine proisraelische Politik einspannen. Die geplante Invasion im Libanon im Jahre 1982 deklarierte die israelische Regierung als Krieg gegen die »kommunistische« PLO und die »kommunistischen« Linkskräfte des Landes. Sie hoffte, die PLO und den libanesischen Staat gegeneinander aufzubringen und einer ihr genehmen Regierung in Beirut eine »neue Ordnung« aufzuzwingen. Unter der Parole »Frieden für Galiläa« begann Sharon im Juni 1982 trotz internationaler Mißbilligung einen großangelegten Feldzug gegen die PLO im Libanon. Nach zweimonatiger Belagerung und Bombardierung des islamischen Westteils der libanesischen Hauptstadt Beirut zog die PLO-Führung mit dem Großteil ihrer Truppen nach UN-Vermittlung aus dem Libanon ab; die Kämpfer wurden auf mehrere arabische Länder verteilt. Arafat errichtete in Tunis sein neues Hauptquartier. Wenig später verübten christliche Milizen in den palästinensischen Flüchtlingslagern Sabra und Shatila Massaker, bei dem 700 Menschen umgebracht wurden. Die israelischen Besatzungstruppen unternahmen nichts zu deren Verhinderung. Insgesamt starben in diesem Krieg 17 824 Menschen, hauptsächlich Zivilisten. Dieser bewußt geplante Krieg führte zur größten Antikriegsdemonstration in Israel.

400 000 Menschen stellten sich gegen die eigene Regierung, die die Massaker an den Palästinensern zugelassen hatte.

Präsident Reagan verkündete am 1. September 1982 einen Nahostplan, der den Abzug aller fremden Truppen aus dem Libanon und eine palästinensische Selbstverwaltung in den besetzten Gebieten in Kooperation mit Jordanien vorsah. Dies wurde aber von Begin schroff abgelehnt. Vor der Weltöffentlichkeit verlor Israel wegen seiner rücksichtslosen Kriegsführung weiter an Ansehen, während die PLO aus der militärischen Niederlage politisch gestärkt hervorging.

Kurz nach der Verkündigung des Nahostplans entsandten die USA sogenannte Friedenstruppen in den Libanon. Sie nahmen zunächst von See aus die Dörfer der Drusen im Schuf-Gebirge unter Beschuß. Die Drusen und Schiiten betrachteten die Amerikaner als Helfershelfer der Israelis und als Feinde der Libanesen. Im Oktober 1982 kamen durch ein libanesisches Selbstmordkommando 241 US-Soldaten und 58 Franzosen ums Leben. Auch die Israelis mußten hohe Verluste hinnehmen.

Eine israelische Untersuchungskommission befand Verteidigungsminister Sharon als Hauptschuldigen. Er mußte daraufhin zurücktreten, gehörte jedoch dem Kabinett als Minister ohne Geschäftsbereich weiterhin an. Damaliger Generalstabschef war Raphael Eitan. Beide, Sharon, heute Ministerpräsident, und Eitan waren Minister in der Regierung von Benjamin Netanyahu . Begin trat am 30. August 1983 resigniert vom Amt des Ministerpräsidenten zurück. Nach dem Tode seiner Frau 1982 war er nicht mehr »der alte«. Immer öfter mußte er zu starken Medikamenten greifen, so daß er zeitweise regierungsunfähig war. Sein Nachfolger wurde Yitzhak Shamir. Im September 1984 bildeten Likud und Arbeitspartei eine Regierung der Nationalen Einheit. Shimon Peres wurde Ministerpräsident.

Im Laufe des Jahres 1985 zogen sich die israelischen Truppen aus dem Libanon zurück, errichteten aber im Süden des Landes eine 14 Kilometer breite sogenannte Sicherheitszone, die durch die Südlibanesische Armee (SLA) kontrolliert wurde. Diese »Sicherheitszone« hat Israel keine Sicherheit gebracht. Im Gegenteil: Der Beschuß von Nordisrael konnte nicht unterbunden werden, 1232 israelische Soldaten starben, 688 nach Errichtung der Sicherheitszone. Die israelischen Fehlschläge sind zum Teil wahrscheinlich auf die Doppelrolle zurückzuführen, die SLA-Milizionäre spielten.

Der vereinte Kampf der USA und Israels gegen den vermeintlichen »Kommunismus« bewirkte, daß die sich bisher bekämpfenden Gruppen im Libanon zusammenrückten. Im Jahre 1985 schlossen sich mehrere Parteien in der Nationalen Demokratischen Front zusammen (seit 1987 Einigungs- und Befreiungsfront). Drusen, Schiiten und Palästinenser waren wegen des äußeren Drucks gezwungen, sich enger an Syrien anzulehnen. Die Hisbollah (Partei Gottes) führte wegen der völkerrechtswidrigen Besetzung ihres Landes einen Befreiungskrieg gegen Israel. Dabei konnten sich die schiitischen »Gotteskrieger« auch auf die ideelle Unterstützung der christlichen Libanesen verlassen. Die Hauptlast des militärischen Widerstandes trugen aber die schiitischen Milizen. Sie griffen nach 1985 die israelischen Besatzungstruppen und ihre christlichen Kollaborateure von der SLA immer wieder in der Sicherheitszone an. Israel antwortete darauf mit massiven Vergeltungsschlägen.

Einige dieser Aktionen glichen Kurzkriegen, so die Invasion im Juli 1993, als die israelische Armee mehr als 500 000 Libanesen in Richtung Beirut vertrieb, und die Vergeltungsaktion vom April 1996, die Shimon Peres letztlich den Wahlsieg kostete; sie endete mit der Tötung von 120 Frauen und Kindern in einem UN-Stützpunkt in Kana. Diese Aktionen zeigten der Öffentlichkeit, daß der Befreiungskampf der Hisbollah nicht mit »Terrorismus« gleichgesetzt werden konnte. Nach den Debakeln und den hohen Verlusten der israelischen Armee im Libanon mehrten sich in Israel Stimmen, die für einen einseitigen Abzug plädierten. Die »Bewegung der Vier Mütter« hat Proteste initiiert, die auf die Verantwortung der eigenen Regierung hinwiesen. Die »Sicherheitszone« mutierte mehr und mehr zu einem neuen »Gaza«. Die israelischen Truppen zogen sich im Mai 2000 in einer Nacht-und-Nebel-Aktion überhastet aus dem Libanon zurück. Der Abzug war ähnlich demütigend wie der Rückzug der USA aus Vietnam.

3. Der Kampf der Palästinenser um einen eigenen Staat

Die »zionistische Landnahme« und in deren Folge die militärischen Auseinandersetzungen zwischen Juden und palästinensischen Arabern führten zur Vertreibung und zur Flucht von mehr als 700 000 Palästinensern. Die Vereinten Nationen versorgten die Flüchtlinge durch die UNRWA. Das Schicksal der Flüchtlinge war bald in Vergessenheit geraten. Erst mit der Gründung der Palästinensischen Befreiungsorganisation (PLO) am 16. Juni 1964 in Kairo wurden die Interessen der Palästinenser wieder ins Bewußtsein der Weltöffentlichkeit gerückt. Viele Beobachter, insbesondere im Westen, sahen in der PLO über Jahrzehnte nur eine Terrororganisation. Für die Palästinenser ist die PLO eine nationale Befreiungsbewegung. Sie wollte die in viele Länder zerstreuten Palästinenser zusammenführen, was auch gelang, und wurde zur institutionellen Verkörperung des palästinensischen Nationalismus und Selbstbewußtseins. Die USA und Israel lehnen bis heute das Selbstbestimmungsrecht der Palästinenser und einen eigenen Staat für sie ab. Beide Staaten votierten schon deshalb gegen die PLO, weil sie das Symbol des palästinensischen Nationalismus war und ist. Der Kampf der PLO gegen Israel war von Anfang an von einer gewissen Kompromißlosigkeit gekennzeichnet. Es war eine Art »Nullsummenspiel«, bei dem der Gewinn des einen zu Lasten des anderen ging. Grundlage dieser Konfrontationsstrategie war die Palästinensische Nationalcharta von 1968, in der die PLO dem Staat Israel das Existenzrecht in Palästina absprach.

Das Selbstbewußtsein der Palästinenser nahm einen enormen Aufschwung durch die Schlacht bei Karameh – einem jordanischen Dorf – im März 1968. Damals fügten die Palästinenser den Israelis im Kampf schwere Verluste zu. 124 Fedajin (Die sich selbst aufopfern) und 32 israelische Soldaten wurden getötet. Der »psychologische Sieg« hatte interne und organisatorische Konsequenzen. So mußte am 24. Dezember 1968 Achmed Shukairi als Vorsitzender der PLO zurücktreten. Vorübergehend übernahm Jahija Hammuda den Vorsitz des Exekutivkomitees, im Februar 1969 wurde er von Yassir Arafat als Vorsitzender abgelöst.

Unter dem Dach der PLO organisierten sich zahlreiche Gruppierungen, die in einer Art Volksbefreiungskrieg gegen die israelische Armee kämpften. Diese Strategie konnte in den besetzten Gebieten nicht lange aufrechterhalten werden, und so mußten die Fedajin in benachbarte Länder ausweichen. Es wurde schnell deutlich, daß die von der al-Fatah geführte PLO nicht alle Verbände unter Kontrolle hatte. Mitte 1969 spaltete sich die »Demokratische Volksfront für die Befreiung Palästinas« (DFLP) unter Naif Hawatmeh von der »Volksfront für die Befreiung Palästinas« (PFLP) des George Habash ab. Die palästinensischen Fedajin etablierten sich in Jordanien zu einer Macht, die König Hussein offen herausforderte. Seine Soldaten gingen im berühmt-berüchtigten »Schwarzen-September-Massaker« gnadenlos gegen die Fedajin vor. Bei dieser »Abrechnungsorgie« fielen 3000 PLO-Kämpfer. Weil danach die Aktionen der DFLP und PFLP weitergingen, wurden die PLO-Milizen im Juli 1971 völlig zerschlagen und aus Jordanien vertrieben. Sie hatten damit ihre wichtigste Basis im Kampf gegen Israel eingebüßt.

Bis zu ihrer Vertreibung aus dem Libanon im Jahre 1982 versuchte die PLO das »zionistische Gebilde« vor allem durch Terroranschläge gegen jüdische Einrichtungen sowie Juden in Israel und in anderen Ländern, so auch in Deutschland (während der Olympischen Spiele 1972 in München; die Entführung der Lufthansa-Maschine »Landshut« nach Mogadischu), zu zerstören. Die Strategie der Gewalt hat den Interessen der Palästinenser und dem Ansehen der Araber im allgemeinen im Westen enorm geschadet und das »Feindbild Islam« neu belebt.

Daneben setzte die PLO auch auf diplomatische Initiativen. Am 13. November 1974 sprach Arafat vor der UN-Vollversammlung in New York. Die Weltorganisation mußte für seine Palästina-Debatte vom 13.–15. Dezember 1988 nach Genf umziehen, da der PLO-Vorsitzende kein Visum für die USA erhielt. Die Rede brachte der PLO einen beachtlichen Prestigegewinn, denn die diplomatische Anerkennung erfolgte umgehend. Die arabischen Staaten erkannten die PLO als einzig legitime Vertretung des palästinensischen Volkes an. Die Strategie von Terror und Diplomatie schien Früchte zu tragen. Am 7. August 1981 nahm die Arabische Liga mit überwältigender Mehrheit den Plan des saudiarabischen Königs Fahd an, »Land gegen Frieden« zu tauschen.

Spätestens seit der Vertreibung der PLO aus dem Libanon 1982 war auch dem letzten Palästinenser klar, daß die Lösung des Konfliktes nur in einer Zweistaatenlösung liegen könne, da ein binationaler Staat, wie vernünftig und »preiswert« er auch wäre, für Israel nicht in Frage käme. Die Befreiung Palästinas blieb auch nach ihrer Ausweisung aus Beirut das erklärte Ziel der PLO. Von den USA und Israel wurde dies als purer Terrorismus denunziert. Alle Widerstandsakte der PLO nach der Libanoninvasion hat die Regierung Begin als Terrorismus diskreditiert. Die massive Gewalt des israelischen Staates gegen unbeteiligte Zivilisten im Libanon oder in den besetzten Gebieten wurde dagegen nicht verurteilt oder gar als »Terror« bezeichnet.

Bis Mitte der siebziger Jahre konnte Israel das Image einer »liberalen Besatzungsmacht« aufrechterhalten. Die Politik von Verteidigungsminister Moshe Dayan zielte darauf ab, den Palästinensern, soweit es möglich war, die Fortsetzung ihres früheren Lebens zu gestatten. Reibungen und Konflikte sollten vermieden werden. Widerstand wurde jedoch auf das schärfste unterdrückt. Dayans Politik schien aufzugehen. Es gab keinen nennenswerten Widerstand in den palästinensischen Zentren, ökonomisch ging es den Menschen gut, und die wenigen jüdischen Siedlungen waren weitab. Mit der Regierungsübernahme durch den Likud-Block 1977 änderte sich nicht nur der Stil der Besetzung, sondern auch die Stimmung der Bevölkerung.

Die völkerrechtswidrigen Landenteignungen und der systematische Straßenbau dokumentierten Israels Absicht, die Gebiete auf Dauer zu behalten. Ein Vertreter der Militärregierung gab 1980 freimütig zu, daß er nicht an der Verbesserung der Lage der Palästinenser interessiert sei, sondern an deren Auswanderung. Die Politik der Nichteinmischung wurde zugunsten einer Zuckerbrot-und-Peitsche-Strategie aufgegeben, d. h., Nationalisten wurden bestraft, Kooperationswillige belohnt. Die palästinensischen Selbstverwaltungsstrukturen wurden systematisch zerschlagen. So wurden alle 1976 gewählten Bürgermeister abgesetzt. Die Bevölkerung war der Willkür der Militärbehörden ausgeliefert, die jeden Bittgang zu einem Spießrutenlaufen werden ließen. Diese Erniedrigungen, Demütigungen und Repressionen durch die Israelis waren die Ursache für die am 9. Dezember 1987 ausgebrochene Intifada (Abschüttelung), des Aufstandes der Palästinenser gegen die israelische Besetzung.

Die Intifada war kein ferngesteuertes Unternehmen aus Tunis oder Damaskus. Die PLO und alle internationalen Experten sind von ihr überrascht worden. Weder die Erschießung zweier palästinensischer Studenten in der Bir-Zeit-Universität im Dezember 1986 noch die Kamikaze-Aktion eines Aktivisten des PFLP-Generalkommandos vom 25. November 1987, bei der sechs israelische Soldaten in Galiläa getötet wurden, kann als auslösendes Moment angesehen werden, da diese Aktionen keinerlei sichtbare Wirkungen in den besetzten Gebieten hatten. Die Intifada begann als spontane Reaktion eines unterdrückten Volkes. Not, Angst vor Deportationen, Landenteignungen, aggressives Siedlerverhalten, Verzweiflung über den Lagerkrieg, den die Palästinenser im Libanon führten, und Haß auf die Besatzer machten den Palästinensern das Leben immer unerträglicher. Sie spürten, daß sie nichts zu verlieren hatten als ihre Unterdrückung und Erniedrigung.

Am 8. Dezember 1987 raste ein israelischer Militärtransporter zwischen Israel und dem Gaza-Streifen in einige arabische Autos. Vier Arbeiter wurden getötet, einige schwer verletzt. Drei der Getöteten stammten aus Jabalia, dem größten Flüchtlingslager des Gaza-Streifens. Der Verdacht liegt nahe, daß es sich bei diesem Verkehrsunfall um einen Racheakt für die Ermordung des israelischen Geschäftsmannes Shlomo Tahal durch die Terroreinheit »Force 17« am 6. Dezember im Gaza-Streifen handelte. Die Beerdigung der drei Palästinenser am 9. Dezember geriet zu einer riesigen Demonstration gegen die Besetzung. Am nächsten Tag wurde in Jabalia der 15jährige Hattem as-Sissi durch Herzschuß getötet. Der Aufstand hatte einen ersten »Märtyrer«.

Daraufhin weiteten sich die Proteste zuerst auf die anderen Flüchtlingslager, später auf die größeren Städte der Westbank aus. Es handelte sich überall nur um Demonstrationen. »Wenn die Armee nicht eingegriffen hätte, wäre weiter nichts passiert«, so der Wissenschaftler Alexander Flores[26]. Ihre Aktionen waren hilflos und außerordentlich brutal. Die israelische Regierung war zu einer politischen Antwort nicht fähig. Statt dessen ließ sie Tränengas, Gummigeschosse, Schlagstöcke und scharfe Munition einsetzen. Ein »Befehl« des damaligen Verteidigungsministers Yitzhak Rabin wird mit den Worten zitiert: »Brecht ihnen die Knochen.« Bereits nach einigen Tagen hatte der Aufstand weitere »Märtyrer«. Die als Abschreckung der Palästinenser gedachten Maßnahmen führten zu einer Eskalation der Gewalt. Innerhalb weniger Tage weitete sich der Aufstand auf den gesamten Gaza-Streifen und einige Flüchtlingslager der Westbank aus. Nach zwei Wochen stellte sich die Fatah-PLO mit ihrer Jugendorganisation Schabiba an die Spitze des Aufstandes. Vier Gruppen der PLO bildeten die »Vereinigte Nationale Führung des Aufstandes« (VNFA), die im Januar 1988 zu einem totalen Volkskrieg aufrief. Dieser sollte nicht mit Feuerwaffen, sondern mit einem »Hagel von Steinen, Molotowcocktails und Eisenstangen« ausgetragen werden. Ziviler Ungehorsam gegen die Besatzer, Aufbau einer eigenen politischen, sozialen und ökonomischen Infrastruktur und Boykott der israelischen Wirtschaft sollten weitere Aktivitäten auf dem Weg der Befreiung aus der Abhängigkeit von Israel sein.

Die Intifada war für den Staat Israel und seine Armee die bis dahin größte politische und militärische Herausforderung. Die Identitätskrise der Armee, die mit dem Desaster im Libanon begann, verstärkte sich durch die Intifada. Das Vorgehen der Armee gegen unbewaffnete Zivilisten trug nicht nur zur Entfremdung zwischen Bevölkerung und Armee bei, sondern verstärkte die Identitätskrise der Armee und ließ die Moral in der Truppe erodieren. Bis heute ist der Desintegrationsprozeß der Streitkräfte weiter vorangeschritten. Selbstmorde, Drogenmißbrauch, Wehrdienstverweigerung und Gesetzesverstöße nehmen zu. Die Selbstmorde übersteigen in einigen Jahren die Zahl der Toten, die im Kampf gefallen sind. Immer öfter verweigern Reservisten ihren Dienst in den besetzten Gebieten.

Bei ihrem Ausbruch war die Intifada eine Volkserhebung. Mit ihr wurde der Versuch unternommen, die besetzten Gebiete soweit wie möglich von Israel abzukoppeln und sich auf die eigenen Kräfte zu besinnen, die Bevölkerung zu mobilisieren und auf einen langfristigen Widerstand vorzubereiten.

Die Intifada konnte beträchtliche Anfangserfolge verbuchen: Mit dem Boykott israelischer Waren, dem Rücktritt der palästinensischen Polizisten und Steuereintreiber sowie der Zerstörung des Kollaborateur- und Spitzelnetzes wurde eine graduelle Loslösung von Israel erreicht. Zugleich hat sie allen beteiligten Konfliktparteien geschadet: den Palästinensern mehr, den Israelis weniger. Israel erlitt erhebliche ökonomische Einbußen. Das Leben der Palästinenser hat sich durch die Intifada tiefgreifend verändert: Zum einen verschlechterte sich ihr Lebensstandard, zum anderen stärkte der Aufstand ihr National- und Selbstbewußtsein. Die Palästinenser waren zunächst voller Hoffnung, weil sie dachten, der Aufstand führe zu einem eigenen Staat. Der einzige Erfolg, den die Intifada langfristig brachte, war die Zerstörung des Mythos von einem belagerten und bedrohten Israel, das immer Opfer der Aggression seiner Nachbarn gewesen sein soll. Es hatte ein Rollentausch stattgefunden. Aus dem kleinen David von 1967 war 1988 ein hochgerüsteter Goliath geworden, dem der David mit Steinen gegenüberstand. Israels Rolle wandelte sich in der Öffentlichkeit vom »Opfer« zum Schuldigen. Auf das Selbstbewußtsein der Israelis wirkte sich die Intifada verheerend aus. Sie versuchten, den Aufstand als Krieg zu rationalisieren, um so die Tötung und das Zusammenschlagen so vieler unschuldiger Zivilisten vor sich selbst und der Welt zu »erklären«. Die israelische Kriegsmaschinerie entpuppte sich gegenüber gewaltfreiem Widerstand als völlig hilflos. Israel wurde bewußt, wo die »ethischen Grenzen« der Gewaltanwendung verliefen. Trotz dieses Imagegewinns für die Palästinenser ist die Intifada gescheitert, weil es nicht gelang, die palästinensischen Institutionen zu transformieren.

Selbst das brutale Vorgehen der israelischen Armee vermochte den Aufstand lange Zeit nicht niederzuschlagen. Im August 1988 ergriff die Regierung wieder die Initiative und stellte die Mitgliedschaft in den Komitees, die den organisatorischen Aufbau voranbringen sollten, unter Strafe; damit traf sie den Lebensnerv der Intifada. Just in diesem Augenblick verzichtete König Hussein von Jordanien am 31. Juli 1988 auf die Westbank. Unter dem Druck der Intifada bekannte sich die PLO öffentlich zum Zwei-Staaten-Modell.

Am 15. November 1988 proklamierte der »Palästinensische Nationalrat« in Algerien einen unabhängigen Staat »Palästina«. Weil die USA und ihre westeuropäischen Verbündeten ihm die Anerkennung verweigerten, blieb dem »Phantomstaat« der diplomatische Durchbruch versagt. Mit diesem Akt erkannte die PLO auch die UN-Resolutionen 242 und 338 an und sprach sich für die Lösung des palästinensischen Flüchtlingsproblems auf der Grundlage des Völkerrechts aus. Dem Terror als Mittel der Politik wurde abgeschworen, das Existenzrecht Israels in den Grenzen von 1948 damit indirekt anerkannt. Die Palästinenser waren also zur friedlichen Koexistenz mit Israel bereit. Die internationale Staatengemeinschaft begrüßte die Entscheidung. Die israelische Regierung wollte sich jedoch von der »Terrororganisation PLO« nicht anerkennen lassen, hätte sie sich doch somit eines allzeit nützlichen Propagandainstrumentes entledigt. Sie hatte zu diesem Zeitpunkt kein Interesse, mit der PLO in Verhandlungen über die Rückgabe der besetzten Gebiete einzutreten. Die Erklärung wurde als taktischer Schachzug deklariert, der das alte Ziel – die Zerstörung Israels – nur verschleiere. Die Regierung unter Yitzhak Shamir, der auch die Arbeitspartei angehörte, bot den Palästinensern in ihrer Friedensinitiative freie Wahlen und eine beschränkte Autonomie an, was die Palästinenser jedoch ablehnten.

Im Kontext der Intifada erwuchsen Israel zwei noch gefährlichere Gegner, als die PLO es jemals gewesen ist, und zwar die Hamas (Bewegung Islamischer Widerstand) und der Islamische Heilige Krieg. Die israelische Regierung hatte die Hamas als Gegengewicht zur PLO im Gaza-Streifen ideell und materiell gefördert; daß so der Teufel mit Beelzebub ausgetrieben werden sollte, erkannte Israel erst, als es bereits zu spät war. Die Erfolge der Islamisten sind die Quittung für das politische, wirtschaftliche und moralische Versagen der alten Eliten. Wer ist diese Hamas?

Hamas versteht sich nach ihrer Charta vom August 1988 als ein »Flügel der Muslimbruderschaft in Palästina«. Die Muslimbrüder lehnten den bewaffneten Kampf ab und spielten anfangs eine positive Rolle, da sie eine soziale und religiöse Infrastruktur aufbauten. Erst im Laufe der Intifada radikalisierten sich wesentliche Teile der Muslimbrüder und gründeten unter Scheich Achmad Yasin die Hamas. In ihrer Charta spricht sich die Organisation für einen »Heiligen Krieg« gegen die »zionistische Invasion« (Artikel 7) und ein einheitliches islamisches Palästina (Artikel 11), zu dem auch Israel gehöre, aus. Damit stellt Hamas implizit Israels Existenzrecht in Frage. Der Islamische Heilige Krieg ist eine radikalere Variante von Hamas; er ist aus einer Abspaltung hervorgegangen. Die Organisation operiert in Form kleiner Zellen, die unabhängig voneinander handeln. Beide, Hamas und Islamischer Heiliger Krieg, sind für zahlreiche Terroranschläge in Israel verantwortlich, bei denen unschuldige Israelis ums Leben kamen. Beide Organisationen lehnen das aus dem Westen importierte Gesellschaftssystem ab. Sie wollen ein System errichten, das auf der Scharia, dem islamischen Recht, basiert. Nach ihren Vorstellungen hat die Demokratie keine Grundlage im Koran. Im Gegenteil: Sie widerspreche der einzig legitimen Souveränität, und zwar derjenigen Allahs. Unterstützt werden sie durch Spenden von Palästinensern aus den USA und Europa sowie von Saudi-Arabien. Daß der Iran diese Organisationen finanziell aushält, trifft in dieser Pauschalität nicht zu.

Vom Zusammenbruch des Ostblocks im Jahr 1990 und dem Aufstieg der USA zur einzigen Weltmacht blieb auch der Nahe Osten nicht unberührt. Die Palästinenser unter Arafats Führung setzten im Zweiten Golfkrieg in Verkennung der machtpolitischen Verhältnisse auf den Diktator Saddam Hussein. Als die Palästinenser die von Bagdad auf Israel abgeschossenen Scud-Raketen bejubelten, wurde das Mißtrauen ihnen gegenüber noch größer. Die gesamte israelische Gesellschaft war damals von Freude über den amerikanischen Angriff auf den Irak erfüllt. Der israelische Regierungssprecher verlangte vom amerikanischen Präsidenten, »keine Gnade gegenüber Saddam Hussein zu zeigen«[27]. Im Westen empfanden es die meisten als ganz normal, daß die Amerikaner über dem Irak das Äquivalent von sieben Hiroshima-Bomben entluden, wodurch zirka 150 000 Iraker ihr Leben verloren. Dies sind Menschen, die »anders gewickelt« sind, wie Gerhard Konzelmann meinte. Amos Oz malte das Gespenst eines »zweiten Auschwitz« an die Wand. Yossi Sarid schrieb 1991 in »Ha'aretz«: »Im Vergleich mit den Verbrechen Saddam Husseins erscheinen die Sünden der israelischen Regierung weiß wie Schnee. Ich trete aber weiter für ihr Recht auf Selbstbestimmung und einen unabhängigen Staat ein, weil es mein eigenes Recht ist, die Besetzung und ihre negativen Folgen loszuwerden. Vielleicht haben sie die Besetzung verdient, wir jedenfalls haben sie nicht verdient.« Meint Sarid vielleicht, daß die Besetzung für die Palästinenser ein Glücksfall war und ihrer Gesellschaft keinen Schaden zugefügt hat? Seit wann sind nur die Besatzer Leidtragende? Die von den Amerikanern erzwungene Wehrlosigkeit Israels hatte das Selbstverständnis des Staates tief erschüttert. Israel sah sich erstmalig mit einer Situation konfrontiert, die seiner Staatsdoktrin der Selbstverteidigung widersprach. Im Ausland bewirkte der Angriff auf Israel eine Flut von Solidaritätskundgebungen für das Land, die sich vor allem in finanziellen Hilfeleistungen ausdrückten. Wer erinnert sich nicht an die Israelreisen deutscher Politiker mit Schecks in ihrem Gepäck. Für Israel jedenfalls brachte der Golfkrieg eine »moralische Aufwertung«[28].

Für die PLO und die Palästinenser in den arabischen Staaten bedeutete die Niederlage Saddam Husseins einen herben Rückschlag. 350 000 von ihnen wurden aus Kuwait, Saudi-Arabien und den Golf-Emiraten ausgewiesen. Diese Länder stellten ihre Zahlungen an Arafat ein, was den finanziellen Ruin der Organisation bedeutete. Arafats Organisation war politisch, wirtschaftlich und moralisch am Ende. Die Niederlage Saddam Husseins hatte in westlichen diplomatischen Kreisen die Hoffnung genährt, auch der Nahe Osten ließe sich neu ordnen. Der amerikanische Präsident George Bush sprach von einer »Neuen Weltordnung« und meinte damit die globale Dominanz bzw. Hegemonie der Vereinigten Staaten. Die USA waren der Ansicht, das israelisch-arabisch-palästinensische Problem ohne Beteiligung der internationalen Staatengemeinschaft lösen zu können. Der amerikanische Außenminister James Baker entwickelte eine intensive Reisediplomatie in der Region. Der sowjetische Außenminister Alexander Bessmertnych beteiligte sich daran; seine Rolle beschränkte sich allerdings auf die eines Gehilfen der USA, weil die Tage der Sowjetunion bereits gezählt waren. Trotz erheblichen Widerstandes der israelischen Regierung gelang es den amerikanischen Diplomaten, Ende Oktober/Anfang November 1991 zur Friedenskonferenz in Madrid zu laden.

4. Präludien des Friedens: von Madrid nach Oslo

George Bush hatte am 6. März 1991 vor dem US-Kongreß für einen »umfassenden Frieden auf der Grundlage der UN-Resolutionen 242 und 338« und des Prinzips »Land gegen Frieden« votiert. Diese Rede sowie sein Brief an die Palästinenser vom Oktober 1991, in dem er sich gegen den »Ausbau der Siedlungen« aussprach, ermöglichten es Arafat, das Exekutivkomitee der PLO für die Formel »Land gegen Frieden« zu gewinnen. Edward Said sah darin einen »Verrat an unserer Geschichte und unserem Volk«[29].

Die »Friedenskonferenz« von Madrid brachte unter der Schirmherrschaft der USA und der Sowjetunion am 31. Oktober und 1. November 1991 erstmalig Unterhändler aus Israel, Syrien, dem Libanon, Jordanien sowie Palästinenser aus der Westbank und dem Gaza-Streifen an einen Tisch. Um die Zusammensetzung der jordanisch-palästinensischen Delegation war hinter den Kulissen heftig diskutiert worden. Die israelische Regierung weigerte sich, palästinensische Delegierte aus Ost-Jerusalem zu akzeptieren, da sie die Souveränität über diesen Stadtteil beanspruchte. Der palästinensische Delegationsleiter, der Arzt Haidar Abd Al-Shafi, hielt eine bedeutsame Rede: »Wir, das Volk Palästinas, stehen vor Ihnen mit unserem Leid, mit unserem Stolz und unserer Hoffnung, denn wir haben lange die Sehnsucht nach Frieden und den Traum von Gerechtigkeit und Frieden in uns getragen. Zu lange wurde das palästinensische Volk nicht beachtet, zu lange wurde unserer Stimme kein Gehör geschenkt und der Versuch unternommen, unsere Stimme zum Schweigen zu bringen oder sie gar zu negieren, zu lange wurde unsere Identität aus Gründen politischer Opportunität negiert, unser gerechter Kampf gegen Unrecht verleumdet und unsere gegenwärtige Existenz der vergangenen Tragödie eines anderen Volkes untergeordnet.« Abd Al-Shafi sprach alle für die Palästinenser wichtigen Probleme an: den Status von Jerusalem, die politischen Gefangenen, die israelische Siedlungspolitik, die Achtung der Vierten Genfer Konvention, das Recht auf Selbstbestimmung und einen eigenen Staat.

Der israelische Ministerpräsident Yitzhak Shamir wiederholte in seiner Erwiderung bekannte Formeln über die Katastrophe des Holocaust, die 4000jährige Anwesenheit von Juden in Palästina, die arabische Feindschaft, den Terror der Palästinenser und die Weigerung der arabischen Staaten, das Existenzrecht Israels anzuerkennen. Shamir warnte davor, die Gespräche primär und ausschließlich auf Land zu konzentrieren, dies wäre der schnellste Weg in die Sackgasse. Er forderte zunächst vertrauensbildende Maßnahmen. Abd Al-Shafi entgegnete ihm: »Unsere palästinensische Delegation ist, um aufrichtig zu sein, hierher gekommen, um Sie mit einer Herausforderung zu konfrontieren: um uns als Menschen vorzustellen und Sie als Menschen anzuerkennen, um die Fesseln der Vergangenheit zu überwinden und den Grundstein für einen Frieden zu legen, dessen Rahmen Gegenseitigkeit, Offenheit und Anerkennung bilden.« Für Israelis, die die Palästinenser immer noch mit »Terroristen« gleichsetzten, waren diese Worte gewiß eine Herausforderung. Die anschließenden zehn Verhandlungsrunden der Delegationen in Washington brachten keine Fortschritte; die Teilnehmer konnten sich nicht einmal über Verfahrensfragen einigen. In den besetzten Gebieten breitete sich das Elend weiter aus, die Desillusionierung der Palästinenser schritt fort, und ihre Unterhändler zerstritten sich. Yassir Arafat spielte eine zwielichtige Rolle.[30] Yitzhak Shamir erklärte später, er hätte in Washington noch zehn Jahre verhandelt, bis es vor Ort nichts mehr zu verhandeln gegeben hätte.

Das eigentliche Ziel der USA war nicht die Herstellung normaler Beziehungen, in denen Israel nur ein Staat unter anderen sein sollte, vielmehr sollte dieser Staat aufgrund seiner stärkeren ökonomischen Basis eine hegemoniale Rolle in der Region spielen. Bush erhielt für diese Strategie die Unterstützung der arabischen Staaten, die nach dem Golfkrieg von den Vereinigten Staaten abhängiger als je zuvor waren. Die Weigerung der Shamir-Regierung, einen Siedlungsstop zu verhängen, veranlaßte die US-Administration jedoch, einen zugesagten Zehn-Milliarden-Dollar-Kredit für die Integration sowjetischer Juden auszusetzen und bei den Wahlen im Juni 1992 den Kandidaten der Arbeitspartei, Yitzhak Rabin, zu unterstützen, der den Israelis Frieden versprach.

Wer geglaubt hatte, die Verhandlungen in Washington würden nach dem Regierungswechsel in Israel zügiger vorangehen, sah sich getäuscht. Die Repression gegenüber den Palästinensern nahm eher noch zu. Anlaß dafür bot die Ermordung einiger unschuldiger Zivilisten durch Palästinenser. Die Rabin-Regierung ließ im Dezember 1992 in einer Nacht-und-Nebel-Aktion 415 vermeintliche Hamas-»Terroristen« in das Hermon-Gebirge im Süden Libanons verbannen. Nach der Vierten Genfer Konvention sind Deportationen prinzipiell untersagt. Der UN-Sicherheitsrat forderte in seiner Resolution 799 die unverzügliche Rückkehr der Verbannten, die Einhaltung der Vierten Genfer Konvention sowie die Einstellung derartiger Strafmaßnahmen. Die USA tolerierten, daß Israel auch diesen Beschluß der UNO mißachtete. Das Oberste Gericht Israels deutete die Massendeportation in eine massenhafte »individuelle Deportation« um und erklärte sie für Rechtens. Damit sei das Prinzip der Deportation sanktioniert, stellte Yitzhak Rabin mit einigem Stolz nach seinen Verhandlungen mit Präsident Bill Clinton in den USA fest. Die Verbannten nutzten ihre Lage allabendlich für Auftritte in den Medien. Die Hisbollah soll einige von ihnen für Selbstmordanschläge »ausgebildet« haben. Etwa 200 Deportierte durften nach einigen Wochen zurückkehren, die anderen verbrachten über ein Jahr im Libanon.

Durch eine Grundsatzentscheidung der israelischen Regierung wurde eine totale Abriegelung der Gebiete am 30. März 1993 verfügt, die bis heute nicht widerrufen worden ist. Damit wollte Israel das Eindringen von Attentätern endgültig unterbinden. Die besetzten Gebiete wurden in vier Kantone aufgeteilt: eine nördliche und eine südliche Westbank, Ost-Jerusalem und den Gaza-Streifen. Die palästinensische Wirtschaft, die ärztliche Versorgung, die Bewegungsfreiheit, die freie Religionsausübung und die Ausbildung der Palästinenser sind dadurch auf das schwerste beeinträchtigt. Außerdem erhalten sie seither kaum eine Einreisegenehmigung für Ost-Jerusalem, ihr politisches und kulturelles Zentrum.

Als die Regierung Rabin amtierte, entspannte sich das Verhältnis zu den USA. Rabin ordnete umgehend an, keine neuen Siedlungen zu errichten. Ausgenommen waren sicherheitsrelevante Standorte. Allerdings konnten die im Bau befindlichen vollendet werden und bestehende expandieren. So stieg die Zahl der Siedler während der vierjährigen Regentschaft der Arbeitspartei in den besetzten Gebieten um 50 Prozent an. Die Weltöffentlichkeit tolerierte dies, da die Rabin-Regierung als »links« galt. Netanyahu hat dieser erfolgreichen Expansion nachgeeifert. Der Protest gegen seine Siedlungspolitik ist scheinheilig und zeugt von einer doppelten Moral seiner Kritiker. Der Bau von Siedlungen wurde stets mit vorgeschobenen Sicherheitsargumenten begründet, um der Kolonisierung fremden Landes wenigstens eine relative Plausibilität zu geben. Alle israelischen Regierungen wußten, daß sich diese Siedlungen als ein Haupthindernis für eine zukünftige Friedenslösung erweisen würden.

Als die Hisbollah im Juli 1993 Nordisrael mit Katjuscha-Raketen beschoß, antwortete die israelische Armee mit massiven Angriffen auf den gesamten Libanon. Rabin hatte die »Operation Rechenschaft« in zynischer Weise angekündigt. Bewußt wählte er ein probates Mittel, um auf die libanesische Regierung Druck auszuüben: die Vertreibung der Zivilbevölkerung. 500 000 Libanesen mußten damals vor israelischen Luftangriffen in den Norden des Landes flüchten. Wolfgang Günter Lerch kommentierte die Aktion in der »Frankfurter Allgemeinen Zeitung« (FAZ) mit dem Wort »Staatsterrorismus«. Für den ehemaligen Knesset-Abgeordneten Uri Avnery war es »der grausamste ... und vielleicht auch der sinnloseste« Krieg, den Israel je geführt habe. »Noch nie hat eine israelische Regierung einen Krieg geführt, dessen offizielles Ziel es war, die Zivilbevölkerung gänzlich zu vertreiben«, so Avnery im »Spiegel«. Israelische Kolumnisten bezeichneten erstmals Angriffe der eigenen Armee als »Kriegsverbrechen«. Während dieser Aktionen verhandelten Abgesandte Israels und Arafats bereits in Oslo über die Modalitäten und Sicherheitsvereinbarungen für eine Autonomie.

Mitte August 1993 verdichteten sich Gerüchte, daß sich beide Seiten in Geheimverhandlungen über eine Teilautonomie für den Gaza-Streifen und die Stadt Jericho im Westjordanland verständigt hätten. Die Öffentlichkeit und die arabischen Verhandlungsdelegationen in Washington wurden davon total überrascht. Selbst die PLO-Delegation wurde erst informiert, als sie in Tunis zur elften Verhandlungsrunde aufbrechen wollte. Hanan Ashrawi, Mitglied dieser Delegation, gibt in ihrer Autobiographie Auskunft über die euphorische und unrealistische Sicht der Palästinenser um Arafat.[31]

Seit Januar 1993 hatten israelische und palästinensische Unterhändler dieses Abkommen in 14 Sitzungen in Norwegen ausgehandelt. Die ersten Kontakte wurden zwischen Yair Hirschfeld und Achmad Qrei alias Abu Ala in London geknüpft. Am Zustandekommen dieses Treffens war indirekt Hanan Ashrawi beteiligt.[32] Ron Pundik und Mahmoud Abbas alias Abu Mazen erörterten ökonomische Fragen. Erst als Shimon Peres im März seinen Stellvertreter Uri Savir und den Rechtsberater des israelischen Außenministeriums, Joel Singer, zu den Gesprächen entsandte, wurden Fortschritte ersichtlich.

In die »Prinzipienerklärung« wurden zahlreiche Positionen übernommen, die schon im Camp-David-Abkommen zwischen Israel und Ägypten formuliert worden waren, zum Beispiel die »begrenzte Autorität« der Palästinenser in der Westbank und im Gaza-Streifen. Letzteres wurde von der palästinensischen Delegation in Washington auf Anweisung Arafats stets zurückgewiesen. Der PLO-Chef hatte sich zunächst gegen die Vorstellung aufgelehnt, daß die Palästinenser in einem »Bantustan« leben sollten oder es ihnen wie den Indianern in Nordamerika ergehen sollte. Aber genau auf diesen Status werden die Palästinenser in den Abkommen reduziert. Die drei bis vier palästinensischen Verhandlungsführer waren blauäugig und inkompetent.[33] Weder Arafat noch seine Emissäre beherrschten die Verhandlungssprache Englisch. Sie hatten nicht einmal einen juristischen Berater an ihrer Seite.

Die in Oslo getroffene Vereinbarung, als »Prinzipienerklärung über vorübergehende Selbstverwaltung« bekannt, wurde am 13. September 1993 vor dem Weißen Haus in Washington unterzeichnet. In einer feierlichen Zeremonie sprach Yitzhak Rabin vom Ende des Blutvergießens nach einhundert Jahren. Shimon Peres entwarf die Vision eines »Neuen Nahen Ostens«, und Arafat stattete für die Aufgabe fast aller Rechte der Palästinenser seinen Dank ab. Bill Clintons Pose entsprach der eines römischen Kaisers, der zwei verfeindete Vasallen durch ein Ritual und Huldigung zum Gehorsam bringt.

Optimismus war angesagt, obwohl er nicht berechtigt war. In welchen Dimensionen die Akteure dachten, machte die Rede von Shimon Peres deutlich. »Was wir heute hier vollziehen, ist mehr als die Unterzeichnung einer Übereinkunft. Es ist eine Revolution ... Wir wollen eine Wende von Gewehrkugeln zu Wahlkugeln, von Waffen zu Spaten. Wir werden mit Euch beten. Wir werden unsere Hilfe anbieten, um Wohlstand in Gaza zu schaffen und Jericho wieder zum Blühen zu bringen.« Er gab seiner Vision sogar einen prophetischen Anflug: »Dies sollte eine neue Schöpfung sein. Wir müssen ein neues Gemeinwesen auf unserem alten Boden schaffen; einen Nahen Osten für die Menschen, einen Nahen Osten für die Kinder ... Lassen Sie uns der Feindschaft eine Absage erteilen, und mögen Opfer auf keiner Seite mehr zu beklagen sein.« Wesentlich realistischer gab sich dagegen Yitzhak Rabin, der über die Opfer von Gewalt und das Leid der Familien, über Jerusalem als die »ewige Hauptstadt des jüdischen Volkes« sprach. Seine Rede richtete sich primär an die israelische Bevölkerung. »Wir kommen von einem Volk, aus einer Heimat, einer Familie, wo es kein einziges Jahr, keinen einzigen Monat gegeben hat, in dem Mütter nicht um ihre Söhne geweint haben ... Wir sagen Euch heute mit lauter und deutlicher Stimme: Genug des Blutes und der Tränen. Genug.« Solche Worte hätte Arafat finden sollen, da die Palästinenser durch die Abkommen auf die Konstellation von »Terrorismus« und »Gewalt« reduziert wurden. Der PLO-Vorsitzende erwähnte nicht einmal die palästinensischen Opfer und bat im Gegensatz zu seinen beiden Vorrednern neben den USA und der internationalen Staatengemeinschaft auch »Gott, den Barmherzigen«, um Beistand. Instinktiv wohl ahnend, daß der eingeschlagene Weg kein leichter sein werde. »Wir zählen auf die Rolle, die Sie dabei spielen werden, Herr Präsident, und auf die Rolle aller Länder, die glauben, daß ohne einen Frieden im Nahen Osten der Frieden in der Welt nicht vollkommen sein wird.« Noch gab sich Arafat der Illusion hin, die USA seien in diesem Konflikt »ehrliche Makler«.

Diese »Prinzipienerklärung« war tatsächlich nichts anderes als ein Dokument der Kapitulation, Edward Said nannte es ein »palästinensisches Versailles«. Die Palästinenser um Arafat und einige von ihm Abhängige sprachen von einem »Sieg«. Das Abkommen hat nicht Palästina auf die Landkarte des Nahen Ostens zurückgebracht, wie der PLO-Chef euphorisch in Washington betonte, sondern eine Karikatur desselben. Nabil Shaath äußerte in einem Interview die Hoffnung auf einen Singapur ähnlichen Status für den Gaza-Streifen. Diese und andere unrealistische Erwartungen entbehrten jeglicher Grundlage. In den Verträgen steht zum Beispiel nichts über die Rückkehr der Flüchtlinge von 1948.[34] Der Delegationsleiter Haidar Abd Al-Shafi erklärte: »Wir sind nicht verantwortlich für die Fehler in diesem Abkommen. Wir haben über nichts gesprochen, das zu diesen Konzessionen geführt hat. Im Gegenteil: Wir wiesen auf die zentralen Fragen hin, bei denen wir hart bleiben müßten.«[35] Arafat ignorierte solche Einwände. Vielleicht hatte er auch Angst vor den Mindestforderungen, spekulierte Abd Al-Shafi in einem Interview in der »taz« vom 8. Dezember 1993.

Der Friedensprozeß leitete das Ende des Emanzipationsprozesses der Palästinenser ein, weil die Unterdrückten ihre Unterdrücker legitimierten, bevor die Besetzung ein Ende gefunden hatte. Vergleiche mit Algerien, Vietnam oder Südafrika sind historisch nicht haltbar, da diese Länder in eine reale Unabhängigkeit entlassen worden sind. Die Westbank und der Gaza-Streifen blieben jedoch nach der Unterzeichnung aller bisher abgeschlossenen Verträge unter israelischer Besetzung, alle Militärverordnungen besitzen dort weiterhin Gültigkeit. Selbst die Autonomiegebiete befinden sich in einem quasi Belagerungszustand, da Israel jederzeit das Recht hat, sie abzuriegeln oder sogar einzumarschieren, wenn es seine Sicherheit bedroht sieht. Die Dokumente bieten den Palästinensern keinerlei Schutz vor israelischer Gewalt, Fragen der Kompensation für den umfangreichen Verlust von Land und Vermögen wurden gar nicht angesprochen.

Außenminister James Baker zog in einem Fernsehinterview folgendes Fazit: Israel habe nichts aufgegeben als die Ablehnung, die »PLO als einzige Vertreterin des palästinensischen Volkes« zu akzeptieren. Amos Oz brachte die Vereinbarung sofort auf den Punkt, als er in einem Interview vom 14. September 1993 gegenüber der BBC betonte: »Dies ist der zweitgrößte Sieg in der Geschichte des Zionismus.«

Nüchterne Urteile über diesen Friedensprozeß sind in der allgemeinen Euphorie untergegangen. So sagte Haidar Abd Al-Shafi am 8. Dezember 1993 in der »taz«: »Ich glaube nicht, daß es jemals zu einem palästinensischen Staat kommen wird.« Auch auf israelischer Seite gab es einige Realisten. Roni Ben Efrat, Chefredakteurin des israelischen Magazins »Challenge«, fällte in einem Gespräch für die Wochenzeitung »Das Parlament« am 12. November 1993 ein weitblickendes Urteil: »Die PLO untergrub mit diesem Abkommen ihr Recht auf einen eigenen Staat. Arafat hat alles weggegeben und nichts dafür bekommen.« Die Palästinenser hätten zu etwas ja gesagt, das »unter ihren Minimalforderungen liegt«. Es gebe auch keine Verbindung zwischen dem Interims- und dem Endzustand. »Wenn Israel irgendwelche guten Absichten gehabt hätte, hätte es einige Verbindungen zwischen diesen beiden Phasen aufzeigen müssen. Die Tatsache, daß dies nicht der Fall ist und alles bis auf den Zeitplan offenbleibt, gibt den Palästinensern keinerlei Garantie für die Zukunft. Die einzige Veränderung, die sich ereignet hat, war die Einbeziehung der PLO.«

Im Mai 1994 schrieb der Verfasser: »Dieses Abkommen stellt nach der Gründung des Staates Israel den größten Erfolg israelischer Diplomatie dar. Es ist eine Meisterleistung von Rabin und Peres. Israel brauchte nicht einmal anzuerkennen, daß es Besatzungsmacht ist.«[36] Die Abkommen sind reine Sicherheitsabkommen und sanktionieren die Unterwerfung der palästinensischen Führung unter den Befehl Israels. Was dies für die Zukunft der autonomen Enklaven bedeuten wurde, mußte jedem klar werden, der die Abkommen analysiert hatte. »Somit ist Arafat gezwungen, zusammen mit der israelischen Armee und dem Geheimdienst, den Widerstand gegen das Abkommen niederzuschlagen. Die Konsequenzen einer solchen Kooperation könnten die Einschränkung der Freiheit, die Unterdrückung der Opposition, sprich der Intifada und der Opposition gegen das Abkommen, und schließlich eine Diktatur sein.«[37]

Als der Inhalt des Abkommens bekannt wurde, formierte sich sofort Widerstand: Zehn Oppositionsgruppen – unter ihnen Hamas, Islamischer Heiliger Krieg, DFLP, PFLP und Achmed Dschibrils »Generalkommando« – haben sich am 9. Oktober 1993 in Damaskus getroffen, den Plan abgelehnt und Arafat den Kampf angesagt. Ihr Credo: Das Abkommen sei ein »Dolchstoß in den Rücken unseres nationalen Kampfes«. Der »bewaffnete Kampf gegen den zionistischen Feind« werde fortgesetzt. Dschibril drohte Arafat sogar an, ihn zu ermorden. In einem Interview mit dem »Spiegel« vom 13. September 1993 hat George Habash unzweideutig erklärt, die PFLP werde sich nicht mit dieser »schändlichen Übereinkunft« zufriedengeben, sondern setze weiter auf die Intifada, um »Freiheit, Unabhängigkeit und Selbstbestimmung« für Palästina zu erreichen. Die Gegner des Abkommens saßen zum Teil in Damaskus und waren vom guten Willen und politischen Kalkül Hafes al-Assads abhängig. Ihre Front strebte nie einen Bürgerkrieg unter den Palästinensern an.

Israelis und Palästinenser unterzeichneten am 4. Mai 1994 das »Gaza-Jericho-Abkommen«, in dem die Details der Machtübernahme in einem Teil des Gaza-Streifens und der Enklave Jericho festgelegt werden. Die Verhandlungen verliefen alles andere als zügig, da sich die Delegationen zunächst nicht über die Größe der Enklave Jericho und andere Punkte einigen konnten. Die Gegner des Friedensprozesses auf beiden Seiten blieben nicht untätig. Palästinensische Terroranschläge folgten auf das Massaker, das der Arzt Baruch Goldstein aus der Extremistensiedlung Kiryat Arba bei Hebron am 25. Februar 1994 in der Ibrahimi-Moschee anrichtete. Goldstein erschoß 29 betende Muslime. Während der anschließenden Demonstrationen erschossen israelische Soldaten die gleiche Anzahl Palästinenser. Anstatt die Täter zu belangen und die Extremisten aus Hebron zu evakuieren, bestrafte man die Opfer und verhängte eine 30tägige Ausgangssperre, die das Leben in der Stadt völlig paralysierte. Die israelische Rechtsanwältin Felicia Langer schrieb dazu: »An dieser Stelle ist es jedoch wichtig, darauf hinzuweisen, daß der

Versuch unternommen wurde, das Verbrechen Goldsteins vom Thema Siedlungen in den besetzten Gebieten, die im Verantwortungsbereich der Regierung liegen, zu trennen und damit auch die Regierung von ihrer Verantwortung reinzuwaschen.«[38] Nach Langers Ansicht wollte man »die symbiotische Beziehung zwischen Armee und Siedlern in den besetzten Gebieten ... verschleiern, in dem dort herrschenden System der Apartheid, dem letzten dieser Art unter der Sonne«[39].

Der Friedensprozeß besaß 1994 noch eine gewisse Kraft: In Israels zweitem Friedensvertrag nach dem Camp David-Abkommen mit Ägypten wurden u. a. folgende Punkte geregelt: die Verteilung der Wasserressourcen, der endgültige Grenzverlauf, der gemeinsame Kampf gegen den Drogenhandel und das Verbrechen, Umweltfragen sowie Vereinbarungen über Grenzübergänge zwischen beiden Ländern. Nachdem der jordanische König Hussein II. und der israelische Regierungschef Yitzhak Rabin bereits am 25. Juli in Gegenwart von US-Präsident Bill Clinton in Washington den seit 1948 bestehenden Kriegszustand zwischen Jordanien und Israel für beendet erklärt hatten, wird am 26. Oktober in der Oase Ein Avrona südlich des Toten Meeres der Friedensvertrag offiziell unterzeichnet. Insbesondere ein Schuldennachlaß von 700 Millionen US-Dollar und die Zusage der US-Regierung für Militärhilfe veranlaßten König Hussein, nach 46 Jahren Frieden mit Israel zu schließen.

Yitzhak Rabin, Shimon Peres und Yassir Arafat erhielten am 14. Oktober 1994 den Friedensnobelpreis. Wie bekannt, wurde in der Region kein Frieden erreicht, aber den gab es auch nach dem 1979 zwischen Israel und Ägypten geschlossenen Friedensvertrag nicht, für den Menachem Begin und Anwar al-Sadat ebenfalls den prestigeträchtigen Preis erhalten hatten.

Trotz zahlreicher Terroranschläge und erheblichen Widerstandes in Israel hielt Rabin unbeirrt an seinem Verhandlungskurs mit den Palästinensern fest. Nach zähen Auseinandersetzungen wurde schließlich am 28. September 1995 das »Interimsabkommen über die Westbank« im ägyptischen Badeort Taba unterzeichnet. Die Konsequenzen der Verträge wurden immer deutlicher. Die Entwicklung läuft nicht auf eine palästinensische Eigenstaatlichkeit, sondern auf eine Bantustanisierung hinaus, die den Status quo der Besetzung legitimiert. Dieser Kantonisierungsprozeß desillusioniert die Palästinenser zunehmend, merkte der Menschenrechtler Eyad al-Sarraj in einem Interview mit mir an.[40]

Wie umstritten der Friedensprozeß auch in Israel war, zeigte die Ermordung Yitzhak Rabins durch einen jüdischen Fundamentalisten am 4. November 1995 nach einer Friedenskundgebung in Tel Aviv. Diesem Attentat war eine monatelange Hetzkampagne von extremistischen Siedlern, radikalen Rabbinern und führenden Politikern des Likud-Blocks und der Nationalreligiösen Partei (Mafdal) vorausgegangen. Benjamin Netanyahu attackierte Rabin in der Knesset: »Sie, Herr Premierminister, werden als der Premierminister in die Geschichte eingehen, der eine Armee palästinensischer Terroristen gegründet hat ... Sie, Yitzhak Rabin, klage ich an, Sie schüren den arabischen Terror, Sie tragen die unmittelbare Verantwortung für das scheußliche Massaker in Tel Aviv. Sie sind schuldig. Dieses Blut komme über Ihr Haupt.« Netanyahu sprach auf Kundgebungen, auf denen Plakate zu sehen waren, die Rabin quasi zu »Freiwild« erklärten. Die Plakate zeigten Rabin als »Verräter«, »Mörder«, mit einer palästinensischen Keffieh, in SS-Uniform mit Hakenkreuzbinde oder am Galgen baumelnd, oder als »Rabin-Judenrat«. Dies ist eine der übelsten Verleumdungen des damaligen Ministerpräsidenten, da man ihm eine Kollaboration mit den Palästinensern unterstellte, die zur Vernichtung Israels führen müsse. Extremisten schrien bei solchen Aufmärschen: »Mit Blut und Feuer werden wir Rabin vertreiben.«[41] Netanyahu hat sich von den Plakaten nicht distanziert.

Rechte Kräfte versuchten, dem Geheimdienst Shin Bet die Verantwortung für die Ermordung Rabins in die Schuhe zu schieben. Die von ihnen verbreitete abstruse Verschwörungstheorie, nach der Peres dem Geheimdienst befohlen haben soll, anstatt der Platzpatronen scharfe Munition zu verwenden, da er Ministerpräsident werden wollte, ist völlig abwegig. Der Vorwurf, daß Avishai Raviv, ein V-Mann des Geheimdienstes in der rechtsextremen Szene Israels und Freund Yigal Amirs, den Shin Bet über das Attentat hätte informieren müssen, spricht nicht für die Beteiligung des Geheimdienstes. Raviv identifizierte sich wohl eher mit den rechtsextremistischen und rassistischen Ansichten Amirs als mit denen seines Auftraggebers. Für das Attentat tragen die Rechtskräfte in Israel die alleinige Verantwortung. Ihre Agitation und ideologische Verblendung schufen den Nährboden für den Attentäter Amir.

Das Massaker von Baruch Goldstein und das Attentat auf Ministerpräsident Rabin erklären sich aus der jüdischen Religion, wie Israel Shahak in der israelischen Zeitung »Davar« vom 8. April 1994 überzeugend nachwies. Der Historiker Moshe Zimmermann erklärte in einem Interview mit dem Verfasser in der Wochenzeitung »Das Parlament« vom 22. August 1997: »Ich habe zwei Monate vor Rabins Tod einen Aufsatz in ›Ha'aretz‹ geschrieben: ›Die Weimarer Schrift an der Jerusalemer Wand‹. Ich reagierte auf einen Vorfall, der wie eine Lappalie betrachtet wurde. Ein junger Mann versuchte, Minister Yossi Sarid von der Straße abzudrängen. Dies galt nicht als Mordversuch. Die Absicht war aber sehr klar. Er versuchte, ihn auf diese Art zu töten. Ich empfand dies nicht als Witz und habe die Leute an den Mord an Walther Rathenau erinnert. In einer Atmosphäre, in der solche Worte fallen, ist deren Umsetzung in Taten nicht schwierig. Zwei Monate später war Rabin tot. Wenn ich es gespürt habe, konnten es auch andere wissen.«[42] Zimmermann fügte hinzu, die Attentate seien in der Öffentlichkeit seines Landes nicht aufgearbeitet worden.

Anstatt umgehend Neuwahlen anzuordnen, versuchte sich Shimon Peres ein Image als entschlossener Staatsmann zuzulegen. Da die Wahlen erst im Mai 1996 stattfanden, hatten die Extremisten genügend Zeit, den Friedensprozeß weiter zu diskreditieren. Zwei verheerende Selbstmordattentate der Hamas am 25. Februar und 6. März 1996 in Jerusalem veranlaßten Peres, vorläufig keine weiteren Konzessionen an Arafat zu machen. Der geplante Rückzug aus Hebron wurde auf die Zeit nach den Wahlen verschoben. Die Anschläge führten zur Einberufung eines Anti-Terror-Gipfels einiger Staatschefs am 13. März 1996 im ägyptischen Sharm el-Sheikh. Das Treffen diente eher der Imagepflege im Wahlkampf von Shimon Peres als der realen Bekämpfung des Terrors, da dessen Ursachen nicht erörtert wurden.

Im April 1996 beschoß die Hisbollah zum wiederholten Male mit ihren Katjuscha-Raketen den Norden Israels. Es wurde kein großer Schaden angerichtet, aber kurz vor den israelischen Wahlen mußte Peres Härte zeigen. Er befahl die Militäraktion »Früchte des Zorns«, die mit einem Debakel für Israel endete. Wie gewohnt, beschoß das israelische Militär 16 Tage lang zu Lande und aus der Luft vermeintliche Stellungen der Hisbollah. Sie traf jedoch nur Zivilisten. Ein Stützpunkt der UNO wurde »versehentlich« bombardiert, wobei über 120 Frauen und Kinder umkamen. Die Vereinten Nationen wiesen in einem Untersuchungsbericht nach, daß der israelische Angriff nicht auf ein Versehen zurückzuführen war.[43] Die Israelis vertrieben wieder Hunderttausende von Libanesen und richteten einen Schaden in Höhe von 500 Millionen US-Dollar an. Die Hisbollah, die Israel eigentlich vernichten wollte, ging gestärkt aus dieser Aktion hervor. Auf Vermittlung des französischen Außenministers Hervé de Charette und zum Ärger der USA gelang es, ein Abkommen zwischen Israel und der Hisbollah zu erreichen, in dem beide Seiten zusicherten, die Zivilbevölkerung zu verschonen. Die gegenseitige Bekämpfung von Soldaten bzw. Freiheitskämpfern wurde ausdrücklich zugestanden.

5. Die Regierung Netanyahus und die Eskalation des Konflikts

Die vermeintliche Kraftprobe von Ministerpräsident Peres trug zu seiner Wahlniederlage bei. Mit nur 29 000 Stimmen Vorsprung gewann Benjamin Netanyahu. Die israelischen Araber verweigerten nach dem Massaker von Qana im Libanon Peres ihre Zustimmung. Die Wahlen zur Knesset offenbarten einen Rechtsruck. Rechte, religiöse und nationalistische Parteien gewannen erheblich hinzu. Netanyahu bildete eine Koalitionsregierung, die sich aus Mitgliedern dieser Parteien zusammensetzte. Minister wurden Ariel Sharon, Raphael Eitan und Zevulun Hammer, um nur die Radikalsten zu nennen. Die Medien versuchten Netanyahu das Image eines »Pragmatikers« zu geben, doch er erwies sich als »Ideologe«, der zum revisionistischen Flügel des

Zionismus gehört. Arafat war der Schock über den Wahlsieg von Netanyahu tagelang anzusehen. Bis sich Netanyahu und Arafat auf massiven Druck der USA hin trafen, vergingen Monate. Netanyahu hatte im Wahlkampf lautstark verkündet, nie die Hand dieses »Terroristen« zu schütteln. Daß er es tat, kann nicht als ein Indiz seines »Pragmatismus« gedeutet werden.

Der bereits vorher in die Sackgasse geratene Friedensprozeß kam nun völlig zum Erliegen. Bereits Netanyahus Staatsbesuche in Ägypten, Jordanien und den USA zeigten, daß er Konzilianz mit Härte verband. Selbst vom US-Präsidenten ließ er sich zu keiner Konzession bewegen, ja er stellte ihn auf einer Pressekonferenz öffentlich bloß. Den USA gelang es lediglich, Netanyahu zu Neuverhandlungen über den im »Interimsabkommen« vereinbarten Truppenrückzug aus Hebron zu drängen. Das am 15. Januar 1997 unterzeichnete Protokoll zur Umgruppierung der israelischen Truppen enthielt im wesentlichen die bereits getroffenen Vereinbarungen des »Interimsabkommens«. Netanyahu sah sich durch eine von ihm paraphierte, »bessere« Vereinbarung gegenüber der von seinem Vorgänger ausgehandelten gestärkt. Daß nun auch die andere Hälfte Israels »ja« zum Friedensprozeß gesagt habe, wie diverse Kommentatoren führender deutscher Zeitungen euphorisch behaupteten, erwies sich als Trugschluß.

Sofort nach dem Regierungswechsel zeigte Netanyahu, in welcher Weise er die Interessen Israels zu vertreten gedachte. Seine Entscheidung, den Siedlungsstop aufzuheben, löste internationale Proteste aus. Gegenüber den Palästinensern ließ er wenig Feingefühl walten. Die aufgrund permanenter Erniedrigungen Arafats und Schikanen gegenüber der palästinensischen Bevölkerung gestiegenen Frustrationen entluden sich bei der Eröffnung eines unterirdischen Tunnels entlang der Klagemauer im September 1996. Es kam zu kriegerischen Auseinandersetzungen, in deren Verlauf Palästinenser und israelische Soldaten getötet wurden. Im Februar 1997 entschied die Netanyahu-Regierung, eine Siedlung auf dem Berg Abu Ghnaim (israelisch Har Homa) zu bauen. Heftige Proteste der Palästinenser waren die Folge.

Bei Terroranschlägen der Hamas in einem Tel Aviver Café, auf dem zentralen Gemüsemarkt sowie in der Fußgängerzone in Jerusalem, wurden mehrere Israelis getötet und Hunderte zum Teil schwer verletzt. Die israelische Regierung verlangte von Arafat, die »Infrastruktur des Terrors«, die Organisationen Hamas und Islamischer Heiliger Krieg zu zerschlagen. Die US-Administration übernahm die Sprachregelung der Netanyahu-Regierung. Außenministerin Madeleine Albright kritisierte bei ihrem Besuch am 9. September 1997 die Siedlungspolitik nur sehr verhalten.

Netanyahu mußte schließlich Flexibilität zeigen, denn 75 Prozent der Israelis sprachen sich damals für eine Fortsetzung dieses Prozesses aus. Mit Clinton und Arafat traf er sich auf der Wye-Plantation in Maryland. Das am 23. Oktober 1998 unterzeichnete Wye-Memorandum kam einer totalen Kapitulation vor den israelischen Forderungen sehr nahe. Die Palästinenser mußten sich dem Sicherheitsverlangen Israels beugen und das »Prinzip der Gegenseitigkeit« akzeptieren. Damit hatte Netanyahu ein Druckmittel in der Hand, das er willkürlich interpretieren und einsetzen konnte. Nach dem Wye-Memorandum hatte Israel 60 Prozent der Gebiete unter alleiniger, absoluter Kontrolle und 22 Prozent unter militärischer zusammen mit den Palästinensern. Die Statusendverhandlungen brachten keinen Fortschritt. Netanyahu säte weiter Haß gegenüber den Palästinensern und dämonisierte sie, anstatt seine Landsleute von ihrem Friedenswillen zu überzeugen. Er unterstützte Extremisten und brachte die ethnischen Gruppen gegeneinander auf. Auch seine Ressentiments gegenüber linken Kräften in Israel zeigten, daß er alles andere als einen Ausgleich wollte.

Das Wye-Memorandum verhalf Netanyahu innenpolitisch nicht zu neuem Handlungsspielraum. Trotz der Beteiligung von Ariel Sharon an den Verhandlungen beschleunigte die Unterzeichnung dieses Abkommens den Zerfallsprozeß seiner Regierung. Im Dezember 1998 trat Außenminister David Levy zurück. Im Januar 1999 dankte Verteidigungsminister Yitzhak Mordechai ab. Selbst Sharon vermochte diesen Prozeß nicht aufzuhalten. Der Vertrag erhielt nur durch die Zustimmung der Arbeitspartei in der Knesset eine Mehrheit. Als das Parlament Netanyahu die Mehrheit entzog, mußten am 17. Mai 1999 Neuwahlen stattfinden, die der Ministerpräsident gegen seinen Herausforderer Ehud Barak von der Arbeitspartei mit 44 gegen 56 Prozent verlor.

Netanyahu war ein Gefangener seiner rechten Freunde und seiner bizarren Persönlichkeit. Selbst seine eigenen Anhänger witzelten: »Bibi schwindelt dermaßen, daß auch das Gegenteil von dem, was er sagt, noch eine Lüge ist.« Für die Israelis gingen mit der Abwahl von Netanyahu die Zeiten der Lügen, Täuschungen und Konfrontationen zu Ende. Er hinterließ einen Scherbenhaufen. Seine reaktionäre und antisoziale Politik führte das Land innen- und außenpolitisch in eine Sackgasse und ruinierte den Likud. Er hatte Israel den USA entfremdet und das allmählich gewachsene Vertrauen zu den arabischen Staaten zerstört. Nur mit der Niederlegung des Parteivorsitzes und des Abgeordnetenmandats hatte Netanyahu staatsmännisches Format bewiesen. Ein bekannter Fernsehkommentator sagte: »Ein wunderbares Gefühl, morgen früh mit einem Ministerpräsidenten aufzuwachen, der die Wahrheit sagt.« Der israelische Schriftsteller David Grossmann schrieb am 8. Juni 1999 in der FAZ: »Israel machte die schwersten, destruktivsten und auch groteskesten Zeiten in seiner Geschichte durch.« Das Land konnte zur Normalität zurückkehren.

6. Ehud Baraks Intermezzo und Ariel Sharons Wiederaufstieg

Ehud Baraks Sieg im Mai 1999 über Netanyahu war wesentlich eindrucksvoller als der seiner Partei, die erhebliche Stimmeneinbußen hinnehmen mußte. Er stand vor keiner leichten Aufgabe: Es galt, den Friedensprozeß wieder in Gang zu bringen, die unterminierte Rechtsstaatlichkeit der israelischen Demokratie zu stärken und mit einem stark fragmentierten Parlament zusammenzuarbeiten, in dem Abgeordnete von 15 Parteien saßen. Die Gesellschaft war tief gespalten und hatte sich unter seinem Vorgänger immer stärker an ethnozentrisch-partikularen statt an universalistischen Werten orientiert.

Barak plante seine Regierungskoalition generalstabsmäßig. Sie sollte das politische Spektrum von rechts bis links abdecken und auf einer breiten »jüdischen« Grundlage stehen. Ihr gehörten sowohl die ultraorthodoxe Shas Partei als auch die säkulare Meretz Partei an, deren Führer im Wahlkampf mit dem Slogan »Niemals Shas« angetreten war. Auch die Aufnahme der Nationalreligiösen Partei (NRP) und die Vergabe des Wohnungsbauministeriums an Yitzhak Levy, einen Ultranationalisten und radikalen Politiker der NRP, zeigte, daß Barak den rechten Koalitionspartnern weit entgegenkommen wollte. Obwohl ihn die israelischen Palästinenser zu 95 Prozent gewählt hatten, bezog er ihre Vertreter nicht ein. Ihm war an einer rein jüdischen Mehrheit im Kabinett gelegen. Die Rechtsparteien hatten Rabin die Legitimität abgesprochen, da er sich in der Knesset nicht auf eine »jüdische Mehrheit« stützen konnte, sondern von den palästinensischen Abgeordneten abhängig war.

Barak gehört zum rechten Flügel der zionistischen Arbeiterbewegung Achdut Ha'avoda, die seit 1948 für ein Groß-Israel eintritt. Baraks Entschluß, nur vier von 42 illegalen Siedlungen aufzulösen, die in der Schlußphase von Netanyahus Amtszeit gebaut worden waren, konnte niemanden überraschen.

Weitsichtig hatte Tom Segev am 20. Mai 1999 in »Ha'aretz« geschrieben: »Barak versprach, sich um ein Friedensabkommen mit den Palästinensern zu bemühen, aber er hat ihnen wenig anzubieten. Er ist kein Frieden-Jetzt-Mann. Ich bezweifle, daß er eine Siedlung auflösen wird. Er will erreichen, daß die Palästinenser ihre Idee von einer Hauptstadt in Ost-Jerusalem aufgeben. Deshalb ist es höchst unwahrscheinlich, mit ihnen ein Abkommen zu erzielen. Es ist unwahrscheinlich, daß er nachgibt.«

Barak war als Falke ein ähnlich harter Verhandlungspartner wie sein Mentor Rabin. Er wollte gleich mit den Statusendverhandlungen beginnen und die dritte Phase des Rückzugs überspringen. Die Palästinenser gaben mit der Unterzeichnung des Sharm el-Sheikh-Protokolls vom 5. September 1999 auch in diesem Punkt nach, obwohl Israel die vorherigen Abkommen nicht erfüllt hatte.

Arafat beobachtete Baraks Annäherungen an Hafez al-Assad mit Sorge. Die Syrer weigerten sich, ihre Schritte mit dem PLO-Chef zu koordinieren. Sie hatten ihm nicht verziehen, daß er mit der Unterzeichnung des Oslo-Abkommens aus der arabischen Front ausgebrochen war und ihr Land sowie den Libanon isoliert hatte. Auch die USA verlagerten ihr Interesse auf die syrisch-libanesische Schiene. Als Barak am 15. Dezember 1999 in Washington eintraf, um mit Syriens Außenminister Faruq al-Shara für den 3. Januar 2000 anberaumte Gespräche vorzubereiten, befürchteten die Palästinenser, sie könnten die Verlierer sein.

Die Verhandlungen in Shepherdstown scheiterten an der mangelnden Kompromißbereitschaft der Israelis. Barak hatte öffentlich Konzessionen angekündigt: Rückzug vom Golan, Auflösung der Siedlungen, ungeklärt schien nur die Frage des Grenzverlaufs am See Genezareth. Nachdem in Tel Aviv rund 150 000 Israelis gegen eine Rückgabe der Golan-Höhen an Syrien demonstrierten und zwei Koalitionspartner mit dem Austritt aus der Regierung drohten, falls der Ministerpräsident bei den Friedensverhandlungen einem vollständigen Abzug aus dem besetzten Gebiet zustimmen sollte, war er lediglich bereit, die Soldaten auf die Grenzen vor dem Sechstagekrieg vom Juni 1967 zurückzuziehen, die Zivilisten sollten bleiben. Die Syrer wollten einem Abkommen nur zustimmen, wenn alle israelischen Siedler den Golan verlassen würden und sie wieder die Souveränität über den Golan ausüben könnten. Bill Clinton unterbreitete Hafez al-Assad am 26. März 2000 in Genf keine neuen Vorschläge und stellte ihn als »Verweigerer« bloß.

Da der Widerstand der Hisbollah unter Israels Soldaten immer mehr Opfer forderte, hatte Barak im Wahlkampf versprochen, die Truppen innerhalb eines Jahres aus dem Libanon zurückzuziehen. Diese überhastete Aktion am 22. Mai 2000 ging mit dem totalen Zusammenbruch der Südlibanesischen Befreiungsarmee (SLA) einher, die mit Israel kollaboriert hatte. Tausende Kollaborateure flohen nach Israel und erfuhren dort, wie es sich in einem jüdischen Staat als Bürger zweiter Klasse lebt. Die Bundesrepublik hat auf Zusage von Außenminister Joschka Fischer als einziges Land 400 von diesen Kollaborateuren aufgenommen. Sie werden von der Hamburger Innenbehörde betreut. Anstatt zuerst vor dem Kriegsverbrechertribunal in Den Haag klären zu lassen, ob sie sich Menschenrechtsverletzungen schuldig gemacht haben, genießen sie in Deutschland einen privilegierten Status!

Nachdem die Verhandlungen mit Syrien gescheitert waren, setzten Israelis und Amerikaner wieder auf den Friedensprozeß mit den Palästinensern. Arafat wurde geradezu nach Camp David gezwungen. Israel und die USA wollten den Palästinensern die israelischen Positionen aufoktroyieren, doch diese wiesen die angebotenen »Kompromisse« als inakzeptabel zurück.

Zu einer neuen Eskalation der Gewalt kam es nach dem »Besuch« Ariel Sharons auf dem Haram al-Sharif (Tempelberg) am 28. September 2000 in Begleitung von ca. 1000 bewaffneten Soldaten und Polizisten. Dies war eine bewußte Provokation der Palästinenser. Barak hatte den »Gang« genehmigt, somit trifft ihn eine Mitverantwortung für die Folgen der daraufhin ausgebrochenen Al-Aqsa-Intifada. Der Aufstand gegen die Besatzung kostete bereits mehr als 1400 Palästinenser das Leben, darunter mehr als 289 Kinder, mehr als 30 000 wurden verletzt. Auch mehr als 420 Israelis kamen um. Israel belagert die Autonomiegebiete und beschießt seit Monaten einzelne Orte mit schwerem Geschütz, E16-Bombern und Kampfhubschraubern. Gezielt werden auch führende Mitglieder der PLO liquidiert.

Als Yassir Arafat im Januar 2001 auf dem Weltwirtschaftsforum in Davos erklärte, Israel führe einen regelrechten Krieg gegen die Palästinenser, löste dies in Israel Empörung aus. Barak hatte jedoch am 4. Januar 2001 in »Ha'aretz« ebenfalls von einem »Krieg« gegen die Palästinenser gesprochen. Ephraim Sneh, ehemaliger stellvertretender Verteidigungsminister und jetziger Transportminister, meinte: »Es gibt kein Zaubermittel in diesem Krieg.« (»Ha'aretz«, 24. Januar 2001)

Innenpolitisch geriet Barak durch seine angeblichen »Kompromisse« gegenüber den Palästinensern immer stärker unter Druck. Seine Koalitionsregierung zerbrach, so daß er die Mehrheit in der Knesset verlor. Er kündigte am 10. Dezember seinen Rücktritt an. 63 der 120 Knesset-Abgeordneten stimmten einer Änderung des Wahlgesetzes zu, wodurch auch Nicht-Parlamentarier künftig für das Amt des israelischen Ministerpräsidenten kandidieren können. Dies hätte Netanyahu eine erneute Kandidatur ermöglicht, doch schließlich trat der 72jährige Likud-Vorsitzende Ariel Sharon gegen Ehud Barak an.

Sharon bereitete Barak in der Wahl am 6. Februar 2001 eine vernichtende Niederlage: 62,3 : 37,7 Prozent. Nur 13 Prozent der palästinensischen Israelis gaben ihre Stimme ab. Noch am Wahlabend kündigte Barak seinen Rücktritt als Parteivorsitzender der Arbeitspartei an und legte sein Abgeordnetenmandat nieder. Nach einigem Zögern lehnte er den von Sharon angebotenen Posten des Verteidigungsministers ab, da er in der Arbeitspartei keinen Rückhalt mehr besaß. Sein Intimfeind Peres ließ sich überreden, in eine Koalition mit den Rechtsnationalisten, religiösen Fundamentalisten und der Transferpartei einzutreten. Er dient dieser extrem rechten Regierung als »liberales Feigenblatt« und muß die brutale Politik Sharons im Westen verkaufen.

Noch keine israelische Regierung ist so früh gescheitert wie die Ehud Baraks. Er mag ein guter General gewesen sein, aber als Politiker hat er völlig versagt. Im Westen galt er als liberal, doch die Fakten vor Ort widerlegen eine solche Einschätzung. Seine einsamen Entscheidungen und sein Zickzack-Kurs entfremdeten ihn den politischen Freunden und Ministern. Zu seinen engeren Beratern gehörten nur Ex-Generäle. Welche Ratschläge sie ihm gaben, deutet der Journalist Amir Oren in »Ha'aretz« vom 17. November 2000 an: »Der stellvertretende Generalstabschef [Moshe Ya'alon] berichtete seinen Kollegen, dies sei die kritischste Campagne Israels gegen die Palästinenser, einschließlich der israelischen Araber, seit dem Krieg von 1948. Für ihn ist es tatsächlich die andere Hälfte von 1948.« Die israelische Literaturwissenschaftlerin Tanja Reinhardt merkte dazu an, es dränge sich der Eindruck auf, in Israel habe sich seit 1948 nur wenig geändert und die militärisch-politische Klasse sei zur Erledigung der zweiten Hälfte bereit.

Diesem Denken fühlt sich auch Sharon verbunden. Seine Äußerungen zeugen nicht von Kompromißbereitschaft, sondern eher von Stillstand, Rückschritt, ja von dem Willen zur Konfrontation. Georg Baltissen hat in der »taz« vom 8. Februar 2001 den neuen Ministerpräsidenten zutreffend als einen »Mann der Vergangenheit und eine Figur des Übergangs« charakterisiert. »Er ist kein Hoffnungsträger. Seine Antworten hat sein Leben gegeben, und seine Autobiografie ist Bestätigung dafür. ›Krieger‹ heißt sie.« Ob die Palästinenser auf diesen »Schlächter von Beirut« friedlich oder mit Gewalt reagieren, muß ihre politische Elite verantwortungsbewußt abwägen.

Die Geschichte des Konflikts hat gezeigt, daß sich der Einsatz von Gewalt für die Palästinenser immer kontraproduktiv auswirkte. Widerstand gegen eine ungerechte Besatzung ist völkerrechtlich legitim. Dieses Recht hat Baruch Kimmerling, Professor an der Hebräischen Universität in Jerusalem, am 27. März 2001 in »Ha'aretz« überzeugend begründet: »Seit 1967 leben Millionen von Palästinensern unter militärischer Besatzung, ohne Bürgerrechte und ohne die elementaren Menschenrechte. Die andauernden Umstände der Besatzung und der Unterdrückung geben ihnen unter allen Umständen ein Recht, gegen die Besatzung Widerstand mit allen ihnen zur Verfügung stehenden Mitteln zu leisten und sich gegen diese Besatzung mit Gewalt zu wehren. Dies ist ein moralisches Recht, das im Naturrecht und im Völkerrecht begründet liegt. ... Das Recht der Palästinenser auf Widerstand gegen die Besatzung wird noch unterstützt durch das Verbot der Vierten Genfer Konvention irreversible Fakten vor Ort zu schaffen und besonders durch das Verbot des Transfers der eigenen Bevölkerung des okkupierenden Staates in das besetzte Gebiet.« Ob Sharon ein zweiter Menachem Begin wird, darf bezweifelt werden. Dieser Vergleich ist nahezu eine Beleidigung für Begin. Sharon ist gewieft, doch auch ein Draufgänger und Abenteurer.

Schon als Barak amtierte, sprach man in Israel offen von Krieg. Sharon führt bereits einen solchen, er ließ erstmals seit dem Sechstagekrieg Kampfhubschrauber und F-16-Bomber einsetzen. Avigdor Liebermann, Infrastrukturminister unter Sharon und Vorsitzender der Russenpartei, Israel Beiteinu, haben öffentlich die Vertreibung der Palästinenser aus der Westbank gefordert. Die von Rehavam Ze'evi geführte National Union tritt in ihrem Parteiprogramm für einen Transfer der Palästinenser ein. Die Eskalation des Konflikts könnte Sharon dazu verleiten, solche Forderungen im Rahmen eines Krieges gegen den Irak umzusetzen.

Der israelische Ministerpräsident ist in seine alten Denkschablonen und Verhaltensweisen zurückgefallen, die ihn als gewalttätigen, kompromißlosen Gegner der Palästinenser ausweisen. Solange er sich weigert, dem »Terroristen« und »Mörder« Arafat die Hand zu reichen, werden die ehemaligen Gegner von Beirut keine tragfähige Lösung für ihre Völker finden.

Der Friedensprozeß in Israel und Palästina

Nach Unterzeichnung der »Prinzipienerklärung über vorübergehende Selbstverwaltung« vom 13. September 1993 sprach die
westliche Öffentlichkeit von einem »Friedensprozeß« im Nahen Osten. Vor allem in den USA und Europa neigten Politiker
und Medien dazu, sich an alles zu klammern, was ein Ende des
Konflikts zwischen Israelis und Palästinensern versprochen hat.
Eine sachliche Auswertung der Abkommen läßt jedoch nur den
Schluß zu, daß die völkerrechtswidrige Besetzung neu geordnet
und »legalisiert« wurde, denn die unterzeichneten Dokumente
haben die politische, wirtschaftliche und soziale Unterwerfung
der Palästinenser festgeschrieben. Folglich mußte dieser Prozeß
in einem Desaster enden.

1. Die »Prinzipienerklärung über vorübergehende Selbstverwaltung« vom 13. September 1993

Führende Politiker Israels machten aus ihrer Einschätzung der
PLO kein Hehl. So erklärte Shimon Peres am 1. September 1993
in der Fernsehsendung Moked: »Es gab bei ihnen eine Veränderung, nicht bei uns. Wir verhandeln nicht mit der PLO, sondern
nur noch mit einem Schatten ihrer selbst.« Am gleichen Tag sagte
General Uri Orr im israelischen Militärrundfunk: »Zum ersten
Mal wurde eine Situation geschaffen, in der jemand anderer die
israelischen Sicherheitsinteressen teilt.« Und Yitzhak Rabin am
3. September 1993 in der Tageszeitung »Yediot Aharonot«: »Ich
hoffe, daß wir einen Partner finden, der die Verantwortung über
die internen Probleme in Gaza übernimmt, ohne Probleme durch
das Oberste Gericht, B'Tselem und alle ›blutenden Herzen‹ zu
machen.«

Bevor die »Prinzipienerklärung« in Kraft treten konnte, mußten beide Seiten Briefe austauschen, in denen sie sich gegenseitig anerkannten. Der zentrale Satz in Arafats Brief an Yitzhak Rabin lautet: »Die PLO erkennt das Recht des Staates Israel auf Existenz in Frieden und Sicherheit an.«[1] Rabin hat dagegen nur »die PLO als die Vertretung des palästinensischen Volkes« anerkannt und sich bereit erklärt, mit dieser Verhandlungen zu beginnen. Die Zitate machen die Asymmetrie zwischen den beiden Kontrahenten deutlich: Die PLO erkennt Israel als Staat und damit seine Souveränität an, Israel jedoch nur eine Organisation und keine Souveränität der Palästinenser. Eine vergleichbare Ebene wäre erreicht, wenn Arafat die Arbeitspartei als Vertreter der Israelis anerkannt hätte. Zu Unrecht behauptet deshalb Uri Avnery, daß »sich beide Völker, Israelis und Palästinenser, anerkannt haben«[2], als die Briefe ausgetauscht wurden. Die Korrespondenz zwischen Rabin und Arafat ist vom rechtlichen Standpunkt wichtiger als die »Prinzipienerklärung«, weil sie den Weg für die Unterzeichnung dieses Dokuments erst ebnete.

Die PLO erkannte einen Staat an, dessen Grenzen nicht festgelegt sind. Sie hat somit akzeptiert, daß Israel jenseits der Grenzen von 1967 Souveränität beanspruchen kann, d. h. auch Souveränität über die Westbank und den Gaza-Streifen. Das Recht Israels auf Frieden und Sicherheit erhielt offiziell Vorrang vor dem Recht der Palästinenser, für ihre Rechte zu kämpfen, wie auch der damalige amerikanische Außenminister James Baker Anfang September 1993 in einem Fernsehinterview feststellte. Anfang November 1993 erklärte er vor der National Association of Arab-Americans (NAAA): »Falls die Autonomie nicht die Sicherheit Israels erhöht, wird es keine palästinensische Autonomie geben.«

In Arafats Brief werden Terrorismus und Gewalt als Mittel der Politik abgelehnt. Verstöße dagegen sollen mit »disziplinarischen Maßnahmen« geahndet werden. Die Zusicherung, alle Artikel in der Palästinensischen Nationalcharta, die das Existenzrecht Israels in Frage stellen, zu streichen, kam der Erklärung eines Verzichts auf Widerstand gegen die israelische Besetzung gleich. Da Arafat die israelische Sprachregelung in bezug auf »Terrorismus« übernommen hatte, wurde auch die Intifada zum »Terrorismus« deklariert. Der PLO-Führer hat die Palästinenser in der Westbank und dem Gaza-Streifen mehrfach dazu aufgerufen, »auf Terror und Gewalt zu verzichten« und sich aktiv an der wirtschaftlichen Entwicklung zu beteiligen.

Arafat äußerte damals in einem Brief an den norwegischen Außenminister Johan Joergen Holst die »feste Überzeugung«, daß mit der Unterzeichnung der »Prinzipienerklärung« eine »neue Ära in der Geschichte des Nahen Ostens« beginnt.

Das Abkommen war jedoch selbst innerhalb Arafats Fatah-Bewegung umstritten. Zu den Kritikern zählten Farouq Qaddumi, Hani al-Hasan und Abbas Zaki. Dennoch stimmte auf der Sitzung des PLO-Zentralkomitees im Oktober 1993 eine Mehrheit von 68 zu 8 Stimmen für die »Prinzipienerklärung«. 25 Mitglieder, die hauptsächlich zur DFLP und PFLP zählten, boykottierten das Treffen. Für sie war es eine »Vereinbarung der Schande«. Der palästinensische Nationaldichter Mahmoud Darwish trat aus Protest aus dem PLO-Zentralkomitee aus. Zu den Kritikern der ersten Stunde zählte auch Edward Said. Er bewertete das Abkommen als eine »palästinensische Kapitulation, ein palästinensisches Versailles«[3]. Und am 9. September 1993 schrieb er in der Zeitung »The Guardian«, daß »die PLO sich selbst von einer Befreiungsbewegung in eine Art Kleinstadt-Regierung verwandelt« habe. Sie hätte seit mehr als einem Jahrzehnt eine bessere Vereinbarung mit Israel bekommen können als diesen modifizierten Allon-Plan. 1977 habe Arafat die von Anwar al-Sadat angebotene Gaza-Jericho-Option zurückgewiesen. »Das Endergebnis führte zur schlimmsten politischen Spaltung der PLO in ihrer 30jährigen Geschichte.«[4] Avi Shlaim bewertete die »Prinzipienerklärung« als eine »eine Agenda für Verhandlungen, bestimmt durch einen engen Zeitplan«[5]. Diese Einschätzung ist nur zum Teil korrekt, denn sie enthält durchaus elementare Konzessionen von palästinensischer Seite, die völkerrechtlichen Charakter haben. So erhielten zum Beispiel die illegalen Siedlungen eine Legitimität, die sie vorher nie hatten.

Burhan Dajani vertritt die These, daß in der »Prinzipienerklärung« direkter über die Rechte der Palästinenser gesprochen werde und ein Bezug zum Land bestehe.[6] Während Rabin keinerlei Verbindung zwischen den Briefen und der »Prinzipienerklärung« gezogen hat, versuchte Arafat ständig, darauf Bezug zu nehmen.

Die »Prinzipienerklärung über vorübergehende Selbstverwaltung« besteht aus 17 Artikeln, vier Anhängen, in denen Ausführungsbestimmungen über Art und Bedingungen von Wahlen, über den Rückzug der israelischen Armee aus dem Gaza-Streifen und der Stadt Jericho, über Fragen der Zusammenarbeit auf wirtschaftlichem Gebiet und über die Kooperation in regionalen Entwicklungsprogrammen niedergelegt sind, sowie einer von den Vertragsparteien ebenfalls in Washington unterzeichneten Niederschrift über die »Prinzipienerklärung«.

Die israelische Regierung betrachtet sich als die »einzig legitime« Autorität. Dies bedeutet, daß Israel gegenüber einer Organisation, die keinen Staat repräsentiert, die Souveränität ausübt. Diese Ungleichgewichtigkeit prägt alle Dokumente.

In der Präambel zur »Prinzipienerklärung« wird zwar von der gegenseitigen Anerkennung ihrer »legitimen und politischen Rechte« gesprochen. Artikel III Abs. 3 handelt von der »Verwirklichung der legitimen Rechte des palästinensischen Volkes und seiner gerechtfertigten Bedürfnisse«. Was diese »legitimen Rechte« beinhalten, wird jedoch nicht exakt definiert. Somit bleibt offen, ob sie mit den politischen Rechten Israels identisch sind oder mit »religiösen Ansprüchen«, die von der Arbeitspartei zwar nie öffentlich vertreten, aber permanent durch politische Fakten untermauert wurden, indem sie die Siedlungspolitik vorantrieb.

Ziel dieser Vereinbarung ist laut Artikel 1, für das palästinensische Volk eine Palästinensische Interimsbehörde (Rat) für eine Zeit von fünf Jahren einzurichten und auf der Grundlage der UN-Sicherheitsratsresolutionen 242 und 338 zu einer dauerhaften Übereinkunft zu kommen. Artikel XIII Abs. 2 sieht den Rückzug israelischer Streitkräfte aus bewohnten Gebieten vor, Artikel XIV f. den Rückzug aus dem Gaza-Streifen und Jericho.

Die Interimsbehörde (Rat) wird von den Palästinensern aus der Westbank und dem Gaza-Streifen gewählt, muß aber von Israel bestätigt werden. (Nach Abschluß einer gesonderten Vereinbarung können die Bewohner Ost-Jerusalems an den Wahlen teilnehmen.) Der Rat erhält Befugnisse in folgenden Bereichen (Artikel VI Abs. 2): Bildungswesen und Kultur, Gesundheitswesen, Sozialfürsorge, direkte Besteuerung und Tourismus. Die Übertragung weiterer Rechte ist Verhandlungssache.

Um Sicherheit und Ordnung zu gewährleisten, muß der Rat eine »starke Polizei-Truppe« aufstellen (Artikel VIII); für die äußere Sicherheit sowie die »allumfassende Sicherheit« bleibt Israel zuständig. Israelische Militärverordnungen bleiben in Kraft. In einem gesonderten Abkommen (Artikel VII Abs. 1) sollen die Struktur des Rates, die Zahl seiner Mitglieder sowie die Übertragung von exekutiven und legislativen Befugnissen und Zuständigkeiten festgelegt werden. Entscheidungen des palästinensischen Rates bedürfen der Zustimmung Israels. Mögliche Streitigkeiten sollen in einem israelisch-palästinensischen Verbindungsausschuß geregelt werden. Kann man sich dort nicht einigen, beginnt ein Schiedsverfahren in einem Schlichtungsausschuß (Artikel XV Abs. 2 und 3). Zur Förderung des Wirtschaftswachstums sollen folgende Institutionen eingerichtet werden: eine palästinensische Elektrizitätsbehörde, eine Gaza-Hafenbehörde, eine Entwicklungsbank, eine Export-Förderungs-Behörde, eine Umweltbehörde, eine Landbehörde und eine Behörde für Wasserbewirtschaftung.

Der Rat ist tatsächlich eine rein »zeremonielle Einrichtung«,[7] denn die eigentliche Macht üben vier Ausschüsse aus, die paritätisch besetzt sind: der Gemeinsame Israelisch-Palästinensische Verbindungsausschuß, der Ständige Israelisch-Palästinensische Ausschuß für Wirtschaftliche Zusammenarbeit, ein Ständiger Ausschuß, hier sind Jordanien und Ägypten zur Teilnahme aufgefordert, sowie ein Palästinensisch-Israelischer Ausschuß für Koordination und Zusammenarbeit im Bereich beiderseitiger Sicherheitsfragen. Die »Prinzipienerklärung« legt zwei Phasen fest: eine Interims- und eine Permanente Statusphase. Die Statusendverhandlungen sollten spätestens nach zwei Jahren beginnen, die Interimsphase sollte fünf Jahre dauern.

Die Palästinenser haben im wesentlichen nicht mehr erreicht als die Verwaltung ihrer persönlichen Angelegenheiten und den Aufbau eines neuen Repressionsapparates in Form einer starken Polizeitruppe, zwölf Geheimdiensten sowie einer bürokratischen Klasse, die sich auf Kosten der eigenen Bevölkerung in schamloser Weise bereichert. Nach der Unterzeichnung der »Prinzipienerklärung« hat sich im Gaza-Streifen nichts geändert. Alle Siedlungen blieben erhalten. Sie sind exterritorial und unterliegen israelischer Jurisdiktion. Die israelischen Soldaten wurden – wie vereinbart – innerhalb von zwei Monaten an die Ränder von Städten und in die Umgebung von Siedlungen umgruppiert. Dadurch gab Israel zwar erstmals nach mehr als 27 Jahren ideologische und praktische Positionen teilweise auf, die bisher immer als irreversibel galten, aber den Palästinensern wurde lediglich »Teilsouveränität« unter Oberaufsicht der Israelis zugestanden. Alle israelischen Militärverordnungen sind in Kraft geblieben, neue sind hinzugekommen, und die Arafat-Behörde muß sie umsetzen. Über 40 Prozent des Gaza-Streifens haben die Palästinenser keine Verfügungsgewalt. Sie sind für Siedler und Armee reserviert. Auf dem Rest leben zirka eine Million Palästinenser. Israel behält sich das alleinige Recht vor, über Außenpolitik, Wirtschaft und alle Belange der nationalen Sicherheit zu bestimmen.[8] Die Palästinenser haben Israel vom Status des Okkupanten befreit, ohne daß es dafür einen adäquaten Preis gezahlt hat. Abgesehen von den fünf Sachgebieten, die ihnen laut Artikel VI der Erklärung übertragen wurden, bleibt alles weiteren Verhandlungen vorbehalten. Von den 5000 Gefangenen wurde knapp die Hälfte freigelassen.

Ohne die Ausklammerung zentraler Streitfragen wäre die »Prinzipienerklärung« nicht zustande gekommen. Der Status von Jerusalem, die Siedlungen, das Selbstbestimmungsrecht, das Rückkehrrecht der Flüchtlinge von 1967, Wasser- oder Entschädigungsfragen, Außenbeziehungen sowie »andere Fragen von gemeinsamem Interesse« wurden auf die Statusendverhandlungen vertagt. Israelische Kommentatoren haben den Vertrag korrekt bewertet: Aharon Barnea in »Yediot Aharonot« am 10. September 1993: »Durch die Unterzeichnung der ›Prinzipienerklärung‹ haben die Palästinenser die Niederlage ihrer Prinzipien, die sie in ein kämpfendes Volk verwandelt hatten, akzeptiert: das Recht auf Rückkehr, das Selbstbestimmungsrecht und das Recht auf Unabhängigkeit. Indem die Palästinenser Israel anerkannten, haben sie ihrer Enteignung zugestimmt.« Gideon Eshet in derselben Zeitung vom 14. September 1993: »Nicht nur werden sie keinen Staat haben, sie werden noch nicht einmal eine Bananenrepublik sein.«

Rabin bestätigte im Interview vom 29. September 1993 mit der Zeitung »Davar«, daß es um einen »israelischen Frieden« ging: »Ich bin gegen die Entstehung eines unabhängigen Staates zwischen uns und Jordanien. Ich bin gegen das ›Recht auf Rückkehr‹ der Flüchtlinge und Vertriebenen. Und deshalb findet sich zu diesen Fragen keine einzige Silbe in der Grundsatzerklärung. Das war kein Zufall; wir haben es so geplant. Was Jerusalem betrifft, haben wir erreicht, daß die Stadt während der gesamten Verhandlungsperiode ungeteilt unserer Souveränität und Kontrolle untersteht. Die palästinensische Seite hat während der Interimsphase nicht den geringsten Einfluß in Jerusalem. Auch die Verantwortung für die Sicherheit der israelischen Siedler in den Gebieten bleibt uns überlassen. Die Siedlungen selbst werden niemals angetastet werden.« Kurz darauf sagte er im gleichen Interview: »Die endgültige Lösung für den Konflikt zwischen Palästinensern und Israelis besteht nicht in einem palästinensischen Staat, sondern in einem palästinensischen Gebilde ohne nationalen Status ... Als Hauptstadt für ihr Gebilde können sich die Palästinenser Jericho oder Nablus aussuchen, wenn sie wollen. Das ist ihr Problem, nicht meines.« Tanya Reinhardt zog am 7. April 1997 in »Yediot Aharonot« ein nüchternes Resümee: Dieser Prozeß verwandelte einen »nationalen Führer in einen rührenden Herrscher eines Protektorates«.

Beide vertragsunterzeichnende Seiten sollten gemeinsam die Opposition gegen diesen Friedensprozeß bekämpfen. Für die israelische Regierung war das Hauptziel dieses und aller weiterer Abkommen die Unterdrückung des Terrorismus. Am 2. September 1993 lautete die Schlagzeile in »Yediot Aharonot«: »Der Shabak (der israelische Inlandsgeheimdienst – L. W.) und die PLO wollen in Sicherheitsfragen in Gaza kooperieren.«

Die Vorteile des Abkommens für Israel wurden in den Medien groß herausgestellt. So kommentierte der Journalist Haim Baram in »Kol Ha'ir« am 3. September 1993: »Shimon Peres beruhigte diese Woche den Likud mit intelligenten und rationalen Argumenten. Er betonte, daß sein Autonomieplan, einschließlich des ersten Schrittes in Gaza und Jericho, weitaus moderater sei als Menachem Begins Angebot im Camp-David-Abkommen. Diese Autonomie ist personal und nicht territorial, die Besatzungsmacht wird überall sein, die Siedlungen und die Zufahrtsstraßen bleiben in israelischer Hand. Tatsächlich deutete Peres an, daß wir erfolgreich waren und aus Arafats enormer Schwäche einen Vorteil zogen, indem wir seinen Sturz als PLO-Vorsitzender abgefedert und dafür dieses Kapitulationsabkommen billig bekommen haben. Die domestizierte PLO wird Hamas für uns unterdrücken. Wir haben ihnen keinen Palästinenserstaat versprochen, und über das vereinigte Jerusalem wird noch nicht einmal diskutiert.« Meron Benvenisti schrieb in »Ha'aretz« vom 9. September 1993, daß die Vereinbarung ein mutiger Schritt, aber seine symbolische Bedeutung noch größer sei, weil es »das zionistische Projekt legitimierte, das für die Palästinenser ein Desaster bedeutete«. Amos Oz sagte in einem Interview am 14. September 1993 in der BBC: »Dies ist der zweitgrößte Sieg in der Geschichte des Zionismus.« Oder Yacov Ben Efrat: »Zum zweiten Mal hat der zionistische Kolonialismus einen Moment der Schwäche genutzt. Er hat (den Palästinensern – L.W.) ein Abkommen aufgezwungen, das einen Handel mit der Führung, aber keinen Frieden mit dem Volk schließt. Eine genuine Lösung ist in weitere Ferne gerückt als jemals zuvor. Jetzt ist ein Wendepunkt erreicht, wenn die PLO selbst in eine Rolle schlüpft, in der sie eine inakzeptable Lösung ihrem eigenen Volk aufzwängen muß. Es ist ein Wendepunkt, der nur im Chaos und der Vergessenheit enden kann.«[9] Die PLO hat Israel nicht nur die Tür zur arabischen Welt aufgestoßen, sondern das Land aus der Isolation in der Region geführt, was sich in der diplomatischen Anerkennung durch Staaten wie China, Indien sowie einem großen Teil der Länder der Dritten Welt niederschlug.

Benvenisti verweist in einem Kommentar für »Ha'aretz« vom 29. September 1993 auf die neue Rhetorik der Besatzer: »Bis jetzt wurde die israelische Ausbeutung, Diskriminierung und Beherrschung der besetzten Gebiete aus Sicherheitsgründen, nationalistisch-politischen oder altruistischen Gründen gerechtfertigt. Jetzt wird ein neues Wörterbuch zusammengestellt, um die gleiche Politik zu rechtfertigen, aber mit den umgekehrten Argumenten: jetzt tun wir es zum Nutzen der Palästinenser, für den Erfolg des Friedensprozesses, es ist so, daß die Palästinenser es schließlich begriffen haben, was ihre Vorfahren sich geweigert haben zu verstehen, daß nämlich das zionistische Unternehmen hier ist, um sie aus ihrer Misere und Rückständigkeit zu befreien und sie uns dafür ewig dankbar sein müssen.«

Die Diskrepanz zwischen der realen Entwicklung und öffentlicher Perzeption konnte nicht deutlicher zutage treten als in den Schlagzeilen der »taz« vom 21. Oktober 1993: »Autonomie zwischen Stacheldraht«, und »Feinde nennen sich Freunde« in der »FAZ«. Amos Wollin berichtet über die Pläne, einen 61 Kilometer langen Zaun um den 352 Quadratkilometer großen Gaza-Streifen zu errichten und die militärischen Verbindungsstraßen durch Wachtürme und Beobachtungsposten zu sichern. (Letzteres wurde realisiert.) Arafats Behörde werde keinerlei Befugnisse über die Kontrolle der Außengrenzen haben. Jörg Bremer dagegen schrieb, daß die alten Begriffe nicht mehr gelten und aus ehemaligen Feinden Freunde geworden seien: »Israel erkennt das Recht auf Familienzusammenführung an und läßt großzügig Araber in die besetzten Gebiete zurück. Flüchtlinge aus dem Unabhängigkeitskrieg 1948 werden mit Reparationen rechnen können ... statt verschlossener Tore nun weite Perspektiven«, so der FAZ-Journalist. Beide Behauptungen trafen nicht zu; das Gegenteil ist eingetreten. Auch hat sich Israel nie »offen als Besatzer auf fremdem Land dargestellt«, wie Bremer behauptet, im Gegenteil, mit keinem Wort wird zugestanden, daß es sich um besetztes Gebiet oder um fremdes Land handelt. Die Vision vom »jüdischen Boden« und dem »heiligen Land Israel« ist nicht hohl, wie Bremer behauptet, vielmehr hat die Opposition bereits zu diesem Zeitpunkt von »Verrat an Eretz Israel« gesprochen.

Der in der »Prinzipienerklärung« vorgesehene Terminplan konnte nicht eingehalten werden. Das »Gaza-Jericho-Abkommen« wurde erst am 4. Mai 1994 in Kairo paraphiert, ursprünglich war der 13. Dezember 1993 vorgesehen. Die Wahlen zum palästinensischen Rat fanden erst am 20. Januar 1996 statt, laut Abkommen sollten sie bis zum 13. Juli 1994 abgehalten werden. Die Verzögerungen hatte Rabin mit dem Ausspruch gerechtfertigt »Es gibt keine heiligen Daten.«

Der Ministerpräsident konnte die »Prinzipienerklärung« mit 61 Ja-Stimmen gegen 50 Nein-Stimmen bei acht Enthaltungen sowie einem Abwesenden durch das israelische Parlament bringen. Der eindeutige Verlierer zur damaligen Zeit war der Likud-Block. Seine ablehnende Haltung fand zunächst keinen Widerhall in der israelischen Öffentlichkeit. Sie unterstützte den Friedensprozeß, solange sich Fortschritte abzeichneten. Die Linke war mit ganzem Herzen für diesen Prozeß, die Rechte zerstritten. Wie weit die Unterstützung ging, zeigt ein Bericht in »Ha'aretz« vom 8. Oktober 1993, in dem eine Gruppe Intellektueller, zu denen auch die Schriftsteller Amos Oz und Abraham B. Yehohsua gehörten, sich für die »Sicherheit und das Wohlergehen der Israelis« aussprachen, die in »Judäa, Samaria und Gaza« leben. Die Präsenz der Siedler sei »wichtig für den Frieden«. Laut einem Artikel vom 4. Oktober 1993 in »Hadashot« versicherte Yehohsua den Siedlern in einem »leidenschaftlichen Telefonanruf«: »... falls ihnen auch nur ein Haar gekrümmt wird, unterstütze ich ihr (der Palästinenser L. W.) Bombardement«. Obwohl heftigst kritisiert, hat Yehohsua diese Worte nicht zurückgenommen. Er meinte, die Siedler würden Israel veranlassen, die »palästinensische Demokratie zu beaufsichtigen«. Hat nicht die israelische Besatzungspolitik über 34 Jahre die Menschenrechte der Palästinenser mit Füßen getreten? Die Siedler drangen in den Lebensraum der Palästinenser ein, ihre Präsenz unterstützt die Terrorisierung und Enteignung der einheimischen Bevölkerung. Yehohsua war derjenige »Linke« in Israel, der permanent gefordert hatte, die »Palästinenser sollten aus seinem Blickfeld verschwinden«. In einer berühmten Debatte zwischen Anton Shamas und Yehoshua 1990 schlug letzterer vor, Shamas sollte »doch in einen Palästinenserstaat gehen«, falls er sich in Israel nicht wohl fühle. Weder Oz noch Yehoshua verurteilten die Unterdrückung der Palästinenser durch die israelische Regierung.

Vor dem 13. Dezember 1993, dem ursprünglich anvisierten Unterzeichnungstermin, nahmen die Übergriffe extremistischer Siedler gegenüber der palästinensischen Bevölkerung und die Gewalt der Armee in den besetzten Gebieten zu. In den letzten beiden Novemberwochen machten Siedler und Armee regelrecht Jagd auf »gesuchte Personen«, insbesondere auf radikale Hamas- und PFLP-Mitglieder. Einer der meistgesuchten Terroristen, Imad Aqel, der den Iz-a-Din-al-Qassem-Brigaden angehörte, wurde von israelischen Sicherheitskräften in Gaza-Stadt erschossen.

Sein Tod führte zu heftigen Auseinandersetzungen zwischen Palästinensern und israelischen Sicherheitskräften. Als das Mitglied der Fatah-Falken Ahmad Abu Rish erschossen wurde, nachdem sich Mitglieder der Organisation freiwillig den Israelis gestellt hatten, war der Gaza-Streifen in Aufruhr. Flugblätter tauchten auf, in denen Fatah-Aktivisten für eine Eskalation der Intifada eintraten. Mitglieder der zukünftigen Arafat-Bürokratie konnten jedoch eine Eskalation verhindern. Am 30. November 1993 traf sich Mohammad al-Desouki, Generalsekretär der Fatah, in Khan Yunis mit General Matan Vilnai, dem israelischen Kommandeur im Gaza-Streifen. Der Palästinenser versprach, für Ruhe und Ordnung zu sorgen. Der Siedlungsbau und die Landenteignungen gingen weiter. Erste Berichte über den Bau eines separaten Straßensystems für 700 Millionen US-Dollar für die Siedler wurden publik.

Am 20. Januar 1994 berieten US-Präsident Bill Clinton und der syrische Präsident Hafes al-Assad in Genf über Modalitäten eines israelischen Rückzugs vom Golan und eventuelle syrische Konzessionen. Die Annexion des Golan war in der Resolution 497 vom 17. Dezember 1981 vom UN-Sicherheitsrat als »null und nichtig und ohne völkerrechtliche Wirkung« beurteilt worden. Durch eine von Rabin vorgeschlagene Volksabstimmung könnte Israel keinen Erwerbstitel erlangen, da die ursprüngliche Bevölkerung befragt werden müßte, die durch die israelische Armee vertrieben wurde. Die Siedler auf dem Golan sind nicht stimmberechtigt. Eine rein innerstaatliche Abstimmung aus politischen Gründen ist völkerrechtlich irrelevant. Sollte solch ein Referendum negativ ausgehen, könnte keine israelische Regierung den Golan im Zuge eines Friedensvertrages an Syrien zurückgeben. Damit hätte eine solche Volksabstimmung rechtswidrige Folgen, und zwar die Aufrechterhaltung der Besetzung fremden Territoriums, die mit dem Wegfall der Bedrohung ihren Grund verlöre, schrieb Ulrich Fastenrath in der »FAZ« vom 22. Januar 1994.

Die israelischen Siedler nahmen das Gesetz des Handelns in ihre Hand. Palästinenser wurden beschimpft, geschlagen und mit Steinen beworfen, ihre Häuser und Fahrzeuge zerstört und der Gemüsemarkt in Hebron verwüstet. Fotografen durften die Siedler sogar bei ihren Schießübungen auf dem zentralen Gemüsemarkt fotografieren. Die Armee schritt nicht ein. Die Soldaten mußten Siedler bei ihren freitäglichen Ausflügen zu jüdischen historischen Stätten begleiten, die Einhaltung der Gebetsanordnungen in der Machpela-Höhle überwachen und Palästinenser aus ihren Häusern und Geschäften vertreiben. Zwischen September und Dezember 1993 kamen zehn Palästinenser zu Tode.

Am 26. Januar 1994 gründete eine neue radikale Siedlergruppe »Zu Arzeno« (Das ist unser Land) in Hebron eine neue Siedlung mit Namen »Givat Lapid«, genannt nach Mordechai und Shalom Lapid, die von Palästinensern umgebracht worden waren.

Die Leiter des islamischen Waqf und des »Höheren Islamischen Rates« in Jerusalem schrieben am 16. Oktober 1993 an Ministerpräsident Rabin: »Eine Anzahl jüdischer Siedler hatte am Freitag, dem 8. Oktober 1993, sechs palästinensische Wachen und einen Gläubigen angegriffen. Als der Ruf zum Abendgebet erschallte, griff Baruch Goldstein den Muezzin an, der daraufhin den Ruf plötzlich unterbrach. Am Dienstagabend, dem 14. Oktober 1993, schüttete er brennbare Flüssigkeit auf den Teppich der Moschee. Nur der Aufmerksamkeit der Wachen und der Gläubigen ist es zu verdanken, daß nichts Schreckliches passiert ist. Diese täglichen Schändungen der Ibrahimi-Moschee können nicht ignoriert werden. Leider haben die israelischen Behörden nie etwas gegen dieses feindselige Verhalten der Siedler unternommen ... Wir hoffen, daß die Behörden gegen diese aufstachelnden und feindseligen Aktionen, die sich gegen die Religionsfreiheit der Muslime und ihr Recht auf die umfassende Nutzung ihrer Moschee richten, etwas unternehmen werden.«[10] Niemand konnte deshalb überrascht sein, als Baruch Goldstein am 25. Februar 1994 in der Ibrahimi-Moschee in Hebron 29 betende Muslime erschoß. Einige palästinensische Quellen behaupten, daß auch herbeigeeilte Soldaten und Siedler wahllos in die Moschee feuerten. Während der sich anschließenden Proteste erschoß die israelische Armee nochmals die gleiche Anzahl Palästinenser.

Goldstein stammte aus den USA. Er lebte und arbeitete als Arzt in der Extremistensiedlung Kiryat Arba vor den Toren Hebrons.

Am Morgen vor der Tat hatte er seine Reservistenuniform angezogen, sein Gewehr umgelegt und ging in die Machpela-Höhle, den zentralen heiligen Ort für Juden und Muslime. Dort sind die Gräber der auch von den Muslimen verehrten Erzväter Abraham, Isaak und Jakob sowie der Erzmütter Sarah, Rebekka und Lea. Es ist üblich, daß die Siedler beim Gebet ihre Waffen tragen. Goldstein verschoß mehrere Magazine, bevor er vermutlich von dort weilenden Palästinensern umgebracht wurde. Goldstein war für seinen Haß auf die Araber bekannt. Am 1. März 1994 zitierte die Zeitung »Yediot Aharonot« folgende Passage aus einem Gespräch Goldsteins mit dem Militärrabbiner Gad Navon: »Ich bin als Arzt nicht bereit, jemanden zu behandeln, der kein Jude ist. Ich kenne nur den Rambam und Kahane an.« »Man hat mir gesagt, Sie seien nicht bereit, die drusischen Soldaten in unserer Armee zu behandeln«, fragte General Navon. »Stimmt«, erwiderte Goldstein. Navon erwiderte: »Sie sind verpflichtet, jeden Menschen zu behandeln – auch wenn er ein Araber ist, ein Kriegsgefangener oder sogar ein Terrorist. Das ist mein halachisches Urteil, dem Sie verpflichtet sind. Übrigens – Sie haben einen ärztlichen Eid abgelegt, und Sie sind ihm verpflichtet.« Da Goldstein sich weiterhin weigerte, war er in eine Panzereinheit überstellt worden.

Einige Monate vor dem Attentat hatte Goldstein gegenüber einem amerikanischen Fernsehteam von einer Zeit des Tötens und einer Zeit des Heilens gesprochen. Für ihn waren die Araber »Nazis« und die »Feinde der Juden«, mit denen es kein Zusammenleben geben könne. »Sie haben uns krank gemacht, die Araber sind wie eine Epidemie. Sie sind Bazillen, die uns infizieren.«

Die israelische Regierung war sofort um Schadensbegrenzung bemüht. Einhellig wurde das Massaker als die Tat eines »hirnverbrannten Psychopathen«, so Rabin, verurteilt. Selbst Vertreter einiger Siedlerorganisationen distanzierten sich von dem Attentäter. Felicia Langer charakterisierte in ihrer umfangreichen Studie zum Goldstein-Massaker das Verhalten der Regierung: »Israels positives Bild im Ausland zu wahren, war nur eine Komponente der Reaktion der Regierung. Die andere war darauf ausgerichtet, die symbiotische Beziehung zwischen Armee und Siedlern in den besetzten Gebieten zu verschleiern.«[11] Nach Langer begann die Regierung sofort nach dem Massaker, Spuren zu vertuschen. Das Verbrechen sei von der Frage der Siedlungen getrennt worden, da für letztere die Regierung die Verantwortung trage. Die israelische Regierung verbot nach dem Attentat die rechtsextremistischen Siedlergruppen Kach und Kahane-Chai, zu denen Goldstein gehört hatte.

Paradoxerweise riegelte die israelische Armee nach dem Massaker die gesamte Westbank und den Gaza-Streifen völlig ab, was der palästinensischen Wirtschaft beträchtlichen Schaden zufügte. Über Hebron wurde eine sechswöchige Ausgangssperre verhängt, um die 450 Siedler zu schützen. Die Angehörigen der Opfer des Massakers wurden damit obendrein noch bestraft. Die Vorgänge in Hebron sowie die sich anschließenden Repressionen demonstrierten den Palästinensern, daß die Abkommen weder die Existenz der Siedlungen noch die Anwesenheit der israelischen Besatzungsarmee, die die Siedlungen weiter schützen mußte, in Frage stellten.

Israel Shahak erläuterte am 8. April 1994 in der Zeitung »Davar« die religiösen Motive der Tat. Die orthodoxe Richtung des Judentums, die sich auf den Rambam (Maimonides – jüdischer Philosoph aus Cordoba) bezieht, verbiete einem jüdischen Arzt, Nichtjuden zu heilen. Dies sei nur erlaubt, wenn einem Juden selber Gefahr drohe oder eine solche abgewendet werden könne. Den Standpunkt teilten alle Orthodoxen und die meisten Nationalreligiösen. Diese Gesetze beeinflußten aber auch jene Säkularen, die sich nicht gänzlich von der Religion befreit hätten, speziell in ihrem Verhältnis zu den Nichtjuden, so Shahak.

Die Bestattung des Massenmörders geriet zu einer eindrucksvollen Demonstration des jüdischen Extremismus. Die Menge rief immer wieder: »Welch ein Held!«, »Welch ein Gerechter!«, »Er hat es für uns alle getan.« Seine Grabinschrift in Kyriat Arba lautet: »Hier ruht der Heilige, der Arzt Baruch Kapel Goldstein. Möge der Gerechte gesegnet sein. Möge Gott sein Blut rächen. Ohne Fehl und mit reinem Herzen opferte er sich für sein Volk, die Thora und das Land Israel. Möge seine Seele in Frieden ruhen.« Im israelischen Parlament ist ein Gesetz eingebracht worden, das die Auflösung dieses Grabmals und die Umbettung Goldsteins ermöglichen soll.

Der Friedensblock und das Hebroner Solidaritätskomitee forderten von der Regierung Rabin am 25. Februar 1994, die Siedler zu entwaffnen und zu evakuieren, eine Kommission einzusetzen, die das Verhalten der Streitkräfte untersuchen soll, sowie eine internationale Schutztruppe für die besetzten Gebiete zuzulassen. Die beiden letzten Punkte wurden von der Regierung akzeptiert, brachten aber keine befriedigenden Ergebnisse.

Der Bericht der Shamgar-Kommission, genannt nach dem ehemaligen Präsidenten des Obersten Gerichts Israels, Meir Shamgar, konnte keinerlei Fehlverhalten bei den Militärbehörden und der Regierung feststellen. Goldstein sei ein »verrückter Fanatiker« bzw. ein Einzeltäter, der »verzerrten religiösen und ideologischen Ideen« angehangen habe. (Zu diesem Zeitpunkt war in Israel längst bekannt, daß Teile der Rabbinerschaft jüdischen Terroristen ihren Segen gegeben hatten.) Die Okkupationsmacht und auch die Siedler hätten sich korrekt verhalten. Die Hoffnungen der Palästinenser auf Gerechtigkeit wurden erneut enttäuscht. Zwar kam im Verlauf der Untersuchung zur Sprache, daß das Militär, selbst wenn das eigene Leben in Gefahr ist, nicht auf Siedler schießen darf. Der Militärkommandant für Judäa und Samaria erklärte der Kommission jedoch: »Sie müssen die grundlegende Situation verstehen. Ein Jude hat eine Waffe, um sich zu verteidigen. Ein Araber, der eine Waffe trägt, ist ein Terrorist. Ein Jude mit einer Waffe verteidigt sich selbst und hat die Erlaubnis zu schießen. Wir verboten den Soldaten der Armee, auf sie zu schießen.«

Straftaten der Palästinenser werden vor israelischen Militärgerichten verhandelt, die der Siedler vor Zivilgerichten im israelischen Kernland. Über diese Ungleichbehandlung wird im Bericht kein Wort verloren. »Das ›System‹ hat ja längst beschlossen, den Siedlern alles zu ersparen, und deshalb akzeptiert die Kommission diese Situation der Apartheid de facto und de jure, ohne ein Wort darüber zu verlieren.«[12] Auch die PLO setzte eine Untersuchungskommission ein, deren Bericht nicht veröffentlicht wurde, um den Friedensprozeß nicht zu stören.

Der orthodoxe Jude Yeshiyahu Leibowitz gehörte zu den schärfsten Kritikern der israelischen Politik gegenüber den Palästinensern. In »Yediot Aharonot« vom 2. März 1994 ließ er keinen Zweifel daran, wer seiner Meinung nach die Verantwortung für Baruch Goldsteins Tat trägt. »Jedem sollte klar sein: Jeder, der sich nicht weigert, in den besetzten Gebieten Dienst zu tun, ist ein Freund Goldsteins und ein Partner in diesem Mord. In diesem Akt repräsentiert er das Volk. Er ist ein Repräsentant des Volkes und der Regierung, und der Schuldige ist Yitzhak Rabin.« In einem Streitgespräch mit Shimon Peres, das in »Ma'ariv« vom 25. März 1994 erschien, sagte der Philosoph: »Das moderne Israel wird vom politischen, religiösen und nationalen Blickwinkel authentisch durch Baruch Goldstein repräsentiert. Er ist die authentische Verkörperung der augenblicklichen Kultur und des Regimes. Dies heißt natürlich nicht, daß die über vier Millionen Juden die gleiche Mentalität haben. Im Gegenteil: Es gibt viele, die dieses Regime, diese Kultur und diese Mentalität ablehnen. Ihre Zahl hat kürzlich stark zugenommen. Wenn wir jedoch über ein ›Kollektiv‹ sprechen, dann wird unser ›Kollektiv‹ durch diese Kreatur, Baruch Goldstein, repräsentiert.« Natürlich sei das Massaker nicht das Werk eines »Wirrkopfs« gewesen, sondern »das Ergebnis einer ideologischen Strömung des radikalen Zionismus, wie er aus Nordamerika herüberkommt, durchdrungen zugleich vom Messianismus der Nachfahren der Pilgrim Fathers und vom Klima der Gewalt in der ›gettoisierten‹ Gesellschaft der großen nordamerikanischen Städte von heute«, schrieb Juan Goytisolo in der »Frankfurter Rundschau« vom 27. Februar 1995.

Obwohl eine große Mehrheit der Israelis die Evakuierung der Siedler befürwortete, lehnte Rabin dies mit der Begründung ab, sie »widerspreche der ›Prinzipienerklärung‹«, so in »Ha'aretz« vom 18. März 1994. Er ließ sich damals vermutlich von Sicherheitsbedenken leiten, denn die Siedler hatten mit Bürgerkrieg gedroht. Die Hälfte der Bewohner der Siedlung Tapuah gehört zur Kahane-Chai-Gruppe und ist bewaffnet. Sie glauben das Recht zu haben, Palästinenser zu erschießen. »Das ist ein Krieg zwischen Arabern und Juden um das Land«, erklärte ein 21jähriger Yeshiva-Student. Die folgenden Zitate aus einem Artikel von Armin Wertz in der »Frankfurter Rundschau« vom 5. März 1993 zeigen die Gesinnung der Bewohner dieser Siedlung. Goldsteins Blutbad sei eine »gerechte Tat« gewesen und Rabin ein »Verräter«, der »gegen die Juden und für die PLO arbeitet«. Die meisten Bewohner Tapuahs kommen aus den USA und seien deshalb »nicht der Gehirnwäsche der Regierung ausgesetzt« gewesen. »Die Araber müssen rausgeschmissen werden. Nur wenn sie bereit sind, unter jüdischer Herrschaft und ohne politische Rechte zu leben, dürfen sie hierbleiben.« Kahane-Chai-Sprecher David Axelrod sieht die Siedlerbewegung »einer wahren Hexenjagd« ausgesetzt. »Wir finden viel Unterstützung in der Armee und noch mehr in der Grenzpolizei«, sagte er. Für ihn waren die Toten in der Ibrahimi-Moschee »die radikalsten Mitglieder der islamisch-fundamentalistischen Hamas«. Nicht ein einziger Araber sei unschuldig. »Und wir stehen im Krieg mit ihnen.« Es lebten viele Baruch Goldsteins in den Siedlungen. Das Attentat auf Rabin war die konsequente Folge solcher Gesinnung. Auf das rechtsextremistisch-fundamentalistische Lager in Israel wird in einem gesonderten Kapitel eingegangen. Die Hamas-Bewegung übte mit Terroranschlägen am 6. April 1994 in Afula, bei dem neun Israelis getötet und 45 verwundet wurden, und am 13. April in Hadera, wo sechs Menschen getötet und 25 verwundet wurden, »Vergeltung« für das Massaker in Hebron.

Die PLO hatte danach die Verhandlungen mit den Israelis in Taba abgebrochen. Das Verbot der beiden extremistischen Gruppen Kach und Kahane-Chai sollte den USA und den Ägyptern signalisieren, Druck auf die Palästinenser auszuüben, damit sie an den Verhandlungstisch zurückkehren. Rabins Versuch, die Tsomet-Partei von Raphael Eitan in seine Regierung zu holen, scheiterte am Einspruch der linksliberalen Meretz-Partei.

Welche Konsequenzen zogen die Palästinenser aus diesem Massaker? Arafat, der die Illusion genährt hatte, der nationale Befreiungskampf habe sich auf die politisch-diplomatische Ebene verlagert, mußte einsehen, daß die Sicherheit Israels nach wie vor Priorität besaß. Er konnte keine Trennung von palästinensischen und Siedlerinteressen durchsetzen und mußte die eigene Opposition gegen die Besetzung unterdrücken. Die Frage, ob der Kampf und die Intifada weitergeführt werden sollten, spaltete die Palästinenser in den besetzten und »autonomen« Gebieten und in der Diaspora. Schließlich mußte Arafat an den Verhandlungstisch zurückkehren.

Noch im November 1993 hatten er und Nabil Shaath die Vorstellungen Israels in Taba als Fortsetzung der Okkupation bezeichnet und deshalb abgelehnt. Im Mai 1994 unterzeichnete der PLO-Vorsitzende das »Gaza-Jericho-Abkommen«. Rabin konnte also seine Idee der fortdauernden Okkupation mit Arafats Zustimmung umsetzen. »Dies sollte als eine Leistung von jedem angesehen werden, der an der Fortsetzung der Besetzung interessiert ist«, schrieb Tanya Reinhardt am 6. April 1994 in »Yediot Aharonot«. Selbst Ariel Sharon hätte dies nicht besser machen können. Warum griff er Rabin dennoch so heftig an? Der Journalist Yoel Marcus glaubte, daß der Ministerpräsident Sharon animierte, einen Protest gegen eine Räumung von Siedlungen anzuzetteln. Dies mag auf den ersten Blick merkwürdig anmuten, aber eine solche Strategie ist durchaus erfolgversprechend. Den einen machte Sharons Aufregung klar, daß das Erreichte nicht zu überbieten sei und es keine Alternative zur Strategie Rabins gebe. Andere könnten die Empörung auf eine positive Entwicklung zurückgeführt haben. Viele Israelis akzeptierten wohl Rabins Vorgehen, damit nicht Sharon im Gegenzug an die Macht käme. Die Hysterie der Rechtskräfte in Israel war überflüssig, denn Rabin hat ihre Agenda umgesetzt.

2. Das »Gaza-Jericho-Abkommen« vom 4. Mai 1994 und das Protokoll über die Wirtschaftsbeziehungen vom 29. April 1994

Dieses Abkommen wurde in Kairo vor mehr als tausend geladenen Gästen unterzeichnet. Die Verhandlungen gestalteten sich bis zum Schluß äußerst schwierig. Der Druck auf die Palästinenser war so groß, daß einige israelische Politiker davor warnten, Arafats Position nicht von vornherein völlig zu untergraben. Eine total besiegte PLO sei ebenso gefährlich wie eine siegreiche. Die Zeremonie selbst nahm groteske Züge an. Ein sichtlich entnervter PLO-Chef war zunächst nicht bereit, die Dokumente zu paraphieren. Daraufhin verweigerte auch der israelische Ministerpräsident seine Unterschrift. Erst nach intensiven Gesprächen hinter den Kulissen kam es schließlich doch zur Unterzeichnung. Arafat rechtfertigte sich später: Er habe diese Szene machen müssen, weil er Rabins Zusagen über den Status von Jerusalem nicht traute. »Ich wollte nicht nur von Rabin dieses Versprechen. Nein, ich wollte dieses Versprechen von den Kosponsoren, Christopher und Kozyrev, und als Zeugen Präsident Mubarak.« Den israelischen Verhandlungsführern war klar, daß sie Arafat ein »Kapitulationsabkommen« aufgezwungen hatten.

Das Abkommen besteht aus einer Präambel und 23 Artikeln sowie vier Anhängen: dem Protokoll über den Abzug der israelischen Armee und Sicherheitsvereinbarungen; dem Protokoll über zivile Angelegenheiten; dem Protokoll über rechtliche Angelegenheiten; dem Protokoll über die Wirtschaftsbeziehungen zwischen dem Staat Israel und der PLO, das am 29. April 1994 in Paris unterzeichnet und dem »Gaza-Jericho-Abkommen« als Anhang beigefügt worden ist. Es enthält viele Kreuz-, Rück- und Querverweise, die bereits gemachte Konzessionen wieder zurücknehmen bzw. relativieren. Die Modalitäten der Truppenverlegung und die Pflichten der palästinensischen Behörde in Fragen der Sicherheit sind detailliert beschrieben. Der Vorwurf, es handele sich um ein reines Sicherheitsabkommen, ist zu Recht erhoben worden. Konkret heißt das: 1. Die Israelis behalten die Kontrolle über die Außengrenzen und legen die Größe und den Status von Jericho fest, 2. die Siedlungen im Gaza-Streifen bleiben israelische Enklaven. Ihre Zusammenfassung in Blocks verdoppelte nochmals das bereits von Israel enteignete Land.

In Taba zeigte sich erneut, wie weitreichend und verhängnisvoll die Konzessionen waren, die in der »Prinzipienerklärung« gemacht wurden. Für den damaligen Generalstabschef Ehud Barak stand während der langwierigen Verhandlungen fest: »Wir bereiten uns auf die Umgruppierung der Truppen aus Jericho und dem Gaza-Streifen vor. Für die übrigen Gebiete haben sich unsere Aufgaben nicht geändert, dort bleibt alles beim alten.« Auf Arafats Versuche, den Handlungsspielraum für die Palästinenser durch neue Forderungen zu erweitern, erklärte Rabin in einer Kabinettssitzung am Jahreswechsel 1993/94: »Wenn die Palästinenser dauernd die Vereinbarungen ändern, dann können wir das auch. Man kann offenbar mündlichen Absprachen nicht trauen. Wir sind nicht in Eile. Laßt sie ein wenig schwitzen.« Im Februar 1994 sagte der Rechtsberater des israelischen Außenministeriums Joel Singer: »Das neue palästinensische Gebilde wird in seiner Natur weder unabhängig noch souverän sein, es wird weitestgehend der Autorität der Militärregierung untergeordnet sein.« Israel kann jederzeit eine gemachte Zusage oder Konzession wieder zurücknehmen, ohne daß die palästinensische Behörde dagegen einschreiten könnte. Bis heute dürfen selbst VIPs die Autonomiegebiete nur mit Zustimmung der Israelis verlassen. Reisepässe berechtigen nicht zur Ausreise aus dem Gaza-Streifen und der Westbank.

Der Gaza-Streifen ist von einem Netz israelischer und palästinensischer Kontrollposten überzogen, wobei letztere nur als Staffage dienen. Macht und Verantwortlichkeiten (Artikel III Abs. 4) der israelischen Militärregierung bleiben unangetastet. Sie behält die Jurisdiktion über die Siedlungen, die militärischen Einrichtungen, die Außenbeziehungen, die interne Sicherheit, die öffentliche Ordnung in den Siedlungen, die äußere Sicherheit (Artikel V Abs. 1 a und b) sowie die Luftraumüberwachung Israels (Artikel V Abs. 3 b). Außenpolitisch hat die palästinensische Behörde keinerlei Rechte. Sie darf keine Botschaften, Konsulate oder andere Vertretungen unterhalten. Auswärtige Staaten dürfen keinerlei Vertretungen im Gaza-Streifen oder Jericho errichten (Artikel VI Abs. 2 a).

Die palästinensische Behörde hat nur eine sehr eingeschränkte Gesetzgebungsbefugnis. Jede von ihr erlassene Verordnung und jedes Gesetz bedarf der Zustimmung durch Israel. Die Bearbeitungsfrist beträgt 30 Tage. Ein wichtiger Punkt des Abkommens ist die Gründung einer starken Polizeitruppe. Die palästinensische Behörde wird zur Kooperation in allen Sicherheitsfragen verpflichtet. Sie muß versuchen, alle feindseligen Akte gegen Israel oder die Siedlungen zu unterbinden (Artikel XVIII). Zum ersten Mal in der Geschichte muß ein unterdrücktes Volk für die Sicherheit seiner Besetzer aufkommen. Der um den Gaza-Streifen errichtete Sicherheitszaun bleibt erhalten.[13] Damit ähnelte Gaza auch nach Unterzeichnung der Prinzipienerklärung eher einem riesigen Gefängnis, zu dem Israel allein die Schlüssel be-

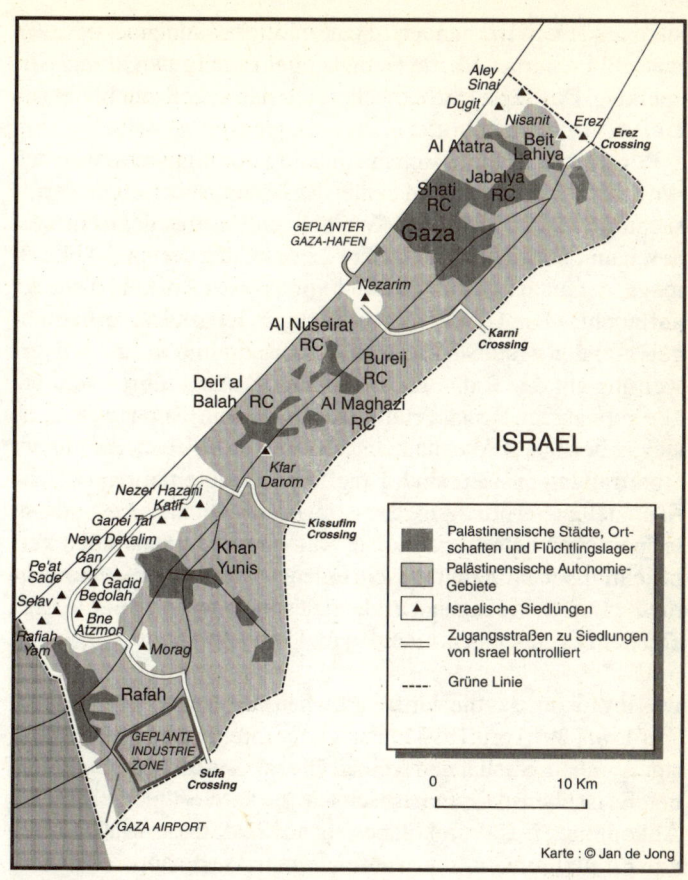

Karte 1: Der Gaza-Streifen im Jahr 2001

Map labels:

Aley Sinai
Dugit
Nisanit
Erez
Erez Crossing
Al Atatra
Beit Lahiya
Jabalya RC
Shati RC
GEPLANTER GAZA-HAFEN
Gaza
Nezarim
Al Nuseirat RC
Karni Crossing
Bureij RC
Deir al Balah RC
Al Maghazi RC
Kfar Darom
ISRAEL
Nezer Hazani
Katif
Kissufim Crossing
Ganei Tal
Neve Dekalim
Gan Or
Pe'at Sade
Gadid
Bedolah
Khan Yunis
Selav
Bne Atzmon
Rafiah Yam
Morag
Rafah
GEPLANTE INDUSTRIE ZONE
Sufa Crossing
GAZA AIRPORT

Legend:

Palästinensische Städte, Ortschaften und Flüchtlingslager

Palästinensische Autonomie-Gebiete

▲ Israelische Siedlungen

Zugangsstraßen zu Siedlungen von Israel kontrolliert

---- Grüne Linie

0   10 Km

Karte : © Jan de Jong

sitzt, als einem werdenden »Staat«. Die Palästinenser besitzen nur völlig überbevölkerte Gebiete ohne eine Entwicklungsperspektive. Das noch landwirtschaftlich nutzbare Land bleibt unter israelischer Kontrolle.

Wie geschickt die Israelis verhandelten, zeigt sich darin, daß ihr Staat für die während seiner Besatzungsherrschaft verursachten Schäden nicht verantwortlich und haftbar gemacht werden kann. So heißt es in Artikel 22 des Gaza-Jericho-Abkommens, der auch im »Interimsabkommen« als Artikel 20 wieder auftaucht: »Die Übergabe von Befugnissen und Verpflichtungen von der israelischen Militärregierung und ihrer Zivilverwaltung auf den Rat – wie in Anhang III ausgeführt – schließt alle verwandten Rechte, Haftungen und Verpflichtungen ein, die sich in bezug auf Akte und Unterlassungen ergeben, die vor der Übertragung passiert sind. Israel wird aufhören, irgendwelche finanziellen Verpflichtungen zu tragen, die solche Akte und Unterlassungen betreffen, und der Rat wird alle finanziellen Verpflichtungen dafür und für sein eigenes Funktionieren übernehmen.« In diesen Fragen darf die palästinensische Behörde nach eigenem Ermessen entscheiden und handeln.

Das Protokoll, das die wirtschaftlichen Beziehungen regeln soll, wurde am 29. April 1994 in Paris vom israelischen Finanzminister Avraham Shohat und Ahmed Qrei alias Abu Ala unterzeichnet. Es ist ebenso asymmetrisch wie die bereits unterzeichneten Abkommen. Das Protokoll besteht aus 21 Artikeln. Sie basieren auf Empfehlungen, die während eines Workshops erarbeitet wurden, den der amerikanische Ökonom Stanley Fischer an der Harvard-Universität mit israelischen, palästinensischen, jordanischen und amerikanischen Ökonomen abgehalten hatte. Die meisten der israelischen und palästinensischen Teilnehmer gehörten auch der Verhandlungsdelegation in Paris an. Der Vertrag regelt die Wirtschaft in den autonomen Gebieten sowie die ökonomischen Beziehungen zwischen Israelis und Palästinensern bzw. zu Drittstaaten. Die Umsetzung und Kontrolle obliegt einem palästinensisch-israelischen Wirtschaftsausschuß, der Unterausschüsse einsetzen kann. Da sämtliche Entscheidungen einvernehmlich getroffen werden müssen, hat sich die israelische Regierung indirekt die absolute Kontrolle über die Wirtschaft der Autonomiegebiete sowie über Entscheidungen gesichert, die die autonomen Enklaven betreffen.

Die Kontrolle der palästinensischen Wirtschaft durch die Israelis dient in erster Linie dem Schutz des eigenen wirtschaftlichen Einflusses und der Normalisierung ihrer Wirtschaftsbeziehungen zu den arabischen Staaten. Die Palästinenser müssen den Zugang zu den internationalen Märkten mit der israelischen Regierung aushandeln. Solange sie über wichtige Sektoren der palästinensischen Wirtschaft mitbestimmen kann, wird es keinen Aufschwung geben. Hinzu kommt die totale politische Kontrolle durch Israel, die den Palästinensern keinen eigenen Handlungsspielraum läßt und Investitionen von privater Seite verhindert.

Politische und wirtschaftliche Unabhängigkeit bedingen einander. Der Aufbau einer unabhängigen palästinensischen Wirtschaft ist in dem Wirtschaftsabkommen nicht vorgesehen. Die Autonomiegebiete und die neue »Partnerschaft« dienen Israel als Arbeitskräftereservoir und als Sprungbrett zu den arabischen Märkten. Die neue palästinensische politisch-ökonomische Klasse ist zum Juniorpartner Israels geworden. Sie profitiert von den Diensten, die sie ihren israelischen »Partnern« leistet. Israelische Produkte mit dem Gütezeichen »Made in Israel« waren in den arabischen Staaten schwer absetzbar, »Made in Palestine« verkauft sich besser. Die palästinensischen Subunternehmer fertigen die mit israelischem Know how vorgefertigten Waren zudem wesentlich billiger als israelische Firmen. Sie haben sich eine Monopolstellung beim Import von Baustoffen, vor allem Kies und Zement, Benzin und Flüssiggas sowie Elektronik gesichert. Diese Palästinenser leben gut, sie haben kein Interesse an völliger Unabhängigkeit, ihnen reicht die durch Israel kontrollierte Autonomie.

Nach Unterzeichnung des Wirtschaftsabkommens fragten sich israelische Journalisten, wie Arafat solch einen Vertrag billigen konnte. Jeder Import muß den israelischen Zoll passieren, jeder Export über israelische Vertragspartner laufen. Tanya Reinhardt hat am 7. April 1997 in »Yediot Aharonot« auf einen Artikel in »Ha'aretz« verwiesen. Dem Bericht dieser Zeitung zufolge sei Arafat mit Geld gekauft worden. Mohammed Rashid, kurdischer Millionär und Arafats Wirtschaftsberater, soll sich mit dem ehemaligen Sicherheitschef Yossi Ginossar geeinigt haben, einen Teil der einbehaltenen Benzinsteuer nicht auf das Konto der Autonomiebehörde, sondern auf ein Konto bei der Bank Leumi in Tel Aviv zu überweisen, über das nur Arafat und Rashid verfügen konnten. Das Geld sei für den Fall bestimmt, daß es in den Gebieten zu Aufständen kommen würde und Arafat und sein engster Führungszirkel fliehen müßten. Bei dem enormen Vermögen, das die PLO bis heute im Ausland hortet, eine überflüssige Vorsichtsmaßnahme. Die Vermarktung des Benzinmonopols wurde der Firma Dor übertragen. Josef Antwerg und Mohammed Rashid unterschrieben diese Vereinbarung. Antwerg ist ein Manager der Israelischen Landbehörde (ILA), die für die Enteignung von palästinensischem Land zuständig ist. »Die Reichen der Besetzung helfen denjenigen in der Autonomiebehörde, die ebenfalls durch die gleiche Besetzung reich werden«, so Reinhardt.

Die von den Palästinensern selbst aufgebaute Bürokratie behindert den Aufbau der Wirtschaft zusätzlich. Ein Großteil der ausländischen Hilfsgelder versickert in dunklen Kanälen oder wird für Lohnzahlungen verwendet. Allein die internationale Staatengemeinschaft hat von 1994 bis 1999 über zwei Milliarden US-Dollar gezahlt. »Das Protokoll reflektiert die historische Realität, die fortdauernde Okkupation in der Interimsphase sowie Israels Bestreben, seine eigenen Unternehmer zu schützen und seinen dominanten Anteil am palästinensischen Markt zu behaupten.«[14]

Die Macht der neuen palästinensischen Führungsschicht konzentriert sich auf vier Bereiche: Politik und Diplomatie, Wirtschaft und Sicherheit, speziell die Terrorismusbekämpfung. An der Spitze dieser Machtpyramide steht Yassir Arafat. Seine Untergebenen sind allein ihm verantwortlich. Eine Rechenschaftspflicht gegenüber der Öffentlichkeit oder dem Parlament besteht nicht. So einflußreich und dominant diese Bereiche auch im täglichen Leben für die Palästinenser sind, so ist ihr Einfluß auf Länder, die den Palästinensern Entwicklungshilfe gewähren, begrenzt. Vor allem die USA mahnen immer wieder die öffentliche Transparenz und Verantwortlichkeit an.

Die ökonomischen Probleme im Gaza-Streifen resultieren aus den besonderen ideologischen und nationalen Vorgaben der israelischen Politik, schrieb die US-Ökonomin Sara Roy.[15] Das »Gaza-Jericho-Abkommen« und das Pariser Wirtschaftsprotokoll haben die Entwicklung des Gaza-Streifens nicht gefördert, weil sich die Autonomie nur in den engen politischen Grenzen entwickeln kann, die in den Abkommen festgeschrieben wurden und Israel die Gebiete immer wieder über Wochen abgeriegelt hat. Bisher wurde fast ausschließlich im Bausektor investiert. In die marode Infrastruktur flossen kaum Gelder. In Gaza-Stadt wurden einige Hochhäuser und Hotels gebaut, deren Mieten und Preise kein Normalbürger bezahlen kann. Die einzige »Infrastrukturmaßnahme« im Lager war die Planierung eines 250 Meter langen Abschnitts einer »Straße«. Doch bevor es zur Asphaltierung kam, wurde das Projekt eingestellt. Der angebliche Wirtschaftsaufschwung in Gaza, von dem einige Ökonomen reden, ist nichts weiter als das Errichten von Luftschlössern und ein riesiger Schwindel.

Israel kann die Autonomiegebiete weiterhin mit seinen Produkten überschwemmen, wohingegen der Export palästinensischer Waren erheblichen Beschränkungen unterliegt. Bleiben die »offenen Grenzen« geschlossen, werden keine Warentransporte aus dem Gaza-Streifen oder der Westbank abgefertigt. Palästinensische Produkte sind auf arabischen Märkten auch wegen der niedrigeren Mehrwertsteuer nicht wettbewerbsfähig. Israel erhebt 17 Prozent Mehrwertsteuer, die Palästinenser müssen sich auf 15 und 16 Prozent festlegen. Der englische Journalist Graham Usher hat nüchtern bilanziert: »Israels strategisches Ziel ist es gewesen, eine höhere ökonomische Integration in der arabischen Welt und einen besseren Zugang zum arabischen Markt zu erreichen sowie den 46jährigen Wirtschaftsboykott gegenüber Israel zu brechen.«[16]

Der Ansicht einiger Wissenschaftler, durch die genannten Vereinbarungen hätte sich am Status der besetzten Gebiete nichts verändert[17], muß widersprochen werden. Die unterzeichneten Dokumente haben die Besetzung, die Siedlungen und Enteignungen erstmals legitimiert. Eine dem Völkerrecht widersprechende Politik wurde von den Besetzten sanktioniert. Eine Besatzungsmacht kann sich nichts Besseres wünschen. Der Inhalt der Dokumente sowie die Richtung, in die sich die Verhandlungen und die Politik Israels seither bewegen, lassen vermuten, daß es dem Land gelingen wird, die UN-Resolutionen 242 und 338 zu umgehen. So hat Ministerpräsident Barak die UN-Resolution 242 als nur auf Staaten anwendbar bezeichnet, nicht jedoch auf Organisationen. Ziel Israels ist es nicht, auf ihrer Grundlage eine Einigung zu erreichen, sondern auf bilateralem Wege, wo Macht mehr zählt als Recht.

Laut Artikel VII Abs. 9 haben die Gesetze und Militärverordnungen, die vor der Unterzeichnung des »Gaza-Jericho-Abkommens« in Kraft waren, Gültigkeit behalten. Ob die palästinensische Führung die Tragweite dieses Artikels begriffen hat, darf bezweifelt werden. Damit bleibt das Besatzungsrecht bestehen, bis es durch eine Vereinbarung außer Kraft gesetzt wird. Seither haben die Israelis Militärverordnungen erlassen, einige davon wurden veröffentlicht, andere bleiben geheim.

Vor der Unterzeichnung des Abkommens hatten die lokalen palästinensischen Zivilgerichte in den besetzten Gebieten Jurisdiktionsgewalt. Sie verhandelten Zivilangelegenheiten, die sowohl Siedler als auch Nichtsiedler betrafen. Alle Vorfälle, die in die Kompetenz der israelischen Militärregierung fielen, wurden vor israelischen Militärgerichten verhandelt. Bis zum 4. Mai 1994 konnten Entscheidungen der lokalen Gerichte in Israel ohne Einschränkungen durchgesetzt werden. Erst durch Artikel IV der »Prinzipienerklärung« und die detaillierten Bestimmungen des »Gaza-Jericho-Abkommens« wurde dies geändert.

Die Trennung der israelischen Siedlungen von palästinensischer Gerichtsbarkeit wurde in Artikel 1 und 2 des Anhangs des »Gaza-Jericho-Abkommens« über die rechtlichen Angelegenheiten festgelegt. »Israel hat die alleinige Rechtsgewalt über ... Verstöße, die von Israelis in den Gebieten begangen werden.« Die Zivilangelegenheiten betreffend, heißt es in Artikel III Abs. 2: »Israelis, die sich zu Geschäftszwecken in den Gebieten aufhalten, unterliegen dem Zivilrecht in dem Gebiet, das sich auf ihre Aktivität bezieht. Nichtsdestotrotz, jede Vollstreckung einer rechtlichen oder administrativen Entscheidung, die gegen einen Israeli oder dessen Eigentum ergeht, wird in Israel in Kraft treten.« Aber in Abs. 3 heißt es, daß die palästinensischen Gerichte und juristischen Autoritäten keine Jurisdiktion über zivile Angelegenheiten haben, in die Israelis verwickelt sind. Das »Gaza-Jericho-Abkommen« hat sowohl die »israelischen Siedlungen als auch die Palästinenser aus Ost-Jerusalem der Jurisdiktion der palästinensischen Gerichte«[18] entzogen, bestätigt der Anwalt Raja Shehadeh.

Das Abkommen überträgt der palästinensischen Behörde formal die Zuständigkeit für die Registrierung von Land in Grundbüchern (Artikel II B Abs. 22) und die Verfügungsgewalt über Wasser (Artikel II B Abs. 31.a). Letzteres wird in Abs. 31.b wieder zurückgenommen, weil die Wasserbewirtschaftung der israelischen Firma Mekoroth Water Co. vorbehalten bleibt. So erhöhte sie den Preis pro Kubikmeter von 0,70 auf 1,8 Shekel. In den Verhandlungen wurden weder die Quellen, die Israel überall im Gaza-Streifen angezapft hat, noch die Quellen in den Siedlungen berücksichtigt. Damit hat man den Siedlungen implizit ein eigenes Recht auf Wasser zugestanden und sie ein weiteres Mal legitimiert. In diesem Punkt zeigt sich wieder, welche Vorteile die Israelis durch das Hinzuziehen von Spezialisten bei den Verhandlungen erringen konnten.

Auch in der Landfrage blieb der Status quo erhalten. Große Teile des Gaza-Streifens, die für Landwirtschaft und zur Bebauung geeignet sind, unterstehen der alleinigen Kontrolle Israels, immerhin 40 Prozent des gesamten Territoriums. Im Sicherheitsteil des Abkommens ist festgelegt, daß die Palästinenser in diesen nicht bauen dürfen. Der Gush-Katif-Block wurde buchstäblich vom Gaza-Streifen abgetrennt, und um die dort errichteten Siedlungen wurden elektronisch kontrollierte Zäune errichtet. Das »Gaza-Jericho-Abkommen« hat – gemäß der klassischen kolonialen Formel »teile und herrsche« – den Gaza-Streifen und die Westbank weiter separiert. Es läßt nur die Verbindung zwischen Gaza und Jericho zu, die aber bis heute nicht gebaut worden ist. Die israelische Regierung annullierte nach Unterzeichnung des Abkommens umgehend für 1300 Studenten aus Gaza die Genehmigungen zum Studium an der Bir-Zeit-Universität in der Westbank. Die Betroffenen können bis heute dort nicht wieder studieren. Eine Eingabe an das Oberste Gericht in Israel wurde mit dem Argument zurückgewiesen, daß sich ab sofort das palästinensische Regime mit diesen Problemen befassen wird. Wie die israelische Regierung über das Abkommen dachte, zeigt folgende Bemerkung von Yossi Sarid in »Ha'aretz« vom 24. Mai 1994: »Wir wollten Gaza abgeben. Dies ist kein großer Verlust. Falls wir nicht zu einem Abkommen über den Rückzug aus Gaza gekommen wären, hätte sich die Regierung eigenmächtig dazu entschlossen. Diese Frage wurde in der Vergangenheit mehrere Male besprochen. Man braucht über Jericho in puncto Land gar nicht zu reden. Es ist weniger als ein Prozent des gesamten Gebietes von Judäa und Samaria.«

Vor der Unterzeichnung des Gaza-Jericho-Abkommens wurde den Siedlungen soviel Land zugeteilt, daß sie von der palästinensischen Behörde nicht betroffen sind. In Artikel II Abs. B 32.b in Anhang II ist verankert, daß sich an der Kontrolle über das Land nichts ändert. Israel kann gegen alle Beschlüsse der Palästinenser ein Vetorecht einlegen.

Arafat verglich am 10. Mai 1994 in seiner Rede in Johannesburg die Abkommen zwischen Israel und der PLO mit der Vereinbarung zwischen dem Propheten Mohammad und dem Stamm der Quraish im Jahre 627, die der Prophet nach zwei Jahren gebrochen hatte. Wieso er glaubte, er könne mit dem Erlaß vom 20. Mai 1994 den Rechtszustand aus der Zeit vor dem Sechstagekrieg wieder in Kraft setzen, ist schwer zu begreifen. In Artikel VII Abs. 9 des »Gaza-Jericho-Abkommens« ist klar fixiert, daß die Gesetze und die Militärverordnungen vor Unterzeichnung des Abkommens weiter gültig sind. Die Preisgabe von Rechten durch seine Landsleute ist für Shehadeh um so erstaunlicher, weil Israel das »legalistischste Land der Welt ist, und eine lange und entwickelte Tradition hat, Recht als Instrument der effektiven Kontrolle und Ausbeutung«[19] einzusetzen. Die Palästinenser haben bereits so viele Rechtsansprüche preisgegeben, daß ein Rekurs auf die noch verbliebenen das Blatt nicht zu ihren Gunsten wenden könnte. »Welche Autorität hat eine Behörde, die noch nicht einmal bestimmen kann, wer ein- und ausreisen darf? Diese Art der Autonomie ist nur eine neue Variante der Besetzung. Auch die südafrikanischen ›Homelands‹ hatten Symbole der Autorität wie Fahne, Briefmarke, Pässe und eine starke

Polizei, waren aber Marionettenregime. Auch das verzweifelt angestrebte Interimsabkommen wird an der Besetzung und der Lage der Palästinenser nichts ändern. Die Palästinenser-Behörde ist zu einer innerisraelischen Pressuregroup wie die nationalre-ligiöse Shas-Partei geworden, die mit der Regierung um Zuge-ständnisse feilschen muß.«[20]

Das Abkommen fiel ganz im Sinne der Rechtskräfte in Israel aus, dennoch äußerten sie lauthals ihre Empörung, sie fühlten sich provoziert durch die prächtigen Uniformen der palästinen-sischen Polizei, die Fahne, die Briefmarken und das Wort »Paß« auf den Reisedokumenten. Alle diese Attribute der »Souverä-nität« hatten die Bantustans in Südafrika auch.

Damit die palästinensischen Behörden auf der Westbank die gleichen Kompetenzen haben wie im Gaza-Streifen und in der Enklave Jericho, wurde am 29. August 1994 das Abkommen über die Übertragung von Macht und Verantwortlichkeiten an die Palästinenser unterzeichnet. Dieses aus zwölf Artikeln sowie sechs Anhängen bestehende Abkommen unterscheidet sich in seinem Duktus nicht von den früheren. Darin wird festgelegt, daß ein Joint Civil Affairs Coordination and Cooperation Committee Erziehung und Kultur, Gesundheit, Sozialwesen, Tourismus re-gelt und direkte Steuern sowie Mehrwertsteuer auf lokale Pro-dukte erhebt. Die palästinensische Behörde kann Verordnungen und Gesetze erlassen, die aber von der israelischen Regierung in einer Frist von 30 Tagen bestätigt werden müssen. Eine Ableh-nung bedarf der Begründung. In diesem Abkommen werden die Ausnahmeregelungen, die bereits im »Gaza-Jericho-Abkom-men« enthalten sind, nochmals für die Westbank bestätigt.[21]

Arafat traf erst zwei Monate nach Unterzeichnung des »Gaza-Jericho-Abkommens« in Gaza ein. Sein langes Zögern hatte den Anschein, als übernehme er nur widerwillig die ihm zugedachte Rolle. Er verweigerte sich wohl auch, weil die Gefangenen nicht wie vertraglich vereinbart, freigelassen wurden. Da nur Arafats Anwesenheit dem Abkommen die endgültigen Weihen verleihen konnte, übten die Israelis Druck auf den PLO-Führer aus. Die Reaktionen der israelischen Bevölkerung offenbarten, daß sich ihre Einstellung zu den Palästinensern und Arabern nicht geändert hatte. Das nun »benachbarte Volk« wurde sowohl von der Rechten als auch der Linken mit Arroganz behandelt. Die Nationalisten betrieben eine Einschüchterungskampagne, zu der die Öffentlichkeit schwieg. Neben den von Israel errichteten Hindernissen in den Abkommen blockierte auch Arafats Vetternwirtschaft den Aufbau der Autonomiegebiete. Er umgab sich nicht mit Fachleuten aus den besetzten Gebieten, sondern mit den »Salon-Aktivisten« und der »Tunis-Mafia«, wie die Palästinenser Arafats Ankömmlinge bezeichnen.

Die Autonomiebehörde übernahm formell die Bereiche Gesundheit, Soziales, Erziehung und Kultur sowie Tourismus. Israel machte von Beginn an klar, daß die Terrorismusbekämpfung Priorität haben mußte. »Konzessionen«, d. h. vertraglich gemachte Zusagen, würden nur noch gewährt, wenn die Sicherheit der Israelis besser gewährleistet sei. Arafat mußte daher die Opposition mit allen Mitteln unterdrücken. Gefährlichster Gegenspieler war seit Beginn der Autonomie die Hamas. Ibrahim el-Jasuri erklärte in einem Interview mit dem »Spiegel« vom 5. September 1994, daß Israel »mit Blut und Terror errichtet« wurde und die Autonomie ein Selbstbetrug sei. »Das von Gott gewollte Ziel ist die Befreiung ganz Palästinas.« Zentraler Streitpunkt zwischen Israelis und Palästinensern ist nach wie vor Jerusalem. Die für Juden, Christen und Muslime heilige Stadt war 1949 geteilt worden. West-Jerusalem gehörte zum jungen Staat Israel, Ost-Jerusalem mit den heiligen Stätten fiel unter jordanische Verwaltung. Im Sechstagekrieg eroberten die Israelis den Ostteil und schlossen ihn West-Jerusalem an. Im Juli 1980 wurde der Ostteil gegen das Völkerrecht Israel eingegliedert.

Peres überzeugte Ministerpräsident Rabin, Arafat neben Teilen des Gaza-Streifens auch Jericho anzubieten. Arafat akzeptierte den Deal nur, weil sowohl die israelische Regierung als auch seine »Ratgeber« von der israelischen Linken, die sich im »Friedenslager« und in der Meretz-Partei konzentriert, Druck auf ihn ausübten. Diese Ratgeber spielen eine verhängnisvolle Rolle für die Palästinenser, weil sie in Wahrheit israelische Interessen vertreten. Die Friedensbewegung erpreßt Arafat um des Friedensprozesses willen. Es ist hart für die israelische Linke, sich einzugestehen, daß Arafat vor Israel kapituliert hat, weil er für sie jahrelang das Symbol des palästinensischen Befreiungs-kampfes darstellte. Nachdem der PLO-Chef das angeblich großzügige Angebot Baraks in Camp David im Juli 2001 abge-lehnt hatte, wendeten sich die Linkszionisten völlig von ihm ab und wiesen ihm die alleinige Schuld zu.

Als sich in der Jerusalem-Frage nichts mehr bewegte und Ehud Olmert, der zum Likud-Block gehörende Oberbürgermeister, die palästinensischen Institutionen in Ost-Jerusalem zurückdrän-gen wollte, zitierte Arafat in seiner Rede in Johannesburg – zur Überraschung aller – aus einem Brief von Peres an den norwe-gischen Außenminister Johan Joergen Holst vom 11. Oktober 1993: »Ich möchte bestätigen, daß die palästinensischen Einrich-tungen in Ost-Jerusalem und die Interessen und das Wohlerge-hen der Palästinenser von Ost-Jerusalem von großer Bedeutung sind und erhalten werden. Deshalb erfüllen alle palästinensischen Institutionen in Ost-Jerusalem – einschließlich der ökonomi-schen, sozialen, bildungspolitischen und kulturellen – sowie die christlichen und muslimischen Heiligtümer eine wichtige Auf-gabe für die palästinensische Bevölkerung. Selbstverständlich werden wir deren Aktivitäten nicht behindern; im Gegenteil, die Erfüllung dieser wichtigen Aufgabe muß gefördert werden.«
Diese öffentliche Bekanntmachung führte zu einem einhelli-gen Aufschrei in Israel. Insbesondere die linksliberale Presse griff Arafat heftig an. Nachdem sich herausgestellt hatte, daß nicht Arafat, sondern Rabin und Peres die Lügner waren, mußte die Presse zurückrudern. Besonders aufschlußreich ist der Arti-kel von Yoel Marcus in »Ha'aretz« vom 10. Juni 1994: »An dem Tag, als ich mich entschied, der Regierung zu glauben, fand ich mich in der unangenehmen Lage, mich bei dem chronischen Lügner Yassir Arafat zu entschuldigen, der dabei ertappt wurde, die Wahrheit zu sagen … Es ist eine Tatsache, daß der ›nicht-existente‹ Brief den palästinensischen Besitz Ost-Jerusalems anerkennt.« Die Rechte in Israel war entsetzt. Benjamin Begin schrieb am 8. Juni 1994 in »Yediot Aharonot«: »Gnade Gott dem Ministerpräsidenten von Israel, wenn es wahr sein sollte, daß er es mit den Details nicht so genau genommen hat, während der Terrorist Yassir Arafat korrekt war. Gnade Gott der israeli-

schen Regierung, wenn herauskommt, daß sie das in die Hände der Terrororganisation gegeben hat, was sie Ost-Jerusalem nennt. Und Gott erbarme sich Israels, wenn dies seine Regierung ist.« Shimon Peres erklärte später vor dem Auswärtigen und Verteidigungsausschuß der Knesset: »Die Erklärung Arafats, Jerusalem betreffend, ist für mich so viel wert wie eine Knoblauchschale … die PLO will eine zusätzliche Hauptstadt. Wir lehnen dies total ab. Nicht nur wird Jerusalem nicht geteilt, sondern es wird auch keine zwei Hauptstädte geben.«

Umgehend brachte die Regierung ein Gesetz ein, das die politischen Aktivitäten der PLO und der palästinensischen Institutionen in Ost-Jerusalem verbot. Es wurde Ende Dezember 1994 mit großer Mehrheit in der Knesset verabschiedet. Der palästinensischen Behörde mit Feisal Husseini an der Spitze wurde darin jegliche politische Aktivität in der Stadt untersagt. Sie dürfen weder Konferenzen organisieren, Petitionen verabschieden noch Versammlungen oder Protestmärsche unter ihrer Führung innerhalb der Stadtgrenzen abhalten. Bei Zuwiderhandlung droht eine einjährige Gefängnisstrafe oder eine Geldstrafe von 33 000 US-Dollar.

Die Abkommen mit der PLO schufen auch die Basis für den Abschluß eines Friedensvertrages zwischen Israel und dem Königreich Jordanien am 26. Oktober 1994 in Ein Avrona.[22] Der Vertrag hatte immer ganz oben auf der Agenda der Arbeitspartei gestanden. Da es keinerlei fundamentale Meinungsverschiedenheiten zwischen beiden Staaten gab, konnte die israelische Regierung Jordanien gegen die PLO in bezug auf Jerusalem ausspielen. So heißt es in Artikel 9 Abs. 2, in dem es um die historischen und religiösen Stätten geht: »In diesem Zusammenhang achtet Israel in Übereinstimmung mit der Washingtoner Erklärung die derzeitige Rolle des Haschemitischen Königreichs Jordanien in bezug auf die moslemischen Heiligen Stätten in Jerusalem. Wenn Verhandlungen über den dauerhaften Status stattfinden, wird Israel der historischen Rolle Jordaniens in bezug auf diese Stätten hohe Priorität einräumen.« In den Worten von Shimon Peres hieß dies, Jerusalem bleibt »politisch geschlossen, aber religiös offen«. Die Rechte lehnte selbst diese Art der

»Souveränität« ab. Obwohl der Vertrag für Israel ausschließlich Vorteile bietet, erklärte Ariel Sharon am 29. Juli 1994 in »Yediot Aharonot«, nur das jüdische Volk könne über den Tempelberg Souveränität ausüben.

Arafat, Mubarak und Assad kritisierten den Friedensvertrag. Nach einem Treffen mit dem ägyptischen Präsidenten in Kairo im Oktober 1994 geißelte Assad die Verpachtung von zwei kleinen, landwirtschaftlich genutzten Streifen jordanischen Bodens für 25 Jahre an Israel als »die Art der Ungläubigen«. So heftig hatte noch nie ein alawitischer General und Politiker bäuerlicher Herkunft den Nachfolger Mohammads kritisiert. Keiner könne von Syrien erwarten, daß es Boden an Israel verpachte – angesichts von 13 000 israelischen Siedlern auf dem Golan. Arafat erhob Einwände wegen des jordanischen Mitspracherechtes in bezug auf die religiösen Stätten. Der häufig zwischen allen Fronten lavierende oder auch vermittelnde König Hussein stimmte sich weder mit dem syrischen Präsidenten Assad noch mit der PLO ab. Dies hatte auch ökonomische Gründe: Die USA wollten Jordanien Schulden von 700 Millionen US-Dollar erlassen und lockten wie die Israelis mit einer Friedensdividende. Der »warme Frieden«, den König Hussein den Israelis versprach, wurde von ihnen nicht erwidert. Die ausländischen Investitionen fielen viel geringer aus als von Jordanien erhofft, auch der Tourismus aus Israel blieb kümmerlich.

In der Euphorie des Jahres 1994 wurde mehrfach die Idee einer Konföderation zwischen Israel, Jordanien und Palästina diskutiert. Rabin konnte sich eine Konföderation zwischen Israel und Jordanien durchaus vorstellen, die Palästinenser sollten jedoch nicht auf der Basis eines eigenen souveränen Staates einbezogen werden.

Der PLO-Vorsitzende erfand das Programm einer Partnerschaft mit Israel und prognostizierte »blühende Landschaften« in einem eigenständigen palästinensischen Gemeinwesen. Seine Funktionäre verbreiteten bei ihren Auslandsreisen die Illusion, ein eigener Staat sei quasi zum Greifen nahe. Der Leiter der PLO-Vertretung in Bonn, Abdallah Frangi, hatte im Oktober 1993 in einem Vortrag vor der Deutschen Gesellschaft für Auswärtige Politik erklärt, das »Gaza-Jericho-Abkommen« eröffne einen

geraden, wenn auch schwierigen Weg zu einem Palästinenserstaat, und zwar innerhalb von fünf Jahren. Auch die Opposition,
zu der u. a. der Iran gehöre, werde verstummen. Frangi denkt
heute wesentlich realistischer, wie er mir in einem öffentlichen
Interview beim 54. Oberkasseler Gesprächsabend des Verban-
des der Cigarettenindustrie am 2. März 1999 versicherte.

Israel und die Palästinenser konnten sich bis zur Unterzeichnung des »Gaza-Jericho-Abkommens« nicht einmal über die
Größe Jerichos einigen. »Jericho ist für die Israelis 25 Quadratkilometer groß, für uns jedoch 375, wie zu Zeiten der Osmanen
und der Engländer«, so Frangi. Die Israelis überließen ihnen
letztlich nur 54 Quadratkilometer. Viele Palästinenser um Arafat
machten sich ebensolche Illusionen. Ihr Zweckoptimismus, der
sich als Zynismus entpuppte, hat die damalige unrealistische
Einschätzung des israelisch-palästinensischen Konflikts im Westen mit gefördert.

Zu den ungeklärten Fragen gehörte die nach dem Charakter
des palästinensischen Gebildes: Diktatur oder eine Demokratie?
William B. Quandt erklärte, die israelische Führung habe wenig
Interesse an dieser zentralen Frage gezeigt, weil es ihr primär
um Sicherheit ging und sie immer einen gewissen Vorteil darin
gesehen habe, mit arabischen Diktatoren zu verhandeln, die keiner Öffentlichkeit rechenschaftspflichtig seien.[23] Auch die PLO
und Arafat sowie die westlichen Staaten sind an einem demokratischen Palästina nicht interessiert, obwohl es mehr Sicherheit für Israel und Jordanien bedeuten würde als ein diktatorisch
beherrschtes Autonomiegebiet. Der PLO-Chef kann die ihm zugedachte Rolle jedoch nur in dieser Herrschaftskonstellation
spielen, und Israel würde seine exklusive Rolle als »einzige Demokratie des Nahen Ostens« verlieren.

Welche »Demokratie« Israel sich für die Palästinenser vorstellte, demonstrierten die Äußerungen von General Dani Rothschild in einem Interview in »Ha'aretz« vom 5. Oktober 1994:
»Die palästinensische Öffentlichkeit hat den Wert der Demokratie in den letzten 27 Jahren unseres Zusammenlebens gelernt.
Deshalb ist es sehr wichtig, ein System von ›checks and balan-
ces‹ aufzubauen, ein System, das weniger korrupt ist als ein tota-
litäres Regime mit Ernennungen ... Tatsächlich haben wir ihnen

in den letzten 27 Jahren erklärt, was Demokratie ist, nicht nur jetzt in dem Abkommen. Sie lebten mit uns und sahen, was Demokratie ist, was das Oberste Gericht in Israel ist.« Shimon Peres betrachtete die Okkupation als die beste Schule der Demokratie für die Palästinenser. In »Ha'aretz« vom 26. Oktober 1995 äußerte er: »Es gibt heute eine junge Generation, 125 000 junge Araber, die die Gefängnisse Israels durchlaufen haben. Sie haben Hebräisch gelernt und wissen, was Demokratie ist, und in dieser Hinsicht dienten die Gefängnisse als große Universität.« Zu Recht fragte Felicia Langer: »Wer der palästinensischen Amtsgewalt applaudierte, als sie ein Sondergericht etablierte, das noch viel schlimmer als unsere zur Genüge schrecklichen Militärgerichte ist, wird der ihnen vielleicht Demokratie ermöglichen? Wer der palästinensischen Verwaltung auferlegte, die Opposition gnadenlos zu unterdrücken, als Bedingung für einen Fortschritt in den Verhandlungen, wird der ihnen Demokratie ermöglichen?«[24]

Nach Unterzeichnung des Interimsabkommens in Washington zwischen Yitzhak Rabin und Yassir Arafat versuchten Radikale der Hamas und des Islamischen Jihad, den Friedensprozeß zu torpedieren. Am 19. Oktober 1994 riß ein Selbstmordattentäter in Tel Aviv 22 Israelis mit in den Tod, 48 wurden verwundet. Einige Tage vorher wurde der israelische Soldat Nachshon Wachsman von radikalen Hamas-Anhängern entführt. Bei der Befreiungsaktion kamen nicht nur die Terroristen, sondern auch der Soldat ums Leben. Am 2. November starb der Journalist Hani el-Abed, ein Funktionär des Islamischen Jihad, im Gaza-Streifen durch eine Autobombe. Selbst Arafat schrieb diesen Anschlag den Israelis zu. Bei einer Vergeltungsaktion sprengte sich am 11. November bei der jüdischen Siedlung Netzarim ein Mitglied des Islamischen Jihad auf dem Fahrrad in die Luft und tötete drei Soldaten. Gesundheitsminister Ephraim Sneh, ein enger Vertrauter Rabins, sagte in »Newsweek« vom 14. November 1994: »Keiner sollte erwarten, daß wir untätig bleiben. Der Krieg gegen den Terror kennt keine Beschränkungen, keine Grenzen und keine Regeln.« Alle diese Aktionen verstärkten den Druck auf Arafat. Am 18. November 1994 kam es zu einem Zusammenstoß zwischen seinen Sicherheitsdiensten mit Demonstranten vor der großen Falastin-Moschee in Gaza. Dabei wurden 14 Palästinenser erschossen und mehr als 200 verletzt. Ohne ersichtlichen Grund feuerten die Soldaten in die Menge, die sich zum Freitagsgebet versammelt hatte. In diesem Machtkampf war Arafat der Sieger. Die Islamisten verleumdeten ihn in einem Flugblatt als »Agenten des Zionismus«. Als Rabin davon erfuhr, sagte er, »daß es jetzt unmöglich ist, zu behaupten, Arafat hält sich nicht an die Vereinbarungen«.

Nach der Niederschlagung des Aufstandes in Gaza warf die Opposition Arafat vor, er sei ein Verräter und mache die »Dreckarbeit« für Israel. Hamas-Sprecher Ibrahim Ghoshe verlangte, der PLO-Chef müsse »Gaza verlassen«, weil sein von Israel eingepflanztes Regime sich auf die Besatzer stütze. Arafats hartes Durchgreifen wurde von seinem Justizminister Freih Abu Meddin damit begründet, die Regierung könne kein zweites Machtzentrum in Gaza dulden.

An der ersten nahöstlichen Wirtschaftskonferenz, die vom 30. Oktober bis 1. November 1994 in Casablanca stattfand, nahm Israel als gleichberechtigter Staat teil. Die Vertreter der palästinensischen Autonomiebehörde saßen noch am Katzentisch.

Auf der Konferenz beriet man über einen möglichen Rückfluß von Petrodollars für Investitionen in den autonomen Gebieten. Die USA versuchten, ihre autokratischen Freunde in den arabischen Staaten dafür zu gewinnen, mehr finanzielle Mittel für die Schaffung von Arbeitsplätzen bereitzustellen. Die vom Internationalen Währungsfonds angebotenen Liberalisierungsmodelle finden jedoch in den arabischen Ländern wenig Sympathien, weil sie die auf Subsidien ruhende Herrschaft leicht zum Einsturz bringen könnten. Nicht nur in Ägypten oder Jordanien befürchten die Machthaber, daß schon eine geringfügige Erhöhung des Brotpreises sie aus dem Amt fegen könnte. Der Terror in vielen islamischen Staaten wurde nur auf die wirtschaftliche Not zurückgeführt, kulturelle Deutungsmuster verboten sich aus Rücksicht auf den Gastgeber Marokko.

Peres bot den Golfstaaten den »atomaren Schirm« Israels gegen die iranische Gefahr an. Die Ägypter protestierten gegen diese Versuche Israels, mittels Weltbank bzw. Internationalem Währungsfonds Hegemonie über die arabischen Staaten auszuüben. [25]

Israel hat sich in den letzten Jahren von einem Agrar- und Militärstaat zu einem High-Tech-Staat entwickelt, der zu 90 Prozent Handel mit Europa, den USA und den Staaten des Fernen Ostens treibt. Gemeinschaftsprojekte zwischen Israel, Jordanien und Ägypten zerschlugen sich. Allein Israel hat von der Friedensdividende profitiert, da viele internationale Konzerne dort investieren. Über Arafats Autonomieenklaven ergoß sich zwar eine Flut von Hilfsversprechen, es gab aber kaum Investitionen, die Arbeitsplätze schaffen.

Der Friedensprozeß stockte 1994/95 zusehends, weil sich an der israelischen Politik nichts Wesentliches änderte: Weiterhin wurden Land in großem Umfang für den Straßenbau enteignet, Siedlungen in den besetzten Gebieten und Ost-Jerusalem ausgebaut, Palästinenser durch tägliche Diskriminierungen gedemütigt, gefoltert und verhaftet, die Gebiete abgeriegelt. Die radikalen Hamas- und Jihad-Aktivisten verübten neue Terroranschläge, so am 21. Januar in Beit Lid, wo 22 Israelis getötet wurden. Durch Anschläge des israelischen Geheimdienstes Shin Bet und der »Verdeckten Einheiten« wurden unliebsame Palästinenser liquidiert, und die israelische Luftwaffe nahm sich das Recht zu Vergeltungsanschlägen gegen Stellungen der Hisbollah im Libanon.

Dennoch liefen die Verhandlungen über ein »Interimsabkommen« in Taba weiter. Arafats Vorschlag, gemeinsame israelisch-palästinensische Patrouillen für alle Zonen in der Westbank einzurichten, lehnten die Israelis ab. Außenminister Peres gab im israelischen Fernsehen am 2. Juli 1995 zu, die enormen Probleme könnten nicht durch rhetorische Akrobatik übertüncht werden. Er betonte, die Streitkräfte würden aus den Städten umgruppiert, damit die Palästinenser ihre Wahlen abhalten könnten. Zum Schluß versicherte er, daß »der Friede nur eine Komponente in unserem Sicherheitskonzept darstellt«. Soviel Ehrlichkeit war für die Öffentlichkeit neu: »Peres gibt zum ersten Mal in zehn Jahren zu, daß das ganze Suchen nach Frieden nichts mit hehren Idealen zu tun hat, sondern ausschließlich mit der alten Vor-

111

stellung von totaler Sicherheit für einige und geringfügiger Sicherheit für andere.«[26]

Der Selbstmordanschlag zweier Palästinenser am 9. April 1995 im Gaza-Streifen, bei dem sieben Soldaten und ein amerikanischer Staatsbürger ums Leben kamen, löste in Israel eine intensive Diskussion über eine Abtrennung der Palästinenser aus. Während die Arbeitspartei, die immer die Idee einer Trennung vertreten hat, einen elektronisch überwachten Zaun um die Siedlungen der Palästinenser bauen wollte, befürchtete die Opposition, dadurch die Entstehung eines Palästinenserstaates zu begünstigen. Wie man mit den Siedlern verfahren wollte, blieb offen. Der Schriftsteller Abraham B. Yehoshua plädierte mit markigen Worten für diese Zaun-Lösung. »Gangbar ist allein der Scheideweg«, so der Schriftsteller im »Spiegel« vom 13. Februar 1995. Trotz der enormen internen Schwierigkeiten trafen sich Peres, Arafat und König Hussein bei Präsident Mubarak Anfang Februar in Kairo. Es gelang, die Verhandlungen fortzusetzen, die später in ein Abkommen mündeten, das den Palästinensern noch mehr Polizei bescherte und weiterhin garantierte, daß sie ihre Fahne zeigen und ihre Nationalhymne singen durften.

Der US-Wissenschaftler Amos Perlmutter vertrat während der Verhandlungen die These, der Friedensprozeß sei tot. Die Terroranschläge zeigten, daß die »Prinzipienerklärung« »weder die Realität noch die Wahrscheinlichkeit« reflektiere. Diese Vermutung mag durchaus korrekt sein, aber die Meinung, daß Israel nach dem Handschlag im Weißen Haus bereit war, fast das gesamte eroberte Gebiet aus dem Juni-Krieg zurückzugeben, existierte nur in der Phantasie der Palästinenser. Perlmutter wirft Rabin vor, mit dem schwächsten Glied, das heißt mit Arafats todgeweihter PLO verhandelt zu haben, anstatt mit der neuen Generation, die die Verhandlungen in Washington geführt hatte. Sie habe ihre Erfahrungen in der Intifada gemacht und repräsentiere einen radikalen Postnationalismus. Zu dieser Generation gehörten auch Hamas-Vertreter, die den Terror ablehnen. Nach Perlmutters Ansicht werden die Oslo-Vereinbarungen niemals Früchte tragen. Der Autor sagte voraus, daß der Likud nach einem Wahlsieg Israel wieder in den Status eines Paria-Staates zurückführen werde.[27]

3. Israelisch-Palästinensisches Interimsabkommen über die Westbank und den Gaza-Streifen vom 28. September 1995 (Taba-Abkommen oder Oslo 2)

Das in Washington unter der Aufsicht von Clinton unterzeichnete Abkommen hat die Hoffnungen der Palästinenser auf einen eigenen Staat ein für allemal beseitigt. Es steht für eine neue Variante der »Groß-Israel-Ideologie«, und zwar die der Arbeitspartei. »Westjordanland wird Trizonesien«, lautete die treffende Schlagzeile in der »tageszeitung« vom 23. September 1995. Obwohl die israelische Regierung Verpflichtungen aus dem »Gaza-Jericho-Abkommen« nicht eingehalten hatte, ließen sich die Palästinenser ihre Vorstellungen aufoktroyieren, einschließlich anderer Methoden der Kontrolle und Dominanz. Arafat mußte sich vertraglich verpflichten, die »Schmutzarbeit« zu übernehmen: die Bekämpfung des Terrors und des Widerstandes. Aufgrund der miserablen Lage der Menschen ein fast aussichtsloses Unterfangen.

Als Rabin das Abkommen am 5. Oktober in der Knesset vorstellte, konnte er zufrieden verkünden, »daß Israel weiterhin über 73 Prozent des Bodens in den (besetzten) Gebieten, über 97 Prozent der Sicherheitskräfte und 80 Prozent der Wasservorkommen verfügen wird«. Der Ministerpräsident entwarf seine »Friedensvision« einer künftigen palästinensischen Entität. »Wir wollen ein Israel, das zu 80 Prozent jüdisch ist. Wir wollen, daß es eine Autorität ist, aber weniger als ein Staat, der unabhängig das Leben seiner Bürger unter seiner Jurisdiktion bestimmen kann ... Wir werden nicht zu den Grenzen vom 4. Juni zurückkehren.« Im Rahmen einer endgültigen Regelung sollten die Siedlungen Ma'ale Adumim und Giv'at Ze'ev zu Jerusalem gehören. »Die Sicherheitsgrenzen werden sich über das Jordantal erstrecken. Die Siedlungsblocks von Gush Etzion, Efrat, Beitar und andere werden innerhalb der israelischen Grenzen liegen.« Journalisten wies er an: »Schreibt nicht ›Abzug‹. Es handelt sich lediglich um eine Umgruppierung unserer Truppen im Westjordanland.«

Die Israelis hatten ihre Karten wohlweislich erst kurz vor der Unterzeichnung vorgelegt. Arafat bekam einen Tobsuchtsanfall, der aber das Endergebnis nicht mehr beeinflußte. Diese »Karten-Krise« dauerte 42 Minuten und gehörte zur Dramaturgie der Verhandlungen. Der Tageszeitung »Yediot Aharonot« vom 8. Oktober 1995 berichtete Shimon Peres, Arafat habe ihn während der neuntägigen Endverhandlungen in Taba mehrmals um ein Feigenblatt gebeten. »Er meinte: Geben Sie mir eine Redewendung, die von meinem Volk akzeptiert wird.« Auf die Frage, ob die Israelis ihre Ziele erreicht hätten, antwortete der damalige Außenminister: »Alles verlief nach der Strategie, die der Ministerpräsident und ich entworfen hatten. Natürlich konnten wir nicht unsere ganze politische Macht ausüben und die Palästinenser brechen. Dies wäre nicht im israelischen Interesse. In solchen Verhandlungen sollte man nicht zu viel erreichen. Man darf nicht zu gönnerhaft oder eitel sein.«

De facto besaßen die Israelis nach dem Rückzug ihrer Truppen aus den Städten mehr Militärstützpunkte in der Westbank als zuvor. Die Palästinenser hatten erneut einer begrenzten Umgruppierung der Truppen zugestimmt und einen Autonomieplan akzeptiert, der ihnen keine geschlossenen Gebiete zubilligte, sondern lediglich eine Art Flickenteppich oder Inselreich.

Die Konzessionen, die die Palästinenser machen mußten, belegen ihre Unterwerfung. Der Soziologe Baruch Kimmerling schrieb am 3. Januar 1996 in der Tageszeitung »Ha'aretz«, daß die Bedingungen dieses Abkommens den berüchtigten Versailler Vertrag geradezu als ideales Abkommen erscheinen lassen und prognostizierte: »Die Wiederholung eines großen Palästinenseraufstandes, dem gegenüber die Intifada wie ein Kinderspiel erscheinen wird und der – wie der arabische Aufstand von 1937 bis 1939 – sich gegen die palästinensische Führung und gegen die wirklichen Herrscher richten wird, ist nur eine Frage der Zeit.« Sollte Arafat den Aufstand seiner eigenen Landsleute nicht niederschlagen, sondern sich mit seiner Polizeitruppe auf die Seite der Aufständischen stellen und sich gegen Israel wenden, könnte dies zur Vertreibung der Palästinenser führen. In einem neuen Krieg könnte Israel die von einem nicht geringen Teil der politischen Klasse des Landes vertretene Idee eines »Transfers« umsetzen.

Für den ehemaligen Vize-Bürgermeister von Jerusalem, Meron Benvenisti, stand zwei Monate vor der Unterzeichnung bereits fest: Es bleibt bei der »Übernahme der Hälfte des Landes in der Westbank, Siedlungen in aneinandergereihten Blöcken, der Verteilung des Wassers zugunsten Israels, ökonomischer Ausbeutung, Behinderung der palästinensischen wirtschaftlichen Entwicklung, bürokratischem Terrorismus, brutaler Gewalt und totaler Unterdrückung jeglicher palästinensischer politischer Aktivität. Keine einzige dieser Bedingungen wird sich durch die erwartete Unterzeichnung des Interimsabkommens ändern, außer der letzten. In den anderen Bereichen wird die israelische Kontrolle weniger direkt sein. Statt die Dinge selber zu regeln, werden ›israelische Verbindungsoffiziere‹ für die palästinensischen Angestellten die Entscheidungen treffen, ebenso, wie es im Gaza-Streifen geschieht.« (»Ha'aretz«, 6. Juli 1995)

Das 314 Seiten umfassende Abkommen liest sich wie das Diktat eines Siegers über den Besiegten. Die Bestimmungen mit zahlreichen Kreuz-, Quer- und Rückverweisen lassen sich schwerlich in die Praxis umsetzen, weil dort, wo Zugeständnisse gemacht werden, diese in nachfolgenden Paragraphen wieder zurückgenommen oder eingeschränkt werden. Das Abkommen umfaßt 31 Artikel, die in fünf Kapitel gegliedert sind: die Aufgaben des Rates; die Umgruppierung der Truppen und Sicherheitsvereinbarungen; rechtliche Angelegenheiten; Zusammenarbeit und verschiedene Bestimmungen. Hinzu kommen sieben Anhänge. Anhang 1 – Sicherheitsfragen und Umgruppierung der Armee, das Herzstück des Abkommens – enthält sechs Anlagen. Im Anhang 2 (drei Anlagen) sind die Modalitäten der Wahlen festgelegt, in Anhang 3 (eine Anlage) die Regelung ziviler Angelegenheiten sowie die Verantwortlichkeiten. Anhang 4 betrifft Rechtsfragen. Anhang 5 enthält das Wirtschaftsprotokoll von Paris, das auch dem »Gaza-Jericho-Abkommen« beigefügt war. Im Anhang 6 sind die Modalitäten der israelisch-palästinensischen Zusammenarbeit formuliert und in Anhang 7 die Details für die Freilassung palästinensischer Häftlinge. Neun Karten dokumentieren, wie sich das Abkommen in praxi auswirkt.[28]

In der Zone A – sie umfaßt die Städte Jenin, Nablus, Tulkarem, Kalkiliya, Ramallah und Bethlehem (3,5 Prozent des Gebietes) – geht die Zivilverwaltung und die Kontrolle der Sicherheit auf die Palästinenser über. Israelische Truppen sollten sich bis zum 22. Tage vor den Wahlen zum palästinensischen Autonomierat aus dieser Zone zurückziehen. Palästinensische Polizisten dürfen Paß und Autopapiere israelischer Bürger kontrollieren, diese jedoch unter keinen Umständen festnehmen oder inhaftieren. Ist ein Israeli in Zwischenfälle involviert, müssen die israelischen Sicherheitskräfte informiert werden.

In der Zone B, in der 420 Kleinstädte und Dörfer liegen, wird den Palästinensern nur die Zivilverwaltung übertragen. Hier werden zwar 25 palästinensische Polizeistationen errichtet, die Verantwortung für Sicherheitsfragen bleibt ausschließlich in israelischer Hand. Nur die Palästinenser betreffende Angelegenheiten kann deren eigene Polizei allein entscheiden. Sie darf sich auf den palästinensischen Durchgangsstraßen bewegen, für Fahrten auf anderen Straßen muß sie eine Genehmigung der israelischen Militärbehörden vorweisen.

Zone C umfaßt 73 Prozent der Westbank, 60 Prozent davon hat Israel bereits als Staatsland konfisziert. Hier liegen die Siedlungen. In dieser Zone werden den Palästinensern lediglich Verantwortlichkeiten übertragen, deren Regelung nicht den Statusendverhandlungen vorbehalten ist.

Dieses Zonenmodell hat für die Palästinenser verhängnisvolle Auswirkungen: Da die israelische Regierung die Macht und das Recht hat, das »Interimsabkommen« außer Kraft zu setzen, riegelt sie bei Terroranschlägen jede Enklave völlig ab, während sich die Menschen vor dem Abkommen wenigstens in der abgeriegelten Westbank frei bewegen konnten. Seit der Al-Aqsa-Intifada können die Einwohner ihre Städte und Dörfer nur in wenigen Ausnahmefällen verlassen. Für Hebron gelten Sonderbedingungen, die im Abschnitt über das Hebron-Protokoll dargelegt werden.

Nach den palästinensischen Wahlen und der Einsetzung des Autonomierates hatte Israel mit einer zweiten umfassenden Umgruppierung der Streitkräfte begonnen, die sich auf drei Etappen von jeweils sechs Monaten erstreckte. Der palästinensischen Jurisdiktion werden nur solche Gebiete unterstellt, deren Status nicht erst in den Endverhandlungen festgelegt wird.

Zur Verhinderung von »Terrorismus und Gewalt« sollen in den Gebieten der Palästinenser insgesamt über 50 000 Sicherheitskräfte tätig sein. Israelis und Palästinenser haben einen gemeinsamen Sicherheitsausschuß eingerichtet, der die Maßnahmen zwischen der palästinensischen und der israelischen Polizei koordiniert. Ein separates, 400 Kilometer umfassendes Straßensystem in der Westbank verbindet die israelischen Siedlungen miteinander. Diese Trassen umgehen palästinensische Dörfer und Städte, auf einigen Abschnitten dürfen nur jüdische Israelis fahren. Es gibt somit erstmals ethnisch reine Straßen! Eine Übergabe weiterer Gebiete an die Palästinenser hätte keinerlei Konsequenzen für die Siedler, da sie wegen des separaten Straßensystems mit den Palästinensern nicht mehr zusammenstoßen. Wie sich Oslo 2 konkret auswirkt, ist aus nachfolgender Karte ersichtlich:

Die gestrichelte »grüne Linie« umfaßt das Gebiet, das Israel im Sechstagekrieg vom Juni 1967 erobert hat. Die Zonen A und B heben sich deutlich von Zone C (helle Fläche) ab. Die Inseln umfassen nur etwa 30 Prozent des palästinensischen Gebietes, in dem aber mehr als 90 Prozent der palästinensischen Bevölkerung leben. Sieben Prozent der Palästinenser bleiben unter direkter israelischer Besetzung, und zwar in Hebron und Ost-Jerusalem. In Zone C bilden die Ortschaften der Palästinenser nur kleine Inseln in einem ausschließlich von Israelis kontrollierten Gebiet. Der Zeitung »Ha'aretz« vom 22. November 1995 zufolge hat Peres stets prognostiziert, daß »der Palästinenserstaat nur im Gaza-Streifen und in Jericho entstehen wird, während der Rest der Westbank für einen überschaubaren Zeitraum – und ich meine eine sehr lange Zeit – ein autonomes Gebiet bleibt«.

Das Oslo-2-Abkommen hat den in der UN-Resolution 242 ursprünglich vorherrschenden Ansatz zur Lösung des bilateralen Konflikts aufgehoben. Die Palästinenser sind nunmehr gezwungen, mit den Israelis über ein Gebiet zu verhandeln, in dem sie nicht mehr als Bürger anerkannt sind. Vielleicht hatten sie gehofft, die jüdischen Siedler würden in einem palästinensischen Meer leben, wenn sich die israelische Armee Schritt für Schritt aus der Zone C zurückziehen würde, doch das Gegenteil trat ein. Die Palästinenser können, wie bereits gesagt, nur in den

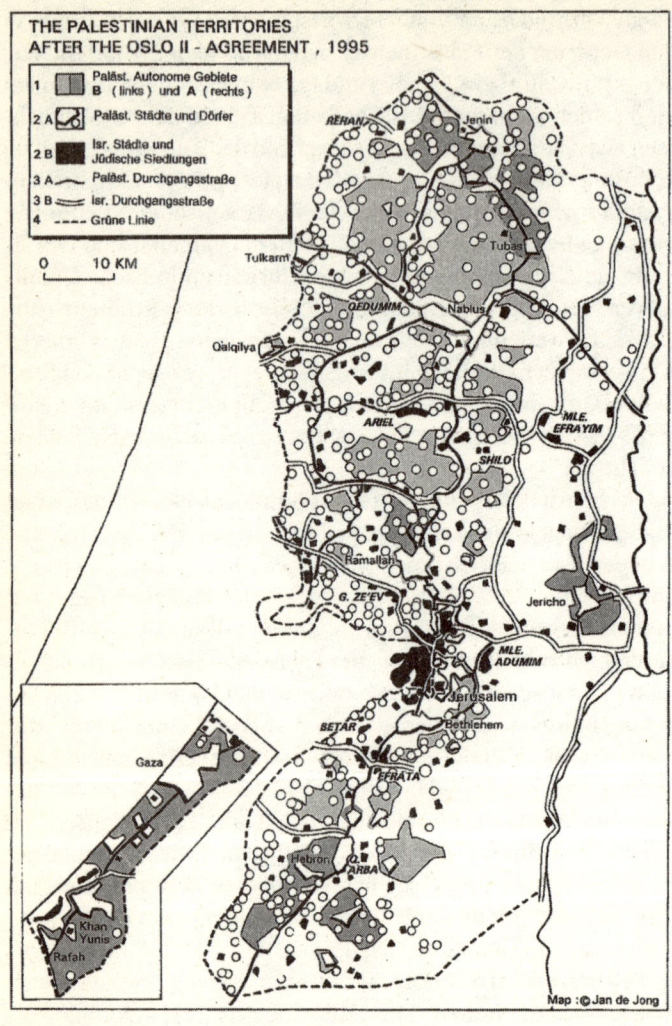

THE PALESTINIAN TERRITORIES
AFTER THE OSLO II - AGREEMENT , 1995

Karte 2: Die palästinensischen Gebiete nach Oslo 2 (vgl. auch Karte 3 auf Seite 176)

ihnen ausschließlich zugewiesenen Gebieten die volle Souveränität ausüben. Die Übertragung weiterer Gebiete wäre aufgrund des separaten Straßensystems eine reine Formalität und hätte keine Konsequenzen für die Siedler.[29] Die Autonomiebehörde muß die Rechte Israels, die sich auf Staatsland und das Land von Abwesenden beziehen, respektieren. Sie muß selbst die völkerrechtswidrige Annexion palästinensischen Landes und die Beschlagnahme des Landes von Flüchtlingen hinnehmen.

Die Gliederung der Westbank in vier unzusammenhängende Gebiete hat schwerwiegende geopolitische Konsequenzen. Die jüdischen Siedlungen im Osten der Westbank versperren den Palästinensern den Weg zum Jordan und riegeln sie vom arabischen Hinterland ab. Das Wasser aus den Zuflüssen des Jordan teilen Israel und Jordanien unter sich auf. Daß die Palästinenser nicht über Grund- und Oberflächenwasser verfügen können, stellt eines der größten Hindernisse für die Entwicklung einer eigenständigen Landwirtschaft dar.

Am 24. Juli war in Tel Aviv eine Bombe in einem Bus explodiert und hatte sechs Israelis getötet und 28 verwundet. Die israelische Regierung ging gegen den Terror und seine Drahtzieher konsequent vor und provozierte damit neue Anschläge. Sie befahl Arafat am 18. August 1995, nach einem Mann namens Nassar zu suchen, der einen Anschlag in Tel Aviv plane. Sollte er nicht binnen vier Tagen gefaßt sein, werde der Gaza-Streifen hermetisch abgeriegelt. Nachdem das Ultimatum verstrichen war, riegelte die israelische Armee das Gebiet zwei Wochen ab, obwohl Arafats Sicherheitsdienste den Gesuchten in Sheikh Raduan zwangen, das von ihnen umstellte Haus zu verlassen. Herbeigeeilte Demonstranten beschimpften die Polizisten als »Verräter! Kollaborateure! Juden!« Es kam zu heftigen Gefechten. Schließlich ergaben sich die Bewohner, nachdem ihnen versichert worden war, Nassar werde nicht vor das »Staatssicherheitsgericht« gestellt, sondern nur für »einige Wochen verhört«. Arafat hatte den Test bestanden. Der Journalist Dan Margalit schrieb am 21. August in »Ha'aretz«: »Eine Schwalbe macht noch keinen Frühling, aber Arafat hat sich als stärker erwiesen als gedacht.« An diesem Tag explodierte in Jerusalem eine Bombe in einem Bus, wodurch vier Israelis und ein US-Bürger starben und mehr als 100 Israelis verletzt wurden.

Am 25. Juli 1995 hatte der Generalsekretär des Islamischen Jihad, Scheich Fathi Shakaki, in einem Interview mit der »taz« weitere Anschläge »zur Befreiung Palästinas« angekündigt. Ende Oktober 1995 wurde er auf Malta vermutlich von Mossad-Agenten erschossen. Shakaki galt als Stratege der Terroranschläge des Jihad in Beit Lid und Kfar Darom. Rabin erklärte lapidar: »Wer sich mit Mord beschäftigt, muß mit seiner Ermordung rechnen.« Keine zivilisierte Gesellschaft könne eine solche Existenz dulden. Die Vergeltungsschläge ließen nicht lange auf sich warten. Am 1. November explodierten zwei Autobomben im Gaza-Streifen, wobei nur die Attentäter ums Leben kamen. Nachfolger von Shakaki wurde Abdallah Shalah, ein in England ausgebildeter Wirtschaftswissenschaftler.

Arafat hatte in Gaza gezeigt, daß er gegenüber seinem Volk ebenso rücksichtslos vorgehen konnte wie das israelische Militär. Die Israelis hofften, die Synthese aus »Unterdrückung und Korruption« würde sich in der Westbank ebenfalls bewähren. Israels Generalstabschef Amnon Shahak erklärte am 24. September 1995 in »Yediot Aharonot«: »Das Schicksal des Abkommens hängt davon ab, wie effektiv die Palästinenser den Terrorismus bekämpfen.« Auch Rabin äußerte sich in der Zeitung »Ma'ariv« am gleichen Tag in diesem Tenor: »Ich spreche nicht zu den Palästinensern im Namen der Menschenrechte und der Demokratie. Ich spreche zu ihnen im Namen von Frieden und Sicherheit. Es geht uns nichts an, wie sie ihre Prozesse durchführen, solange die Urteile adäquat sind und die Haftstrafen real.« Das Oslo-II-Abkommen war die »Belohnung« für Arafats Gehorsam gegenüber israelischen Forderungen. Während sich der PLO-Chef und Rabin in Washington die Hand reichten, waren die Westbank und der Gaza-Streifen wegen der jüdischen Feiertage vom 24. September bis 17. Oktober total abgeriegelt.

Die Schlüsselbegriffe des Abkommens sind »Umgruppierung« und »Autonomie«. Es wurde in der Knesset mit 61 zu 59 Stimmen angenommen, ohne »jüdische Mehrheit«, wie die Rechtsopposition bemerkte. Im Resümee eines Workshops, der von der israelischen Menschenrechtsorganisation HAMOKED am 7. November 1995 im Ambassador-Hotel in Ost-Jerusalem veranstaltet wurde, heißt es: »Die Vereinbarungen haben die tatsächliche Kontrolle der meisten Aspekte des täglichen Lebens der Palästinenser in israelischer Hand gelassen. Da Israel die Befugnis über die Reisefreiheit – durch Ein- und Ausreisegenehmigungen – behält sowie Aufenthaltsgenehmigung und die Erlaubnis der Familienzusammenführung erteilt, kontrolliert es auch zentrale Bereiche der Wirtschaft, der medizinischen Versorgung, der Berufsausbildung, des Familienlebens und der Kultur im allgemeinen. Extensive Macht der israelischen Sicherheitsdienste und dauerhafte Abriegelungen unterstreichen und verschlimmern dies nur. Die Basis der Menschenrechtssituation und das Ausmaß der Menschenrechtsverletzungen haben sich durch die Abkommen nicht verändert.«[30]

Während palästinensische Kommentatoren das »Interimsabkommen« als »Meilenstein« zur Staatswerdung priesen, warf die Opposition Arafat vor, er sei »Israels neuer militärischer Arm und ein Instrument des Staates Israel«. Hamas-Sympathisanten verbreiteten Flugblätter, in denen Arafat als »Verräter« bezeichnet wurde.

Kritik an der Haltung des PLO-Chefs ist berechtigt: Das Oslo-2-Abkommen ist Ausdruck einer Politik, die die Kolonisierung weiter vorantrieb, sich gegen das Rückkehrrecht der Flüchtlinge aussprach und auf die Durchsetzung der eigenen ökonomischen Interessen setzte. Die Konflikte, vor denen die beiden Kontrahenten heute stehen, resultieren in erster Linie aus den ungleichen Abkommen. Ob die Arbeitspartei oder der Likud-Block die Regierung stellen, ist zweitrangig, weil beide das gleiche Ziel verfolgen und sich nur in ihren Methoden unterscheiden. Meron Benvenisti kam am 26. Oktober 1995 in »Ha'aretz« zu dem Schluß, während der Likud die bedingungslose Kapitulation der Palästinenser anstrebe, mute ihnen die Arbeitspartei eine großzügigere Form der Kapitulation zu. Die Autonomieführung gab sich der Illusion hin, eine Regierung der Arbeitspartei würde ihnen gegenüber konzessionsbereiter sein. Wie sich gezeigt hat, trieben beide politischen Lager sowohl die Siedlungspolitik als auch die Enteignung palästinensischen Landes voran.

Auch die zweite Mena-Konferenz über wirtschaftliche Zusammenarbeit vom 29. bis 31. Oktober 1995 in Amman brachte keinen Fortschritt bei der Lösung der Grundkonflikte in der Region. Der ägyptische Außenminister Amr Musa warnte davor, Beziehungen zu Israel überstürzt zu normalisieren, statt dessen sollte die Zusammenarbeit der arabischen Staaten neu belebt werden, die allein einen umfassenden und gerechten Frieden in der Region garantieren könne. Israel müsse sein Atomwaffenmonopol in der Region aufgeben. König Hussein widersprach, falls das Problem in der Überstürzung des Friedensprozesses liege, sei Jordanien Ägypten um 17 Jahre zuvorgekommen. Arafat erinnerte daran, daß er mit dem Ausgleich zwischen der PLO und Israel den »Frieden« erst ermöglicht habe. Gedankt worden sei es ihm nicht, die Investitionen blieben weiter aus. Shimon Peres erklärte, sein Land richte sich auf Europa aus, es sei nicht vom Handel mit den arabischen Staaten abhängig. Er wies die Ansprüche der Palästinenser auf Ost-Jerusalem und deren Kritik an der Entscheidung des amerikanischen Kongresses zurück, die US-Botschaft bis zum Jahre 1999 von Tel Aviv wieder nach Jerusalem zu verlegen. Syrien und der Libanon nahmen an diesem Spektakel nicht teil. Der syrische Rundfunk kritisierte die Veranstaltung als eine »Abart des Kolonialismus mit wirtschaftlichem Gesicht«.

Die in Amman eingerichtete regionale Entwicklungsbank hofft, neben erheblichen Transferzahlungen aus den USA auch an westeuropäischen Investitionen zu partizipieren. Einige Länder, darunter Deutschland, hielten die Einrichtung für überflüssig und stellten keine Gelder bereit, andere befürchteten, eine amerikanisch-israelische Hegemonie in der Bank werde dem Friedensprozeß schaden. Diese Bedenken haben sich bewahrheitet. Die Entwicklungsbank kam nie über einen virtuellen Status hinaus. Weil sie einseitig politisch konzipiert war, mußte das Projekt scheitern.

In Israel und in den Autonomiegebieten geriet der Friedensprozeß immer stärker unter Druck. Die Rechte in Israel organisierte Großdemonstrationen, auf denen sie die Regierung und insbesondere Ministerpräsident Rabin verteufelte. Deshalb beschlossen einige Politiker der Regierung und ihr nahestehende Organisationen, für den 4. November 1995 zu einer Friedensdemonstration in Tel Aviv aufzurufen. Rabin stand dieser Idee anfangs skeptisch gegenüber, ließ sich jedoch von seinen Mitarbeitern schließlich überzeugen. Die eindrucksvolle Kundgebung mit etwa 100 000 Teilnehmern zeigte, daß ein großer Teil der israelischen Gesellschaft immer noch bereit war, den Weg des Ausgleichs mit den Palästinensern zu suchen. Als Rabin nach Abschluß der Veranstaltung in sein Auto steigen wollte, wurde er von einem Attentäter hinterrücks erschossen.

Wie in Oslo festgelegt, fanden am 20. Januar 1996 die ersten »freien« Wahlen in Palästina statt. Die israelische Armee hatte sich vertragsgemäß aus den Städten zurückgezogen. In Ost-Jerusalem lag die Wahlbeteiligung mit 40 Prozent am niedrigsten, im Gaza-Streifen war sie mit 90 Prozent am höchsten. Es wurden ein palästinensisches »Parlament« und ein »Präsident« gewählt. Von den knapp über eine Million abgegebenen Stimmen erhielt Arafat 88,6 Prozent, seine Gegenkandidatin Samiha Khalil 11,5. Arafats Fatah-Bewegung errang 51 der 88 Sitze. Hinzu kamen 34 unabhängige Kandidaten, von denen 14 noch mit Fatah verbunden waren. Jeweils einen Sitz errangen Fida und der NDC. Die anschließend erhobenen Vorwürfe der Wahlmanipulation bestätigten sich nicht. Die Wahlbeobachter der Europäischen Union nannten die Wahlen zum »größten Teil fair«[31].

Der ehemalige US-Präsident Jimmy Carter verurteilte die vehementen Einschüchterungsversuche der israelischen Sicherheitskräfte auf die Wähler in Ost-Jerusalem. Moshe Shahal sah die niedrige Wahlbeteiligung als eine Bestätigung für Israels »legitime« Herrschaft über Jerusalem: »die Palästinenser in Jerusalem wollen, daß die Stadt vereint und unter israelischer Souveränität bleibt«. Arafats Gegenkandidatin brachte den wahren Grund zur Sprache: »Die Palästinenser mögen es nicht, unter Besetzung zu wählen.« Daß Arafat und der an seine Person gebundene Friedensprozeß endlich von einer Mehrheit legitimiert waren, besaß für die USA und Israel große symbolische Bedeutung.

Die auf Mai vorgezogenen Wahlen in Israel wirkten sich auf den Fortgang des Friedensprozesses aus. Obwohl Peres zu Beginn des

Jahres bei Meinungsumfragen noch um zirka 20 Prozent vor seinem Herausforderer Netanyahu gelegen hatte, versuchte dieser im Vorfeld eine Koalition zwischen den rechten und den religiösen Parteien zu vereinbaren. Da der Ministerpräsident erstmals direkt vom Volk gewählt wurde, mußte Netanyahu verhindern, daß er einen rechten Mitkonkurrenten bekam. Er konnte Raphael Eitan von Tzomet überreden, nicht zu kandidieren. Als sich Rehavam Ze'evis Moledet-Partei, die für einen Massentransfer der Palästinenser eintrat, Netanyahu öffentlich andiente, schien diese Strategie zu scheitern. Da die Moledet-Partei David Levys Pläne, moderate Nationalisten zu gewinnen, konterkariert hätte, wurde Ze'evis Angebot abgelehnt. Ze'evis Begründung der Transfer-Idee hat eine bestechende Logik: »Wir sind gekommen, um zu besetzen und zu besiedeln. Wenn ein Transfer nicht ethisch ist, dann ist alles falsch, was wir hier in den letzten 100 Jahren getan haben.« Der wiedergewonnene nationale Konsens zwischen den zionistischen Parteien wirkte sich auf die Palästinenser negativ aus.

Gefährlicher als diese Koalitionsränke im Vorfeld der Wahlen waren für Peres die Terroranschläge islamistischer Gruppen. Am 5. Januar 1996 wurde Yahiya Ayyash, bekannt als der »Ingenieur«, durch eine ferngezündete Bombe, die in seinem Handy eingebaut war, getötet. Das Mobiltelefon wurde Ayyash von einem palästinensischen Kollaborateur, Kamal Hammad, übergeben. Die Beerdigung geriet zu einer Massendemonstration, an der sich zirka 120 000 Menschen beteiligten, die lauthals Rache forderten. Hamas-Sprecher Mahmoud Zahar sagte gegenüber Reportern: »Der einzige Weg, Israel zu veranlassen, diese Attacken zu stoppen, ist, den Preis für sie selber zu erhöhen.«

Die israelische Regierung hatte Ayyash vorgeworfen, für den Tod von mindestens 55 Israelis verantwortlich zu sein. Die Palästinenser vermuteten, Peres habe den Anschlag angeordnet, um das Vertrauen in den israelischen Geheimdienst wiederherzustellen, das durch die Ermordung Rabins schwer in Mitleidenschaft gezogen worden war. Die Israelis wußten, daß neue Terroranschläge zu erwarten waren. Die Regierung veranlaßte eine totale Abriegelung der Gebiete bis zum 12. Januar. Vier Tage nach der Aufhebung wurden zwei israelische Soldaten auf der

Straße nach Hebron von einem palästinensischen Kommando getötet. Auch Arafats Sicherheitsdienste blieben nicht untätig. Sie erschossen am 3. Februar zwei Mitglieder des Islamischen Jihad. Daraufhin forderten »Die freien Mujaheddin« in einem Flugblatt zur Tötung Arafats auf. Vom 11. Februar bis zum Ende des Festes Eid al-Fitr, das den Fastenmonat Ramadan abschließt, wurden die Gebiete ohne Erklärung erneut abgeriegelt.

Unmittelbar nach Aufhebung der Absperrung explodierte am 25. Februar 1996 eine Bombe in einem Bus im Zentrum von Jerusalem, tötete 24 Israelis und verwundete 55, davon 19 schwer. Kurze Zeit darauf tötete eine zweite Bombe einen israelischen Soldaten und verwundete weitere 35 an einer Kreuzung bei Ashqelon. Beide Anschläge waren Racheakte für das Massaker Baruch Goldsteins genau zwei Jahre früher und die Tötung Ayyashs im Januar. Islamische Selbstmordkommandos sprengten sich am 3. und 4. März in Jerusalem und Tel Aviv in die Luft, töteten dabei 32 Menschen und verwundeten mehr als 100. Peres hatte nun keine andere Wahl mehr, als die besetzten Gebiete und die Autonomieenklaven einzeln abzuriegeln. Arafat verurteilte im Namen seiner Behörde diese Anschläge auf das schärfste und sprach den Hinterbliebenen sein Beileid aus. Er verbot folgende Organisationen: Fatah-Falken, Schwarze Panther (Fatah), Qassam Brigaden (Hamas), Roter Stern (DFLP-nahe), Rote Falken (PFLP-nahe) sowie Qasam (Islamischer Jihad). Die israelische Regierung drängte Arafat zu Massenverhaftungen unter den Sympathisanten dieser Gruppen. Peres rechtfertigte die massiven Kollektivstrafen gegenüber den Palästinensern mit dem Hinweis, »Israel stehe einer kollektiven Terrorgefahr gegenüber.« Direkter drückte es Staatspräsident Ezer Weizman aus: »Wenn man eine Nadel im Heuhaufen sucht und die Nadel nicht gefunden werden kann, muß man den ganzen Heuhaufen anzünden.« Mit dem Heuhaufen waren die Palästinenser und mit der Nadel Hamas gemeint.

Auch der von Rabin vorgeschlagene Trennungsplan wurde wieder zum Leben erweckt. Peres ordnete am 3. März an, einen zwei Kilometer breiten »Sicherheitssaum« entlang der 350 Kilometer langen »grünen Linie« einzurichten. Die Palästinenser konnten ihr Gebiet nur über 18 Übergangsstellen verlassen. Damit war der im Wirtschaftsprotokoll zugesagte freie Fluß von Waren und Menschen hinfällig. Die Autonomiebehörde nahm dies ebenso widerspruchslos hin wie weitere Landenteignungen und den verstärkten Ausbau der Umgehungsstraßen.

Arafat wußte, wenn er in den Autonomieinseln nicht »für Ordnung sorge«, würde die israelische Armee dort einmarschieren. Die Autonomiebehörde stellte den Hamas-Führern ein Ultimatum: Entweder die Organisation bringe ihren radikalen Flügel unter Kontrolle, oder sie werde verboten. Gleichzeitig wurden die islamische Universität in Gaza durchsucht und 200 Hamas-Sympathisanten festgenommen. Bei Verhaftungen im Gaza-Streifen und in der Westbank kooperierten palästinensische und israelische Sicherheitskräfte. Der PLO-Führer sorgte dafür, daß während der Totalabriegelung jeglicher Protest niedergeschlagen wurde. Ende März saßen mehr als 1500 Hamas-Sympathisanten in den Gefängnissen der Autonomiebehörde. Außer einigen von der Fatah-gesteuerten »Protesten« unter dem Motto »Ja zum Frieden, Nein zur Belagerung« blieb es in den Autonomieenklaven ruhig.

Der pompöse »Gipfel der Friedensstifter« am 13. März im ägyptischen Sharm el-Sheikh, zu dem mehr als dreißig Staatschefs aus arabischen Ländern und Westeuropa sowie Bill Clinton kamen, hatte den Charakter einer Wahlveranstaltung für Shimon Peres. Clinton konnte nur drei magere Allgemeinplätze als Kommunique verkünden: den Friedensprozeß zu fördern, die Sicherheit zu erhöhen und den Terror zu bekämpfen. Über die wahren Ursachen des Terrors wurde nicht gesprochen. Am 14. März reiste der US-Präsident nach Israel, wo er den Bürgern versicherte, er werde mit ihnen Arm in Arm gegen den Terror vorgehen und ihre Sicherheit garantieren. Im Center for Performing Art in Tel Aviv begrüßte Peres Clinton als »den größten Präsidenten, den die USA jemals hatten«. Vom israelischen Standpunkt war diese Ehrung gerechtfertigt. Serge Schmemann schrieb in der »New York Times« vom 15. März, daß »der Präsident keine Anstalten machte, seine Unterstützung für Israel durch eine Geste gegenüber Arafat etwas auszugleichen, wie das bei Staatsbesuchen üblich ist. Er unterstützte selbst Israels harte Maßnahmen in der Westbank und dem Gaza-Streifen öffentlich,

einschließlich der belagerten palästinensischen Siedlungen.«
Und Nahum Barnea schrieb unter der Schlagzeile »Der letzte
Zionist« am gleichen Tag in »Yediot Aharonot«: »Es gibt andere
Länder auf der Welt, die ähnlich unter Terror zu leiden haben und
einen ähnlichen Preis zahlen. Aber keines von diesen genießt die
umfassende, inbrünstige und uneingeschränkte Unterstützung,
die Israel vom amerikanischen Präsidenten erhalten hat.«

Da Arafat die von Peres geforderte Änderung der PLO-Charta
nicht eigenmächtig veranlassen konnte, mußte er den Palästinensischen Nationalrat zu seiner ersten Sitzung auf palästinensischem Gebiet seit 1964 einberufen. Zu den 483 Mitgliedern des
bisherigen Exilparlaments kamen 186 aus den »befreiten Gebieten«. 448 waren bei der Eröffnungssitzung am 22. April 1996 an-
wesend. Am zweiten Sitzungstag erhöhte sich die Zahl auf 536.
George Habash (Volksfront für die Befreiung Palästinas) und
Naif Hawatmeh (Demokratische Volksfront für die Befreiung
Palästinas) reisten nicht an, obwohl sie eine Einreisegenehmigung hatten. Die Abgeordneten stimmten mit 504 gegen 54 Stimmen für die Änderung der Charta, in der Israel das Existenzrecht
abgesprochen worden war.[32] Arafat gelang es, diese große Mehrheit hinter sich zu bringen, weil er behauptete, die Alternative zur
Beibehaltung der Charta sei der kollektive Selbstmord der Palästinenser an allen Fronten. Konkret hieße dies: Abbruch der Friedensgespräche und Fortdauer der Abriegelung. Die Gelder für die
Autonomiebehörde würden gesperrt, die Israelis hätten einen
Vorwand, sich nicht aus Hebron zurückzuziehen. Selbst den
drakonischen Maßnahmen Israels in den besetzten Gebieten gewann die palästinensische Führung nur Positives ab. Der Bau der
Umgehungsstraßen und die Enteignung von Land schien der Autonomiebehörde unproblematisch, da es letztendlich ihrem Staat
zufallen würde, so die unrealistische Hoffnung. Die PLO müsse
sich nur an die Amerikaner halten, dann würde sie ihre Ziele schon
erreichen. Eine solche Haltung kann man nur infantil oder ver-
antwortungslos nennen. Die Einwände von Haidar Abd Al-Shafi
und Hanan Ashrawi, daß die Palästinenser ihr eigenes Programm
aufstellen sollten, bevor sie es sich von den Israelis diktieren
ließen, wies Arafat ebenso zurück wie den Vorschlag, die Charta
durch die »Unabhängigkeitserklärung« von 1988 zu ersetzen.

Peres begrüßte die Entscheidung als »die wichtigste ideologische Veränderung in diesem Jahrhundert«. Mit dieser Einschätzung hatte der Ministerpräsident durchaus Recht. Damit haben sich die Palästinenser dem zionistischen Geschichtsentwurf gebeugt und ihren Anspruch auf Palästina aufgegeben. Dies bedeutet, daß sie – gemäß dem Mythos vom leeren Land – ihre eigene Geschichte nur im Kontext der jüdischen Kolonisierung ihres Landes sehen.

Peres konnte die Attacken des Likud nur abwehren, wenn sich Arafat als zuverlässiger Partner erwies. Die Terroranschläge, die integraler Bestandteil der Gewalt sind, die Israel seit 34 Jahren durch seine Besetzung mitverursacht hat, beeinflußten die israelische Öffentlichkeit. Die Arbeitspartei-Meretz-Regierung war nicht an einer Opposition interessiert, die die palästinensischen Interessen vertritt.

Ayyash-Einheiten, die die Verantwortung für die letzten Terroranschläge übernommen hatten, erklärten in einem Flugblatt, ihre Vergeltungsanschläge für die Ermordung von Ayyash seien beendet. Sie forderten Israel auf, über die Autonomiebehörde mit der Hamas einen Waffenstillstand zu vereinbaren. Wenn der Shin Bet die »gesuchten Helden« der Qassam-Einheiten angreife, »wird uns keine Sicherheitsmaßnahme daran hindern, überall zuzuschlagen«. Weder die Arbeitspartei noch der Likud können Sicherheit garantieren, solange die israelische Regierung eine Politik des Terrors gegen das palästinensische Volk verfolge.[33] Israel ignorierte dieses »Angebot« der Organisation wie alle früheren, da es nicht mit einer »Bande von Mördern und Terroristen« verhandele, und verhängte drakonische Kollektivstrafen.

Peres erklärte der Hamas den »totalen Krieg«. Für zwei Wochen waren jegliche Reisen innerhalb der Gebiete verboten, über die Flüchtlingslager wurde eine totale Ausgangssperre verhängt, alle männlichen Verwandten von Verdächtigen wurden verhaftet, sechs Colleges in Ost-Jerusalem und der Westbank sowie die Universität von Hebron geschlossen. Peres ließ lediglich einige Lebensmitteltransporte zu, damit keine Hungersnot in Gaza ausbrach. Auch die für den 28. März geplante Verlegung von Truppen aus Hebron wurde wegen der »sicherheitspolitischen Lage« auf die Zeit nach den Wahlen verschoben. Die Abriegelung der Gebiete kostete die Autonomiebehörde täglich sechs Millionen US-Dollar. Die Verluste beliefen sich in dieser Zeit auf das Doppelte der Summe, die Geberländer zur Aufrechterhaltung von Arafats Herrschaft beisteuern.

Nach Aktionen der Hisbollah in der »Sicherheitszone«, bei denen einige israelische Soldaten, Zivilisten und einige Hisbollah-Kämpfer umkamen, und der Beschießung Nordisraels durch Katjuscha-Raketen, die nur geringen Schaden anrichteten, ordnete Peres die Bombardierung von Gebieten im Südlibanon an. Die Operation »Früchte des Zorns«, die am 11. April begann, wurde für Israel ein Desaster. 400 000 Menschen mußten fliehen. Am 18. April griff die israelische Luftwaffe »versehentlich« einen UNO-Stützpunkt an, in dem die Einwohner des Dorfes Qana Zuflucht gefunden hatten. 105 Zivilisten wurden getötet. Der öffentliche Protest veranlaßte Peres, den Krieg schnell zu beenden. Nachdem US-Außenminister Warren Christopher Vermittlungen aufgenommen hatte, stellten beide Seiten am 23. April ihre Kampfhandlungen ein. Durch 500 Katjuscha-Raketen der Hisbollah und 1500 schwere Artillerieangriffe und 1500 Luftangriffe der Israelis kamen zwei israelische Soldaten und sieben Hisbollah-Kämpfer, vier syrische und zwei libanesische Soldaten ums Leben; 40 israelische Zivilisten wurden verwundet, mehr als 160 libanesische Zivilisten wurden getötet und 300 verwundet.

Zwei Soldaten, die am Massaker in Qana beteiligt waren, verhehlten im Gespräch mit dem Journalisten Gil Riba ihre Mißachtung der Araber nicht: »Unser Kommandeur rief uns zusammen und sagte, dies sei ein Krieg und wir sollten weiter wie gute Soldaten kämpfen. Wenn die Hisbollah in ein Dorf gegangen seien, in dem Araber lebten, sei das ihr Problem. Ein Araber mehr oder weniger, Sie verstehen. Unser Kommandeur sagte ..., daß wir ausgezeichnet schießen würden und damit fortfahren sollten. Die Araber, Sie wissen, von ihnen gibt es Millionen.« Der andere Soldat: »Wir taten, was von uns verlangt wurde, und wir hatten keinen Grund, uns schuldig zu fühlen. Selbst S. (der Kommandeur – L. W.) erzählte uns, daß wir die Besten seien und sie

nur ›arabushim‹ (eine abfällige Bezeichnung für die Araber).«
»Hatte keiner etwas gegen diese Bezeichnung einzuwenden?«,
wollte Riba wissen. »Nein. Sagen Sie nicht, Sie sind einer dieser
Linken oder so?« Der andere Soldat ergänzte: »Wie viele Araber
und wie viele Juden gibt es? Einige Arabushim starben, dies ist
kein wichtiges Thema.« (»Kol Ha'ir«, 10. Mai 1996)

Die Hisbollah blieb intakt, die libanesische Regierung wich
nicht zurück, und die Bevölkerung rückte trotz aller Gegensätze
gegen den externen Aggressor wieder zusammen. Peres wollte
sich gegenüber Sharon oder Rabin als der Überlegene erweisen,
die beide für Aktionen gegen die Zivilbevölkerung im Libanon
verantwortlich waren. Sharon hatte die »Operation Frieden für
Galiäa« sowie 1982 das Massaker in den Flüchtlingslagern in
Sabra und Shatila gebilligt, Rabin im Juli 1993 die Operation
»Verantwortlichkeit«, bei der mehr als 500 000 Libanesen vertrieben wurden. Wolfgang Günter Lerch bezeichnete das Massaker in Qana in der »FAZ« als »Staatsterrorismus«. Die linksliberale israelische Öffentlichkeit hielt sich mit Kritik zurück.
Hätte Netanyahu eine solche Aktion verantwortet, wäre er der
»Kriegsverbrechen« bezichtigt worden.

Bill Clinton setzte sich massiv für die Wiederwahl von Peres ein.
Als erster amtierender US-Präsident hielt er eine Rede vor dem
American Israel Public Affairs Committee (Aipac), der mäch-
tigsten jüdischen Lobbyorganisation, in Washington. Clinton
sprach die israelische Regierung von der Verantwortung für das
Bombardement im Libanon frei, da sie ihr legitimes Recht auf
Selbstverteidigung ausgeübt habe. Der »größte Führer der freien
Welt und treue Freund Israels«, so Peres auf einem Empfang in
Washington, demonstrierte bei Arafats Besuch am 1. Mai, daß die
USA die einseitige Dynamik dieses Prozesses weiter förderten.
Clinton lobte Arafat für sein radikales Vorgehen gegen die Islami-
sten. Die US-Adminstration änderte ihre Haltung zum palästinen-
sischen Recht auf Selbstbestimmung nicht. Der angekündigte
amerikanisch-palästinensische Ausschuß, der die bilateralen
Beziehungen regeln sollte, wurde nie ins Leben gerufen.

Peres drohte sowohl bei der arabischen Bevölkerung als auch
bei einem Teil der Linken in Israel Wählerstimmen zu verlieren.

Um diese möglichen Verluste auszugleichen, ließ er seinen Minister ohne Geschäftsbereich, Yossi Beilin, mit den Siedlern verhandeln. Ihm gelang es, eine Vereinbarung mit dem Rabbiner Yoel Ben-Nun zu schließen, der zu den erbittertsten Gegnern des Oslo-Prozesses zählte. Darin sagte die Regierung zu, die Interessen der Siedler zu verteidigen, keine Siedlung aufzulösen und deren »natürliches Wachstum« zu garantieren. Größere Siedlungsblöcke sollten annektiert werden. Es zeigte sich, daß selbst vermeintliche »Tauben« der israelischen Linken das Geschäft der Siedler betrieben und deren expansionistische Ziele unterstützten. Peres bekräftigte mit diesem Kontrakt die Position seines Vorgängers, der die Siedler zwar des öfteren attackiert hatte, aber keine einzige Siedlung auflösen ließ. Diese Zugeständnisse kamen einer Übernahme des von Ariel Sharon schon vor Jahren vorgeschlagenen Enklavenprojektes gleich, das auch als »Sharon's Star War«[34] bekannt geworden ist. Die politischen Winkelzüge und Konzessionen an einen für die Siedler-Bewegung nicht repräsentativen Vertreter konnten die Niederlage von Peres nicht verhindern. Es bewahrheitete sich wieder einmal, daß Peres ein »Verlierertyp« ist und unter den Israelis kein Vertrauen genießt. Bei allen Wahlen, zu denen er angetreten war, ging er als zweiter Sieger hervor.

4. Das Protokoll über die Truppenverlegung in Hebron vom 15. Januar 1997 und Netanyahus »Friedensvision«

Die internationale Öffentlichkeit war geschockt, als sie vom Wahlsieg Netanyahus erfuhr. Dazu bestand durchaus Anlaß, denn die Mannschaft, mit der er sich umgab, verhieß für die Palästinenser nichts Gutes. Neben Arafat war auch Clinton enttäuscht, hatten doch beide ausschließlich auf den vermeintlichen »Visionär« und nicht auf den »Hardliner« gesetzt. »Die Zusammensetzung der Netanyahu-Regierung zeigt, daß die Extremisten das Sagen haben ... Der Westen und auch die Palästinenser sollten sich keinerlei Hoffnungen auf Fortschritte hingeben, solange sich Netanyahu mit Leuten wie Zevulun Hammer, Ariel Sharon und Raphael Eitan sowie militanten Siedlervertretern und extremistischen Rabbinern umgibt, die den Massenmörder Baruch Goldstein zu ihrem Idol erkoren haben. Der Friedensprozeß ist am Ende, weil er von Anfang an kein Prozeß zwischen Gleichen gewesen ist. Er konnte nur fortgesetzt werden, weil er auf der Unterwerfung der Palästinenser beruhte, und dies ironischerweise von diesen auch akzeptiert worden war.«[35]

Netanyahu gewann die Wahlen nicht aufgrund seines Programmes, sondern wegen der Ängste, die er schürte. Daß man ihn im Westen als einen »Pragmatiker« bezeichnete, zeigt, wie wenig man ihn hier kannte. Seine Bücher über den Terrorismus oder Israels Rolle in der Welt[36] hatten hier wohl nur wenige gelesen.

Die am 18. Juni veröffentlichten Richtlinien seiner Politik gegenüber den Palästinensern entsprachen dem Tenor seiner Wahlkampfrhetorik. Sie lösten in der arabischen Welt und bei den Palästinensern ein Trauma aus. Dabei unterschieden sie sich nicht von den Zielen der Arbeitspartei: Netanyahu lehnte einen souveränen Palästinenserstaat westlich des Jordans ebenso ab wie die Rückkehr der Flüchtlinge von 1948 und 1967, weil sie eine Gefahr für die »demographische Sicherheit« Israels darstellten. Jerusalem sollte unter der »exklusiven Souveränität« Israels bleiben und der »soziale und ökonomische Status von Groß-Jerusalem« gefördert werden. Die UNO-Resolutionen und die darauf fußenden Statusendverhandlungen wurden mit keinem Wort erwähnt. In seiner »Jungfernrede« betonte Netanyahu, daß die Siedlungen überall in »Israel, Judäa, Samaria und Gaza« gefördert würden. Diese schrillen Töne schreckten die USA auf. Nach dem Besuch Warren Christophers begann Netanyahu seine Positionen rhetorisch etwas zu glätten. So kündigte er am 28. Juni in einigen Interviews an, »Kommunikationskanäle« mit der Autonomiebehörde einzurichten. Er schickte in geheimer Mission seinen Berater Dore Gold zu Arafat, um ihm versichern zu lassen, die Likud-Regierung wolle die Statusendverhandlungen fortsetzen.

Die Regierung Netanyahu war wie die von Peres primär an der Zusammenarbeit in Sicherheitsfragen interessiert. Diese Kooperation schloß den Schutz von Arafat und die Festigung von dessen Herrschaft ein. Seit den Geheimverhandlungen in Oslo war dies für Israel ein wichtiger Aspekt. Nach dem Treffen zwischen dem ehemaligen Leiter des Shin Bet, Ya'acov Peri, dem damals noch stellvertretenden Generalstabschef, Amnon Shahak, mit den Chefs der Preventive Security Services (PSS) von Gaza, Muhammad Dahlan, und Jibril Rajoub für die Westbank im Januar 1994 in Rom hatte die PSS gegenüber der eigenen Opposition und der Hamas freie Hand. Wie die zahlreichen Menschenrechtsverletzungen belegen, nahmen sie ihre Aufgaben ernst. Am 18. September 1994 hatte Rabin offiziell erklärt, daß die »Sicherheitsdienste der Autonomiebehörde« in »Kenntnis und Kooperation mit Israels Sicherheitsdiensten israelische Sicherheitsinteressen« garantierten. Netanyahu wußte vom Shin Bet-Chef Ami Ayalon, daß die Erfolge gegen die Hamas und den Islamischen Jihad nicht möglich gewesen wären ohne die Hilfe der palästinensischen Sicherheitsdienste. Er führte die Sicherheitskooperation weiter, da Arafat die 1500 verhafteten Islamisten nach der Niederlage von Peres nicht freiließ.

In anderen Fragen orientierte sich Netanyahu nicht an der Haltung seines Vorgängers. Der Antrittsbesuch bei Präsident Clinton am 9. und 10. Juli war ein Triumph für Israels aggressive Politik. Netanyahu hatte noch eine Rechnung mit Clinton zu begleichen, der seinen Rivalen Peres im Wahlkampf bis zur Selbstverleugnung unterstützt hatte. Clinton verhielt sich gegenüber Netanyahu äußerst zuvorkommend. Der israelische Ministerpräsident durfte vor beiden Häusern des Kongresses sprechen. Diese hohe Ehre wird einem ausländischen Staatsgast selten zuteil. Für Clinton war der tosende Beifall, den Netanyahu für beide Reden erhielt, eine Ohrfeige. Auf der gemeinsamen Pressekonferenz erinnerte Netanyahu den sichtlich irritierten US-Präsidenten selbstbewußt daran, daß die USA die Aufstockung der Siedler von 96 000 auf 145 000 während der Regierung Rabin/Peres stillschweigend akzeptiert hätten. »Ich nehme an, daß keiner von Ihnen von uns weniger erwartet.«

Solche Direktheit hinterließ bei den arabischen Regenten eine gewisse Ratlosigkeit, sie waren an die diplomatisch unverbindlichen Worte der Peres-Regierung gewöhnt. Vom 21. bis 23. Juni fand in Kairo das erste arabische Gipfeltreffen seit dem Golfkrieg statt, der zur Spaltung der Gruppe geführt hatte. Dieses

Treffen war von Mubarak, Assad und dem saudischen Kronprinzen Abdullah Anfang Juni in Damaskus vereinbart worden. Die Warnung an Israel, falls es den Friedensprozeß nicht fortsetze, müßten die arabischen Staaten ihre Aussöhnung mit dem Land überdenken, war das einzig greifbare Resultat. Arafats Besuch bei Assad im Juli in Damaskus brachte noch weniger ein. Eine Reise Mubaraks nach Washington veranlaßte Netanyahu immerhin zu der Ankündigung, die israelisch-palästinensischen Verhandlungen wieder aufzunehmen.

Arafat beschrieb seine erste offizielle Unterredung mit dem israelischen Außenminister David Levy am 23. Juli in Gaza als »gut, nützlich, offen und positiv«. Dabei hatte Levy nichts anzubieten als die Mahnung, den Terror zu bekämpfen. Über die Wiederaufnahme der Statusendverhandlungen und die Umgruppierung der Streitkräfte in Hebron konnte er keine genauen Angaben machen. Nur auf Druck von seiten der USA, der Europäischen Union und einigen arabischen Staaten kam es am 4. September in Gaza zu dem lang erwarteten Treffen zwischen Arafat und Netanyahu. Seit seiner Wahl Ende Mai hatte Netanyahu versucht, dem »Terroristen« Arafat aus dem Weg zu gehen. Weder diese erste Begegnung noch die wenigen weiteren haben zu Ergebnissen geführt.

Netanyahu hatte von Beginn seiner Amtszeit an nie Zweifel daran aufkommen lassen, daß er israelische Interessen vertrete. Gegen den Rat seiner Sicherheitsberater ließ er am 23. September einen Tunnel unter der Al-Aqsa-Moschee in der Jerusalemer Altstadt öffnen. Die Vorgängerregierung hatte dies wegen des zu hohen Risikos abgelehnt. Daraufhin lieferten sich die israelische Armee und die palästinensische Polizei Gefechte. 86 Palästinenser und 15 Israelis kamen ums Leben, zirka 1000 Palästinenser wurden verwundet. Diese Zusammenstöße brachten den Friedensprozeß erneut an den »Rand des Scheiterns«. Gerüchte, Arafat habe den Konflikt bewußt eskalieren lassen, um Netanyahu wieder an den Verhandlungstisch zu zwingen, sind nicht ganz unbegründet. Ein hastig einberufenes Gipfeltreffen zwischen Clinton, Netanyahu, Arafat und König Hussein in Washington führte dazu, daß am 5. Oktober die Verhandlungen über die Umgruppierung der Streitkräfte in Hebron aufgenommen wurden. Die Gespräche wurden wegen Zwischenfällen in den besetzten Gebieten immer wieder unterbrochen.

Der ursprünglich für den 28. März 1996 vorgesehene Truppenrückzug aus Teilen Hebrons war nach zwei Terroranschlägen im Februar und März ausgesetzt worden. Benjamin Netanyahu hatte sich geweigert, die im »Interimsabkommen« vom 28. September 1995 niedergelegten »Richtlinien über Hebron« umzusetzen, ergo mußte er gegen den Willen der USA neu verhandeln. Das im Januar 1997 unterzeichnete Hebron-Protokoll folgt dem Muster für eine administrative und territoriale Teilung der Westbank und des Gaza-Streifens. Arafat machte in einigen wichtigen Punkten Zugeständnisse, die die Lage der Palästinenser verschlechtern. Die Stadt wurde in eine H-1- und eine H-2-Zone geteilt. In der H-1-Zone haben die Palästinenser eine de facto eingeschränkte Autorität, in allen anderen Bezirken, die unter der Verantwortung der Israelis stehen (H-2-Zone), müssen sie die Zustimmung des gemeinsamen Ausschusses einholen, wenn es sich um Angelegenheiten der palästinensischen Bewohner dieser Zone handelt. Für die Sicherheit der ca. 450 Siedler, die unter mehr als 100 000 Palästinensern leben, ist ausschließlich das israelische Militär zuständig. Die Netanyahu-Regierung mußte zusichern, daß die Streitkräfte in Hebron bis August 1998 in drei Etappen umgruppiert und zwei Monate danach die Statusendverhandlungen wieder aufgenommen werden. Am 16. Januar 1997 konnte er in der Knesset dennoch dieses Protokoll als einen Triumpf israelisch-amerikanischen Verhandlungsgeschicks bewerten: »Wir verlassen Hebron nicht. Wir verlegen unsere Truppen nicht aus Hebron, sondern nur in Hebron ... Wir wollen die jüdische Gemeinde nicht aus Hebron entfernen. Wir wollen sie erhalten und sie konsolidieren. Wir selbst wollen nicht aus Hebron weggehen; wir wollen dort bleiben.« Selbst nach Fertigstellung des separaten Straßensystems wird die israelische Armee sich nicht aus Hebron zurückziehen. Die Netanyahu-Regierung wollte sogar die Zahl der Siedler auf 4000 erhöhen, dieser Plan wurde aber bis heute nicht realisiert.

In den 20 Artikeln des Hebron-Protokolls geht es um Sicherheitsfragen und um die Regelung der Zivilangelegenheiten nach der Umgruppierung der israelischen Truppen. Es enthält zudem einen Vermerk von Dennis Ross, in dem die israelischen und palästinensischen Verantwortlichkeiten aufgelistet werden, eine kurze Notiz über die Normalisierung des Lebens in der Altstadt von Hebron, die auf Druck der USA zustande kam, sowie ein Schreiben an Netanyahu.[37] Darin versichert Außenminister Warren Christopher, »daß die amerikanische Verpflichtung in bezug auf die Sicherheit Israels unumstößlich ist und einen fundamentalen Bestandteil unserer besonderen Beziehungen darstellt. Das zentrale Element in unserer Einstellung zum Frieden, einschließlich der Verhandlungen und der Umsetzung der Abkommen zwischen Israel und seinen arabischen Partnern, war immer die Berücksichtigung der israelischen Sicherheitsanforderungen. Mehr noch, ein Kennzeichen der amerikanischen Politik bleibt unsere Verpflichtung, zusammenzuarbeiten, um die Sicherheitsbedürfnisse zu erfüllen, die sich Israel vorstellt. Letztendlich möchte ich nochmals unsere Position wiederholen, daß Israel ein Recht auf sichere Grenzen hat, die verteidigt werden können, und die es mit seinen Nachbarn in Übereinstimmung direkt aushandeln soll.« Arafat wird zum Vasallen der Amerikaner degradiert: »Ich habe dem Vorsitzenden Arafat eingeschärft ...«; »Ich habe den Vorsitzenden Arafat angewiesen ...« und »Ich habe ihm nachdrücklich klargemacht ...« Diese Diktion ließ keinen Zweifel daran, daß die weitere Umgruppierung israelischer Truppen nicht in bilateralen Verhandlungen geregelt, sondern allein von Israel festgelegt werden sollte.

Hebron ist keinesfalls »befreit«, wie Arafat glauben machen wollte. Die Einschätzung des Bürgermeisters von Hebron, Rafiq Natsche, das Abkommen führe zu »einer geteilten Stadt«, hat sich bestätigt. 450 Siedler blockieren 20 Prozent der Stadt, insbesondere den Geschäftsbereich, und werden von mehr als 1000 israelischen Soldaten bewacht, die Palästinenser leben quasi in einer israelischen Enklave. Die israelische Siedlung im Zentrum ist durch das Abkommen legitimiert worden. Israel zog sich zwar aus 80 Prozent der Stadt zurück (H-1-Zone), bestimmt aber über die Siedlung und die Pufferzonen, in denen mehr als 20 000 Palästinenser leben, (H-2-Zone) weiterhin allein. Eine »schnelle Eingreiftruppe« (Rapid Response Team) zur Terrorbekämpfung, die aus acht Israelis und acht Palästinensern besteht, ist an vier zentralen Punkten in der H-1-Zone stationiert. Wie die anderen Abkommen hat das Hebron-Protokoll den Konflikt letztendlich verschärft und beide Kontrahenten noch weiter entfremdet. Hebron gehört zu den Städten auf der Westbank, die unter der Unterdrückung des Al-Aqsa-Aufstandes besonders schwer zu leiden haben. Wochenlange Ausgangssperren, der Terror der Siedler, die Beschießung und die Abriegelung durch das israelische Militär machen das Leben schier unerträglich.

Benjamin Netanyahu erreichte auch bei den gegenseitigen Verpflichtungen weitere Konkretisierungen. Die Palästinenser mußten nochmals schriftlich zusichern, endlich ihre Charta abzuändern, die Zusammenarbeit in Sicherheitsfragen zu intensivieren, die feindselige und aufrührerische Propaganda einzustellen, die Terrororganisationen und deren Infrastruktur systematisch zu bekämpfen, die Terroristen zu verfolgen, sie anzuklagen und zu bestrafen, Verdächtige an Israel auszuliefern sowie Waffen zu beschlagnahmen. Netanyahu konnte die Umgruppierung um ein Jahr hinauszögern und sein Prinzip der »Gegenseitigkeit« durchsetzen, auf dem die Einhaltung und Umsetzung aller anderen Abkommen beruht.

Netanyahu schloß das Abkommen ab, weil die USA ihm keine andere Wahl ließen. Sie hatten ein großes Interesse daran, daß die Zusage der vorherigen Regierung eingehalten wird. Israels Sicherheit wurde zum bestimmenden Faktor des Friedensprozesses. Die USA, vertreten durch Dennis Ross, sehen zwar in den Siedlungen »ein Hindernis zum Frieden«, bewerten sie aber nicht mehr als »illegal«, sondern nur noch als »umstritten«. Die völkerrechtswidrigen Aktionen Israels wie Häuserzerstörungen und Landenteignungen werden nicht einmal mehr erwähnt. Ross gesteht der Autonomiebehörde in dem »Vermerk« sogar zu, die Menschenrechte der eigenen Landsleute zu verletzen, um die Sicherheit der Israelis zu garantieren. »So gibt das ›Prinzip der Gegenseitigkeit‹ Israel nicht nur die letzte Kontrolle über den Prozeß, sondern wird auch dazu führen, daß sich die Bedingungen für die Einhaltung der Menschenrechte in den palästinensischen Autonomiegebieten verschlechtern.«[38] Die »israelischen Verantwortlichkeiten« sind fakultativ und hängen von der israelischen Sicherheit ab, wohingegen die »palästinensischen Verantwortlichkeiten« Verpflichtungen darstellen, die die Palästinenser einzuhalten haben. Das Votum in der Knesset fiel eindeutig aus: 87 Abgeordnete stimmten dafür und nur 17 dagegen. Dieses Ergebnis zeigt, daß es einen parteiübergreifenden Konsens hinsichtlich der Gebiete gibt, die von Siedlern bevölkert sind. In dieser Frage wird es auch in den Endverhandlungen keinen Kompromiß geben. Teile der amerikanischen Administration sehen das im Hebron-Protokoll fixierte Teilungsmodell als zukunftsweisend für Gaza und die Westbank an. Konkret heißt das: Aufteilung der besetzten Gebiete zwischen Israel und den Palästinensern nach der Formel: das Maximum an Land für Israel und das Maximum der Menschen für die Autonomiebehörde.

Für die Palästinenser bedeutet das Hebron-Protokoll einen weiteren Rückschlag auf dem Weg zur Eigenstaatlichkeit, weil darin erstmalig die israelischen Siedlungen als ein Teil Israels und nicht als Teil eines besetzten Gebietes betrachtet werden. Völkerrechtlich wurde dadurch die Position der Palästinenser weiter geschwächt. Die Berater Netanyahus prognostizierten für die Palästinensergebiete keine Souveränität, sondern einen Status, der dem Puerto Ricos vergleichbar ist. Selbst wenn sich Israel aus der Zone B zurückziehen würde, behielte es dort die übergeordnete Sicherheit. Weder die Abkommen noch das Hebron-Protokoll definieren den Grad der Autorität der Palästinenser nach Abschluß der Umgruppierung. Netanyahu hat den gesamten Prozeß auf die UN-Resolution 242, die weder etwas über die Palästinenser noch etwas über den Rückzug aus allen besetzten Gebieten aussagt, und auf das Prinzip »Land für Frieden« reduziert. Die Hoffnung der Palästinenser, ein Stück von »Palästina« könnte sich als Kern eines palästinensischen Staates erweisen, hat getrogen.[39] Im Hebron-Protokoll hatten die Palästinenser zu den Verschärfungen (Prinzip der Gegenseitigkeit und der Begleitbrief der USA) gegenüber den Ausführungen des Interimsabkommens noch die Teilung der Stadt akzeptiert.

Nach Abschluß des Hebron-Protokolls reiste Netanyahu am 13. Februar 1997 in die USA. Clinton bereitete ihm einen herzlichen Empfang, beide konferierten mehr als drei Stunden miteinander. Der US-Präsident machte den Verkauf von F-16-Bombern an Saudi-Arabien von möglichen Sicherheitsbedenken Israels abhängig. Dies war auch eine offene Brüskierung der Saudis, die sich ebenfalls als »Freund der USA« verstehen. Mit der Bemerkung, er werde jeden Plan der Israelis zur Sicherung ihrer Nordgrenze unterstützen, billigte er indirekt sogar die Besetzung Südlibanons durch Israel, obwohl die Vereinigten Staaten diese Aktion auf der Grundlage der UN-Charta ablehnen. In einer Rede vor dem Institute for Near East Policy warnte der israelische Ministerpräsident die Palästinenser davor, einen eigenen Staat auszurufen, da dies zum völligen Zusammenbruch des Friedensprozesses führen würde. Politisch gestärkt, traf Netanyahu nach seiner Rückkehr eine weitere Entscheidung, die die Palästinenser brüskieren mußte.

Er genehmigte am 26. Februar den Bau einer weiteren israelischen Siedlung auf dem Berg Abu Ghneim (israelisch Har Homa) in Ost-Jerusalem, die die letzte Lücke im Siedlungsring um die Stadt schließt. Rabin hatte die Siedlung genehmigt, die Planungen waren bereits unter Wohnungsbauminister Benjamin Ben Eliezer abgeschlossen worden, doch der Bau wurde aus Opportunitätsgründen nicht begonnen. In der israelischen Presse war nur von Har Homa die Rede. Der kulturellen Vereinnahmung folgte logischerweise die territoriale Inbesitznahme. Hunderte palästinensische Orte wurden auf diese Weise in die jüdische Tradition eingegliedert, die Palästinenser und die Weltöffentlichkeit haben diesem Aspekt zuwenig Beachtung geschenkt.

Arafat reiste am 3. März zu Clinton. Dieser äußerte zwar sein Bedauern über die israelische Entscheidung, die nicht Vertrauen, sondern Mißtrauen fördere, doch am 6. März stimmten die USA gegen eine UN-Sicherheitsratsresolution, die den Siedlungsbau auf dem Berg Har Homa verurteilen sollte. Arafats Strategie, Israel diplomatisch zu isolieren und um internationale Unterstützung für seine Position zu werben, war gescheitert. Das für den 18. März vorgesehene Treffen zwischen ihm und Netanyahu platzte. Es kam zu Protesten und Zusammenstößen, bei denen über 400 Palästinenser verletzt wurden. Bei einem Terroranschlag am 21. März in einem Tel Aviver Café kamen drei Israelinnen ums Leben, 61 Menschen wurden verletzt.

Die Arbeitspartei nahm zu den Siedlungen den gleichen Standpunkt ein wie die Likud-Regierung, sie bevorzugte nur eine andere Taktik. Yossi Beilin sagte in einer Fernsehdiskussion am 17. März 1997: »Ich befürworte die Bebauung überall in Jerusalem, einschließlich Har Homa, da es unser Recht ist. Wir (die Rabin-Regierung – L. W.) erhöhten die Zahl der Siedler um 50 Prozent. Wir bauten in Judäa und Samaria, aber wir taten es leise und mit Weitsicht. Sie (die Netanyahu-Regierung – L. W.) verkündet jeden Morgen ihre Absichten, erschreckt die Palästinenser und macht Jerusalem als die vereinigte Hauptstadt Israels – worüber Einigkeit unter allen Israelis herrscht – zu einem weltweiten Streitpunkt. Das Hauptanliegen muß es sein, die Palästinenser davon zu überzeugen, daß Jerusalem die Hauptstadt Israels ist. Stimmen sie dem nicht zu, wird es kein weiteres Abkommen geben. Ich schlage eine Übereinkunft mit den Palästinensern vor: Wir erkennen einen palästinensischen Staat an, und sie müssen Jerusalem als die vereinigte Hauptstadt Israels anerkennen.« Als Minister ohne Geschäftsbereich in der Regierung von Peres hatte er am 23. Februar 1966 mit Mahmoud Abbas in drei Streifragen »Kompromisse« erzielt:

– Die Siedlungen bleiben erhalten. 300 qkm, in denen die meisten Siedlungen liegen, werden von Israel annektiert.
– Die palästinensischen Flüchtlinge müssen sich um die Einbürgerung in ihrem jeweiligen Aufenthaltsland bemühen, es gibt für sie kein Rückkehrrecht.
– Die Autonomiebehörde erhält ein Gebiet, das al-Quds – die Heilige – genannt wird und zu dem alle von Palästinensern bewohnten Dörfer gehören im Großraum Jerusalem. Israel erhält die Souveränität über die Altstadt von Ost-Jerusalem und die israelischen Siedlungen, die Jerusalem umgeben.

Am 28. März 1997 legte Beilin in »Ha'aretz« nochmals die wichtigsten Prämissen für einen Statusendvertrag dar: »einen demilitarisierten Palästinenserstaat mit begrenzter Souveränität und im Gegenzug die Anerkennung des vereinigten Jerusalem«. Beilin führte Gespräche mit Michael Eitan vom Likud-Block, um einen Konsens über die weitere Politik zu erzielen. Fazit: Wenn Israel seine Sicherheit bedroht sieht, muß das Völkerrecht zurückstehen. Vertreter beider Lager glauben bis heute, die internationale Staatengemeinschaft toleriere ihre völkerrechts-widrige Politik auf Dauer, da bisher keine Sanktionen gegen Israel verhängt wurden.

US-Unterhändler Dennis Ross reiste im Mai und Juni 1997 mehrmals in die Region. Nach Treffen mit Mubarak, Netanyahu, Arafat und König Hussein verkündete er, zum Friedensprozeß gebe es »keine Alternative«. Er hatte den Palästinensern außer der Mahnung, ihre Pflichten in Fragen der Sicherheit nicht zu vernachlässigen, nichts zu bieten. Seine Vermittlungsbemühungen liefen ins Leere.

Weder Netanyahus Vorschlag, direkt mit den Statusendverhandlungen zu beginnen, noch die Wiederauflage seines »Allon plus-Planes« am 4. Juni fand Akzeptanz. Er blieb trotz der unprofessionellen Leitung seiner Regierung und mehreren Skandalen, die ihm um Haaresbreite eine Anklage eingebracht hätten, im Amt. Die Medien sahen darin einen erneuten Beweis für Netanyahus legendäre Verschlagenheit.

Der genannte Plan sah vor: Israel behält Groß-Jerusalem in den Grenzen, die sich seit 1967 im Norden bis Beit El, im Osten bis nach Ma'ale Adumim und im Süden bis zum Etzion Block erstrecken; der Korridor zwischen Jerusalem und Tel Aviv wird über die Grenzen von 1967 hinaus ausgedehnt; das Jordantal einschließlich der existierenden und neuer Siedlungen wird annektiert; alle Siedlungen ostwärts der »Grünen Linie« sollen durch einen 15 Kilometer breiten »Sicherheitsgürtel« geschützt werden. Nach diesem Plan würden die Palästinenser höchstens 40 Prozent ihres Landes zurückerhalten. Sicherheitsminister Avigdor Kahalani gestand ihnen eine eigene Fahne und Hymne zu, eine eigene Armee sei ausgeschlossen. Die Palästinenser betrachteten die Vorstellungen als eine Beleidigung. Von seiten der Rechtsnationalen erntete Netanyahu ebenfalls heftige Kritik. Der fanatischste Likudabgeordnete, Michael Kleiner, warf dem Ministerpräsidenten »Verrat« am Traum von Eretz Israel vor. Auch Außenminister David Levy, der bei den Wahlen zum Likud-Vorsitz das Nachsehen hatte, rügte das Konzept öffentlich.

Die Ermordung von palästinensischen Grundstücksmaklern – vermutlich durch Arafats Sicherheitsdienste – verschärfte die

Spannungen zwischen Israelis und Palästinensern weiter. Die israelische Regierung warf Arafat vor, für den Tod dieser Menschen verantwortlich zu sein. Justizminister Frei Abu Middein hatte die Jagd auf die Makler indirekt ausgelöst, als er öffentlich erklärte, wer Land an Juden verkaufe, müsse mit der Todesstrafe rechnen. Der ehemalige Generalstaatsanwalt Khaled Al-Qidreh kritisierte diese Art von Selbstjustiz.

Im Juli und August kam es zu heftigen Zusammenstößen in Hebron und Jerusalem, bei denen Hunderte Palästinenser verletzt wurden. Israelische Sicherheitskräfte nahmen in Nablus drei palästinensische Polizisten fest, die angeblich einen Anschlag auf eine Siedlung geplant hatten. Die israelische Regierung warf den Palästinensern zudem vor, die Vereinbarungen von Oslo seit der Unterzeichnung des Hebron-Protokolls 22mal verletzt zu haben. Arafat legte eine Liste mit 30 nicht gehaltenen Zusagen vor. Zwei Selbstmordattentäter sprengten sich am 31. Juli 1997 auf dem Mahne Yehuda Markt in die Luft, töteten dabei 16 Menschen und verwundeten mehr als 170. Der militärische Arm der Hamas übernahm die Verantwortung dafür.

Zwei Tage vor diesem Anschlag hatte sich Netanyahu in einem Fernsehinterview damit gebrüstet, daß sein im Wahlkampf angekündigtes Konzept »Friede durch Sicherheit« aufgegangen sei. Nach dem Terroranschlag wurden die Autonomiegebiete vollkommen abgeriegelt. Viele palästinensische Politiker verurteilten den Anschlag, Arafat stufte die militärische Belagerung als »Kriegserklärung« ein. Israel und die USA forderten von der Autonomiebehörde die totale Zerschlagung der »Infrastruktur des Terrors«, sprich der Hamas und des Islamischen Jihad. Alle Gespräche wurden ausgesetzt, und die israelische Regierung beschloß zwölf drakonische Maßnahmen. Dazu gehörten Sanktionen jeder Art. Die Palästinenser und ihre Autonomiebehörde befanden sich in einem Käfig. Niemand durfte die Gebiete verlassen. Die Wirtschaft, das Bildungs- und Gesundheitswesen, alle Belange des Alltags der Palästinenser waren total paralysiert. Solche Aktionen der Israelis sind im Endeffekt immer wieder Wasser auf die Mühlen der radikalen Opposition gegen den Friedensprozeß. Arafat war ebenfalls in einer mißlichen Lage. Seine Bewegungsfreiheit sowie die seiner Sicherheitsdienste war stark eingeschränkt, so daß er der Aufforderung nach effektiver Terrorbekämpfung nicht nachkommen konnte. Er wollte sich keinem israelischen Befehl beugen, da dies die radikalen Kräfte gestärkt hätte. In diesem Fall übte er Zurückhaltung bei Verhaftungen von Hamas-Aktivisten, da nicht sicher war, ob die Terroristen aus den Autonomiegebieten gekommen waren.

Die ausländischen Medien warfen Arafat vor, er habe nicht genug gegen den Terror getan oder vielleicht gar selber grünes Licht für die Anwendung von Gewalt gegeben. Kaum jemand erörterte, ob nicht auch Israel Versäumnisse angelastet werden müßten, obwohl die repressiven Maßnahmen seitens Israels seit dem Oslo-Prozeß zugenommen haben und ein Zusammenhang zwischen dem Terror der Palästinenser und ihrer täglichen Erniedrigung besteht. Die Expansion der Siedlungen, die Landenteignungen und die Transformation der Palästinensergebiete in isolierte Enklaven, die religiöse Erziehung, die zu einer Verunglimpfung des Islam führt, sind der beste Nährboden für Extremismus und Terrorismus.

Nurit Elhanan-Peled, Mutter der 14jährigen Smadar Elhanan, die bei dem Terroranschlag ums Leben kam, gehörte zu den wenigen, die die Bombenanschläge als »ein direktes Resultat der Unterdrückung, der Unterwerfung, der Demütigung und der Belagerung, die Israel über die Palästinenser ausübt«, bewerteten. Die Enkelin von General Matti Peled, dem Vorsitzenden und Gründer des Israeli Council for Israeli-Palestinian Peace. Elhanan-Peled sagte am 7. September 1997 gegenüber »Ma'ariv«: »Unsere Regierung ist schuldig, weil sie das äußerste tut, um den Friedensprozeß zu zerstören. Sie bringen Tod und Zerstörung über uns. Ich kritisiere nicht die Terroristen. Sie sind unsere Kreation. Fast jede palästinensische Familie wurde durch uns verletzt, und sie leben in Schmutz und Verzweiflung. Die Selbstmörder sind unser Spiegel.« Der Kolumnist Haim Baram meinte: »Vielen wird jetzt bewußt, vielleicht zum ersten Mal, daß Aggression ein zweischneidiges Schwert ist und Terror und Furcht uns alle treffen kann, Israelis und Araber gleichermaßen.«[40] Solche Einsichten waren nicht die Regel oder gerieten schnell in Vergessenheit. Der Tod eines 10jährigen Palästinensers (er wurde von einem Siedler erschlagen) und eines palästinensischen Tankwarts erregten damals keinerlei Aufsehen. Dies ist eine geradezu logische Konsequenz jahrzehntelanger Indoktrination. Noch immer wird Israelis von klein auf eingetrichtert, daß die Araber nur die Sprache der Gewalt verstehen. Wie Daniel Bartal von der Tel Aviver Universität in einer Analyse belegt hat, werden Araber in den Schulbüchern als »Räuber«, »Mörder« und »Pogromisten« hingestellt.

Netanyahu benutzte die Bedrohung der Sicherheit als einen Vorwand, um von seiner desaströsen Politik abzulenken. Er hatte mehrmals erklärt, Hauptziel der Oslo-Vereinbarungen sei es, den palästinensischen Widerstand zu brechen. Später gab er zu, daß er dem Shin Bet freie Hand gegeben habe, alle religiösen und Frontorganisationen von Hamas in der Zone B zu schließen. Die israelische Regierung nannte Arafat 30 Personen, die er ausliefern, und 150 Personen, die er verhaften sollte. Die amerikanische Außenministerin Madeleine Albright übergab ihm eine Liste mit 1500 Personen, deren Verhaftung Israel verlangte. Erstmalig seit der Besetzung waren sogar die Allenby-Brücke zu Jordanien und der Übergang nach Ägypten für eine Woche geschlossen. Der Druck auf Arafat war so enorm, daß er Massenverhaftungen veranlassen mußte.

Auch weitere Nahostreisen von Dennis Ross im August und Madeleine Albright im September brachten die Verhandlungen nicht wieder in Gang. Beide Politiker ventilierten das Sicherheitsproblem nur mit Blick auf die Israelis und ignorierten, daß der Friedensprozeß und die Kooperation in Sicherheitsfragen mit Israel auch den Palästinensern positive Perspektiven eröffnen muß.

Einen Tag nach der Abreise der amerikanischen Außenministerin besetzten jüdische Siedler Häuser im Ost-Jerusalemer Stadtteil Ras Al-Amud. Netanyahu hatte gebeten, mit der Aktion bis nach dem Besuch zu warten. Die Siedler wurden finanziell von dem Amerikaner Irving Moskowitz unterstützt, der sich zum Ziel gesetzt hat, im arabischen Teil Jerusalems jüdische Wohneinheiten zu errichten. Der Ministerpräsident handelte mit Moskowitz einen »Kompromiß« aus. Zehn Siedler durften bleiben, um über das Anwesen zu wachen und das »Recht auf Besitz« zu wahren.

Arafat diente den Interessen der USA in dreifacher Hinsicht:

Er kämpfte gegen die Hamas und ähnliche Organisationen, die die Stabilität anderer Staaten, insbesondere Saudi-Arabiens, gefährden könnten;

er trug dazu bei, daß die proamerikanischen arabischen Regime die Palästinenser unterstützten, ohne wegen der weiteren Expansion der jüdischen Siedlungen und der anderen Aspekte, die den Status quo festigen, Sanktionen zu fordern;

drittens sicherte er den Status quo unter den Palästinensern und beschwichtigte die Opposition im eigenen Lager. Sollte Arafat eines dieser Ziele, insbesondere das erste, verfehlen, werden sich die Amerikaner gegen ihn stellen. Selbst einen begrenzten militärischen Konflikt zwischen Israel und den Palästinensern würden die USA in Kauf nehmen, wenn dies ihren Interessen nützte. Im Augenblick ist dem PLO-Chef aber daran gelegen, die Stabilität seines Regimes zu sichern, um die Gunst der USA nicht zu verlieren.

Einer der größten politischen Fehler Netanyahus war der Befehl, das Hamas-Mitglied Khaled Mash'al am 25. September 1997 in Amman durch Mossad-Agenten ermorden zu lassen. Erstmalig wurden die Agenten gefaßt. Ihre gefälschten kanadischen Pässe erbrachten den Beweis, daß die israelische Regierung Killer in andere Länder entsendet, um unliebsame Personen liquidieren zu lassen. Mash'al war ein nachgeordnetes Mitglied der Hamas; er stellte keine Gefahr für Israel dar. Die Agenten wollten ihn mit einer Giftspritze umbringen, was nicht gelang, da sie von einem Leibwächter in die Flucht geschlagen und von der Polizei verhaftet wurden. König Hussein schaltete sich umgehend ein und forderte von Netanyahu, sofort das Gegengift zur Verfügung zu stellen. Der Ministerpräsident reagierte unverzüglich, da er erkannte, welchen Schaden er angerichtet hatte, und erfüllte eine weitere Forderung Husseins: Er ließ den gelähmten Scheich Ahmad Yasin, der seit Jahren im israelischen Gefängnis saß, nach Jordanien ausreisen. Von dort kehrte der Scheich nach Gaza zurück. Zusätzlich wurde vereinbart, 22 weitere Gefangene freizulassen.

Netanyahu hatte Israels einzigen Freund in der Region desavouiert. Der König war so erzürnt, daß er Netanyahu nicht sehen wollte, Yitzhak Mordechai und Ariel Sharon mußten Abbitte leisten. Letztendlich haben die Beziehungen zwischen Israel und Jordanien nicht unter diesem Zwischenfall gelitten. Jordanien ist aus eigenem Interesse heraus an der Weiterarbeit des Mossad im Land interessiert, hat sogar dem Geheimdienst im Zentrum von Amman ein Gebäude für seine Operationen zur Verfügung gestellt. Auch die kanadische Regierung fühlte sich durch den Akt diplomatisch beleidigt. Für Arafat war die Befreiung Yasins durch König Hussein eine schwere Niederlage. Er mußte auf Anweisung Israels Hamas-Mitglieder verhaften lassen, wohingegen es dem König gelang, den geistigen Inspirator der Organisation freizubekommen. Scheich Yasin wird als ein politischer Gegenspieler Arafats die Position des Hamas stärken. Sein Einfluß ist stetig gewachsen, als Arafat gegenüber den Israelis hörig wurde.

Die israelische Presse diskutierte nicht darüber, ob dieses Attentat ein Akt von Staatsterrorismus war, sondern fragte, ob es zu diesem Zeitpunkt »klug« war und wer die Verantwortung für den Fehlschlag trage. Eine Untersuchungskommission sprach Netanyahu im Fall Mash'al frei. Mitte Februar kündigte der Ministerpräsident öffentlich an, Israel werde sich auch weiterhin das Recht nehmen, »Terroristen« in anderen Staaten zu jagen. Auch westliche Regierungen haben nicht dagegen protestiert und somit toleriert, daß Israel Völkerrecht und international akzeptierte Normen bricht. Am 25. Februar 1998 flog eine von Mossad-Agenten in der Schweiz geplante Abhöraktion auf.

Netanyahus innenpolitische Mißgriffe wie die Öffnung des Tunnels unter der Al-Aqsa-Moschee, die Besetzung der Häuser in Ras Al-Amud, die Baugenehmigung für 300 Wohnungen in der Siedlung Efrat, das Treffen zwischen Sharon und Mahmoud Abbas oder die Mash'al-Affaire führte der militärpolitische Kommentator Ze'ev Shiff in »Ha'aretz« vom 21. November 1997 auf das Mißtrauen des Ministerpräsidenten gegenüber den Sicherheitsbehörden zurück.

Da Netanyahu den Vorschlag, sofort über den Endstatus zu verhandeln, gegenüber der Europäischen Union und den USA nicht durchsetzen konnte, unterbreitete er den Palästinensern

Ende November einen neuen Rückzugsplan. Nach diesem Plan würden 70 Prozent der Westbank unter totaler Kontrolle Israels bleiben, nur ein kleines Gebiet – konzentriert um Nablus, Hebron und Jenin – fiele an die Palästinenser. Ariel Sharon beansprucht auch als Ministerpräsident 60 Prozent der Westbank.

Ende des Jahres 1997 begab sich Netanyahu mit seinen Ministern Mordechai und Sharon auf Inspektionreise in die Westbank, um die Gebiete festzulegen, die für Israel nicht verhandelbar sind. Im Januar 1998 gab die Regierung bekannt, daß das Grenzgebiet entlang des Jordans, eine Zone entlang der alten Grenze von 1967, die Umgebung von Groß-Jerusalem und die jüdischen Siedlungen dazu gehören. Wichtig seien ferner die Militärbasen, jüdische historische Stätten, die Wasserressourcen, das Stromnetz und die wichtigsten Verkehrswege, die Umgehungsstraßen für die Siedler. Die Palästinenser lehnten dieses Angebot ab und beanspruchten 90 Prozent des Gebietes nach dem Rückzug. Eine solche Zahl wird in den Abkommen nirgendwo genannt. Madeleine Albright verlangte von Israel einen »glaubhaften« zweiten Rückzug und eine »Auszeit« für den Siedlungsbau.

Bevor Israel an Rückzug denke, müßten die Palästinenser »alle Teile des Hebron-Protokolls erfüllen«, erklärte David Bar Ilan, Medienberater Netanyahus. Dazu gehöre auch, daß Arafat Hamas entwaffnet, die »terroristischen Mörder« an Israel ausliefert und die Artikel der PLO-Charta vollständig eliminiert.

5. Das Wye River-Memorandum vom 23. Oktober 1998

Mit dem Memorandum mußten die Palästinenser eine weitere gravierende Niederlage im Kampf um ihre legitimen Rechte hinnehmen. Die Autonomiegebiete haben sich dadurch noch stärker dem Status einer südamerikanischen Bananenrepublik angenähert, in der die CIA jede politische Aktion bestimmt.

Die Vereinbarung hat keinen völkerrechtlichen Charakter und enthält gegenüber den bereits unterzeichneten Abkommen prinzipiell nichts Neues. Sie wurde bewußt nicht Abkommen genannt, da ein Memorandum keiner Zustimmung bedarf. Den Schwerpunkt bilden die Ausführungen über Sicherheit und die Einhaltung des Prinzips der Gegenseitigkeit. Die Formel »Land für Frieden« wird dabei umgedeutet in »Land für Sicherheit«. So sollen Maßnahmen ergriffen werden, die gegen die andere Seite gerichtete terroristische, verbrecherische oder feindliche Aktionen verhindern. Ein von den Palästinensern zu erstellender Sicherheitsplan soll die systematische Bekämpfung des Terrorismus und terroristischer Organisationen gewährleisten. Zu diesem Zweck soll ein amerikanisch-palästinensischer Ausschuß gebildet und die Zusammenarbeit zwischen palästinensischen Geheimdiensten, CIA und Shin Bet intensiviert werden.

Die Autonomiebehörde verpflichtet sich,
– Personen zu verhaften, die verdächtigt werden, Gewaltakte verübt zu haben, und diese zu verurteilen;
– in Kooperation mit den USA illegale Waffen zu beschlagnahmen.

Ferner muß sie – wie bisher in den von Israel kontrollierten (besetzten) Gebieten üblich – Dekrete erlassen, die alle Formen der Anstiftung zu Gewalt und Terror verbieten. Ein Dreierausschuß soll mögliche Fälle von Anstiftung zur Gewalt kontrollieren, ein weiterer Ausschuß soll den Kampf gegen Militante koordinieren.

Der zweite Hauptpunkt ist ein Dreistufenplan zum Rückzug weiterer israelischer Truppen. Vorgesehen war, daß die Palästinenser nach 12 Wochen 18,2 Prozent des übereigneten Gebietes allein kontrollieren (Zone A), in 21,8 Prozent sollte es eine gemischte Kontrolle geben (Zone B). Arafat hat dem israelischen Vorschlag zugestimmt, drei Prozent des Gebietes als »grüne Zone« zu deklarieren. Dort dürfen Palästinenser nicht bauen, und Israel regelt Sicherheitsfragen. Damit existiert ein weiterer territorialer Spaltpilz, der bei den Statusendverhandlungen jederzeit aktiviert werden kann.

Israel begründete die Nichteinhaltung des Terminplans mit der Verletzung des Prinzips »Sicherheit/Gegenseitigkeit« seitens der Palästinenser.

Die dritte Phase des Rückzugs soll in den Statusendverhandlungen geregelt werden. Wenn es dort zu einer Einigung käme, hätten die Palästinenser die B-Zone unter ihrer alleinigen Kontrolle plus ein bis maximal fünf Prozent der von Israel allein kontrollierten Zone C. Ministerpräsident Sharon hat nach seiner Wahl den Palästinensern nur die Rückgabe von einem Prozent der besetzten Gebiete angeboten. »Ha'aretz« mutmaßt, die USA und die Autonomiebehörde würden dies bei Endverhandlungen akzeptieren. Der »souveräne« Palästinenserstaat würde dann 41 Prozent des besetzten Gebietes umfassen.

Im Interimsabkommen heißt es, das israelische Militär solle sich in »besondere Militärstützpunkte« zurückziehen. Damit waren die Siedlungen und bestehende Militäreinrichtungen gemeint. Warren Christopher bestätigte in dem bereits erwähnten Brief, der dem Hebron-Protokoll als Anhang beigefügt ist, die Stützpunkte könne Israel einseitig festlegen gemäß seines Sicherheitsbedürfnisses. Dieses Schreiben wurde in das Wye-Abkommen inkorporiert. Die USA demonstrierten damit erneut ihre Bereitschaft, die von Israel festgelegten Sicherheitsbedürfnisse durchzusetzen.

Die Israelis bestimmen allein, welches Gebiet sie zurückgeben. Durch den Bau von Umgehungsstraßen zu den Siedlungen wird das Land weiter zerstückelt und die Bevölkerung desintegriert. Bisher haben sie nicht einmal zwei Prozent des gesamten besetzten Landes zurückgegeben, die Rückgabe von zirka fünf Prozent des Gebietes um Ramallah läßt sich aufgrund der Zersiedelung gar nicht mehr realisieren. Die Palästinenser verfügen weder über exakte Karten noch wissen sie genau, von wo die Truppen abgezogen werden sollen.

Die USA verpflichteten sich, »Israels Verteidigungs- und Abschreckungspotential« zu erhöhen und die während der Präsidentschaft von Ronald Reagan vereinbarte strategische Allianz auszubauen. Ferner sagten sie zu, die Kosten der Umgruppierung für die Truppen, den Bau der Umgehungsstraßen und andere Infrastrukturmaßnahmen in bezug auf die Siedlungen zu übernehmen. (Die Regierung Netanyahu hat mehr als 500 Millionen US-Dollar als Kompensation für den »Rückzug« erhalten.)

Im Wye-Memorandum werden zudem ökonomische Fragen wie die Eröffnung einer Industriezone oder des Flughafens in Gaza sowie der Bau eines Tiefseehafens und die Einrichtung von sicheren Durchgangsstraßen vom Gaza-Streifen zur Westbank geregelt. Die nach dem Interimsabkommen eingerichteten Komitees sollen wieder aktiviert werden. Die Vertragspartner stimmen darin überein, die Verhandlungen über einen endgültigen Status umgehend wieder aufzunehmen. Erneut wird vereinbart, daß keine Seite einseitige Maßnahmen einleitet, die den Status der Gebiete verändern.[41] Dieser Punkt stand auch in den bisherigen Abkommen, Israel hat dennoch Siedlungen erweitert bzw. neue gebaut.

Formulierungen wie »incitement« (Aufwiegelung) und Auflösung der »terror support structure« bringen das Ziel des Wye-Memorandums, die zivile und religiöse Opposition zu zerschlagen, auf den Punkt. Israel und die USA können jede Kritik am Oslo-Prozeß als Anstiftung zum Aufruhr deuten. Die Autonomiebehörde muß nicht nur gegen Militante vorgehen, sondern auch Journalisten und Intellektuelle mundtot und willfährig machen. Unmittelbar nach Unterzeichnung des Abkommens verhafteten Arafats Geheimdienste zehn Palästinenser, einen davon töteten sie. Die Männer waren Journalisten und Mitglieder von Arafats Fatah-Bewegung.

Den USA und Israel ist es gelungen, im Wye-Memorandum den arabisch-israelischen Konflikt als einen Krieg gegen »Terrorismus« darzustellen. Die bei der Unterzeichnung in Washington gehaltenen Reden verdeutlichen diesen Tenor: Netanyahu betonte die Verpflichtung Arafats, »mit uns zusammen den Terrorismus zu bekämpfen«. Clinton dankte dem Vorsitzenden des Autonomierates für die Bereitschaft, sich auf den Friedensprozeß zu orientieren. Daß es keinen Frieden gebe, führte er allein auf die »palästinensische Gewalt« zurück. Arafat versprach, »niemals zurückzukehren zur Gewalt und zur Konfrontation«. Er nannte Netanyahu mehrmals seinen »Partner«. Einen Politiker, der die Palästinenser unterdrückt, als Partner zu bezeichnen, ist eine Verhöhnung der Ziele, für die die PLO gekämpft hat, und der eigenen Person. Wie König Hussein mit seiner Anwesenheit demonstrierte, hat Jordanien sich der israelisch-türkischen Allianz angeschlossen, die gegen arabische Staaten und den Iran gerichtet ist. Auch Arafat gehört als ein »Verbündeter« dazu.

Das Wye-Memorandum habe die im Kalten Krieg begründete strategische Allianz zwischen Israel und den USA über diese ursprüngliche Grundlinie hinausgehoben, stellte Israels UN-Vertreter Dore Gold in einem Interview mit der »New York Times« fest. Die Illegalität der Siedlungen, die Siedlung Har Homa, Ost-Jerusalem als Hauptstadt eines Palästinenserstaates, die Flüchtlinge – immerhin 60 Prozent der palästinensischen Bevölkerung –, die Kontrolle über das Wasser und das Selbstbestimmungsrecht der Palästinenser werden darin nicht erwähnt.

Kaum war Netanyahu aus den USA zurück, nahmen ihn seine extremistischen Koalitionspartner in die Zange. Sie nannten ihn einen »Verräter«, zeigten ihn mit einer Keffieh und drohten, ihn zu ermorden. Ihren Zorn konnte auch Sharons Behauptung nicht besänftigen, ein besseres Abkommen sei nicht zu erreichen gewesen. Einige Wochen vorher hatte Sharon noch gewarnt: Mehr als neun Prozent Gebietsrückgabe würde Israels Sicherheit gefährden. Bei der Abstimmung im Kabinett enthielten sich fünf von 17 Mitgliedern, und vier stimmten dagegen. In der Knesset war das Stimmenverhältnis 75 : 19 für das Abkommen bei neun Enthaltungen.

Netanyahu und Ariel Sharon haben mit dem Memorandum einen Pyrrhus-Sieg errungen. Solange die Palästinenser nur die Alternative haben, die Bedingungen der Israelis zu erfüllen oder bestraft zu werden (zum Teil sogar mit bewaffneten Aktionen), kann die Autonomiebehörde ihre Sicherheitsbedürfnisse und das einseitig ausgelegte Prinzip der »Gegenseitigkeit« nicht zu 100 Prozent erfüllen. Die Vorgaben verlangen zudem nicht nur Maßnahmen gegen Gewalt, sondern die Unterdrückung jeglicher Opposition. Diese dürfte um so stärker anwachsen, je weniger politische und wirtschaftliche Perspektiven Arafat den Palästinensern aufzeigen kann. Gegenseitigkeit müßte z. B. Maßnahmen gegen extremistische Siedler einschließen, die die palästinensische Bevölkerung terrorisieren. Darüber ist jedoch nicht diskutiert worden.

Die Behauptung von Arafat und seinen »Tunesiern«, Verhandlungen mit der Arbeitspartei hätten zu einem besseren und gerechteren Ergebnis geführt, kommt einer Selbsttäuschung gleich.

Die Vertreter der Arbeitspartei sind ebenso hartnäckig wie die Rechten in Israel, wenn es um die Rückgabe von Gebieten geht. Als Netanyahu in der Knesset der Arbeitspartei vorwarf, sie wollte den Palästinensern 90 Prozent des Territoriums zurückgeben, sprang ihr Abgeordneter Haim Ramon auf und antwortete wütend: »Jedermann weiß, daß unser Plan nur die Rückgabe von 50 Prozent vorsieht.« (Nachdem Barak Netanyahu abgelöst hatte, bekamen die Palästinenser auch nicht mehr als 45 bis 50 Prozent der besetzten Gebiete zurück.) Das Wye-Abkommen ist ein großer Erfolg der zionistischen »Tauben«, die Sicherheit nur aus israelischer Perspektive definieren. Ein Teil des Likud hat in Wye sich diesem Nationalismus angeschlossen und der Eretz-Israel-Ideologie den Rücken gekehrt.

Fünf Tage nach der Unterzeichnung kam es zu einem Zwischenfall im Gaza-Streifen. Ein islamistischer Selbstmörder rammte mit seinem Auto einen Armeejeep, der einen Bus mit Schulkindern eskortierte. Bei der Explosion kamen der Palästinenser und ein israelischer Soldat ums Leben, keines der Kinder wurde verletzt. Netanyahu forderte die Autonomiebehörde auf, einen »Krieg gegen die terroristische Infrastruktur« zu führen, da sonst keine Gebiete zurückgegeben würden. Arafat nannte das Autobomben-Attentat einen »kriminellen und terroristischen Akt« und klagte den »Täter und jene an, die hinter ihm stehen und in die Hände der Siedler und Extremisten spielen«. Die Autonomiebehörde ging nicht nur massiv gegen die Führung von Hamas vor, sondern ließ auch 300 einfache Mitglieder ohne Gerichtsverhandlung ins Gefängnis werfen. Ihr geistiger Mentor, Scheich Ahmad Yasin, wurde unter Hausarrest gestellt.

Die Netanyahu-Regierung verhielt sich bei der Umsetzung des Wye-Abkommens unkorrekt. Nachdem Arafat die Landkarten mit den Eintragungen des Truppenrückzugs gesehen hatte, forderten die Siedler 61 Änderungen. Sie wurden in der Nacht vor dem ersten Rückzug bei Jenin eingearbeitet, ohne daß der PLO-Vorsitzende informiert war. Minuten vor der Unterzeichnung erfuhr Arafat davon und bestand auf Einhaltung der Absprachen. Erst als ihm neue Karten vorgelegt wurden, stimmte er zu.

Am 22. November 1998 setzte die israelische Regierung 250

gewöhnliche Kriminelle auf freien Fuß. Im Wye-Abkommen war vereinbart worden, 750 palästinensische Gefangene freizulassen. Israel weigerte sich nach wie vor, Mitglieder von Hamas, dem Islamischen Jihad oder solche Inhaftierte mit »jüdischem Blut an den Händen« zu entlassen.

Die israelische Regierung hatte von den Palästinensern sogar verlangt, ganz auf die Forderung nach Freilassung der Gefangenen zu verzichten, und gedroht, das Abkommen nicht weiter umzusetzen. Die Mobilisierung der extremen Rechten für vorgezogene Neuwahlen war Netanyahu wichtiger als die Einhaltung des Abkommens. Da die Palästinenser gegen das Prinzip der »Gegenseitigkeit« verstießen und ihren Teil der Vereinbarung – die Bekämpfung des Terrorismus – nicht zur vollsten Zufriedenheit der Israelis erfüllten, verschob Netanyahu den zweiten Rückzug, die Eröffnung der »sicheren Durchfahrt« vom Gaza-Streifen in die Westbank sowie die Eröffnung des Flughafens und den Bau eines Seehafens. Er forderte, »jede Art von Gewalt« zu verhindern, einschließlich der Demonstrationen für die Freilassung der Gefangenen.

Am 14. Dezember 1998 stattete Bill Clinton erstmals den Autonomiegebieten einen Besuch ab. Die Palästinenser mußten in Anwesenheit des US-Präsidenten die PLO-Charta zum dritten Mal außer Kraft setzen. Arafat hat die Geschichte seines Volkes auf Druck der USA selbst zum wiederholten Male umgedeutet und den fünfzigjährigen Befreiungskampf des palästinensischen Volkes auf bloßen »Terrorismus« reduziert.

Damit wurde ein Teil der palästinensischen Identität zu Grabe getragen und der historische Anspruch des Zionismus bestätigt. Unter den versammelten Palästinensern brach Euphorie aus, als Clinton auch sie als »Menschen« bezeichnete. Seine Worte über »das Leiden, die Tränen und die Hoffnungen, die unter den Palästinensern herrschen wie unter den Israelis«, entpuppten sich als reine Floskeln, denn er verlangte nur von den Palästinensern das Ende von »Gewalt und Terror«. Die Unterdrückten sollten ihren Unterdrückern vergeben, sich mit ihnen versöhnen und ihre Herzen durch »Unterwerfung« gewinnen. Zynischer und arroganter kann man den Palästinensern nicht begegnen.

Arafat deutete Clintons Besuch als einen diplomatischen Erfolg. Die Bemerkung vom »Recht des palästinensischen Volkes, frei zu sein«, interpretierte der PLO-Chef als eine »rudimentäre Anerkennung des Palästinenserstaates«. Eine Fehleinschätzung, wie sich bald herausstellte. Clinton hat den Flughafen in Gaza nochmals feierlich eröffnet, der den Palästinensern kein Tor zur Welt öffnet, da israelische Sicherheitskräfte jede Flugbewegung sowie die Aus- und Einreise kontrollieren und entsprechende Genehmigungen von ihnen eingeholt werden müssen.

Anläßlich des Clinton-Besuches trafen sich Arafat und Netanyahu am Erez-Kontrollpunkt. »Ha'aretz« berichtete am 16. Dezember 1998, Netanyahu habe Arafat wie einen Knecht angeherrscht. Der israelische Ministerpräsident verlangte vom PLO-Chef, die in den Schulen verwendeten Landkarten zu konfiszieren, da auf ihnen der Staat Israel nicht eingezeichnet ist. Netanyahu verschwieg aber, daß in israelischen Schulen Karten verwandt werden, die »das ganze Land Israel« zeigen, d. h. die Westbank existiert darauf nicht.

Zu diesem Zeitpunkt war bereits klar, daß es vorgezogene Neuwahlen in Israel geben werde. Netanyahu war es gelungen, jeden gegen sich aufzubringen und sowohl Freund als auch Feind vor den Kopf zu stoßen. Er erniedrigte alle seine politischen Verbündeten in Israel. Yitzhak Shamir, ehemaliger Ministerpräsident Israels, nannte ihn öffentlich einen »Engel der Zerstörung«, weil er den Likud zerstört und die Partei ihres ideologischen Inhaltes beraubt habe. Benjamin Begin, der Sohn des ehemaligen Ministerpräsidenten Menachem Begin, erklärte, das oberste Prinzip sei »das Recht der Israelis auf das ganze Land Israel«, und protestierte wegen der Unterzeichnung des Hebron-Abkommens gegen Netanyahu .

Welche Einmütigkeit damals innerhalb der politischen Elite des Landes herrschte, zeigten die zehn Gespräche zwischen Netanyahu und Barak im Dezember 1998. Beide Politiker stimmten darin überein, daß Jerusalem unter israelischer Kontrolle vereint bleiben solle, es keinen Rückzug auf die Grenzen von 1967 und keine Armee westlich des Jordan Flusses geben werde sowie die großen Siedlungen bestehen bleiben sollten.

Für das in westlichen Medien verbreitete Image von einem »konservativen« Netanyahu und einem »liberalen« Barak gibt es keinen rationalen Grund. Netanyahu setzte zum Beispiel nur die bereits fertigen Pläne der Rabin-Regierung für den Bau der Siedlung auf dem Jabal Abu Ghnaim (Har Homa) im Januar 1998 in die Tat um. Barak prahlte in einem Fernsehinterview: »Die Arbeitspartei hätte ein viel besseres Abkommen erreicht.« Auf die Frage, ob er weniger Gebiete zurückgegeben hätte, antwortete er: »Nicht weniger Gebiete, aber wir hätten es viel geschickter angestellt, d. h. wir hätten sie cleverer ausgetrickst.« In diesem Satz zeigt sich die Verlogenheit der Politiker der Arbeitspartei, die ihre nationalistischen Ansprüche hinter einer rhetorischen liberalen Fassade zu verbergen wissen. Auch Peres war nie für die Gründung eines Palästinenserstaates, aber er verbreitete eine Aura der Kooperation und keine des Diktates wie Netanyahu. Für Arafat war es unter einer Regierung der Arbeitspartei einfacher, seinem Volk die totale Kapitulation zu verkaufen.

Der Wahltermin wurde politisch geschickt auf den 17. Mai 1999 gelegt. Arafat konnte am 4. Mai – an diesem Tag endete die fünfjährige Interimsphase – seinen Staat nicht ausrufen, da er Netanyahu nicht zum Wahlsieg verhelfen wollte und die USA sowie die Europäische Union ihm keine Anerkennung signalisiert hatten. So endete die Sitzung des PLO-Zentralrates vom 27. bis 30. April 1999 in Gaza mit der Entscheidung, vorerst nichts zu entscheiden und im Juni nochmals zu beraten.

Die Monate bis zur Wahl in Israel waren gekennzeichnet durch den Zerfall der Regierung Netanyahu. Am 24. Januar 1999 wurde Verteidigungsminister Yitzhak Mordechai während einer Livesendung des Fernsehens entlassen. Er schloß sich umgehend der »Zentrumspartei« an und kündigte seine Kandidatur als Ministerpräsident an.

Netanyahu wurde zusehends isoliert. Bill Clinton empfing ihn nicht mehr, innenpolitisch brachten ihn die verstärkten Guerillaangriffe der Hisbollah im Südlibanon unter Druck, bei denen einige israelische Soldaten getötet wurden.

Er zog mit einem martialischen nationalistischen Slogan in den Wahlkampf: »Ein starker Führer für ein starkes Land.« Die

Konnotation, die der Satz weckte, brachte ihm heftige Kritik seitens des linksliberalen Teils der israelischen Gesellschaft ein. Er
war zwar nicht bereit, einseitig und bedingungslos aus dem Libanon abzuziehen, erkannte jedoch nach 22 Jahren Besatzung die
UN-Resolution 425 an, die den Abzug der israelischen Besatzungstruppen forderte. Sein Herausforderer Ehud Barak, hielt sein
Versprechen, innerhalb eines Jahres nach seiner Wahl die Truppen aus dem Südlibanon einseitig abzuziehen.

Der Stillstand im Friedensprozeß wurde von westlichen Be-
obachtern und Kommentatoren einseitig Netanyahu angelastet.
Sie haben an der »linken Regierung« unter der Führung der Arbeitspartei kaum Kritik geübt, obwohl diese die Abkommen aus-
handelte, die zur Bantustanisierung der Westbank und des Gaza-
Streifens führten, und ähnliche Ziele wie die Likud-Koalition
verfolgte, nur andere Methoden anwandte. Zudem darf nicht
übersehen werden, daß die Palästinenser den Aufbau eines eigenen souveränen Staates von Beginn des Friedensprozesses an
in den Dokumenten nicht verankern konnten. Selbst Mahmuod
Abbas war sich dessen bewußt. »Wir behaupten nicht, daß wir
ein Abkommen unterzeichneten, das zu einem unabhängigen
Staat führen würde; keine Bestimmung der Prinzipienerklärung
erhebt solch einen Anspruch.«[42] Die gesamte politische Klasse
Israels muß sich von ihren Eroberungsplänen in der Westbank verabschieden. Erst dann kann die Vision eines »Palästinenserstaates« Konturen gewinnen.

Netanyahu ist ein Vertreter der nationalistischen Rechten und
des revisionistischen Flügels des Zionismus, aber er zählt nicht
zu den Fanatikern der »Groß-Israel-Ideologie« oder den Vertretern eines »Kein-Zentimeter-Land-Ansatzes«, dafür ist er zu pragmatisch. Er wollte den Palästinensern jede irgend mögliche
Konzession abringen. Diese Art der Machtpolitik hat dem Ansehen Israels in der Welt geschadet.

Die Niederlage Netanyahus (44:56 Prozent) bei den Parlamentswahlen wurde in Washington und den arabischen Haupt-
städten mit Erleichterung aufgenommen. Er legte sein Abgeordnetenmandat und den Parteivorsitz des Likud nieder. Für Avi
Shlaim, Historiker an der Universität Oxford, kam der Wahlsieg
Baraks einem Erdbeben gleich, ja er sprach von einem »Sonnen-

aufgang nach drei schrecklichen und dunklen Jahren, in denen Israel von einem absoluten Verfechter der Eisernen Wand (Iron Wall) regiert wurde«[43].

6. Das Sharm el-Sheikh-Protokoll (Wye II) vom 4. September 1999

Arafat hatte nach Baraks Wahlsieg lange vergeblich auf eine Erklärung zum Friedensprozeß gewartet. Vor ihrem ersten Treffen erläuterte der israelische Ministerpräsident in einem Interview mit »Ha'aretz« seine Vorstellungen von der Zukunft: Für sein Land sei ein Frieden zwischen dem »Zionismus und den Arabern« wichtiger als Frieden mit den Palästinensern. »Die Palästinenser sind die Ursache für die Fortdauer des Konfliktes, aber sie sind auch der schwächste von allen Gegnern. ... Sie stellen keinerlei militärische Bedrohung für Israel dar.« Auf dem Golan gebe es ein »wunderbares und wichtiges Siedlungsexperiment«, durch Kompromisse könne man mit Syrien Frieden schließen. In der Westbank »ist die Wiege unserer Geschichte«. »Es ist unmöglich, Frieden mit den Palästinensern und der Siedlung Beit El zu schließen. Ofra liegt in der unmittelbaren Nähe eines der wichtigsten strategischen Punkte, und die Siedlung Ariel ist Ariel.« Die Palästinenser hätten Jenin, Nablus, Ramallah, Hebron und Bethlehem.

Bei ihrer ersten Begegnung am 11. Juli 1999 machte Barak seinem »lieben Freund und Partner« Arafat klar, daß er keinen »Neuanfang« in den Beziehungen zu den Palästinensern anstrebe. Er lehnte es ab, die unter Netanyahu gegründeten 42 Siedlungen aufzulösen. Seinen Vorschlag, das Wye-Memorandum zu umgehen und gleich mit den Statusendverhandlungen zu beginnen, wies Arafat zurück. Als der PLO-Chef den bei ihrem zweiten Treffen angebotenen Terminplan zur Umsetzung des Wye-Abkommens ablehnte, setzte ihn Barak mit dem Hinweis auf ein mögliches Abkommen zwischen Syrien und Israel unter Druck. Um Zeit zu gewinnen, unterzeichneten beide Seiten am 4. September das Sharm el-Sheikh-Protokoll. Zu Recht wurde dieses Dokument als das »Umsetzungsabkommen des Umsetzungsabkommens des Umsetzungsabkommens des Interimsabkommens« vom September 1995 eingestuft.[44]

Darin bekräftigten sie den Willen, bei den Statusendverhandlungen die UN-Resolutionen 242 und 338 zu realisieren, und einigten sich darauf, bis zum 13. September 1999 Verhandlungen über ein Rahmenabkommen aufzunehmen, das im Februar 2000 vorliegen sollte. Den Kern des Abkommens sollte eine Vereinbarung über die Bestandteile des Statusendvertrages bilden, dessen Abschluß für Mitte September 2000 vorgesehen war.[45]

Der Truppenrückzug sollte in drei Phasen fortgesetzt werden: Am 5. September sollten sieben Prozent von Zone C zur Zone B kommen; am 15. November zwei Prozent von Zone B zur Zone A und drei Prozent von Zone C zu Zone B; schließlich sollten am 20. Januar 2000 ein weiteres Prozent aus Zone C in Zone A und 5,1 Prozent aus Zone B in Zone A übertragen werden.

Weitere Punkte waren:

- Freilassung von 200 palästinensischen Gefangenen am 5. September 1999 und von 150 am 8. Oktober. Alle weiteren Freilassungen würde ein gemeinsamer Ausschuß regeln.
- Einsetzung von Ausschüssen, die bereits im Interimsabkommen beschlossen wurden.
- Bau einer »sicheren Durchgangsstraße« vom Gaza-Streifen in die Westbank und Öffnung der Shuhada-Straße in Hebron.
- Bau eines Seehafens für die Palästinenser. Vor der Inbetriebnahme war die Unterzeichnung eines Protokolls über Sicherheitsvorkehrungen geplant, in dem die Befugnisse der Israelis wie im Falle des Flughafens geregelt werden sollten.
- Vereinbarungen über Sicherheitsauflagen, die bereits im Wye-Memorandum festgeschrieben wurden.

Beide Seiten verpflichten sich, keine einseitigen Maßnahmen zu ergreifen, die den Status quo verändern. Dies stand auch in früheren Abkommen, wurde aber von den Israelis durch den Bau von Siedlungen und eines separaten Straßensystems für die Siedler unterlaufen. Nach dem Wye-Memorandum wurden 42 illegale Siedlungen errichtet. Nur sieben deklarierte Barak als illegal, und nur vier davon ließ er räumen. Dieses Ergebnis feierten der Ministerpräsident und die Meretz Partei als einen Sieg des Rechtes, in Wahrheit haben sie vor den Siedlern kapituliert und zudem gegen eine Übereinkunft zwischen den USA und den Palästinensern verstoßen, derzufolge alle nach Wye gebauten Siedlungen aufgelöst werden sollten.

Als der Militärstaatsanwalt vor den Verhandlungen mit den Palästinensern am 20. Oktober Barak auf den Rechtsbruch hinwies, antwortete dieser: »Kein Völkerrecht kann meinen Plan verändern. Unsere Entscheidungen sind nicht an internationalen Beispielen ausgerichtet, sondern an unseren Bedürfnissen und Interessen.« Auf einer Kabinettssitzung am 7. November erklärte er, die UN-Resolution 242 habe für die Westbank und den Gaza-Streifen keine Gültigkeit, da sie sich nicht auf Organisationen, sondern nur auf Staaten beziehe. Demnach wäre die Resolution 242 erfüllt gewesen, wenn Israel sich mit Syrien geeinigt hätte, und die Palästinenser hätten keinerlei Rechtsanspruch mehr geltend machen können. Im Sharm el-Sheikh-Protokoll hatte der Ministerpräsident sich dagegen ebenso wie die Palästinenser verpflichtet, die Resolution 242 umzusetzen.

Baraks »militärische Persönlichkeit« ließ sein Image als »Mann des Friedens« bald verblassen. Kritiker bezeichneten ihn wenige Monate nach der Amtsübernahme als »Barakyahu«. Die Chefredakteurin des kritischen Journals »News from within«, Tikva Honig-Parnass, schrieb im November 1999: »Barak und die israelische Armee verstehen voll und ganz, daß der Statusendvertrag für Israel weder in den 67 besetzten Gebieten noch in der Region die erhoffte Sicherheit bringen wird.« Barak mache »seine Politik«, die »unweigerlich zu einer Explosion in den besetzten Gebieten und in Israel führen« werde, und schließe die Führung der Arbeitspartei vom Entscheidungsprozeß weiterhin aus.[46]

Der palästinensische Verhandlungsführer Saeb Erekat hatte am 7. September 1999 in Ramallah erklärt, mit der Umsetzung des Sharm el-Sheikh-Protokolls werde die palästinensische Jurisdiktion auf die ganze Westbank ausgedehnt, mit Ausnahme der Siedlungen, der Militäreinrichtungen und Jerusalem. (Diese Ausnahmen betreffen 50 Prozent des Gebietes.) Die Israelis wollten jedoch »Sicherheit und Souveränität« in ihren Händen halten. Sie hatten zunächst darauf bestanden, die Magnetkarten für die Benutzung des »sicheren Korridors« vom Gaza-Streifen in die Westbank selbst auszustellen und »gesuchte« Palästinenser während der Durchreise verhaften zu dürfen. Schließlich wurde ein Prozedere ausgehandelt, das für die Palästinenser ebenso demütigend ist wie die Einreise über die Allenby Brücke oder die Einreise in den Gaza-Streifen: Sie müssen beim Ministerium für Verwaltungsangelegenheiten einen Antrag auf Durchreise einreichen, der an die israelische Militärverwaltung weitergeleitet wird. Die Genehmigung muß der Antragsteller zusammen mit einem palästinensischen Polizisten in Zivil abholen. Die Durchfahrt kann ohne Begründung verweigert werden.

Bei der Unterzeichnung des Protokolls am 5. Oktober 1999 begründete Sicherheitsminister Shlomo Ben-Ami diesen »Kompromiß« mit den Worten: »Israel ist die souveräne Macht und hat das Recht, sich wie eine solche zu verhalten.« Daß der »sichere Korridor« die geographische und demographische Einheit zwischen dem Gaza-Streifen und der Westbank garantiert, wie Arafat in Gaza behauptete, darf bezweifelt werden. Nach israelischen Angaben sind nur 132 000 Palästinenser berechtigt, diesen »Korridor« zu benutzen, darunter sind 130 000 Arbeiter, Geschäftsleute und VIPs, die bereits eine Genehmigung zur Einreise nach Israel besitzen.

Auf der Kabinettssitzung am 10. Oktober bekannte Barak, sein Herz schlage mehr für Wohnungsbauminister Rabbi Yitzhak Levy als für Bildungsminister Yossi Sarid. Dies war keine Phrase: In den ersten fünf Monaten ließ er 3000 Baugenehmigungen erteilen, 600 mehr als die Vorgängerregierung in einem Jahr vergeben hatte.

In der Umgebung von Hebron wurden Ende September 1999 3000 Hektar Weideland als »militärisches Gebiet« ausgewiesen. General Ilan Biran gab an, dies sei in Übereinstimmung mit den Palästinensern nach Unterzeichnung des Sharm el-Sheikh-Protokolls erfolgt. Auch in der Gegend von Ramallah wurden Hunderte von Hektar entlang der Waffenstillstandslinie konfisziert. Dies ließ vermuten, daß Israel die Einrichtung einer drei bis vier Kilometer breiten »Sicherheitszone« entlang der Grenze zu einem palästinensischen »Gebilde« plant.

Am 8. November 1999 begannen im Grand Park Hotel in Ramallah endlich die offiziellen Gespräche über das Statusendabkommen. Israel wollte lediglich ein Rahmenabkommen aushandeln, in dem alle kritischen Fragen fixiert werden sollten, über die keine Einigung erzielt werden konnte. Barak erklärte vorher, der Siedlungsbau werde weitergehen und die UN-Resolution 242 sei nicht anwendbar. Er gab den Unterhändlern folgende Instruktionen mit auf den Weg:

- Das Rahmenabkommen soll den Konflikt zwischen den beiden Völkern beenden und zu einer Trennung zwischen Israel und dem palästinensischen »Gebilde« führen, das nach dem Abschluß eines Statusendvertrages entstehen soll.
- Israel beharrt auf den »fünf roten Linien«: keine Rückkehr zu den Grenzen von 1967, ein vereinigtes Jerusalem unter israelischer Souveränität als Israels Hauptstadt, keine fremde Armee westlich des Jordan Flusses, keine Rückkehr der Flüchtlinge nach Israel, die meisten der Siedlungen bleiben erhalten, werden in Siedlungsblocks zusammengefaßt und von Israel annektiert.

Über diese Richtlinien gab es innerhalb der israelischen politischen Klasse Konsens, selbst die moderate Rechte identifizierte sich damit.

Auch die von Arafat geforderte stärkere Beteiligung von US-Unterhändler Dennis Ross brachte keine Bewegung in die Verhandlungen. Die Spannungen zwischen Israel und den Palästinensern verschärften sich Ende 1999 wieder, da Arafat mit dem von den Israelis für den zweiten Rückzug angebotenen Gebiet nicht einverstanden war. Sein Einspruch hatte keine Erfolgsaussichten, zumal er Warren Christophers Brief im Hebron-Protokoll akzeptiert hatte, in dem Israel das Recht zugestanden worden war, die Rückgabe von Gebieten unter Sicherheitserwägungen allein festzulegen. Gleichzeitig geriet Arafat innenpolitisch unter Druck durch den von 20 Intellektuellen und Politikern unterzeichneten Aufruf »The Homeland calls us«. Darin wird heftige Kritik am Oslo-Prozeß und an der Autonomiebehörde geübt: Seit Oslo sei mehr Land gestohlen worden, die Siedlungen expandierten, gegen die Flüchtlinge werde konspiriert, Palästinenser (»unsere Söhne«) verschwänden hinter palästinensischen Gefängnismauern. Die

Autonomiebehörde sei korrupt, erniedrige das eigene Volk und beute es aus. Oslo diene nur einigen wenigen korrupten Politikern. »Der Präsident hat die Tür für Opportunisten weit geöffnet, die Korruption unter den Palästinensern verbreitet.« Diese persönliche Schuldzuschreibung erboste Arafat. Seine Günstlinge setzten über den Legislativrat und die Autonomiebehörde Repressionen durch. Acht der Unterzeichner wurden verhaftet und zwei unter Hausarrest gestellt. Erst nach öffentlichen Protesten und der Unterzeichnung eines »Public Opinion Communiqué« durch 200 Persönlichkeiten wurden die Verhafteten freigelassen und der Hausarrest von Bassam Shak'a, dem ehemaligen Bürgermeister von Nablus, aufgehoben.

Arafat war zudem durch die Verhandlungen zwischen Syrern und Israelis in Shepherdstown (USA) beunruhigt. Ein Abkommen beider Staaten hätte seine Position weiter geschwächt und die militärische Überlegenheit Israels in der ganzen Region bestätigt.

Am 6. und 7. Januar 2000 setzte Israel die am 4. September 1999 vereinbarte zweite Phase des Truppenrückzugs um. Baraks Vorstellungen über die dritte Rückzugsphase lösten neuen Streit aus: Er bot den Palästinensern nicht die drei Dörfer Azariya, al-Ram und Abu Dis an, sondern weitere Landfetzen in der Nähe von Jenin, Tulkarem und Hebron.

In den folgenden Monaten taumelten die israelisch-palästinensischen Verhandlungen in Taba von Krise zu Krise. Die Gespräche zwischen Israelis und Syrern scheiterten. Auch Bill Clinton konnte in Genf Hafez al-Assad keinen Kompromiß abringen. Der syrische Präsident blieb bei seiner Forderung nach völliger Räumung der Golanhöhen durch Israel.

Aus Sorge um Arafats mögliche Konzessionsbereitschaft bei den bevorstehenden Statusendverhandlungen wandten sich 135 palästinensische Persönlichkeiten im März 2000 in einem offenen Brief an die israelische Öffentlichkeit. Darin heißt es: »Was bisher durch den Oslo-Prozeß erreicht worden ist, bringt keinen Frieden, sondern trägt den Keim für einen weiteren Krieg in sich und verlängert den Konflikt.« Die Mehrheit der Palästinenser habe geglaubt, der Friedensprozeß basiere auf den Prinzipien der Gerechtigkeit und den Anforderungen für eine gemeinsame

Zukunft. Die israelische Führung nehme an, sie könne den Palästinensern jedes Abkommen aufzwingen, da sie die Macht auf ihrer Seite habe. Ihre bisherigen Angebote seien in jeder Beziehung erniedrigend gewesen. In dem Schreiben werden zwei Optionen genannt, die zu einem dauerhaften Frieden führen würden: die Gründung eines Palästinenserstaates in den Grenzen von 1967 mit Ost-Jerusalem als Hauptstadt oder die Schaffung eines binationalen Staates für beide Völker im Lande Palästina. Ein aufgezwungenes Abkommen trage den Keim der Zerstörung in sich, auch wenn es den Segen der USA, der Europäer und der Vereinten Nationen hätte.

Wie richtig diese Schlußfolgerung war, zeigte die Zunahme des Protestes in den besetzten Gebieten. Mitte Mai forderten massive Ausschreitungen gegen die israelische Besatzungsmacht in der Westbank acht Tote und 1500 Verletzte. In dieser Zeit verstärkte die Hisbollah im Südlibanon ihre Angriffe. In einer Art Panikreaktion befahl Barak den Rückzug der israelischen Armee am 22./23. Mai aus der sogenannten Sicherheitszone. Ursprünglich war der vollständige Rückzug für den 7. Juli geplant. Die Soldaten ließen hochwertiges Militärgerät zurück. Mit den Besatzern flohen Tausende libanesische Kollaborateure.

Hisbollah-Chef Hassan Nasrallah riet den Palästinensern unmittelbar nach dem Erfolg, die Sicherheit der Siedler in den besetzten Gebieten und der Israelis generell in Frage zu stellen. Eine solche »Problemlösung« würde, wie ich darlegte, »die gesamte Region in den Krater der Apokalypse stürzen und für die Palästinenser politischen Selbstmord bedeuten«[47].

Führende israelische Kommentatoren vergossen Tränen über den »Verlust der nationalen Ehre«. Daß die gesamte Libanon-Aktion völkerrechtswidrig war und die israelischen Regierungen deshalb die Alleinverantwortung für die Toten auf beiden Seiten zu tragen haben, verdrängten sie. Der Westen, der sich als Anwalt für die Menschenrechte versteht, hüllte sich in Schweigen.

Von welchen taktischen Überlegungen sich die israelische Regierung leiten ließ, machte der stellvertretende Verteidigungsminister Ephraim Sneh am 23. Mai in der Sendung »Today's

News« in Radio 2 deutlich: »Der Rückzug aus dem Libanon ist nur eine Stufe zur Realisierung eines generellen Plans, Israels militärische Macht einzusetzen, um seine politischen Ziele in bezug auf Syrien zu erreichen. Wir befinden uns gerade in einer kritischen Phase in der Auseinandersetzung mit Syrien. Die Syrer tragen den Haß gegen Israel in ihrem Blut und haben deshalb ständig die Hisbollah mit Waffen beliefert. Bei der gestern entstandenen schwierigen und gefährlichen Lage (die Flucht und der Zusammenbruch der SLA – L. W.) handelt es sich nur um eine Phase des Krieges.« Die Situation werde »in absehbarer Zeit (nicht unmittelbar) korrigiert, wenn nicht mit Hilfe der internationalen Gemeinschaft, dann durch Gewalt – massive Gewalt. Die Umstände, in denen wir all unsere militärische Macht einsetzen können, sind noch nicht gegeben.«

Je mehr sich die innenpolitische Lage zuspitzte, desto enger lehnte sich Barak an die nationalistische Rechte um Ariel Sharon an. Eine Regierung der »Nationalen Einheit« schien nur durch ein neues Abkommen mit den Palästinensern vermeidbar. Die bilateralen Verhandlungen stagnierten jedoch, da Barak sich weigerte, die zugesagte dritte Rückzugsphase vor Abschluß eines Rahmenabkommens auszuführen. Daran konnten die Palästinenser nicht interessiert sein, da sie dadurch um Territorium gebracht worden wären, das sie dringend für ihren Staat benötigen.

7. Die Camp David-Verhandlungen vom Juli 2000

Bevor Barak und Arafat nach Washington reisten, kam es zu einer verbalen Eskalation. In einer Rede vor Fatah-Anhängern am 25. Juni 2000 in Nablus erklärte der PLO-Chef, er sei bereit, einen Staat mit Jerusalem als Hauptstadt auszurufen, wem dies nicht passe, »der kann das Wasser des Toten Meeres trinken«. ».. wir erinnern jene, die an unserem Ziel zweifeln, an die Schlacht von Karame und die Intifada.« Mit dieser Antwort auf die Drohung des israelischen Generalstabschefs Shaul Mofaz, seine Armee werde jeden Aufstand militärisch niederschlagen, signalisierte Arafat, daß die Palästinenser die plumpe Alternative, sich auf israelische Vorgaben einzulassen oder mit Waffen angegriffen zu werden, nicht länger akzeptieren würden.

Bill Clinton wollte den Friedensprozeß vor einem totalen Kollaps bewahren und als Mann, der den längsten Konflikt des 20. Jahrhunderts gelöst hat, in die Geschichte eingehen. Er schickte Dennis Ross, Außenministerin Madeleine Albright sowie Sicherheitsberater Sandy Berger in den Nahen Osten. Nachdem sich Albright mit Barak getroffen hatte, war sie davon überzeugt, daß Israel ein weitreichendes Angebot unterbreite und ein Gipfeltreffen erfolgreich sein könnte. Clinton lud die Kontrahenten am 5. Juli zu einem Gipfeltreffen in Camp David ein, das am 11. Juli beginnen sollte. Barak hatte diesen Tagungsort vorgeschlagen; dort war 1978 ein Abkommen zwischen Israel und Ägypten unterzeichnet worden, das zur Räumung der besetzten Sinai-Halbinsel geführt hatte.

Arafat wurde in einer Sitzung des PLO-Zentralrates am 2. und 3. Juli beauftragt, folgende Forderungen bei den Verhandlungen durchzusetzen:

– Rückkehrrecht oder eine »angemessene Entschädigung« für die Flüchtlinge gemäß der UN-Resolution 194;
– vollständigen Rückzug Israels aus den besetzten Gebieten in Übereinstimmung mit der UN-Resolution 242 und 338;
– Räumung aller Siedlungen sowie
– Ost-Jerusalem als die Hauptstadt eines zukünftigen Palästinenserstaates.

Er reiste mit einer 50köpfigen Delegation an, die alle Gruppen der palästinensischen Gesellschaft umfaßte. Hamas und die PFLP lehnten die Teilnahme ab. Yassir Abed Rabbo erklärte, das Abkommen würde einem Referendum – »wie auf der israelischen Seite« – unterworfen.

Barak hatte die geheimen Gespräche in Oslo schon nach der zweiten Runde abbrechen lassen und angekündigt, seine Ideen nur auf einem Gipfeltreffen preiszugeben. Er warnte vor einem Fehlschlag: »Der Preis muß mit Blut bezahlt werden«. Ihm mangelte es an politischem Rückhalt. Seine Regierung war auseinandergefallen, und im Parlament hatte er zwei Vertrauensabstimmungen verloren. Ariel Sharon erklärte in der Knesset:

»Ehud Barak scheint nicht zu verstehen, daß er erst Frieden in seiner Regierung haben muß, bevor er Frieden mit den Arabern schließen kann.«

Während der Verhandlungen in Camp David wurde eine Nachrichtensperre verhängt. Israel hatte während der gesamten Verhandlungen weder den Amerikanern noch den Palästinensern jemals eine Karte präsentiert. Nach dem Scheitern begann umgehend die Legendenbildung. Die israelische Delegation kolportierte, sie habe ähnlich »weitreichende Konzessionen« wie gegenüber Syrien angeboten.

Angeblich sollten 89 Prozent der besetzten Gebiete an die Palästinenser zurückgegeben werden. Die verbleibenden elf Prozent wollte Israel annektieren. Bei genauerem Hinsehen stellt sich die Lage jedoch völlig anders dar. Israel hat bereits 60 Prozent der Westbank als »Staatsland« annektiert bzw. vollständig unter seiner Kontrolle. Dort ist es Palästinensern untersagt, zu bauen, zu siedeln oder Landwirtschaft zu betreiben. Das Jordantal dürfen sie wegen der israelischen Militäranlagen nicht einmal durchfahren. 80 Prozent der Siedler hätten bleiben können, wo sie sind, nur 40 000 Siedler wären in sogenannten Siedlungsblöcken zusammengelegt worden. Diese im Herzen des palästinensischen Gebietes gelegenen Siedlungen wären unter israelische Souveränität gefallen. 40 palästinensische Dörfer mit zirka 80 000 Menschen hätte Israel ebenfalls annektiert. Ob die Siedlungen im Gaza-Streifen aufgelöst worden wären, blieb offen.

Jerusalem sollte ungeteilt und unter israelischer Souveränität bleiben. Der Großraum Jerusalem umfaßt 30 Prozent der Westbank. Die palästinensische »Hauptstadt« hätte aus einigen eingemeindeten Dörfern am Stadtrand bestanden.

Die Israelis vermittelten den Palästinensern in Camp David nur ein »Gefühl von Souveränität«: Sie sollten in weniger als 15 Prozent des 1967 annektierten Gebietes »administrative Kontrolle« ausüben können. Die Überwachung der Außengrenzen wäre weiter in israelischer Hand geblieben, auf dem Territorium des »Palästinenserstaates« sollten israelische Militärstützpunkte eingerichtet werden, und die Flüchtlinge wären dort geblieben, wo sie sind, in den Flüchtlingslagern. Nur einigen Tausend sollte im Rahmen von Familienzusammenführung die Einreise nach Israel gestattet werden.

Ein solch »großzügiges Angebot« hätte israelische Inseln im Palästinenserstaat geschaffen und diesen auf drei »souveräne Gehege« reduziert, die von Israel kontrolliert worden wären.

Camp David mußte scheitern, da Barak wie alle bisherigen israelischen Regierungen auf den »Roten Linien« beharrte:
- kein Rückzug auf die Grenzen von 1967; (Keine der beiden großen israelischen Parteien war jemals bereit, mehr als die Hälfte der vom ursprünglichen, historischen Palästina verbliebenen 22 Prozent an die Palästinenser zurückzugeben.)
- Jerusalem bleibt ungeteilt und unter israelischer Souveränität;
- keine ausländische Macht westlich des Jordan;
- die meisten Siedler bleiben unter israelischer Souveränität, auch nach einem Endabkommen;
- Israel wird keine moralische oder rechtliche Verantwortung für das palästinensische Flüchtlingsproblem übernehmen.

Der israelische Ministerpräsident hatte sich geweigert, direkt mit dem PLO-Chef zu verhandeln. Während der 15 Tage sprachen Barak und Arafat noch nicht einmal eine Stunde miteinander. (Bei dieser Unterredung verständigten sie sich über das Essen und das Wetter!) Mitglieder des amerikanischen Verhandlungsteams wußten, daß unter diesen Umständen keine Ergebnisse erzielt werden konnten.

Israelische Politiker sprachen sich von jeder Mitverantwortung für das Scheitern frei. Barak brüstete sich in der Knesset: Er habe den Palästinensern noch nicht einmal einen Zentimeter Landes übergeben. Die Linkszionisten wiederholten ihren Standardvorwurf: »Die Palästinenser wollten keinen Frieden; sie sind für den Frieden noch nicht reif.« Tatsächlich waren Israel und die USA für das Scheitern verantwortlich.

Die Palästinenser verglichen ihre eigene Situation mit der von Gefängnisinsassen: Die Häftlinge besäßen 96 Prozent des Gebäudes und die Wächter nur vier Prozent, aber auf diesem Gebiet seien die Zäune und Wachtürme.

Hätte Arafat dieses »palästinensische Versailles« akzeptiert, wäre er von der politischen Bühne hinweggefegt worden. Er wußte, wie explosiv die Stimmung unter seinen Landsleuten war. Der amerikanische Völkerrechtler Francis A. Boyle hatte 1992 in dem Memorandum »The Interim Agreement and International Law« an die palästinensische Verhandlungsdelegation in Washington appelliert, sich strikt am Völkerrecht zu orientieren, sonst würden sie im Friedensprozeß untergehen. Arafat erkannte in Camp David, daß Israel gegen alles, was die Palästinenser über ihre Zukunft beschließen, ein Veto einlegen kann. Er ließ sich nicht erpressen, obwohl auf ihn mehr Druck ausgeübt wurde als bei der Belagerung von Beirut im Jahre 1982, wie Mahmoud Abbas in einem Interview erklärte.

Von seiten der USA wurde Arafat ebenfalls die Schuld am Scheitern von Camp David gegeben. Dem ägyptischen Präsidenten Hosni Mubarak warf Clinton am 29. August in Kairo bei einem ungeplanten Zwischenaufenthalt von seiner Rückreise aus Afrika vor, er habe den PLO-Chef zu wenig unter Druck gesetzt. Die amerikanische Presse hatte sich schon kurz nach Camp David auf den ägyptischen Präsidenten eingeschossen. So erhob der Journalist Thomas Friedman am 1. August in der »New York Times« in dem fiktiven Memo »Bill to Dear Hosni« schwerste Vorwürfe gegen Mubarak und erinnerte ihn an die große finanzielle Unterstützung der USA: »Ich werde offen mit Ihnen sprechen. Sie bewegen sich auf dünnem Eis. ... Mehr und mehr Menschen fragen mich: Was bekommen wir durch unsere Beziehungen mit Ägypten, nicht zu vergessen die 30 Milliarden US-Dollar seit 1978?«

Arafat wurde bei seiner Rückkehr aus Camp David in Gaza wie ein Sieger begrüßt. Nur wenige Palästinenser hatten geglaubt, daß er standhaft bleiben würde. Vor Ort hatte sich die Lage zugespitzt. Druck und Schikanen seitens der Israelis sowie palästinensische Frustration und Hoffnungslosigkeit erzeugten eine explosive Stimmung, die nach dem provokanten Besuch Ariel Sharons am 28. September 2000 auf dem Haram al-Sharif zur Al-Aqsa-Intifada führte. Dieser Aufstand fordert insbesondere auf palästinensischer Seite einen hohen Blutzoll und dauerte bis Anfang Mai 2002.

Die USA bemühten sich, noch ein Abkommen zu vermitteln, bevor George W. Bush die Amtsgeschäfte übernahm. Der von Clinton am 7. Januar 2001 präsentierte »Friedensplan« könnte der Region tatsächlich Frieden bringen, falls die Grundgedanken in fairer Weise umgesetzt würden:

1. Es kann keine wirkliche Lösung des Konfliktes geben, wenn es nicht zur Gründung eines souveränen, überlebensfähigen Palästinenserstaates kommt, der die Sicherheitsinteressen und die demographische Realität Israels akzeptiert. Dies schließt die Souveränität über den Gaza-Streifen und den größten Teil der Westbank ein. Die Siedlungen sollen in Blöcken annektiert werden, wobei die größte Zahl der Siedler auf minimalstem palästinensischen Territorium einbezogen werden sollte. Dabei muß ein überlebensfähiger, geographisch zusammenhängender Staat entstehen. Das Land, das annektiert werden soll, sollte so wenig Palästinenser beherbergen als möglich. Um das Abkommen lebensfähig zu halten, muß ein Gebietsaustausch erfolgen.

2. Für die Flüchtlinge muß eine Lösung gefunden werden. »Alle Palästinenser, die in ihrer Heimat leben wollen, sollen die Möglichkeit dazu haben.« Jene, die sich für andere Staaten entscheiden wollen, sollten dies tun können, und zwar auch in Israel. Alle Flüchtlinge sollten von der internationalen Staatengemeinschaft eine Entschädigung erhalten. Niemand kann von Israel verlangen, ein uneingeschränktes Rückkehrrecht der Flüchtlinge nach Israel zu akzeptieren. Wir können nicht erwarten, daß Israel eine Entscheidung trifft, die seine Existenz in Frage stellt. Die USA werden die Organisation der Finanzen übernehmen, die für die Neuansiedelung der Flüchtlinge benötigt wird.

3. Es wird keinen Frieden geben, solange Israel keine dauerhaften Sicherheitsgarantien erhält. Deshalb schlage ich eine internationale Präsenz in Palästina vor, die die Sicherheit der Grenzen, das Jordantal und die Umsetzung des Endabkommens überwacht.

4. Folgendes möchte ich für Jerusalem vorschlagen:
– Die Stadt sollte offen und nicht geteilt sein. Es sollte die international anerkannte Hauptstadt zweier Staaten sein.
– Was arabisch ist, sollte palästinensisch sein; oder will Israel auf Dauer Hunderttausende von Palästinensern regieren?
– Was jüdisch ist, sollte israelisch sein; dies würde einen

ungeahnten Aufschwung für das jüdische Jerusalem bedeuten.

– Was für beide Parteien heilig ist, bedarf der besonderen Sorg-
falt. Kein Friedensabkommen wird von Dauer sein, wenn
nicht der gegenseitige Respekt für die Religion und die heiligen Stätten aller drei Religionen garantiert ist.

– Jedes Abkommen verlangt von beiden Seiten diese schmerz-
haften Kompromisse. Ergänzt werden muß dies noch durch
eine vertrauensvolle Haltung zwischen Israelis und Palästinensern sowie von anderen Staaten der Region gegenüber
Israel und der gesamten Region gegenüber Palästina.

Am 19. Januar 2001 einigten sich Israelis und Palästinenser darauf, die nächsten zehn Tage im ägyptischen Sharm el-Sheikh ein
Abkommen auszuhandeln, das Ehud Baraks Wiederwahl am
6. Februar sichern sollte. Aufgrund der Ermordung von zwei Israelis wurden die Gespräche am 25. Januar ausgesetzt und schließlich auf die Zeit nach den Wahlen vertagt. Was dort ausgehandelt
wurde, ging weit über Camp David hinaus. An diesen »Vereinbarungen« gilt es wieder anzuknüpfen.

Ehud Barak hatte inzwischen die Pläne zur Verhinderung eines
souveränen Palästinenserstaates weiter vorangetrieben. Wie die
Zeitung »Yediot Aharonot« am 26. Dezember 2000 berichtete,
bereiste der stellvertretende Verteidigungsminister Ephraim Sneh
die Siedlungen entlang der »Grünen Linie« im östlichen Galiläa
und kündigte ein 25 Millionen US-Dollar-Programm zur Kontrolle des Verkehrs und zum Schutz der Siedlungen an. Entlang
der Grenze sollen Hindernisse und Barrikaden errichtet werden:
ein Zaun, tiefe Kanäle, um die von den Palästinensern benutzten
Umgehungsstraßen zu blockieren. Begonnen wurde mit dem Bau
der ersten 74 Kilometer von Latrun nach Umm al-Fahm. Entlang
der »Grünen Linie« sollen Grenzübergänge eingerichtet werden.
Parallel dazu sollten 40 »sensitive« Siedlungen, die in der Nähe
von palästinensischen Orten liegen, stärker geschützt werden
durch Zäune, Wachtürme, Überwachungskameras, elektrische
Einfahrtstore und eine Art »Todesstreifen«, um eventuelle Spuren
von »Eindringlingen« verfolgen zu können.

8. Der »Friedensprozeß« unter Ariel Sharon

Nachdem Yitzhak Shamir 1992 die Wahlen gegen Yitzhak Rabin verloren hatte, erklärte er, daß er noch über zehn Jahre mit den Palästinensern verhandelt hätte, ohne ein Abkommen abschließen zu wollen. Rabin, Peres, Netanyahu und Barak haben mit dieser Intention nicht gebrochen. Die Regierungen – entweder geführt von der Arbeitspartei oder dem Likud – haben die acht Jahre seit Oslo genutzt, um Israels strategisches Ziel, einen souveränen Palästinenserstaat zu verhindern, abzusichern. Der Ausbau der Siedlungen zu Festungen und zu geschlossenen Ghettos in den besetzten Gebieten ist vorangeschritten. Israel hat die Waffenstillstandslinie von 1949 in die Westbank hinein verschoben, um die dort liegenden Siedlungen in sein Staatsgebiet zu integrieren. Auch das ständig ausgebaute Netz von Umgehungsstraßen garantiert die weitere Kontrolle über die Palästinenser.

Sharon knüpfte nahtlos an die Repressionspolitik seiner Vorgänger an. Obwohl er sich gemäßigt bis zurückhaltend gibt, wie seine Reaktionen nach einigen Terroranschlägen gezeigt haben, ist er nach wie vor zu keinem Kompromiß bereit. Für ihn ist der »Unabhängigkeitskrieg von 1948 noch nicht beendet«. Der einzige Wandel in seinem Denken drückt sich darin aus, daß er nicht mehr behauptet, »Jordanien ist Palästina«. Er hat den Israelis im Wahlkampf »Frieden« und »Sicherheit« versprochen. Beides hat er nicht erreicht. Unter hohen Verlusten hat er die zweite Intifada der Palästinenser niedergeschlagen. Nun versucht er zusammen mit den USA, Arafat seine Bedingungen aufzuzwingen. Deshalb versucht er, die zweite Intifada der Palästinenser mit harter Hand zu stoppen und Arafat hinter die Kompromißlinie von Camp David zurückzudrängen.

Sharon hat gegenüber seinen Vorgängern den Vorteil, daß er sich formell von einem Frieden mit den Palästinensern verabschiedet hat. In einem Interview am 12. April in der Zeitung »Ha'aretz« billigte er den Palästinensern 42 Prozent des besetzten Gebietes zu. »Vielleicht ist etwas mehr möglich. Im Rahmen eines ›non-belligerency‹-Abkommens, über einen langen und nicht definierten Zeitraum, in einem Abkommen, das keinen

Zeitrahmen, aber dafür eine Liste von Erwartungen enthält.« Ein solches »Nicht-Kriegszustands-Abkommen« würde die Palästinenser zwingen, sich auf unbestimmte Zeit mit der fortdauernden Okkupation abzufinden und auf ihr völkerrechtlich garantiertes Widerstandsrecht zu verzichten.

Weiter betonte Sharon in diesem Interview, daß keine einzige Siedlung aufgelöst werde. »Es ist kein Zufall, daß die Siedlungen dort sind, wo sie sind. ... Solange es keinen Frieden gibt, bleiben wir da. Und wenn es in der Zukunft, mit Gottes Hilfe, Frieden gibt, gibt es keinen Grund mehr, nicht dort zu bleiben.« Sharon sprach sich unmißverständlich gegen eine von der Arbeitspartei befürwortete Trennung von den Palästinensern aus. »Meiner Meinung nach gibt es diese Möglichkeit praktisch gar nicht. Ich habe immer gesagt, daß es möglich ist, mit den Arabern zu leben.« Selbst die Siedlungen im Gaza-Streifen hält Sharon aus Sicherheitserwägungen für unverzichtbar.

Auch innenpolitisch setzt die Sharon-Regierung die ideologische Aufrüstung fort. So heißt es in den »Richtlinien der Regierung der nationalen Einheit«: »Die israelische Regierung mißt den zionistischen nationalen Zielen oberste Priorität bei.« Und im nächsten Absatz: »Die Regierung wird mit der ›Jewish Agency‹ und der ›World Zionist Federation‹ die Immigration nach Israel fördern. Die Ausbildung der jungen Generation in der Diaspora mit jüdisch-zionistischen Werten soll intensiviert werden ..., um die Einheit der jüdischen Nation und Israel zu stärken, um dadurch den jüdischen, zionistischen und demokratischen Charakter des Landes zu sichern.«

Arafat weiß, was er von einem Ministerpräsidenten zu erwarten hat, der ihn kürzlich wieder einen »notorischen Lügner«, »Mörder« und »Anführer einer Terroristenbande« genannt hat. Für Sharon kommen Verhandlungen unter »Beschuß«, »Gewalt und Terror« nicht in Betracht. Dem PLO-Chef bleibt nur die Verurteilung und Verhinderung von Gewaltanwendung, um überhaupt wieder mit Israel ins Gespräch zu kommen. Er ist auf die Forderung des CIA-Direktors George Tenet nach einem Waffenstillstand eingegangen. Der ehemalige US-Senator George Mitchell hat im Auftrag der US-Regierung die Umstände untersucht, die zum Ausbruch der Al-Aqsa-Intifada geführt haben.

Auch Ägypten und Jordanien starteten Mitte April eine Initiative, um einen Ausweg aus der verfahrenen Situation aufzuzeigen. Obwohl sich beide Dokumente in vielem ähneln, wurden die ägyptisch-jordanischen Vorschläge von Israel wegen angeblicher Einseitigkeit rundweg zurückgewiesen. Der »Friedensnobelpreisträger« Peres ließ sich mit den Worten zitieren, daß er »keinen Vorschlag irgendeines Arabers akzeptieren muß«.

Beide Dokumente fordern einen »Waffenstillstand«, eine Periode der Ruhe, vertrauensbildende Maßnahmen, die Wiederaufnahme der Sicherheitskooperation im Gegenzug zur Einstellung des Siedlungsbaus und ein Ende des »Terrorismus«, sprich der Intifada, sowie eine Rückkehr an den Verhandlungstisch. In der jordanisch-ägyptischen Initiative wird der Rückzug der israelischen Truppen in ihre Stellungen vor Ausbruch der zweiten Intifada vorgeschlagen, im Mitchell-Bericht heißt es, Israel solle dies in Betracht ziehen.

»Terrorismus« wird im Report als rein palästinensisches Phänomen bewertet, der Terror der Siedler und der Staatsterror der Israelis in Form des Einsatzes schwerer militärischen Gerätes gegen Unbewaffnete dagegen ausgeblendet.

Beide Initiativen liegen im Interesse Israels, wie der Sprecher der Palästinensischen Widerstandskomitees (PRC), Abu Bakr Qasem, in einem Interview mit »Middle East International« vom 18. Mai 2001 betonte. Eine »Bilanz des Terrors« der israelischen Besatzung zeige, daß sie viel mehr Gewaltaktionen verübe als die Palästinenser, deshalb müßten diese den Widerstand ausweiten. Es könne in Sicherheitsfragen nur zwischen Gleichen eine Zusammenarbeit geben. »Wenn Israel uns eine Liste von Personen übergeben will, die Israelis getötet haben, können sie dies tun, wenn wir ihnen auch eine Liste von Personen übergeben dürfen, die mehr als 289 Kinder und 65 führende Aktivisten erschossen haben.«

Sharon vereinnahmte den Mitchell-Bericht für seine politischen Zwecke. Er forderte von Arafat die Durchsetzung einer bedingungslosen Waffenruhe, die er sogleich einseitig verkündete. Doch die Armee fiel Tag für Tag in den Gaza-Streifen ein, tötete Menschen, zerstörte Häuser und Felder der Palästinenser.

Als sich am 1. Juni in Tel Aviv ein palästinensischer Selbstmordattentäter in die Luft sprengte, 21 israelische Jugendliche mit in den Tod riß und über hundert verletzte, schlug die Stimmung erneut zu Ungunsten der Palästinenser um. Israel konnte sich einmal mehr als »Opfer« der palästinensischen Aggression darstellen, nach einer möglichen Mitschuld der Israelis aufgrund ihrer Besatzungspolitik fragte niemand mehr. Der PLO-Chef mußte unter enormem diplomatischen Druck in einer Erklärung die Gewalt verurteilen und deren Einstellung zusichern.

Arafat hat sich nach Ausbruch der Intifada von den Ereignissen treiben lassen. Dadurch ist er diplomatisch in die Defensive geraten und hat sich international isoliert. Bisher hat er vergeblich versucht, eine Einladung ins Weiße Haus zu bekommen. Dagegen war Ariel Sharon bereits fünf Mal zu Gast in Washington. Zwischen Bush und Sharon scheint in wichtigen politischen Fragen weitgehende Übereinstimmung zu bestehen: Beide bedienen sich der Sprache des Kalten Krieges und fühlen sich bedroht vom »internationalen Terrorismus«, den sie mit »islamischem Terrorismus« gleichsetzen. Beide sehen den Irak und den Iran als größere Gefahr für die Sicherheit und Stabilität der Nahostregion als das Palästinenserproblem.

Die Bush-Administration hat sich vom Terminus »Friedensprozeß« verabschiedet. Colin Powell wies das Außenministerium an, ihn durch »Friedensverhandlungen« zu ersetzen. Die Rolle Amerikas veränderte sich nach Einschätzung der Regierung: Unter Bush senior waren die USA ein »Katalysator für den Frieden«, unter Clinton ein »ehrlicher Makler« und unter Bush junior »Förderer für Friedensverhandlungen«, der nur »assistieren, aber nicht insistieren« wolle. Vor Wiederaufnahme der Verhandlungen müssen nach Ansicht der USA und Israels »Gewalt« und »Terrorismus« eingestellt werden.

Unter diesen Voraussetzungen scheint die Vermittlungsmission des amerikanischen Außenministers von Ende Juni zu einer »Demonstration amerikanischer Parteilichkeit für Israel zu verkommen«, wie Victor Kocher in der »Neuen Zürcher Zeitung« vom 26. Juni schrieb. Powell erklärte in einer Rede vor dem American Israeli Political Action Committee (AIPAC), der einflußreichsten Lobbygruppe für Israel in den USA, daß die USA keine Politik der Ausgewogenheit verfolgen und auch keinen

Druck auf Israel ausüben werde. Auch würden die USA keine UN-Resolution unterstützen, die einen internationalen Schutz der Palästinenser verlangen würde.

Damit dokumentierten die USA einmal mehr, daß sie Israels Politik, die Intifada zu unterdrücken und die Autonomiebehörde zur Kapitulation zu treiben, billigen, während sie gleichzeitig Israel den Rücken von internationaler Kritik freihalten. Die Regierung hat Israel wiederum massive militärische Unterstützung zugesagt, um Amerikas Vormachtrolle im Nahen Osten abzusichern und mit amerikanischen Waffen die Kolonisierung Palästinas voranzutreiben.

Wer im Westen gehofft hat, daß eine israelische Regierung wirklich Frieden mit den Palästinensern anstrebt, verkennt die Ziele des Zionismus, auf die sich die alten Männer in ihrem letzten Kampf berufen.

Die jüngste Entwicklung vor Ort stimmt pessimistisch. Wie den Palästinensern ihr Land genommen wird und wie ein möglicher »Palästinenserstaat« einmal aussehen könnte, dokumentieren die folgenden Karten.

9. Die territoriale Realität des Friedensprozesses

Die im folgenden erläuterten Karten demonstrieren das Ausmaß der Problematik, die der »Friedensprozeß« den Palästinensern gebracht hat. Die Frage, was ihnen von den besetzten Gebieten bleibt, beschäftigt sie nunmehr fast 34 Jahre. (vgl. Karte 3) In Deutschland wird kaum bedacht, wieviel Land ihnen in diesem Zeitraum entzogen worden ist. Die Karte aus der Zeit vor dem Sechstagekrieg dokumentiert die offizielle palästinensische Position, die auch der UN-Resolution 242 entspricht. Damals stand die Westbank unter jordanischer Souveränität und der Gaza-Streifen unter ägyptischer Verwaltung.

Die »Grüne Linie« trennt die Westbank einschließlich Ost-Jerusalem von Israel; die sogenannte Kendall-Linie markiert die Grenze für das geplante palästinensische Ost-Jerusalem. Dieses dringend benötigte städtische Zentrum für die Westbank ist neben ausreichenden Wasservorräten eine wichtige Voraussetzung

Die Westbank und Gaza-Streifen – 2001

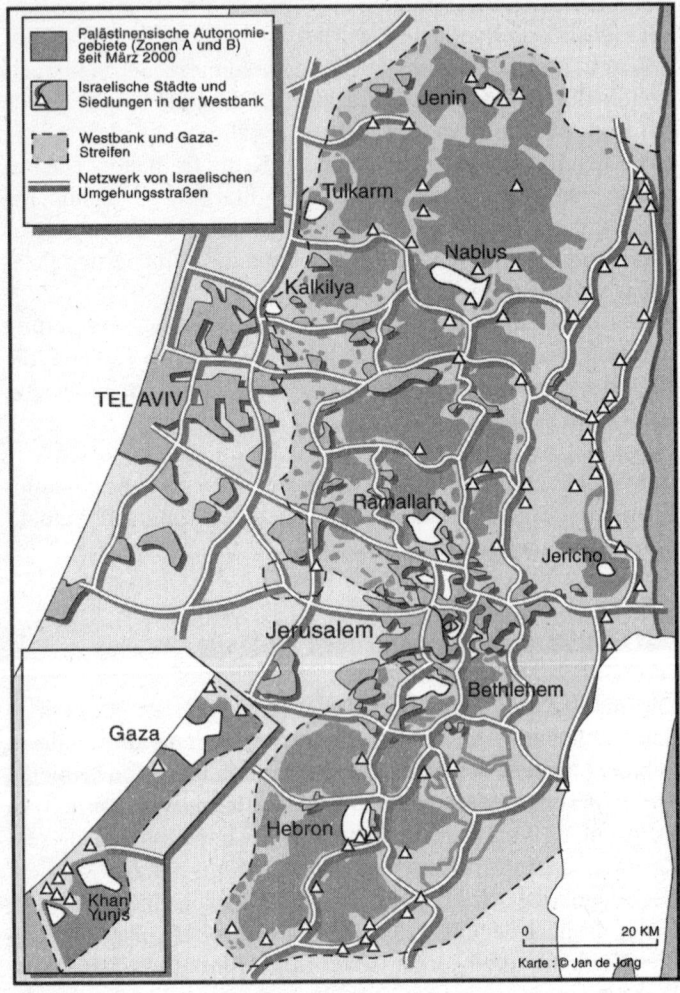

Karte 3: Westbank und Gaza

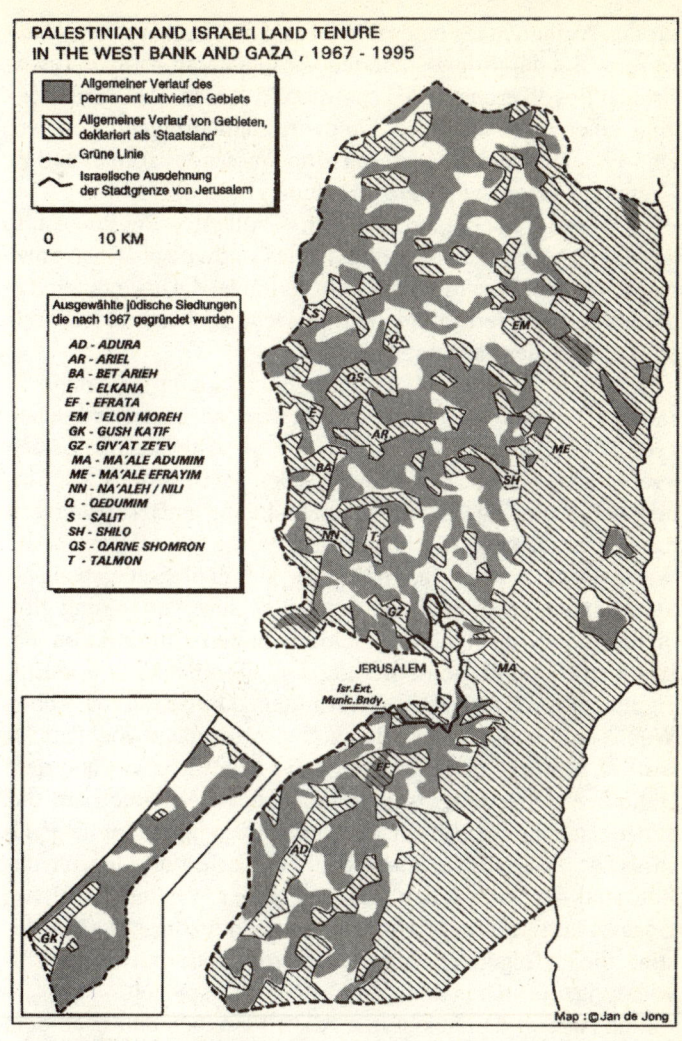

Karte 4: Palästinensischer und israelischer Landbesitz in der Westbank und Gaza, 1967–1995

177

für den Aufbau eines eigenständigen palästinensischen Staatswesens. Bei der prognostizierten Verdoppelung der palästinensischen Bevölkerung in den nächsten 15 Jahren ist die Entwicklung einer eigenständigen Landwirtschaft dringend geboten. Ohne Zugang der Palästinenser zum Wasser des Jordan und zu Grundwasserreserven wäre dies unmöglich.

Die Karte weist die am stärksten bevölkerten Regionen aus; ihre Fläche entspricht ungefähr der des landwirtschaftlich nutzbaren Bodens. Das Straßensystem verbindet die bewohnten Regionen mit Ost-Jerusalem, dem wirschaftlichen und kulturellen Zentrum der Palästinenser.

Diese Karte vergegenwärtigt die Entwicklung von knapp 30 Jahren. Die »Grüne Linie« gilt nicht mehr als Grenze zwischen zwei souveränen Einheiten, sondern als Abgrenzung zu den »verwalteten Gebieten«. Ost-Jerusalem ist in israelisches Hoheitsgebiet eingemeindet worden. Im Laufe der Besatzungszeit hat sich Israel die gestrichelten Gebiete, die 50–60 Prozent der Westbank ausmachen, durch Militär- oder Zivilgesetzgebung als Staatsland angeeignet. Da es keine arabische Verwaltung gibt, die die wirtschaftliche Entwicklung hätte befördern können, konnte die israelische Regierung der Öffentlichkeit diese Enteignungsform relativ einfach vermitteln. Die palästinensischen Wohn- und Siedlungsgebiete wurden zunehmend voneinander isoliert. Karte 4 zeigt deutlich den »Konflikt zwischen dem Bemühen der Israelis, seinen souveränen Anspruch auf das ganze Land durchzusetzen, und der Notwendigkeit für die Palästinenser, die arabische Souveränität wiederherzustellen, um das Potential der natürlichen Ressourcen der Westbank und von Gaza zu entwickeln«[48]. Die vier Autonomiekonzepte für Palästina, die im folgenden vorgestellt werden, basieren auf der Entwicklung, die sich in den Karten 1–4 widerspiegelt.

Plan A zeigt den bekannten Allon-Plan, genannt nach dem ehemaligen Arbeitsminister Yigal Allon. Dieser Plan sah die Rücküberstellung des größten Teils der Gebiete unter jordanische Souveränität vor, mit Ausnahme des Jordan-Tals, Groß-Jerusalems und der südlichen Hälfte des Gaza-Streifens. Er entsprach der Siedlungspolitik der Regierungen der Arbeitspartei, obwohl er niemals offiziell gebilligt worden ist. Auf dieser Grund-

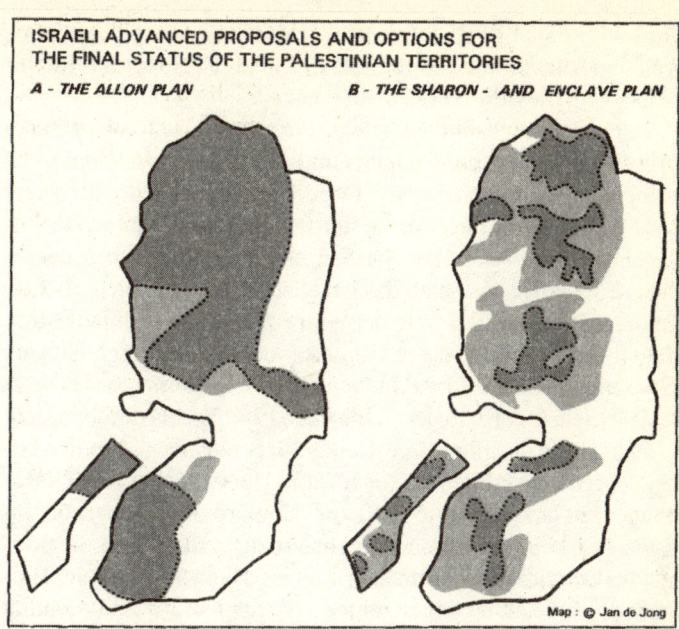

Karte 5: Plan A und Plan B

lage wollte sich Israel die zentral gelegenen, strategisch wichtigen und fruchtbaren Gebiete sichern, aber die einheimische Bevölkerung im wesentlichen ausgrenzen.

Der von Ariel Sharon vorgelegte Plan B sah eine weniger starke Abschottung zwischen Israelis und den dicht besiedelten palästinensischen Zentren vor.[49] Für die Palästinenser sollten vier größere Enklaven bleiben, die sich um die Städte Nablus, Ramallah, Hebron und Gaza konzentrieren, während 90 Prozent der jüdischen Siedler innerhalb des israelischen Staatsgebietes beheimatet werden sollten. Wie der vom israelischen Kabinett Mitte Januar 1998 beschlossene Umgruppierungsplan zeigt, hat sich Sharon mit seinen Vorstellungen zur Kolonisierung der besetzten Gebiete innerhalb der politischen Elite Israels durchgesetzt.

Plan C wurde vom Jaffee-Center für Strategische Studien unter seinem damaligen Leiter Joseph Alpher entworfen. Dieser Plan weist Israels Bereitschaft zum Kompromiß aus, hat aber inzwischen keinerlei Chance, realisiert zu werden, weil die politische Entwicklung fortgeschritten ist. Danach sollten 89 Prozent der besetzten Gebiete unter palästinensische Souveränität fallen, Abschnitte von zentraler Bedeutung für die Palästinenser wie Ost-Jerusalem, die Siedlungsblocks Ma'ale Adumim, Giv'on, Etzion und Shomron wären allerdings nicht dabei.

Plan D nimmt für sich in Anspruch, einen echten Kompromiß zwischen israelischen Sicherheits- und Entwicklungsinteressen und den Vorstellungen der Palästinenser anzubieten. Diese Vorstellungen der Partei des »Dritten Weges«, einer Abspaltung der Arbeitspartei, die sich gegen die Rückgabe des Golan ausgesprochen hat, repräsentieren wohl den größtmöglichen Konsens in Israel. Einer der Vorteile dieses Planes ist, daß er eine »relative Kontinuität« zwischen den von Palästinensern bewohnten Gebieten und den »jüdischen Nachbarn« garantiert. Inspiriert durch den Allon- und Enklave-Plan wollten die Initiatoren die arabischen Wohngebiete weiter einschränken und gleichzeitig der direkten Kontrolle der israelischen Verwaltung entziehen. Mit Ausnahme der Altstadt von Jerusalem sollte Ost-Jerusalem unter autonome Verwaltung der Palästinenser gestellt werden. Außerdem war eine Landstraße vorgesehen, die den Norden mit dem Süden der Westbank sowie Jericho und die Autonomiege-

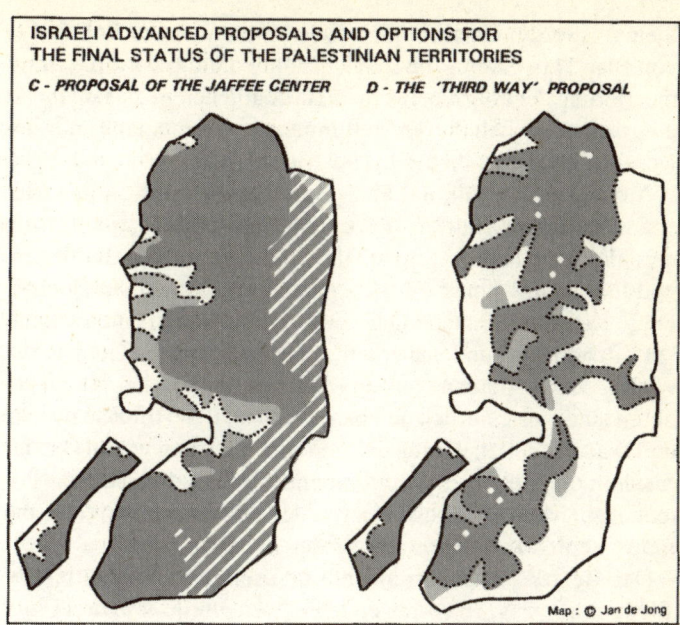

Karte 6: Plan C und Plan D

biete mit Jordanien verbinden sollte. Stellt man die Eckpunkte von Plan D in einen größeren Zusammenhang, wird die Fragmentierung der Palästinensergebiete deutlicher. In diesem Punkt unterscheiden sich die Vorstellungen der Arbeitspartei nur unwesentlich von denen des Likud-Blocks.

Auf Karte 7 zerfällt das Palästinensergebiet in Kantone. Der erste im Norden zentriert sich um die Stadt Nablus, gefolgt von drei kleineren im Zentrum um die Städte Ramallah, Bethlehem und Jericho und einem südlichen Kanton um die Stadt Hebron. Diese Kantone könnten mit Gaza und Rafah durch einen schmalen Korridor verbunden werden. Allerdings würden Gebiete mit wichtigen Ressourcen von den Kantonen abgespalten. Dazu gehören landwirtschaftlich nutzbare Flächen, Land für Bauzwecke und Wasserquellen. Durch diese Fragmentierung wären Ost-Jerusalem und der Gaza-Streifen benachteiligt, da beide das Potential zur Metropole besitzen, von der aus Handel getrieben und Industrieprodukte exportiert werden könnten.

Der Bezirk Jerusalem machte ursprünglich ein Drittel der Westbank aus. Nach vorliegenden Plänen würde er in drei Fragmente aufgeteilt und nicht mehr als 30 Prozent des ursprünglichen Gebietes umfassen. Durch die Expansion von jüdischen Siedlungen und den Bau der Umgehungsstraßen würden die palästinensischen Kantone noch stärker fragmentiert und der Lebensraum für die Palästinenser zwischen dem Mittelmeer und dem Jordan-Fluß weiter zusammenschrumpfen.

Das metropolitane Herzstück der Region, das sich von Ashod im Süden bis nach Netanya im Norden und von dort ostwärts nach Nablus bis nach Efrata im Süden der Westbank erstreckt, ist deutlich sichtbar. Tel Aviv und Jerusalem bilden das ökonomische Rückgrat und Tor zum Hinterland. Das 60 mal 60 Kilometer große Gebiet ist sowohl für Israel als auch für die Palästinenser von zentraler Bedeutung. Dort sollen bis zum Jahre 2010 weitere zwei Millionen Israelis leben (laut Prognosen soll die Bevölkerung um diese Zahl wachsen). Bisher konzentrierte sich das metropolitane Leben auf Tel Aviv oder die Küste, doch die Siedlungen Bet Shemesh, Modi'in und Rosh Ha'ayin können in die Westbank expandieren. Zudem wird die neue Straße Nr. 6 von Süden nach Norden gebaut. Das Straßensystem, das die

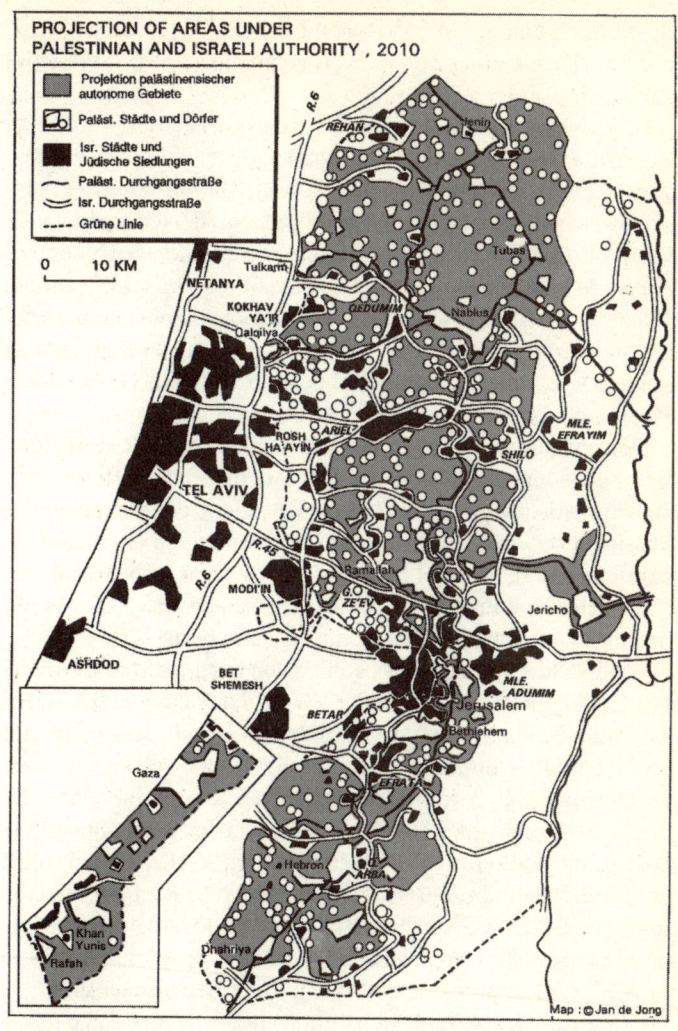

Karte 7: Projektion der Gebiete unter palästinensischer und israelischer Autorität im Jahr 2010

Siedlungen und die militärischen Einrichtungen verbindet, sichert auch nach einer Truppenverlegung die Kontrolle der Palästinenser.

Israel will so viele Siedlungen wie möglich unter seine direkte Kontrolle nehmen: Zirka zehn Prozent der Siedlungen mit insgesamt etwa 7000 Siedlern sind isoliert. Sie würden unter palästinensischer Autonomieverwaltung stehen. An Netanyahus »Allon-plus-Plan« überrascht, daß die Extremistensiedlungen in Kiryat Arba und Hebron von der Annexion ausgeschlossen sein sollen. 95 Prozent der palästinensischen Bevölkerung konzentrieren sich auf zirka 35 Prozent der Westbank. Die Palästinenser können von Israel maximal 40 bis 50 Prozent des Gebietes der Westbank als Autonomiegebiet erwarten.

Der palästinensische Distrikt Jerusalem umfaßt Ramallah, Bethlehem und den Distrikt Jericho. Auf diesen größeren Bezirk zielt der israelische Plan für Groß-Jerusalem, der von einem interministeriellen Ausschuß nach Unterzeichnung des Oslo-Abkommens im Jahre 1994 entworfen wurde. Das bisher nicht veröffentlichte Dokument wird bereits vehement in die Tat umgesetzt, um die ständige israelische Kontrolle zu sichern.

Wie in Karte 9 zu sehen ist, stößt unten links die Straße Nr. 367 von Bet Shemesh mit Straße Nr. 369 in der Nähe von Efrata zusammen. Beide Straßen grenzen den »Trans-Judea«-Korridor von Siedlungen ein, der um den Etzion-Block gebildet worden ist. Die Straße Nr. 3 (im Westen) und Straße Nr. 90 (im Osten) mit Straße Nr. 5 im Norden bilden einen äußeren Ring um den »Trans-Samaria«-Siedlungskorridor. Ein inneres Straßensystem führt um Ramallah und Bethlehem herum und verbindet Kiryat Arba (nicht im Bild) im Süden und Efrata mit Shilo und Ariel im Norden (Straße 60). Der zweite innere Siedlungsgürtel wird von Straße Nr. 45 begrenzt, die als zukünftige Lebensader gilt.

Diese Projekte wirken sich auf das jüdische und das palästinensische Wachstum in Groß-Jerusalem konträr aus. Die engere Verbindung mit den übrigen israelischen Siedlungen hebt die Isolation auf, so daß Groß-Jerusalem für die Israelis als Zentrum fungieren kann. Zugleich verstärkt sich die demographische und ökonomische Marginalisierung der Palästinenser. Der demographische Druck auf Tel Aviv wird reduziert und nach Jerusa-

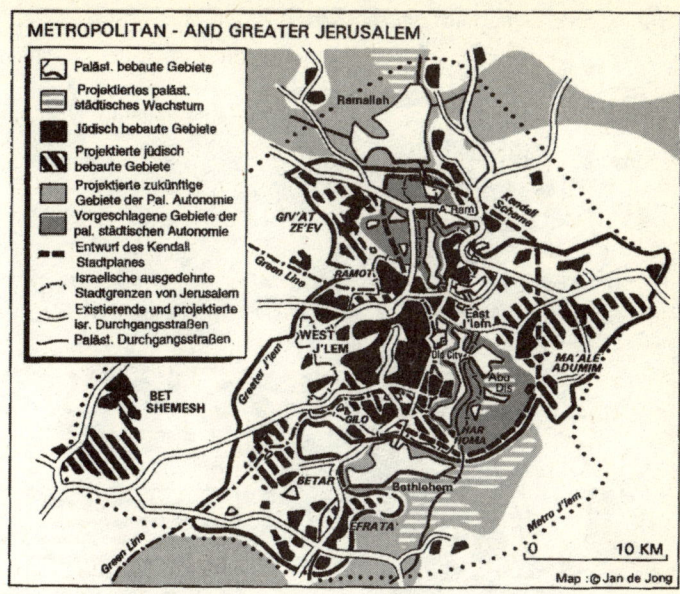

Karte 8: Groß-Jerusalem

185

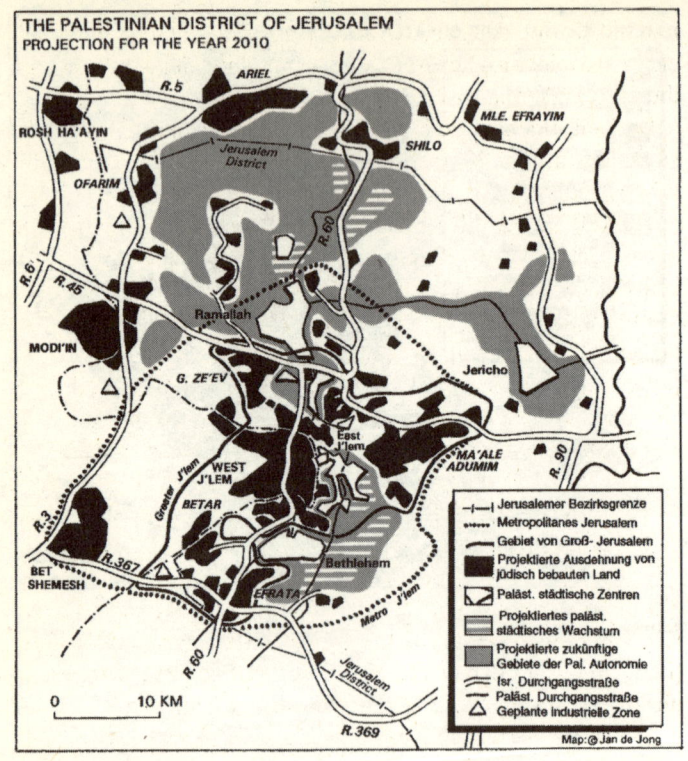

THE PALESTINIAN DISTRICT OF JERUSALEM
PROJECTION FOR THE YEAR 2010

R.5
ARIEL
ROSH HA'AYIN
MLE. EFRAYIM
SHILO
Jerusalem District
OFARIM
R.6
R.45
R.60
Ramallah
MODI'IN
Jericho
G. ZE'EV
East J'lem
MA'ALE ADUMIM
WEST J'LEM
Greater J'lem
R.3
BETAR
R.367
Bethlehem
BET SHEMESH
EFRATA
Metro J'lem
R.60
Jerusalem District
0   10 KM
R.369

	Jerusalemer Bezirksgrenze
	Metropolitanes Jerusalem
	Gebiet von Groß- Jerusalem
	Projektierte Ausdehnung von jüdisch bebauten Land
	Paläst. städtische Zentren
	Projektiertes paläst. städtisches Wachstum
	Projektierte zukünftige Gebiete der Pal. Autonomie
	Isr. Durchgangsstraße
	Paläst. Durchgangsstraße
	Geplante industrielle Zone

Map:© Jan de Jong

Karte 9: Der palästinensische Distrikt von Jerusalem

lem auf Kosten der Palästinenser umgeleitet. Für sie bleibt nur eine Ausweichmöglichkeit, und zwar entlang der Straße Nr. 60, die von Ost-Jerusalem wegführt.

Die palästinensische Bevölkerung im Jerusalem-Distrikt soll sich bis zum Jahr 2010 verdoppeln. Steigt die Anzahl der jüdischen Siedler um Ost-Jerusalem wie geplant von jetzt 300 000 auf 800 000, wird sich der Anteil der Palästinenser im Distrikt auf 60 Prozent der Gesamtbevölkerung reduzieren, die in nur 30 Prozent des Gebietes konzentriert wären. Im Gebiet, das israelisch bleiben soll (einschließlich der Siedlungen Bet Shemesh, Modi'in und Rosh Ha'ayin sowie West-Jerusalems), würde sich die jüdische Bevölkerung auf 1,6 Millionen erhöhen. Dies entspräche einer jüdischen Bevölkerungsmehrheit von 60 Prozent. Eine eigenständige palästinensische Wirtschaft könnte sich unter diesen Umständen kaum entwickeln, da sich die geplanten Industrieparks am äußersten Rande des Gebietes in der Nähe der Siedlungen Ofarim, Modi'in und Betar befinden.

Abschließend ein Blick auf die Entwicklung Ost-Jerusalems. Karte 8 zeigt die reale und prognostizierte Ausdehnung der Stadt, einschließlich des Straßensystems. Die gepunktete Linie um die Altstadt von Jerusalem und deren nähere Umgebung markiert das metropolitane Jerusalem. Eine eigenständige palästinensische Entwicklung wurde dadurch unterbunden, daß die Israelis die Stadtgrenzen nach 1967 erheblich erweitert und Ost-Jerusalem de facto annektiert haben; dies wurde erst 1980 durch ein Gesetz nachträglich »legalisiert«. Der nächste Schritt war die Enteignung eines Drittels des neu hinzugekommenen Gebietes für »öffentliche Zwecke«, und zwar für den Bau der Siedlungen Ramot und Neve Ya'acov. Da die Israelis angrenzendes Territorium zum »reservierten offenen Gebiet« erklärten, stehen den Palästinensern lediglich etwas mehr als 15 Prozent Ost-Jerusalems zur Verfügung. Die Wohnungsnot ist dadurch dramatisch gestiegen.

Die »Judaisierung« Ost-Jerusalems schreitet voran. Für die dauerhafte Sicherung der Stadtviertel kommt den Siedlungsblocks rund um die Stadt größte Bedeutung zu. Im Augenblick wird mit der Siedlung Har Homa der Ring geschlossen. Würden

wie beabsichtigt, weitere 120 000 Siedler nach Ost-Jerusalem ge-
holt, erhöhte sich ihre Gesamtzahl auf 300 000. Parallel dazu versuchen israelische Behörden die wachsende palästinensische Bevölkerung aus Ost-Jerusalem in die Westbank umzusiedeln.[50]
Eine Methode ist die stille »ethnische Säuberung«: Palästinensern wird die Identitätskarte entzogen, die ihr Wohnrecht garantiert, und sie müssen innerhalb von 14 Tagen die Stadt verlassen.

Die Aussicht auf palästinensische »Souveränität« über den
Ostteil der Stadt hat sich zunehmend verringert. Eine begrenzte
Autonomie wie in der Westbank und im Gaza-Streifen wäre die
einzige Möglichkeit für die Palästinenser, die Entwicklung zu
ihren Gunsten zu beeinflussen.

Nach der Unterzeichnung des Wye-Memorandums erstellten
Yossi Beilin und Abu Mazen den »Beilin-Abu Mazen-Plan«
(Karte 10), der eine erhebliche Ausdehnung der Stadtgrenzen Jerusalems vorsieht. Alle Gebiete innerhalb der grauen Linie kämen zu Groß-Jerusalem hinzu, auch die palästinensischen Dörfer Abu Dis und A Ram, die 1967 von Israel nicht annektiert
wurden, ebenso die Siedlungen Maale Adumim, Givat Zeev,
Efrata und Betar. Dieses metropolitane Jerusalem soll von einem
übergeordneten Stadtrat verwaltet werden, der sich aus Israelis
und Palästinensern zusammensetzt. Eine Zweidrittel-Mehrheit
der Israelis wäre gesichert, da Ramallah und Bethlehem (R und
B) nicht einbezogen werden sollen. Ihre Zugehörigkeit wäre jedoch logischer als z. B. die der Siedlung Betar.

Die lokale Verwaltung der fünf Teile wäre dem Stadtrat untergeordnet. Ost-Jerusalem (3), bestehend aus israelischen und palästinensischen Wohngebieten (innerhalb der gestrichelten Linie), sollte von der israelischen Unterverwaltung (1) bzw. der
palästinensischen (2) mitverwaltet werden. In der Jerusalemer
Altstadt (4) würden sich die israelischen und palästinensischen
Wohngebiete selbst *verwalten* unter lockerer Anbindung an ihre
jeweilige Unterverwaltung. Der Haram al-Sharif würde weiter
von der islamischen Behörde (Waqf) beaufsichtigt.

Der Geograph Jan de Jong hat auf die Konsequenzen hingewiesen: Mit Annahme dieses Plans würden die Palästinenser

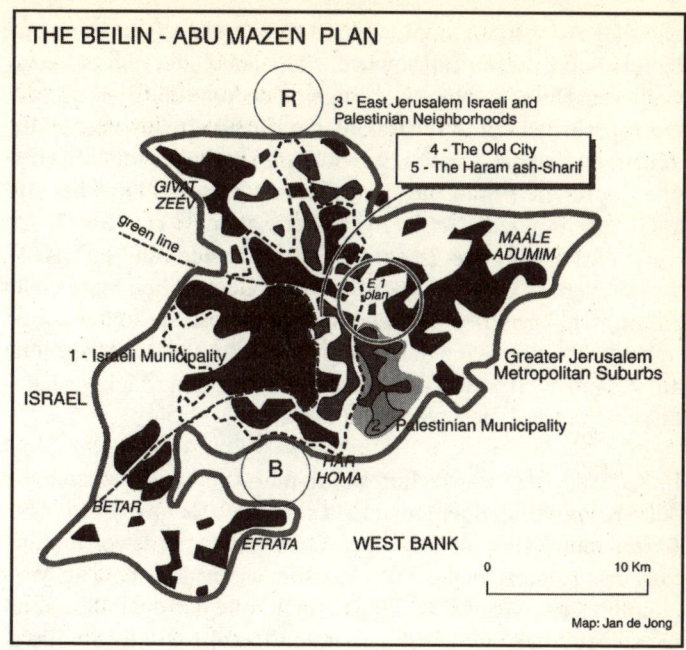

THE BEILIN - ABU MAZEN PLAN

R — 3 - East Jerusalem Israeli and Palestinian Neighborhoods

4 - The Old City
5 - The Haram ash-Sharif

GIVAT ZEÉV

green line

MAÁLE ADUMIM

E 1 plan

1 - Israeli Municipality

ISRAEL

Greater Jerusalem Metropolitan Suburbs

2 - Palestinian Municipality

B

HAR HOMA

BETAR

EFRATA

WEST BANK

0   10 Km

Map: Jan de Jong

Karte 10

189

alle illegal gebauten Siedlungen in Ost-Jerusalem anerkennen; Israel könnte diesen Teil sowie die Altstadt weiter indirekt kontrollieren. Die Einwohner der eingemeindeten palästinensischen Dörfer würden keine Jerusalem-Identitätskarte erhalten. Alle künftigen Bauanträge und Entwicklungsvorhaben müßten vom übergeordneten Stadtrat verabschiedet werden. Dies betrifft auch das enteignete Gebiet in Ost-Jerusalem (E 1).

Für die Palästinenser ist ein Bereich am Rande von Abu Dis (2) vorgesehen. E 1 würde ihnen die letzte Gelegenheit bieten, ein zusammenhängendes Wohngebiet zu erhalten. Sie sollten möglichst bald einen eigenen Entwicklungsplan für Ost-Jerusalem aufstellen, auch wenn dieser unter den jetzigen Machtverhältnissen nicht realisiert werden könnte.

In Karte 11 ist der zwischen Beilin und Abu Mazen ausgehandelte Kompromiß über einen Palästinenserstaat umgesetzt. Abu Mazen mußte sich auf Druck der Autonomiebehörde von diesem Plan distanzieren. Er dient den Palästinensern nicht mehr als Verhandlungsgrundlage. Der Plan verdeutlicht, daß die Palästinenser selbst von sogenannten liberalen Israelis wie Beilin nicht mehr Gebiete erhielten, als ihnen die Extremisten überlassen wollen.

Der Beilin-Abu Maze-Plan

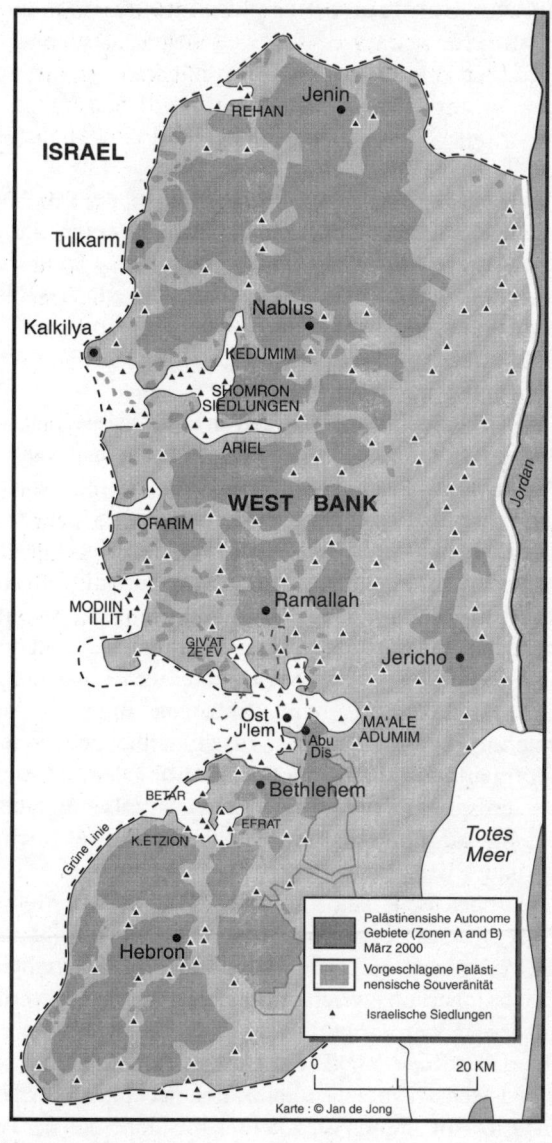

ISRAEL

REHAN
Jenin

Tulkarm

Nablus

Kalkilya

KEDUMIM

SHOMRON
SIEDLUNGEN

ARIEL

WEST BANK

OFARIM

MODIIN
ILLIT

Ramallah

GIV'AT
ZE'EV

Jericho

Ost
J'lem

MA'ALE
ADUMIM

Abu
Dis

BETAR

Bethlehem

EFRAT

Totes
Meer

K.ETZION

Jordan

Grüne Linie

Hebron

Palästinensishe Autonome
Gebiete (Zonen A and B)
März 2000

Vorgeschlagene Palästi-
nensische Souveränität

Israelische Siedlungen

0   20 KM

Karte : © Jan de Jong

Karte 11

Die Menschenrechte der Palästinenser unter israelischer Besatzung und palästinensischer Autonomie

Die Frage der Menschenrechte spielt in den bilateralen Abkommen, die beide Seiten unterzeichnet haben, nur eine marginale Rolle. In Artikel 19 des »Interimsabkommens« heißt es, daß beide Parteien ihre Macht und Verantwortlichkeiten im Rahmen der international anerkannten Normen und Prinzipien des Rechts und der Menschenrechte ausüben werden. Diesem Vorsatz wird keine Seite gerecht.

Die Menschenrechtsverletzungen an Palästinensern durch die israelische Besatzungsmacht sind trotz Friedensprozeß nicht zurückgegangen – Regierungen unter Führung der Arbeitspartei und des Likud-Blocks nehmen sich in dieser Sache kaum etwas. Die Liste der Vergehen ist lang: Folter, regierungsamtlich angeordnete willkürliche Tötungen von vermeintlichen Hintermännern des Aufstandes, Verhaftungen, Häuserzerstörungen, massive Einschränkung der Bewegungsfreiheit, Gewalt des Militärs und der Siedler gegenüber Palästinensern, Landenteignungen für den Bau von Umgehungsstraßen und Siedlungsbau, die Verhinderung des Aufbaus einer zusammenhängenden territorialen Infrastruktur; die »stille Deportation« der Palästinenser aus Ost-Jerusalem, Kollektivstrafen wie Totalabriegelung der Gebiete und Ausgangssperren, Einschränkung des Rechts auf Bildung und Arbeit.

Die palästinensische Autonomiebehörde verletzt die Menschenrechte der eigenen Bevölkerung durch Folter und Mißhandlungen, die Verweigerung fairer Prozesse vor Militärgerichten und dem Staatssicherheitsgericht, das auch Todesurteile verhängt, die vollstreckt werden; unliebsame Personen werden eingeschüchtert, die Rede- und Pressefreiheit eingeschränkt und die Arbeit von Menschenrechtsorganisationen behindert. Arafat hat sich im Oslo-Abkommen verpflichtet, die Sicherheit der Israelis im Autonomiegebiet zu garantieren. Wie er gegen die Kritiker des

Friedensprozesses und den Terror vorgeht, bleibt ihm überlassen. Die Verletzungen der Menschenrechte der eigenen Bevölkerung durch Arafats Geheimdienste können nur adäquat beurteilt werden, wenn man die Zwänge mitbedenkt, denen die Autonomiebehörde und die Palästinenser ausgesetzt sind. Die Perspektivlosigkeit und die tagtäglichen Demütigungen treiben die Menschen in die Verzweiflung und zu dem gewaltsamen Widerstand, den die Israelis als »Terrorismus« bezeichnen. Nicht jeder Widerstand ist Terror. So haben die Palästinenser gegen die seit 34 Jahren andauernde militärische Okkupation ein auf dem Völkerrecht und dem Naturrecht beruhendes Recht auf Widerstand gegen das Militär und die Siedler, weil sie sich beide widerrechtlich auf palästinensischem Land aufhalten. Willkürlicher Terror im Kernland Israel, bei dem Unschuldige zu Opfern werden, muß jedoch auf das schärfste verfolgt werden. Die israelische Regierung hat Arafat untersagt, das »Grundgesetz« zu unterzeichnen, das den Weg zu einem Rechtsstaat geebnet hätte.

Menschenrechtsorganisationen in Israel und Palästina wiesen schon frühzeitig darauf hin, daß sich mit der Einsetzung einer palästinensischen Behörde die Lage für die Palästinenser in den Autonomiegebieten noch verschlechtern würde.

B'Tselem macht die israelische Regierung für die Menschenrechtsverletzungen in den Palästinensergebieten verantwortlich, da die Besatzung noch nicht beendet sei und nach Völkerrecht die Besatzungsmacht die Verantwortung trage: »Selbst nach Oslo verletzt Israel die Menschenrechte der Bewohner in den besetzten Gebieten, und seine Menschenrechtspolitik blieb in der Substanz unverändert.«[1] Und der Menschenrechtler Bassem Eid macht in einem Interview darauf aufmerksam, daß »je mehr man Oslo unterstützt, desto mehr Menschenrechtsverletzungen geschehen«.[2]

Die Ausbeutung des palästinensischen Volkes durch die eigene Führung, unter Beteiligung der Besatzer, erfolgte »im Interesse des Friedens«, das heißt, rhetorisch wurde vom Frieden gesprochen, aber die massiven Menschenrechtsverletzungen von seiten der Israelis und die Korruption und Bereicherung der palästinensischen Führungsschicht gingen ungehindert weiter. Im Zuge der Al-Aqsa-Intifada sind die Verletzungen von Menschenrechten der Palästinenser durch die palästinensischen Sicherheitskräfte stark zurückgegangen, denn die Geheimdienste und die Polizei sind mit dem israelischen Gegner beschäftigt, der den Alltag der Bevölkerung unerträglich macht.

1. Besatzung versus Völkerrecht

Der israelisch-palästinensische Regionalkonflikt trägt noch immer das Potential für einen größeren Konflikt in sich. Das Selbstbestimmungsrecht wird der arabisch-palästinensischen Bevölkerung von Jordanien und seit 1967 von Israel verweigert. Dieses Recht hat sich in der Geschichte als Recht gegen Fremdbestimmung und Kolonialismus entwickelt. Die Charta der Vereinten Nationen und die Menschenrechtspakte von 1966 gehen vom Grundsatz der Gleichberechtigung und der Selbstbestimmung der Völker aus. Alle UN-Vertragsstaaten sind verpflichtet, das Recht auf Selbstbestimmung zu achten und zu fördern. Dieses Recht steht jedoch in einem gewissen Spannungsverhältnis zur territorialen Unversehrtheit und politischen Unabhängigkeit der einzelnen Mitgliedstaaten. Auf der einen Seite tritt der Inhaber dieses Rechts nicht als Staat auf, sondern als ein Volk, in diesem Fall die Palästinenser, auf der anderen Seite beschränkt sich die Inanspruchnahme des Selbstbestimmungsrechts gegenüber einem anderen Staat auf dessen Hoheitsgebiet. Israel hat als Besatzungsmacht nach geltendem Völkerrecht keinen legalen Hoheitsanspruch und auch keine legitime Souveränität über die Golan-Höhen, die Westbank, Ost-Jerusalem und den Gaza-Streifen.

Die Behandlung der Palästinenser in den besetzten und autonom-besetzten Gebieten wirft immer wieder die Frage nach den völkerrechtlichen Grundlagen der Besatzung auf. Das Völkerrecht gibt den Staaten ein Instrumentarium zur friedlichen Regelung ihrer Beziehungen an die Hand. Hauptquelle des humanitären Völkerrechts sind internationale Verträge sowie internationales Gewohnheitsrecht. Es mag paradox klingen, aber das gesamte internationale Kriegsrecht ist humanitäres Völkerrecht. In der Haager Landkriegsordnung (HLKO) vom 18. Oktober 1907 wurden wichtige Punkte des Rechtes des Kriegsgefangenen und der Zivilbevölkerung sowie die Gesetze und Gebräuche des Landkrieges erstmals niedergelegt. Die vier Genfer Abkommen vom 12. August 1949 regeln unter anderem die Behandlung der Zivilbevölkerung und der Kriegsgefangenen. Diese »Genfer Konvention« und die HLKO bilden die völkerrechtliche Grundlage für die Behandlung der von Israel besetzten Gebiete.

Die internationalen Menschenrechte dienen dem Schutz des Individuums. Das System des Menschenrechtsschutzes der eigenen Bevölkerung in Friedenszeiten beruht auf dem Willen der Staaten, da nur sie Völkerrechtssubjekte, d. h. Träger von Rechten und Pflichten, sind. Im Internationalen Pakt über bürgerliche und politische Rechte vom 19. Dezember 1966 ist festgelegt, daß der einzelne auf völkerrechtlicher Ebene nur durch seinen Heimatstaat geschützt werden kann, weil er nicht als Völkerrechtssubjekt anerkannt ist. Eine »kriegerische Besetzung« – und darum handelt es sich hier – ist nur zulässig im Falle der Verteidigung; sie ist demzufolge zeitlich begrenzt. Der Besatzer erlangt über das betreffende Gebiet weder Souveränität, noch ist er zur Kontrolle über Ressourcen befugt oder kann gar originäre Gesetzesbefugnisse wahrnehmen. Die einheimische Bevölkerung behält ihr Selbstbestimmungsrecht. Die Annexion von Gebieten ist völkerrechtlich untersagt; wenn sie dennoch erfolgt, kann der Besatzer trotz De-facto-Souveränität daraus keinerlei Rechtsansprüche ableiten. Der Besatzer ist verpflichtet, die öffentliche Ordnung, soweit es ihm möglich ist, wiederherzustellen, und er hat das Recht, seine Armee zu schützen. Die Wiederherstellung der öffentlichen Ordnung schließt auch die Garantie eines normalen Lebens der Zivilbevölkerung mit ein.

Nach englischem Rechtsverständnis – und diese Tradition hat Israel übernommen – wird Völkergewohnheitsrecht immer dann innerstaatlich angewandt, wenn das Parlament nichts Gegenteiliges beschließt; internationales Völkervertragsrecht ist erst nach einer ausdrücklichen Übernahme in innerstaatliches Recht bindend. In Israel gilt demzufolge nur die HLKO. Die »humanitären Bestimmungen« der Genfer Konvention sind zwar anwendbar, aber nicht justiziabel vor israelischen Gerichten. Dies hat weitreichende Konsequenzen. Das Oberste Gericht Israels vertrat die Ansicht, die Taten des Militärs seien nach Völkergewohnheits- und nicht nach Völkervertragsrecht zu beurteilen. Es hat zwar Völkergewohnheitsrecht als für die besetzten Gebiete bindend anerkannt, schränkte aber ein, dieses Recht dürfe nicht im Widerspruch zu innerstaatlichem Recht stehen. Daß israelisches Recht in den besetzten Gebieten überhaupt keine Anwendung finden kann, wurde ignoriert.

Obwohl Israel 1951 die Genfer Konvention ohne Vorbehalte unterzeichnet hat, bestreitet die Regierung die Anwendbarkeit auf die besetzten Gebiete. Sie begründet ihre Haltung mit Artikel 2 der Konvention. Danach sind die Regeln anzuwenden »in allen Fällen eines erklärten Krieges oder jedes anderen bewaffneten Konflikts, der zwischen zwei oder mehreren der Hohen Vertragsparteien entsteht, auch wenn der Kriegszustand von einer dieser Parteien nicht anerkannt wird ... Ist eine der am Konflikt beteiligten Mächte nicht Vertragspartei des vorliegenden Abkommens, so bleiben die Vertragsparteien in ihren gegenseitigen Beziehungen gleichwohl durch das Abkommen auch gegenüber dieser Macht gebunden, wenn diese dessen Bestimmungen annimmt und anwendet.« Kein Staat kann sich den Verpflichtungen entziehen, die aus der Konvention resultieren; ob eine Kriegserklärung ausgesprochen wurde oder eine Partei den Kriegszustand leugnet, ist unerheblich.

Zudem stuft die israelische Regierung weder Jordanien noch Ägypten als »Hohe Vertragsparteien« ein: Sie hätten keine rechtmäßige Souveränität, da Jordanien 1950 die Westbank illegal annektiert und Ägypten den Gaza-Streifen nur verwaltet habe; deshalb könne nicht von Besetzung, sondern nur von »verwalteten Gebieten« gesprochen werden. Einen solchen Terminus kennt das Völkerrecht nicht. Das »Internationale Komitee des Roten Kreuzes« (IKRK), die überwiegende Zahl der Rechtsgelehrten Israels, die Vereinten Nationen und internationale Völkerrechtler von Rang haben diese Position zurückgewiesen. Die Frage der rechtmäßigen Souveränität habe für die Genfer Konvention keine Relevanz. Die Konvention sei vielmehr auf alle Gebiete anwendbar, die im Zuge eines bewaffneten Konfliktes besetzt würden, unabhängig vom Status.

2. Menschenrechtsverletzungen Israels gegenüber Palästinensern

Die israelische Besatzungsmacht übt eine totale Kontrolle über die Palästinenser aus, auch über diejenigen, die in den Autonomiegebieten leben. Nach dem Völkerrecht hat eine Besatzungsmacht die Pflicht, in den von ihr besetzten Gebieten für die Sicherheit der Zivilbevölkerung zu sorgen. Das israelische Militär geht mit zunehmender Härte gegen die palästinensische Bevölkerung vor, um sie zur Aufgabe ihres Widerstands gegen die Besetzung zu zwingen oder ihre Ausreise aus ihrer Heimat zu erreichen. Insbesondere seit Beginn des Al-Aqsa-Aufstands reagiert das israelische Militär auf den Widerstand der Palästinenser mit massivem Einsatz von schwerem militärischen Gerät. Die Infrastruktur der palästinensischen Polizei wird systematisch zerstört, Wohngebiete werden unter Dauerbeschuß von Panzern, Kampfhubschraubern und Raketenwerfern genommen. Seit dem 18. Mai 2001 setzt Israel gegen Zivilisten sogar F-16-Kampfbomber ein, die es aus den USA bezogen hat. Um einen Hamas-Aktivisten zu treffen, zerstörten die Bomber ein ganzes Gefängnis und töteten neun Wachmänner. Dieser Einsatz wurde vom US-Außenminister Colin Powell als unangemessen kritisiert. Zu einer direkten Verurteilung war Washington allerdings nicht bereit.

Als Besatzungsmacht ist Israel befugt, Militärverordnungen zu erlassen und Militärgerichte einzurichten. Im Resümee eines Workshops, den die israelische Menschenrechtsorganisation HaMoked nach Unterzeichnung des »Interimsabkommens« am 7. November 1995 in Jerusalem veranstaltete, wurde bestätigt, daß sich an der absoluten Kontrolle Israels im politischen, wirtschaftlichen und kulturellen Bereich sowie an der Menschenrechtssituation nichts geändert habe.[3] Die Militärverordnungen gelten auch in den sogenannten Autonomiegebieten weiterhin.

Die Westmächte ignorieren, daß die Menschenrechte der Palästinenser im Friedensprozeß systematisch verletzt werden.[4] Seit 1994 wird im jährlichen Bericht des amerikanischen Außenministeriums behauptet, der Friedensprozeß habe die Lage der Menschenrechte positiv beeinflußt. Im letzten Bericht wird zudem die israelische »Souveränität« über die besetzten Gebiete nicht mehr in Frage gestellt. Einige gravierende Verstöße der palästinensischen wie auch der israelischen Behörden werden verschwiegen bzw. unvollständig dokumentiert.

Die Lage vor Ort hat sich in den letzten Jahren noch verschärft. Seit 9. November 2000 verfolgt das israelische Militär laut amnesty international eine »Politik, die darauf abzielt, jene anzugreifen, die einen gewaltsamen Anschlag gegen Israelis ausgeführt oder geplant haben.«[5] Zur gezielten Tötung von Hussein Abayat, einem Aktivisten der ersten Intifada von 1987, am 9. November 2000 erklärte der kommandierende General für den Befehlsbereich Mitte, Yitzhak Eitan, laut Nachrichtenagentur Reuters: »Sie müssen verstehen, daß solche Aktionen auf höchster Militär- und Regierungsebene getroffen werden.« Nach der Erschießung des Zahnarztes und Fatah-Aktivisten Thabet Thabet vor seinem Haus am 31. Dezember 2000 verbreitete AFP eine Erklärung des damaligen stellvertretenden Verteidigungsministers und heutigen Transportministers Ephraim Sneh vom 3. Januar, in der es u. a. heißt: »Wir werden all jene treffen, die in terroristische Aktionen, Angriffe oder deren Vorbereitung verwickelt sind. Die Tatsache, daß jemand Mitglied der Autonomiebehörde ist, garantiert ihm keine Immunität.«

Das jüngste Opfer des gezielten israelischen Terroranschlages gegen Führungspersönlichkeiten in der Al-Aqsa-Intifada war Osama Jawabreh, Mitglied der Fatah-Falken. Beim Benutzen eines öffentlichen Fernsprechers am 24. Juni wurde er durch einen installierten Sprengsatz getötet. Auf gleiche Weise wurde Iyad Hardan am 6. April in Jenin getötet. Offiziell hat die israelische Regierung die Verantwortung für diesen Mord abgelehnt. Das Kabinett hat jedoch die Nützlichkeit dieser Anschläge als ein präventives Instrument aus Sicherheitsgründen gebilligt.

Ehud Barak kritisierte in »Ha'aretz« vom 15. Januar 2001 die Erschießung von zwei palästinensischen Kollaborateuren am 13. Januar 2001 als einen Rückfall in »dunklere Zeiten der Geschichte«, gleichzeitig rechtfertigte er aber »Exekutionen« von Palästinensern, die man für Drahtzieher des Aufstandes hielt. Um die Al-Aqsa-Intifada zu stoppen, hatte seine Regierung seit Oktober 2000 die gezielte Erschießung von 40 führenden Palästinensern angeordnet. Ephraim Sneh begründete die israelische

Strategie: »Wer einen Terroranschlag ausgeführt oder geplant hat, der muß erschossen werden ... Das ist effektiv, präzise und gerecht.« (»Washington Post« vom 7. Januar 2001)

Nach »Ha'aretz« erklärte ein hoher Militär am 8. Januar 2001 gegenüber dem außen- und verteidigungspolitischen Ausschuß der Knesset: »Die Liquidierung von gesuchten Personen erweist sich als nützlich ... Diese Aktivität verängstigt und paralysiert ganze Dörfer und führt dazu, daß die Menschen in einigen Gebieten es nicht wagen feindliche Aktivitäten auszuüben.« Sprecher des israelischen Militärs und der Regierung haben übereinstimmend erklärt, Israel habe »das legitime Recht ..., zurückzuschlagen gegenüber jenen, die Israelis töten oder verletzen wollen«. Indem die israelische Regierung diese unrechtmäßigen und gezielten Tötungen akzeptiert und sie nicht strafrechtlich verfolgt, trägt sie zur Entstehung einer »Kultur der Straffreiheit innerhalb des Militärs und zu einem Kreislauf der Gewalt und der Vergeltung in der Region« bei. Gewaltaktionen von Widerstandsgruppen gegen eine illegale Besatzung können niemals die Nichtachtung der Menschenrechte durch eine Regierung rechtfertigen, die sich als demokratisch versteht. Dies ist jedoch die Argumentation der israelischen Regierung. Sie stellt sich damit auf eine Stufe mit den Organisationen, die sie als »Terroristen« bezeichnet. In der Regel leugnen Regierungen in aller Welt in ihrem Auftrag angeordnete Tötungen unliebsamer Personen. Die israelische Regierung hat dazu keinen Grund, denn die Weltöffentlichkeit nimmt diese außergerichtlichen Tötungen fast widerspruchslos hin. Amnesty international, alle palästinensischen Menschenrechtsorganisationen und die israelische Menschenrechtsorganisation B'Tselem haben sie jedoch auf das schärfste kritisiert und verurteilt.[6]

Noch bevor Arafat im Juli 1994 in Gaza eintraf, riegelte die israelische Armee die Gebiete total ab und verhängte eine Ausgangssperre. Diese Maßnahmen hatten sich im Hinblick auf die Sicherheitsfrage bereits in der Vergangenheit als unwirksam erwiesen und beeinträchtigen das tägliche Leben der Palästinenser auf das schwerste. Bei massivem Einsatz von Militär in dichtbesiedelten Wohngebieten kommt es zwangsläufig zu zahlreichen Toten.

Seit dem Ausbruch des Al-Aqsa-Aufstandes kommen immer häufiger die sogenannten »undercover units«, die »verdeckten Einheiten« – einige nennen sie auch »Todesschwadronen« – zum Einsatz. Wie diese Einheiten operieren, hat der Journalist Yigal Mosko am 30. Juni 1995 in der Zeitung »Kol Ha'ir« unter der Überschrift »How Ariel Sharon's Death Squads Operated« dargestellt. In dem Beitrag versucht der Autor, die zionistische Linke gegen Sharon auszuspielen; diese sei nicht fähig zu solchen Taten. Das Gegenteil ist jedoch richtig, wie Israel Shahak, ehemaliger Vorsitzender der Liga für Menschenrechte und Überlebender des Konzentrationslagers Bergen-Belsen, in einer fundierten Erwiderung am 7. Juli 1995 in der gleichen Zeitung darlegt. Die Verantwortung für die Tötungen sollten Sharon angelastet werden. Die tatsächlich Verantwortlichen wie Verteidigungsminister Moshe Dayan oder Ministerpräsidentin Golda Meir wurden nicht erwähnt. »Kurz gesagt: Diese Morde wurden nicht begangen durch die zionistische Rechte, sondern durch die zionistische Linke.« Sharon war nur der Exekutor dieser »barbarischen Politik« der zionistischen Linken, das heißt, die »Todesschwadronen« wurden von Politikern der Arbeitspartei ins Leben gerufen und nicht von der Rechten in Israel.

Im Flüchtlingslager Jabalya im Gaza-Streifen erschossen Mitglieder einer »Verdeckten Einheit« am 28. März 1994 sechs maskierte Palästinenser, die Flugblätter verteilten. Nach Augenzeugenberichten schossen diese als Araber verkleideten israelischen Soldaten nicht in Notwehr, sondern in der Absicht zu töten. Ein leicht verletzter Palästinenser, der fliehen wollte, wurde festgenommen und durch einen Kopfschuß regelrecht hingerichtet. Auch die anderen fünf wurden aus nächster Nähe erschossen.[7] Ein Soldat, der seinen Reservedienst in einer solchen Einheit in Ramallah ableistete, erzählte, daß sie solche »Prozeduren, die den Tod garantieren«, geradezu einüben. »Was bedeutet, den Tod garantieren?« – »Wir schießen in den Kopf.« Er war überrascht, daß er während seiner regulären Militärzeit noch nicht mit solchen »ensuring death«-Maßnahmen konfrontiert worden war. Diese »Verdeckten Einheiten« operieren ständig in den besetzten Gebieten.

Am 6. Januar 1995 erschossen laut amnesty international London Soldaten in Zivil vier Palästinenser im Alter von 16 bis 32 Jahren bei Bet Liqya aus einem Volkswagen-Bus, ohne ihnen überhaupt eine Chance zur Kapitulation zu geben. Minuten später schaffte die reguläre israelische Armee die Leichen fort.

Am 6. Juni 1996 wurde der 28jährige Daud Shweiki nachts vor seinem Haus in Ras al-Amud in Ost-Jerusalem getötet. Als er sich einem weißen Ford Transit näherte, wurde auf ihn aus dem Auto heraus geschossen. Auch sein Bruder wurde durch einen Schuß in die Brust verletzt. Die Untersuchungen wurden nach Angaben von Eran Shendar, Leiter der Untersuchungsabteilung für Polizeioffiziere im Justizministerium, Anfang August eingestellt. Der Zwischenfall sei auf eine unglückliche Verkettung verschiedener Umstände zurückzuführen. Daud habe geglaubt, das Auto werde gestohlen, und die »Verdeckten Einheiten« hielten die Männer für Terroristen. B'Tselem merkt an, in 12 von 13 Fällen werde ähnlich argumentiert.

Am 13. November 1996 erschossen Soldaten einer »Verdeckten Einheit« an einer Straßensperre zwischen Ramallah und Nablus den 18jährigen Iyad Dadran. Nach Aussagen des Fahrers hatten sie auf das haltende Auto das Feuer eröffnet.

Am 25. Februar 1997 führten Soldaten in Zivil im Dorf Hizmeh (Bezirk Ramallah) »Übungen« durch. Sie begannen zu schießen und verwundeten mehrere Einwohner, darunter den 57jährigen Mohammad al-Hilu am Bein. Er mußte sich hinsetzen. Ein Soldat schlug ihm zirka 20 Minuten mit einem Radio auf den Kopf, so daß er starb. Die von Einwohnern informierten Sicherheitskräfte weigerten sich, das Dorf zu betreten. Der Pressesprecher der Armee behauptete, die Soldaten seien angegriffen worden und hätten erst dann das Feuer eröffnet, dabei seien ein Bewohner getötet und weitere verwundet worden.[8]

Sieben von zehn Kommandeuren sind angeklagt worden. Dennoch sind die israelische Regierung und die Armee stolz auf ihre »Todesschwadronen«. General Jair Naweh erklärte: »Duwdewan (Kirsche) ist eine außergewöhnliche Einheit mit wunderbaren Kämpfern.« Mitunter muß bei den Einsätzen auch ein Israeli sein Leben lassen. Als ein Autofahrer aus Südisrael sich bei Hebron nicht kontrollieren lassen wollte, erschossen ihn die Soldaten. Seit Beginn der Intifada 1987 wurden 179 Palästinenser durch »Verdeckte Einheiten« getötet, 56 davon seit Unterzeichnung der Osloer Vereinbarungen. Die Aktionen dieser Einheiten haben insbesondere seit der Al-Aqsa-Intifada zugenommen. Am 25. Juli 2001 entführten die Todesschwadronen sieben Tatverdächtige. Fünf wurden wieder freigelassen.

Die israelische Regierung begründet ihre brutalen Einsätze gegen Palästinenser und völkerrechtswidrige Maßnahmen wie Landenteignungen, Zerstörung und Versiegelung von Häusern, Abriegelung der Gebiete, Einschränkungen der Bewegungsfreiheit, Freiräume für die Gewaltanwendung bei Verhören durch Geheimdienstagenten sowie die Ausdehnung der Administrativhaft von sechs Monaten auf ein Jahr mit Sicherheitsinteressen. »Legitime Sicherheitsinteressen« und der Übereifer der Behörden sind auch die Standardrechtfertigungen für die israelischen Übergriffe und Menschenrechtsverletzungen. Das Sicherheitsargument wird jedoch nur als Vorwand genutzt, um die Palästinenser zu unterdrücken, ökonomisch auszubeuten und sich des Landes auf völkerrechtswidrige Weise zu bemächtigen.[9]

Administrativhaft

Bevor die israelische Armee sich in den Autonomiegebieten aus den Bevölkerungszentren zurückgezogen hat, verhaftete sie zahlreiche Palästinenser, die als Gegner des Friedensprozesses bekannt waren, und ordnete für einige von ihnen Administrativhaft an. Vor der Unterzeichnung der Oslo-Abkommen saßen zirka 800 Häftlinge ein; im September 1993 befanden sich 277 in Verwaltungshaft. Seither schwankt diese Zahl, zur Zeit sind nur 12 in Haft, außerdem zwei Libanesen, die von israelischen Sicherheitskräften entführt wurden, um sie gegen Israelis auszutauschen. Die israelischen Behörden wählen Administrativhaft, wenn eine bestimmte Person eine Gefahr für die Sicherheit darstellen könnte. Für diese Haftform ist keine Anklage erforderlich, und sie kann mehrmals halbjährlich, seit Februar 1996 jährlich verlängert werden. Die Häftlinge werden nur sehr vage über die Gründe unterrichtet. Da alle »Beweisstücke« als »geheim« unter

Verschluß gehalten werden, besteht für die Beschuldigten keine Möglichkeit, die »Beweise« zu entkräften. Einige verbringen mehrere Jahre in Administrativhaft, ohne angeklagt zu werden. Die Haftdauer hat während des Friedensprozesses zugenommen.

Die Behörden setzen diese Haftform auch als eine alternative Form der Bestrafung ein, insbesondere dann, wenn ihnen hinreichende Beweise für eine Anklage fehlen. Die »rechtliche Grundlage« für diese Haftform bildet Militärbefehl Nr. 1229 aus dem Jahre 1988. Das Völkerrecht erlaubt sie nur unter ganz bestimmten Bedingungen und legt andere Kriterien fest als die Militärbefehle.[10] Die israelische Regierung behauptet, sie wähle die Administrativhaft nur aus sicherheitspolitischen Erwägungen. Nach Angaben von B'Tselem gilt diese Haftform als eine »bequeme Alternative zu einem ordentlichen Prozeß und einer Strafe; und ›Sicherheit‹ wird so weit gefaßt, daß sie gewaltlose politische Betätigung und die Äußerung einer politischen Meinung einschließt«[11].

Ein besonders aufschlußreiches Beispiel für Administrativhaft ist der Fall von Ahmad Quattamesh. Er saß fünf Jahre und sieben Monate in Administrativhaft, bevor er im April 1998 freigelassen wurde, ohne jemals angeklagt worden zu sein. Im November 1999 erhielt er eine Einladung nach Dänemark, um auf einer Konferenz des Parlaments zusammen mit dem Direktor von B'Tselem, Eitan Felner, über politische Gefangene in Israel zu sprechen. Trotz Einsatzes zahlreicher Menschrechtsorganisationen erhielt er von den israelischen Behörden keine Ausreiseerlaubnis. Nachdem er die Petition »Der Schrei des Vaterlandes« unterzeichnet hatte, wurde er von Arafats Autonomiebehörde für drei Wochen eingesperrt und danach auf Kaution freigelassen.

Folter

Ein besonders heikles Thema sind die Folterungen von Palästinensern durch den israelischen Inlandsgeheimdienst Shin Bet. Im Juni 1994 hatte Human Rights Watch in Washington eine umfangreiche Dokumentation vorgelegt. Auch ein Bericht von

B'Tselem vom 17. November 1994 dokumentiert, daß nach Beginn des Friedensprozesses weiterhin Folter bei Verhören angewendet wird. Amnesty international und die Internationale Juristenkommission in Genf wiesen Anfang Februar 1995 ebenfalls auf die fortdauernden Folterungen durch den Shin Bet hin.[12] Anfang Juni 1997 bestätigte die Generalsekretärin von The Public Committee Against Torture in Israel (PCATI), Hannah Friedman, dies in einem Gespräch mit mir. Es sterben zwar weniger inhaftierte Palästinenser als früher, aber die Folterungen haben zugenommen. Die Verhöreinrichtungen des Geheimdienstes befinden sich in einem gesonderten Teil der Gefängnisse oder in Einrichtungen des Militärs, über die weder der Militärkommandeur noch der Gefängnisleiter Befehlsgewalt besitzt. Der Shin Bet agiert in einem rechtsfreien Raum.

Der Palästinenser Abd el Samed Harizat starb am 26. April durch »heftiges Schütteln« (violent shaking), vier Tage nach seiner Verhaftung. Harizat war nach Angaben des Mandela-Instituts als völlig gesunder Mann ins Gefängnis eingeliefert worden. Die israelischen Behörden warfen ihm vor, er sei Mitglied der Hamas und an einigen Anschlägen beteiligt gewesen. Die Autopsie ergab, daß er aufgrund von inneren Kopfverletzungen starb. Sein Tod löste in Israel eine kontroverse Diskussion über die Verhörmethoden des Shin Bet aus. Diese Methoden, die im geheimen Teil des Landau-Berichtes niedergelegt sind, waren schon immer heftig umstritten, erlauben sie doch die Anwendung »moderater physischer Gewalt«, sprich Folter.[13] Zum ersten Mal gab die israelische Regierung zu, daß ein Palästinenser durch Verhörmethoden des Shin Bet zu Tode gekommen ist. Der Bericht von B'Tselem schließt mit dem Appell: »Die israelische Regierung muß umgehend Schritte einleiten, die der Folter bei Verhören ein für alle Male ein Ende setzt.« Besonders perfide ist, daß laut Angaben des israelischen Militärrundfunks Shin-Bet-Agenten palästinensischen Kollaborateuren befohlen haben sollen, Harizat zu foltern.

Das jüngste Todesopfer ist der 18jährige Nidal Abu Srour, der am 29. Januar 1998 Selbstmord durch Erhängen begangen haben soll. Am 6. Januar wurde er verhaftet und in die Verhörabteilung des Shin Bet im »Russian Compound« in Jerusalem gebracht. Am 17. Januar lieferte man ihn ins Hadassah Krankenhaus ein, wo er zwölf Tage später starb. Die Autopsie ergab, daß Abu Srour bereits seit zehn Tagen hirntot war. Nach Angaben des Mandela-Instituts wies der Körper keine Spuren äußerer Gewalt auf. Menschenrechtsorganisationen vermuten, der Shin Bet habe bei diesem Gefangenen neue Verhörmethoden angewandt. Ein Selbstmord sei auszuschließen, da Srour mit gewöhnlichen israelischen Kriminellen in einer Zelle eingesperrt war. Sein Tod führte zu heftigen Ausschreitungen in Bethlehem.

Ministerpräsident Yitzhak Rabin hatte 1995 bestätigt, daß an etwa 8000 Palästinensern die Schüttel-Methode angewandt worden sei. Während er die Schüttel-Methode generell verteidigte, forderten der damalige Justizminister David Libai und der Generalstaatsanwalt Michael Ben-Yair eine striktere Auslegung der Vorschriften. In einem Interview mit der juristischen Fachzeitschrift »HaLishka«, das in »Ha'aretz« vom 19. Oktober 1995 auszugsweise zitiert wurde, kritisierte Ben-Yair , daß der Shin Bet sich über das Gesetz stelle. Das »Schütteln« könne zum Tode führen und verursache Gehirnschäden. »Ich bin nicht bereit zu akzeptieren, daß jeder junge Palästinenser mit Bart, der verhaftet wird, einen Hirnschaden erleidet … In diesem Land gilt das Gesetz für alle staatlichen Stellen einschließlich den Shin Bet und für solche, die für ihn verantwortlich sind, d. h. den Ministerpräsidenten.« Rabin und der Shin Bet warfen dem Generalstaatsanwalt postwendend vor, er binde dem Geheimdienst im Kampf gegen den Terrorismus die Hände. An den Verhörmethoden des Shin Bet änderte sich nichts. Nach einem Terroranschlag im Januar 1995 gestattete die Regierung dem Shin Bet sogar, für eine begrenzte Zeit nicht näher definierte »außergewöhnliche Methoden« anzuwenden. Zu den normalen Verhörmethoden des Shin Bet gehören: Schlafentzug, der sich über Wochen hinziehen kann, Schläge auf alle Teile des Körpers, Verbalinjurien, langes Stehen oder Sitzen in unbequemen Positionen, Einsperren in einem sehr engen Raum sowie den Häftling extremen Temperaturen auszusetzen.

Die meisten der gefolterten Gefangenen wurden freigelassen, ohne daß gegen sie Anklage erhoben worden wäre. Dazu B'Tselem: »Dies legt die Annahme nahe, daß physische Gewalt eher die Regel als die Ausnahme in den GSS-Verhören darstellt.«[14] Am 1. Dezember 1995 mußte der 15jährige Abdel Rahman Asaad Shamlah nach zweimonatigem intensiven Verhör im Gefängnis von Ashkelon ins Krankenhaus eingeliefert werden, weil er seine Bewegungsabläufe nicht mehr kontrollieren konnte. Zur gleichen Zeit verlor der 18jährige Islam Sharif Abu Al-Izzah im Jalma-Gefängnis ein Auge, da seine Verhörer ihn heftig geschlagen hatten. Zum Foltern setzen die Israelis mitunter palästinensische Kollaborateure ein. Von ihrer Verantwortung für die Mißhandlung Gefangener werden sie dadurch jedoch nicht entbunden, wie B'Tselem feststellt.

Die palästinensischen Menschenrechtsorganisationen Mandela-Institute und Al-Haq berichteten über die Ermordung von drei Palästinensern in israelischen Gefängnissen durch Palästinenser. Ebenso erschütternd ist die eidesstattliche Erklärung des 28jährigen Abdel Rahman al-Ahmar aus dem Flüchtlingslager Deheische in Bethlehem. Am 19. November 1995 wurde er in Administrativhaft genommen und am 14. Februar 1996 in die Verhörabteilung des Geheimdienstes Shin Bet in das Gefängnis in West-Jerusalem gebracht. Der Vorsitzende des Militärgerichtes, Shlomo Isaacson, verlängerte die Verhördauer, obwohl al-Ahmar ihm über Folterungen berichtet hatte.[15] Eine besonders perfide Art des Verhörs wandte der Shin Bet im Falle des Ehepaares Salem und Hanan Ali aus dem Dorf Bani Na'im in der Nähe Hebrons an. Das Ehepaar wurde beschimpft und durch Verbalinjurien gedemütigt. Salem Ali wurde auch schwer mißhandelt.[16]

Am 11. Januar 1996 gestattete das Oberste Gericht dem Shin Bet erstmals die Anwendung »moderater physischer Gewalt«. Ein Novum in der israelischen Rechtsgeschichte. Die Menschenrechtsorganisationen sahen diese Entscheidung als einen Rückschlag in ihrem Kampf gegen Folter und Mißhandlung von Palästinensern an. In einer gemeinsamen Presseerklärung vom 28. Januar 1996 verurteilten B'Tselem, HaMoked, PCATI und PHR die Verhörmethoden als Folter. Der am 6. Dezember 1995 verhaftete Palästinenser Abd el-Halim Balbisi war 18 Tage vom Shin Bet verhört worden, der ihm Beteiligung am Terrorismus vorwarf. Auf Antrag seines Anwaltes Andre Rosenthal hatte das Gericht dem Geheimdienst vorübergehend die gewaltsamen

Verhörmethoden untersagt. Der Anwalt hatte schriftlich versichert, sein Mandant sei nicht in Terroranschläge verwickelt gewesen. Nach einigen Tagen, in denen er keiner Gewaltanwendung ausgesetzt war, gestand Balbisi jedoch, daß er in seinem Haus die Bomben hergestellt hatte, die durch zwei Selbstmordattentäter in Beit Lid zur Explosion gebracht wurden und 21 Israelis töteten. Eine dritte Bombe habe nicht eingesetzt werden können, da der potentielle Selbstmordattentäter nicht erschienen sei.

Das Versteck gab Balbisi preis. Dieses Geständnis und die mögliche Gefahr weiterer Terroranschläge veranlaßten das Gericht, die einstweilige Verfügung gegen den Shin Bet aufzuheben. Es wurde jedoch darauf hingewiesen, daß dies keine gesetzwidrigen Maßnahmen rechtfertige. Die Verhörmethoden seien nur zur möglichen Verhinderung von Attentaten erlaubt. Diese Begründung beruht auf Artikel 34 des Strafgesetzbuches, der Vertretern des Staates Straffreiheit garantiert, wenn ihre Maßnahmen dazu dienten, das Leben oder das Eigentum anderer vor Schaden zu bewahren. Eine ähnliche Begründung gab das Oberste Gericht in den Fällen von Muhammad Abd al-Aziz Hamdan vom 14. November und Khader Mubarak am 17. November 1996.[17]

Während der Verhandlung im Fall Hamdan geriet Anwalt Rosenthal in eine schwierige Lage. Das Gericht konstruierte folgende Situation: Ein Bombenanschlag auf ein Hochhaus sei angekündigt worden und der Verhörer ahne, daß der Häftling wisse, wo die Bombe versteckt sei. Noch habe man die Chance, die Bombe zu entschärfen und damit Menschenleben zu retten. Was solle der Beamte tun? Als der Anwalt entgegnete, auch dann dürfe keine physische Gewalt angewendet werden, bemerkte der Richter: »Das ist doch unmoralisch: so eine Position habe ich ja noch nie gehört. Da sollen also womöglich tausend Menschen sterben, und Sie schlagen vor, nichts zu tun?«

Das Oberste Gericht entschied am 7. und 11. Januar 1998, daß der Shin Bet auch bei Abdel Ghneimat und Fuad Qu'ran seine Verhörmethoden weiter praktizieren könne. Die Befürchtungen von Menschenrechtsorganisationen, daß solche Einzelfallentscheidungen zu einer generellen Regel werden könnten, haben sich bestätigt. Das Oberste Gericht gab dem Druck des Geheimdienstes nach, obwohl der Anti-Folterausschuß der Vereinten Nationen im Mai 1997 feststellte, daß die Verhörmethoden des Shin Bet im Widerspruch zur UN-Folterkonvention stehen, die von Israel 1991 unterzeichnet wurde. Das Oberste Gericht hatte auch gegen die Entscheidung des Militärgerichts nicht interveniert, die Verhöre von Ghneimat zu verlängern.

Die Güterabwägung, die das Oberste Gericht vornahm, ist problematisch. Ein Staat darf seinen Beamten nicht vorschreiben, in vorhersehbaren Situationen rechtswidrig zu handeln. Nach dem Völkerrecht ist es verboten, Kriegsgefangene zum Zwecke der Preisgabe von Geheimnissen zu foltern. Folter ist auch nach israelischem Recht verboten. Das Gericht machte sich die Ansicht der Polizei zu eigen, daß die Gefangenen »tickende Zeitbomben« seien. Auf dieser Annahme beruhte auch die Rechtfertigungstheorie, die nach Meinung von israelischen Rechtsexperten der systematischen Folter Tür und Tor öffnet. Die Einschätzung von Palästinensern als »tickenden Zeitbomben« verhindert erstens keine Anschläge. Zweitens weiß man zu Beginn der Folterungen nicht, ob der Häftling lebensrettende Informationen besitzt. Das im Rechtsstaat geltende Prinzip der Unschuldsvermutung wird damit außer Kraft gesetzt. Führt moderate Gewalt nicht zum Ziel, werden die Maßnahmen verschärft; deshalb sterben immer wieder Menschen an den Folgen der Folter. Auch ein fälliges Strafverfahren wird zur Farce, wenn die Geständnisse erpreßt worden sind.

Im April und Mai 1999 veröffentlichte das Public Committee against Torture in Israel (PCATI) fast täglich Berichte von Palästinensern, die während ihrer Untersuchungshaft von Shin Bet-Agenten gefoltert worden waren. PCATI wies darauf hin, daß das Oberste Gericht dem Shin Bet regelmäßig Recht gibt. Mordechai Kremnitzer, Rechtsprofessor an der hebräischen Universität in Jerusalem, schrieb über die Rechtsprechung des Obersten Gerichts im Juni 1998 in »Law and the Government«: »Die größte Kluft zwischen dem geschriebenen Recht und dem Recht *in praxi* zeigt sich in einer Reihe von Entscheidungen des Obersten Gerichts. Es gestattet dem Shin Bet routinemäßig – ohne Beratung – physische und psychische Gewalt gegen Personen auszuüben, die im Verdacht stehen, Kenntnis von terroristischen Aktivitäten zu haben. Indem das Oberste Gericht als ein willenloses Werkzeug für den Shin Bet agiert, ist es zu einer rechtlichen Instanz geworden, die regelmäßig die Verweigerung fundamentaler Menschenrechte rechtfertigt.«[18]

Gegen die Folterungen von Palästinensern durch Shin Bet-Agenten haben die Menschrechtsorganisationen jahrzehntelang Protest eingelegt. Im Januar 1998 reichten die israelischen Menschenrechtsorganisationen Association for Civil Rights (ACRI), HaMoked: Center for the Defense of the Individual und das Public Committee Against Torture in Israel (PCATI) eine Petition beim Obersten Gericht in Israel ein, dem Shin Bet Folter von palästinensischen Gefangenen zu untersagen. Die Anhörungen zogen sich über eineinhalb Jahre hin, bevor das Oberste Gericht eine für Israel außergewöhnliche Entscheidung fällte: Es untersagte am 6. September 1999 dem Geheimdienst, Folter als Verhörmethode einzusetzen. Der Generalstaatsanwalt hatte argumentiert, Folter sei ein »unverzichtbares Instrument zur Verteidigung des Staates«. Trotz massiven Drucks seitens des Sicherheitsestablishments und Teilen der Öffentlichkeit erklärte der Vorsitzende Richter Aaron Barak in seiner Urteilsbegründung gewaltsame Verhörmethoden für gesetzeswidrig. Zu den praktizierten Techniken zählten das gewaltsame Schütteln, das Festhalten in der »Shabah«-Position, wobei der Gefangene in gekrümmter Körperhaltung mit einem Sack über dem Kopf auf einem niedrigen Stuhl gefesselt und lauter Musik ausgesetzt wird. Khader Shkirat betonte in einem Interview mit mir vom 28. Juli 2000 in der Wochenzeitung »Das Parlament«, die Entscheidung des israelischen Gerichts sei in dem Sinne »fortschrittlich«, als das Oberste Gericht alle früheren Eingaben zurückgewiesen habe. Das Gericht habe erstmals gegen die militärisch-politische Klasse entschieden. Folter sei allerdings nicht generell für unrechtmäßig erklärt worden. Das Oberste Gericht habe sie nur deshalb als illegal bezeichnet, weil die gesetzliche Grundlage fehle, die Verhörmethoden also nicht durch ein Gesetz, sondern nur durch eine Verordnung abgesichert seien. Problematisch wäre, daß Folter gegenüber Palästinensern in der israelischen Gesellschaft weitestgehend akzeptiert werde. »Die Israelis haben ihre Strategie geändert, sie benutzen jetzt palästinensische Kollaborateure, um die Gefangenen zu foltern«, so Shkirat.

Unmittelbar nach der Gerichtsentscheidung setzte Ministerpräsident Ehud Barak ein Ministerkomitee für Shin Bet-Angelegenheiten ein, das sich mit der Bedrohung der Sicherheit befassen und Vorschläge für rechtliche Maßnahmen ausarbeiten sollte. B'Tselem versuchte in einer ausführlichen Begründung die eigene Regierung zu überzeugen, von jeder Art der gesetzlichen Rechtfertigung von Gewalt bei Verhören abzusehen. Solche Gesetze würden den demokratischen Charakter der Regierung in Frage stellen und ihrer internationalen Reputation schaden.[19] Überlegungen über eine Spezialgesetzgebung, die Folter wieder erlaubt hätte, wurden auch auf ausländischen Druck im Februar 2000 wieder fallengelassen. Dies zeigt, wie wichtig die Einmischung des Auslandes in die inneren Angelegenheiten Israels ist. Dennoch hat der Likud-Abgeordnete Reuven Rivlin einen Gesetzentwurf in der Knesset eingebracht, der Folter beim Verhör gestatten würde; über 46 Abgeordnete haben ihn bereits mit ihrer Unterschrift unterstützt. Auch Ehud Barak hatte sich der Position des Likud angenähert. Er trat für eine »minimalistische Gesetzgebung« ein, die die Grenzen für eine »Verteidigung aus Notwendigkeit« genau definiert. Der Wortlaut des Gesetzestextes ist so doppeldeutig, daß den Beamten des Geheimdienstes absolute Entscheidungsfreiheit zugestanden wird. Selbst von »Liberalen« wie dem Journalisten Dan Margalit wird die Anwendung von Folter gerechtfertigt. In der Zeitung »Ha'aretz« vom 1. November 1999 argumentiert er, die israelischen Foltermethoden seien »zivilisierter als andere Methoden, die im Nahen Osten üblich sind«. Die Foltermethoden seien »hart, aber verantwortlich eingesetzt«.

Wie der Direktor von B'Tselem, Eitan Felner, in einem Interview erklärte, das ich mit ihm für die Wochenzeitung »Das Parlament« vom 28. Juli 2000 führte, hat das Ministerkomitee am 6. Juni 2000 einen Gesetzentwurf in der Knesset eingebracht, der Geiselnahme erlauben soll. Damit sollte nachträglich das Kidnapping von zwei führenden Hisbollah-Funktionären legalisiert werden.

Weiterhin werden im israelischen Parlament seit Jahren folgende Gesetze beraten, die die Anwendung von Gewalt bei Verhören legalisieren würden: das Strafgesetz (Ergänzung – Verbot von Folter), 1995, und das Gesetz über den Allgemeinen Sicherheitsdienst, GSS.[20]

Nach Auskunft von B'Tselem vom Mai 2001 sind alle diese Gesetzesinitiativen nicht über die Erste Lesung hinausgekommen. Der von Ehud Barak eingesetzte Regierungsausschuß, der zuletzt vom ehemaligen Justizminister Jossi Beilin und dem jetzigen Transportminister Ephraim Sneh geleitet wurde, hat bisher keinerlei Vorschläge präsentiert. Er tritt öffentlich nicht mehr in Erscheinung, so daß unklar ist, ob er überhaupt noch existiert.

Die Anwendung von Foltermethoden bei Verhören durch den Shin Bet ist seit der Anti-Folter-Entscheidung des Obersten Gerichts nach Aussagen von Menschenrechtsaktivisten zurückgegangen, wenn auch Folter bei Verhören nicht gänzlich aufgehört habe. Auf eine Beschwerde der palästinensischen Menschenrechtsorganisation LAW im Falle des 18jährigen Rami Iz'oul erklärte der israelische Generalstaatsanwalt, eine Untersuchung der Folter-Vorwürfe sei nicht im »öffentlichen Interesse«.[21] Iz'oul wurde in seiner Wohnung im Dorf Husan in der Nähe von Bethlehem am 30. Oktober 2000 verhaftet. Seitdem sitzt er in Untersuchungshaft und wurde während der Vernehmungen geschlagen und mit kaltem Wasser übergossen. Aufgrund seines Gesundheitszustands wurde er ins Hadassa-Krankenhaus in Jerusalem eingeliefert. Nach seiner Entlassung wurde er im Gefängnis wiederum geschlagen und unter Druck gesetzt, ein Schuldeingeständnis zu unterschreiben. LAW dokumentierte die Fälle von zwei weiteren Folteropfern: Im Gefängnis von Aschkalon wurde der 28jährige Ayman al Ajluni am 20. Dezember 2000 in seinem Haus nahe Hebron verhaftet. In den ersten fünf Tagen wurde er gefoltert. Mit verbundenen Augen, die Hände auf dem Rücken gefesselt, mußte er auf einem Kinderstuhl sitzen und wurde durch Schlafentzug und Todesdrohungen gequält. Der 41jährige Yunis Al Atrash, Vater von zwölf Kindern, wurde am 8. Januar 2001 in der H-2-Zone in Hebron verhaftet und ins Gefängnis von Aschkalon gebracht, wo er ebenfalls mit verbundenen Augen auf einem niedrigen Stuhl sitzen und Beschimpfungen über sich ergehen lassen mußte. Das Public Committee against Torture in Israel (PCATI) wies in einer Pressemitteilung vom 18. Januar 2001 auf den Fall Nidal Ahmed Salaam Abaiat hin, der im Kishon Gefängnis gefoltert worden sein soll.[22] Am 12. Februar 2001 appellierte PCATI an den Generalstaatsanwalt Elyakim Rubinstein, den Fall des britischen Staatsbürgers Jehard Shuman bekannt zu machen, damit die Umstände öffentlich diskutiert werden könnten. Suhman wurde am 5. Januar verhaftet und vom Shin Bet gefoltert.

In der Folge der Al-Aqsa-Intifada scheint Folter wieder weitgehend praktiziert zu werden, wie die Stellungnahmen zahlreicher israelischer und palästinensischer Menschenrechtsorganisationen zeigen. So wandten sich PCATI und PHRMG am 11. Juni mit einer Petition an das Oberste Gericht in Israel, die Folterung von Abed Rahman al-Ahmar, eines Mitarbeiters von PHRMG, durch den Shin Bet zu stoppen. Gleichzeitig wurde die Untersuchungshaft bei einer Anhörung vor einem Militärgericht im Russian Compound in Jerusalem um 15 Tage verlängert. Einem Einspruch am 24. Juni beim Militärgericht in Beit El wurde nicht stattgegeben, da der Shin Bet weitere »geheime Beweise« vorgelegt habe, die aber für die Anwältin Alegra Pacheco nicht zur Einsicht freigegeben wurden. Die Militärgerichte erkennen diese »geheimen« Beweise immer noch an, obwohl die entsprechenden Geständnisse oft aufgrund von Folter zustande kamen. Am 26. Juni wandte sich die Menschenrechtsorganisation Palestinian Centre for Human Rights (PCHR) in einem Brief an UN-Generalsekretär Kofi Annan und an die Kommissarin für Menschenrechte, Mary Robinson, mit der Bitte, Druck auf Israel auszuüben, die Folterungen palästinensischer Gefangener einzustellen.

Im Zusammenhang mit der Folter wird immer wieder die Rolle der Ärzte in diesem System diskutiert. Auf einer Konferenz im Juni 1993 in Tel Aviv[23] wurden heftige Vorwürfe gegen Mediziner erhoben, die in den Gefängnissen tätig sind. Darunter sind übrigens viele Einwanderer. Aus einem Bericht von amnesty international[24] geht hervor, daß sich viele für das Militär tätige Ärzte mit dessen Zielen identifizieren und das Problem der Sicherheit für sie im Vordergrund steht. Auch der Ärzteverband beziehe keine klare Position. »Da sie zum einen weiterhin die Opfer der Folterungen versorgen, damit sie erneut gefoltert werden können, und zum anderen nichts unternehmen, um dieser Folterpraxis ein Ende zu bereiten, verletzen die israelischen Ärzte und andere Angehörige medizinischer Berufe, die für die palästinensischen Häftlinge während der Verhöre zuständig sind, ihr Berufsethos und lassen sich zu einem wesentlichen Bestandteil des Systems der Folterungen machen«, so der Bericht von amnesty international.

»Stille Deportation«, Hauszerstörung, Verweigerung von Baugenehmigungen und Einschränkung der Bewegungsfreiheit

Nach Oslo machen die Zerstörung von Häusern, die Erweiterung von Siedlungen, die »ethnische Säuberung« von Palästinensern in Ost-Jerusalem, die Konfiszierung von Land und der damit zusammenhängende Bau von Umgehungsstraßen sowie die Abriegelung der besetzten und autonomen Gebiete den Hauptanteil der von Israelis begangenen Menschenrechtsverletzungen aus. Nach Angaben von amnesty international und B'Tselem sind in den Jahren 1987 bis 2000 2745 Häuser zerstört worden, allein in der Westbank sind für die nächsten Jahre weitere 900 »vorgemerkt«. Dort sind hauptsächlich Häuser betroffen, die in der Nähe von Siedlungen oder »Umgehungsstraßen« stehen.

Seit Ausbruch der Al-Aqsa-Intifada ist eine Zunahme der Zerstörungen festzustellen. Vom Beginn des Friedensprozesses im September 1993 bis Ende 2000 sind 794 Häuser zerstört worden, davon 224 in Ost-Jerusalem. Amnesty international vermutet, daß derzeit 1300 Häusern in Zone C, in der Israel die alleinige Kontrolle ausübt, und rund 12 000 in Ost-Jerusalem die Zerstörung droht – angeblich alles »Schwarzbauten«. Da Palästinenser so gut wie keine Baugenehmigungen erhalten, sind sie oft zu solchen »illegalen« Handlungen gezwungen. Immer wieder wird die abschreckende Wirkung der drakonischen Maßnahmen als Begründung ins Feld geführt: Nicht nur der Täter soll bestraft werden, sondern seine Familie bzw. sein Umfeld.[25]

Israel beruft sich bei diesen völkerrechtswidrigen Aktionen

auf Artikel 119 der Notstandsverordnungen aus der britischen Mandatszeit. Laut Artikel 53 der Genfer Konvention darf jedoch eine Besatzungsmacht nur bei »absoluter militärischer Notwendigkeit« Häuser zerstören. Palästinenser können gegen den Zerstörungsbescheid beim zuständigen Militärkommandeur schriftlich Einspruch erheben. Wird dieser abgelehnt, hat der Betroffene das Recht, eine Eingabe beim Obersten Gericht zu machen. Bisher wurde in fast allen Fällen der Zerstörungsverfügung der Armee stattgegeben. Seit der Besetzung Ost-Jerusalems im Sechstagekrieg haben alle israelischen Regierungen das Ziel verfolgt, die demographische Entwicklung zugunsten der jüdischen Einwohner zu verändern. Dank einer gezielten Siedlungspolitik gelang dies bis zum Jahr 1993: Nachdem um Ost-Jerusalem herum ein Siedlungsring errichtet worden war, lebten 155 000 Israelis und 150 000 Palästinenser in diesem Stadtteil. Ende 2000 hatten die israelischen Behörden 44 Prozent der Fläche von ganz Jerusalem für »öffentliche Zwecke« konfisziert und 40 Prozent zu »grünen Zonen« erklärt, um den Palästinensern das Bauen zu verweigern. Sollte eine Siedlung gebaut werden, hob man den Status auf; so wurde z. B. mit dem hügeligen Gelände westlich von Shufat und Abu Ghneim (Har Homa) verfahren. Seit der Besetzung werden in Ost-Jerusalem lebende Palästinenser rassisch diskriminiert. Bürgermeister Ehud Olmert setzt die intensive Politik der »Judaisierung« fort. Seit er das Amt von dem »liberalen« Teddy Kollek (1965–1994) übernahm, wurden erheblich mehr Anordnungen zur Zerstörung von Häusern in Ost-Jerusalem erteilt als vorher. Bei der zur Zeit laufenden politisch motivierten Kampagne zur Häuserzerstörung wird Olmert von seinem Stellvertreter Shmuel Meir unterstützt, hinter dem religiös-nationalistische Siedlergruppen stehen.[26]

Nicht nur die existentiellen, sondern auch die psychischen Konsequenzen dieser Häuserzerstörungen sind traumatisch. Es gibt keine Vorwarnung. Die Bulldozer rücken in Begleitung von bewaffneten Soldaten an. Der Familie bleiben 15 Minuten Zeit, um ein paar Habseligkeiten zusammenzuraffen. Wenn sie oder Nachbarn sich dagegen zur Wehr setzen, werden sie von den Soldaten geschlagen oder mit gummiummantelten Metallkugeln beschossen. Die Zerstörung von Häusern ist nicht nur moralisch höchst fragwürdig, sondern verstößt auch eklatant gegen Völkerrecht, das das Recht auf Wohnung schützt.

Während der Regierung von Benjamin Netanyahu waltete vor allem in Ost-Jerusalem eine Politik, die Menschenrechtsorganisationen als »stille Deportation«[27] von Palästinensern charakterisieren. Ihre Hauptinstrumente sind neben der reduzierten Vergabe von Baugenehmigungen eine rigide Regelung der Familienzusammenführung, Landenteignungen und minimale Investitionen in die Infrastruktur. Unter Ehud Baraks Regierung sind diese Maßnahmen weniger exzessiv betrieben, jedoch niemals vollständig eingestellt worden, wie Khader Shkirat in einem Interview mit mir betonte.[28]

Die palästinensischen Anwälte sind davon überzeugt, daß der Hohe Planungsrat nicht eine einzige Entscheidung zugunsten der Hausbesitzer fällen wird, deren Häuser von der Zerstörung bedroht sind. Eine Baugenehmigung werde Palästinensern aus Prinzip verweigert und nicht infolge der Verletzung von Bauvorschriften. Seit der Besetzung Ost-Jerusalems wurden knapp 38 500 Wohneinheiten für Israelis und keine einzige für die Palästinenser errichtet oder gefördert. »Jerusalem wächst nur für Juden«, resümierte Jörg Bremer in der »FAZ« vom 1. April 1997. Der ehemalige Bürgermeister Kollek wies in einem Leserbrief auf einige Dienstleistungen für die Bewohner Ost-Jerusalems hin; dabei handelte es sich allerdings um Maßnahmen, die auch in israelischem Interesse lagen. Kollek verfolgte keine grundsätzlich andere Politik als Olmert, hatte sie aber rhetorisch geschickter verpackt, wie ein Interview zeigt, das am 10. Oktober 1990 in »Maariv« erschien. Nach dem Massaker in der Al-Aqsa-Moschee sprach er offen über Israels politische Ziele. »Wir sagten Dinge, ohne sie so zu meinen, und wir haben sie nicht verwirklicht. Wir erklärten immer wieder, daß wir die Rechte der Araber und die Rechte der Juden angleichen würden – alles leeres Geschwätz. Levi Eshkol und Menachem Begin versprachen ihnen gleiche Rechte – beide brachen ihr Versprechen ... Niemals haben wir ihnen das Gefühl gegeben, sie seien vor dem Gesetz gleich. Sie waren und bleiben Bürger zweiter und dritter Klasse. ... Für das jüdische Jerusalem habe ich etwas getan in den letzten 25 Jahren. Für den Ostteil nichts! Bürgersteige? Nichts! Kulturelle Einrichtungen? Keine einzige. Ja, wir haben ein Abwassersystem für sie gebaut und die Wasserqualität verbessert. Wissen Sie auch, warum? Sie glauben doch nicht, es sei dabei um ihren Vorteil oder ihr Wohlbefinden gegangen? Das können Sie vergessen! Es gab einige Cholerafälle dort, und die Juden waren besorgt, daß sie sich infizieren könnten. Wegen der Cholera haben wir das Abwassersystem installiert und das Wasser verbessert.« In einer Sitzung des Stadtrates vom 27. Dezember 1994 sagte Kollek: »Jeder, der behauptet, daß es die Araber hier gut haben, hat schlicht Unrecht ... Nehmen Sie Beit Safafa als Beispiel. Ein Teil ihres Landes wurde für Katamon, ein Teil für ›Itri‹, einiges für Gilo und einiges für die Durchgangsstraße in der Nachbarschaft und für Pott gebraucht ... Und die gleiche Geschichte könnte ich Ihnen für jedes Dorf erzählen.«

Die Politik der »stillen Deportation« hat dramatische Konsequenzen für die Bewohner Ost-Jerusalems. Nach israelischem Gesetz haben die in der Stadt lebenden Palästinenser ein dauerndes Aufenthaltsrecht. Ihnen ist im Gegensatz zu den Bewohnern der besetzten Gebiete die Aus- und Wiedereinreise gestattet, und sie können ohne besondere Erlaubnis in ganz Israel arbeiten. Das Einreisegesetz legt fest, daß jene Palästinenser das permanente Aufenthaltsrecht verlieren, die einen ähnlichen Status in einem anderen Land innehaben oder dessen Staatsbürgerschaft annehmen oder mehr als sieben Jahre kontinuierlich im Ausland leben. Bis Mitte 1996 wurde diese Vorschrift nur sehr sporadisch angewandt. Zudem galten der Gaza-Streifen und die Westbank in der Vergangenheit nicht als Ausland. Von Ende der achtziger Jahre bis 1994 verloren zirka 50 Bewohner ihre Identitätskarte, im Jahre 1995 waren es 96, im Jahr darauf bereits 739, und von 1997 bis 2000 betrug die Zahl der Ausgebürgerten rund 2319. Die vermeintliche Liberalität der vergangenen Jahre erwies sich so als »Falle«.

Für zirka 70 000 Palästinenser, die nicht ständig in Jerusalem leben, kann die jetzige strikte Handhabung des Einreisegesetzes gravierende Folgen haben. »Durch die Anwendung von Gesetzen, Verordnungen, Gerichtsentscheidungen und Tricks der Verwaltung verweisen die israelischen Behörden Tausende von Palästinensern aus der Stadt. Nicht nur werden sie gezwungen, ihre Wohnungen zu verlassen, sondern sie verlieren auch ihre sozialen Vergünstigungen und die Verbindungen zu ihren Familien. Sie müssen ein neues Leben an einem anderen Ort beginnen ... Diese stille Deportation ist eine direkte Fortsetzung von Israels genereller Politik in Jerusalem seit 1967, deren Ziel es ist, eine dauerhafte jüdische Mehrheit in der Stadt zu sichern, so daß die israelische Souveränität nicht in Frage gestellt werden kann.«[29] Jeder Palästinenser muß nachweisen, daß er in der Stadt lebt oder sein Lebensmittelpunkt dort ist, sonst muß er die Stadt innerhalb von 15 Tagen verlassen, darf künftig weder kulturelle Einrichtungen nutzen noch die religiösen Stätten besuchen. Die Beweislast liegt bei jedem einzelnen. So müssen Wasser- und Stromrechnungen, Schulzeugnisse und andere Dokumente vorgelegt werden. Die Behörden brauchen den Entzug der Identitätskarte nicht zu begründen.

In den vergangenen 34 Jahren hatte Israel auch Palästinensern, die in der Westbank wohnten, de facto das Wohnrecht in Ost-Jerusalem zuerkannt. Menschen, die ihr Leben darauf aufgebaut hatten, werden durch die Verschärfung der Regelungen in ihrer Existenz bedroht. Die Kriterien für den Nachweis des »Lebensmittelpunktes« sind so detailliert und umfassend, daß selbst ständige Bewohner Ost-Jerusalems Schwierigkeiten haben, sie vollständig zu erfüllen. Außerdem zogen in den letzten Jahren immer mehr Palästinenser in die Westbank, weil ein Familienmitglied – trotz Heirat – keine Aufenthaltsgenehmigung für Ost-Jerusalem bekam. Anträge von Palästinenserinnen aus Ost-Jerusalem auf Familienzusammenführung lehnte das israelische Innenministerium mit der Begründung ab, es sei üblich, daß Frauen in das Haus der Männer ziehen. Entsprechende Anträge von Männern wurden genehmigt. Wie B'Tselem feststellt, beruht die Politik der Familienzusammenführung auf politischen Erwägungen. Das israelische Innenministerium hat die Bewohner Ost-Jerusalems aufgefordert, bis August 2001 alle Identitätskarten erneuern zu lassen. Diese Maßnahme gibt den Behörden die Möglichkeit, die Verlängerung zu verweigern und die Bewohner kurzfristig zum Verlassen der Stadt aufzufordern. Eine solche Politik ist eine elegante Variante »legaler ethnischer Säuberungen«. Sie verstößt aus mehreren Gründen gegen Völkerrechtsprinzipien: Ost-Jerusalem ist weiterhin besetztes Gebiet. Alle Maßnahmen der israelischen Regierung, die gegen die Palästinenser in den besetzten Gebieten ergriffen werden, sind nach Völkerrecht null und nichtig und werden von der internationalen Staatengemeinschaft nicht anerkannt. Israels Unterscheidung zwischen jüdischen Siedlern und Palästinensern bedeutet eine offene Diskriminierung und widerspricht dem Grundsatz der Gleichheit.

Mit den genannten Restriktionen korrespondiert die Expansion der israelischen Siedlungen. Hier sei noch einmal darauf hingewiesen, daß der Siedlungsbau und der Transfer der eigenen Bevölkerung zu Zwecken der Kolonisierung fremden Landes nach Artikel 49 der Genfer Konvention unlässig sind. Das Oberste Gericht Israels hat in den siebziger Jahren die Beschlagnahme von privatem Land zu militärischen Zwecken sanktioniert; dort wurden jedoch später Siedlungen gebaut. Auch Enteignungen von »Staatsland« hieß es gut.

Die Oslo-Vereinbarungen schränkten den Lebensraum der Palästinenser weiter ein. So stehen 1000 Siedlern 27,5 Quadratkilometer zur Verfügung, 1000 Palästinensern dagegen nur 1,7. Die Rabin-Peres-Regierung konfiszierte fünf Prozent des Landes in der Westbank für den Ausbau der Siedlungen und für den Bau der Umgehungsstraßen.[30] Arafat bekam 3,5 Prozent unter Autonomieverwaltung. Seit der Besetzung der Westbank hat Israel zirka 60 Prozent des gesamten Gebietes als »Staatsland« beschlagnahmt. Die Zahl der israelischen Siedler ist im Verlauf des »Friedensprozesses« von 110 000 im Jahre 1993 auf 200 000 im Mai 2001 gestiegen.

Nach der Unterzeichnung des »Interimsabkommens« wurde aus »Sicherheitsgründen« mit dem Bau eines 400 Kilometer langen separaten Straßennetzes begonnen, das die Siedlungen untereinander und mit den Bevölkerungszentren direkt verbindet. Es basiert auf Plänen, die der Gush-Emunim-Block bereits in den achtziger Jahren entworfen hatte. Einige dieser Straßen sind nur für »jüdischen Verkehr« reserviert, so z. B. die »Tunnel-Straße«, die den Etzion-Block mit Jerusalem verbindet. Durch die Umgehungsstraßen wird die Westbank weiter fragmentiert und die ständige militärische Kontrolle der Palästinenser gesichert. Wie der Journalist Amos Harel am 28. Juni in »Ha'aretz« berichtete, äußerte sich Verteidigungsminister Benjamin Ben-Elieser vor dem Auswärtigen- und Verteidigungsausschuß dahingehend, daß Israel überlegen müsse, die Straßen zwischen Israelis und Palästinensern aufzuteilen. Diese Idee wird innerhalb des israelischen Sicherheitsestablishments seit Ausbruch der Al-Aqsa-Intifada diskutiert.

Rabin bezeichnete zwar in der »Al Hamishmar« vom 27. Januar 1995 die Siedlungen als nicht bedeutsam für die Sicherheit Israels, ja sogar als Last, doch seine Regierung investierte 46 Millionen US-Dollar für 160 000 Siedler in 144 Siedlungen, wesentlich mehr als die Vorgängerregierung unter Shamir. Der von der Rabin-Peres-Regierung (1992–1996) offiziell verkündete »Siedlungsstop« war eine Farce. In ihrer Amtszeit wurden 93 Häuser zerstört und 32 495 Olivenbäume entwurzelt. Insbesondere Peres war gegenüber den rechten und nationalistischen Siedlern zu weitgehenden Konzessionen bereit, um sich ihre Unterstützung bei den Wahlen zu sichern. Daß die Politik der Arbeitsregierung und die des Likud-Blocks sich in der Frage der Kolonisierung besetzten Landes wesentlich unterschieden, gehört zu den Illusionen, die sich in der öffentlichen Wahrnehmung beharrlich halten. Die »Friedenspolitiker« legitimierten Landenteignungen, eine expansive Siedlungspolitik und den Bau der Umgehungsstraßen durch Verhandlungen und den Abschluß der genannten Abkommen, die den Palästinensern nicht zu einem souveränen Staat verhelfen werden.

Netanyahu hob den »Siedlungsstop« auf und setzte den von der Vorgängerregierung bereits gefaßten Beschluß um, in Ost-Jerusalem die Siedlung Har Homa zu bauen. Aus den in der »Ha'aretz« vom 9. Januar 1998 veröffentlichten Plänen des israelischen Bauministeriums geht hervor, daß bis zum Jahr 2000 in den Siedlungen 30 000 neue Wohneinheiten errichtet werden sollten. Auch die Regierung Barak setzte die intensive Besiedlung der Westbank fort. Sie erteilte mehr Baugenehmigungen in ihrer kurzen Amtsszeit als Netanyahu in drei Jahren. Die Zeitung »Ha'aretz« brachte mit der Schlagzeile vom 27. Februar 2001 die Politik der »liberalen« israelischen Regierung auf den Punkt: »Barak war der größte Siedlungsbauer seit 1992.« In seiner kurzen

Amtszeit wurden 1943 Wohneinheiten genehmigt (mehr waren es nur unter Shamir), die Zahl der Siedler nahm um 12 Prozent zu.

Daß die Barak-Regierung sich in nichts von ihren Vorgängerregierungen unterschied, zeigt die Vertreibung von 700 Bewohnern des südlichen »Berg Hebron«-Gebietes im Oktober/November 1999. Diese Menschen lebten dort seit Jahrzehnten und besitzen eingetragene Landrechte. Sie leben von der Landwirtschaft. Nach heftigen Protesten vom Israeli Committee Against House Demolitions (ICAHD) und B'Tselem ordnete Barak am 23. Januar 2000 eine Untersuchung an. Gleichzeitig reichte die Association for Civil Rights (ACRI) eine Petition beim Obersten Gericht in Israel ein. Die Untersuchung, die Ephraim Sneh leitete, brachte wider Erwarten keine positive Entscheidung. Auch das Militär sprach sich gegen die Rückgabe aus. Das Oberste Gericht hat noch kein Urteil gefällt.[31]

Die Politik der Abriegelung der Gebiete greift gravierend in das Leben eines jeden Palästinensers ein.[32] Dies gilt besonders seit dem Ausbruch der Al-Aqsa-Intifada. Seit dieser Zeit ist es für die Bewohner fast unmöglich, ihre 465 Autonomieinseln zu verlassen. Die sogenannten Schleichwege, auf denen es trotz Abriegelung bisher immer noch möglich gewesen war, herauszukommen, wurden durch Erdaufschüttungen oder tiefe Gräben unpassierbar gemacht. Um die Enklave Jericho wurde ein tiefer Graben ausgehoben, so daß selbst diese friedlichen Bewohner die Oasenstadt nicht mehr verlassen können. Diese Kollektivstrafe im Verein mit bürokratischen Schikanen hat sich als ein besonders effektives Instrument zur Drangsalierung der Palästinenser erwiesen. Die Palästinenser werden gezielt zermürbt, damit sie eher bereit sind, ihren Widerstand aufzugeben und die israelischen Sicherheitsvorstellungen in diesem Friedensprozeß zu akzeptieren. Als Argument für die Politik der zeitweisen oder permanenten Abriegelung, die Rabin eingeführt hat, wird die Sicherheit der israelischen Bevölkerung angeführt. Für die Tat eines einzelnen wird in der Regel entweder ein ganzes Dorf oder sogar die ganze Bevölkerung der Gebiete bestraft. Als über Hebron nach dem Massaker von Goldstein in der Ibrahimi-Moschee für sechs Wochen eine totale Ausgangssperre verhängt wurde, waren davon mehr als 100 000 Einwohner betroffen. Die 450 radikalen Siedler in Hebron oder die 6000 Bewohner der Siedlung Kiryat Arba, aus deren Reihen der Massenmörder kam, wurden nicht mit einer Ausgangssperre belegt. Auch während der Al-Aqsa-Intifada war Hebron über acht Wochen von einer Ausgangssperre betroffen, während die fundamentalistischen Siedler Bewegungsfreiheit genossen und die Palästinenser mit ihren Waffen terrorisieren konnten.

Gewalt von Siedlern gegen Palästinenser ist ein weitverbreitetes und andauerndes Phänomen. Seit Ausbruch der ersten Intifada 1987 wurden 120 Palästinenser von Siedlern getötet, davon waren 23 Kinder und Jugendliche. Daneben zerstören die Siedler oft palästinensisches Eigentum. Das Militär läßt die Siedler gewähren. Wie B'Tselem in einer Presseerklärung am 6. Juni mitteilte, fielen Dutzende von Siedlern in zwei Dörfer im Bezirk von Nablus ein und schossen auf die Bewohner. Sie steckten Felder in Brand, zerstörten Treibhäuser, eine Schule und eine Tischlerei. Die israelischen Soldaten, die den Zwischenfällen zuschauten, hinderten die Palästinenser daran, sich selbst zu verteidigen. Ebenso wurde die Feuerwehr bei ihren Löscharbeiten behindert sowie dem Rettungswagen verboten, ins Dorf zu fahren. Einige Soldaten haben sich an den Gewaltmaßnahmen beteiligt. Durch ihre Untätigkeit machte sich die Regierung zum »Komplizen«.

Während der Abriegelung können die Palästinenser nicht vom Gaza-Streifen in die Westbank gelangen, obwohl in den Abkommen ein spezieller Transitweg vorgesehen ist. Vor Abschluß der Abkommen war die Benutzung des Wegs mit zahlreichen bürokratischen Auflagen verbunden, aber nicht ausgeschlossen. Auch der Flughafen Ben Gurion in Tel Aviv ist für die Palästinenser während der Abriegelung gesperrt. Sie können den Gaza-Streifen dann nur über Jordanien oder Ägypten verlassen.

Die Abriegelungen haben erhebliche Auswirkungen auf die medizinische Versorgung. Im Gaza-Streifen gibt es nur einen Basis-Gesundheitsdienst. Jede aufwendigere Behandlung muß entweder in den Krankenhäusern der Westbank oder in Israel erfolgen. Seit dem erneuten Aufstand der Palästinenser hat sich die medizinische Versorgung weiter verschlechtert, da weniger

Medikamente in die besetzten Gebiete gelangen und Patienten, die dringend ärztliche Hilfe benötigen, an den Kontrollpunkten festgehalten werden. Einige Palästinenser sind durch diese Schikanen gestorben; schwangere Frauen hatten Notgeburten, weil sie nicht weiterfahren konnten. Die Organisation Ärzte für Menschenrechte (PHR) beantragt bei den israelischen Behörden immer wieder Ausnahmegenehmigungen, die zum Teil erteilt werden. Nach Meinung von PHR hat sich seit Unterzeichnung der Prinzipienerklärung im Jahre 1993 – insbesondere seit dem erneuten Palästinenseraufstand – die medizinische Versorgung in den Gebieten dramatisch verschlechtert.

Israels absolute Kontrolle über das Wasser beeinträchtigt die hygienischen Verhältnisse zusätzlich. Den Palästinensern ist es verboten, Brunnen zu bohren. Israel setzt das Wasser als Waffe und Disziplinierungsinstrument gegen die Palästinenser ein. In den Sommermonaten sperrt Israel über Wochen für ganze Dörfer die Wasserzufuhr. Überdies ist das zur Verfügung gestellte Wasser, insbesondere im Gaza-Streifen, zum größten Teil von sehr schlechter Qualität. Die Siedler dagegen schwimmen regelrecht im hochwertigen Wasser. Ein Siedler verbraucht täglich zehnmal so viel Wasser wie ein Palästinenser.[33]

Die wochenlangen Abriegelungen des Gaza-Streifens, der Westbank und der Entzug der Arbeitsgenehmigungen seit der Al-Aqsa-Intifada haben – wie bereits dargestellt – verheerende Auswirkungen auf die gesamte Wirtschaft und auf jede einzelne Familie. Die Arbeitslosenzahlen sind auf über 65 Prozent angestiegen, und die Kaufkraft ist enorm gesunken. Da während einer Abriegelung keinerlei Warentransporte abgefertigt werden, verrottet ein Großteil der Ernte auf den Feldern oder an den Grenzübergängen. Der Gaza-Streifen muß mit Lebensmitteln von außerhalb versorgt werden. Die Verluste durch Abriegelungen betragen Milliarden US-Dollar. Hinzu kommt die Entwurzelung von Oliven- und anderen Obstbäumen. In den letzten Monaten hat Israel nach Angaben von B'Tselem und den Rabbinern für Menschenrechte Tausende von Bäumen entwurzelt und damit die Einkommensquelle von palästinensischen Farmern zerstört. Im Gaza-Streifen wurden Häuser und Felder zerstört, um freies Schußfeld für die Armee zu schaffen.[34]

Israel verletzt auch die Menschenrechte seiner arabischen Staatsbürger, also jener Palästinenser, die 1948 nicht geflohen sind. Sie leben hauptsächlich im Norden Israels, in Galiläa. Formal sind die zirka eine Million israelischen Palästinenser – 18 Prozent der Gesamtbevölkerung – gleichberechtigt, sie werden aber durch zahlreiche Gesetze und Verwaltungsanordnungen diskriminiert und zu Bürgern zweiter Klasse degradiert. Viele von ihnen stehen dem Staat loyal gegenüber, sehen sich aber mit einem starken Mißtrauen seitens der israelischen Juden konfrontiert. Mit Ausnahme der Drusen und der Circassians dürfen israelische Palästinenser keinen Militärdienst ableisten, der mit zahlreichen finanziellen und politischen Vorteilen in der Gesellschaft verbunden ist. Sie können als Araber – wie ausländische Nichtjuden – keinen Grundbesitz erwerben, deshalb treffen sie Landenteignungen doppelt hart. Auch die Benachteiligungen im Bildungsbereich sind nach wie vor erheblich. Der Lebensstandard der israelischen Palästinenser ist in den letzten Jahren zwar dennoch gestiegen, es bestehen aber in allen gesellschaftlichen Bereichen gravierende Unterschiede. Das Pro-Kopf-Einkommen der israelischen Palästinenser beträgt 400 US-Dollar, 30 Prozent leben unter der Armutsgrenze; 16 Prozent der Israelis verfügen dagegen über ein Pro-Kopf-Einkommen von 1000 US-Dollar. Während nur knapp die Hälfte der arabischen Schüler das Gymnasium beendet, sind es bei den israelischen 90 Prozent.

Die israelischen Palästinenser werden in »sicherheitsrelevanten« Bereichen nicht beschäftigt. Die Erschießung von 13 palästinensischen Israelis Anfang Oktober 2000 infolge der Al-Aqsa-Intifada in Nazareth ist ein erneuter Beweis dafür, daß man diese Palästinenser immer noch als »fünfte Kolonne« betrachtet und ihnen mißtraut. Dieser Vorfall hat dazu geführt, daß die israelischen Palästinenser Barak nicht wiedergewählt haben. 80 Prozent gingen im Februar 2001 einfach nicht zur Wahl, einige wählten Ariel Sharon.

Auch die Beduinen, die zu den untersten Schichten der israelischen Gesellschaft gehören, sind Diskriminierungen ausgesetzt. Sie wurden 1952 zum ersten Mal aus ihrem angestammten Lebensraum in der Negev-Wüste vertrieben und sollten seßhaft werden. Die Armee brauche die Negev als Übungsgelände, und ein Nomadenleben sei nicht mehr zeitgemäß, so die offizielle Begründung. Sogar das Halten von Schafen wurde den Beduinen verboten, ihre Herden beschlagnahmt.

Seit 1993 führte die katholische Menschenrechtsorganisation Society of St. Yves vor dem Obersten Gericht einen Kampf gegen die abermalige Vertreibung der Jahalin-Beduinen, die der Expansion der Siedlung Ma'ale Adumim im Wege standen. Die Gesellschaft unterlag, und die Jahalin wurden in die Nähe der zentralen Mülldeponie in Jerusalem umgesiedelt.[35] Die israelische Regierung hätte ihnen Wohnungen in der Siedlung Ma'ale Adumim anbieten können, doch in den Siedlungen wie den Kibbuzim dürfen keine Nichtjuden leben. Wie umfangreich die Diskriminierungen gegenüber den Beduinen sind, macht eine Untersuchung der palästinensischen Menschenrechtsorganisation LAW deutlich.[36]

Die Auswirkungen der erheblichen wirtschaftlichen und sozialen Diskriminierungen der Palästinenser werden von der Öffentlichkeit kaum wahrgenommen. Die palästinensische Wirtschaft muß sich den politischen und ökonomischen Interessen Israels unterordnen. Für Israel bieten die Gebiete trotz der »Politik der Abriegelung« ein immenses Arbeitskräftereservoir. Die Palästinenser, die sich zum Teil auf einer Art »Sklavenmarkt« ihren israelischen Arbeitgebern andienen, müssen mit Fremdarbeitern aus Rumänien, Thailand, den Philippinen, der Türkei, China, Kolumbien, Ecuador, Chile, Bolivien, Bulgarien, der Ukraine, Moldawien, Indien, Ghana und Nigeria konkurrieren. Von diesen Fremdarbeitern haben rund 120 000 eine Genehmigung, eine gleich große Zahl befindet sich illegal im Land.

Fremdarbeiter sind für den israelischen Arbeitgeber wesentlich billiger als die palästinensischen Arbeiter. Ein Fremdarbeiter erhält netto 1363, ein Palästinenser 1812 Shekel ausgezahlt. Da die Fremdarbeiter ohne ihre Familien quasi am Arbeitsplatz leben, sind sie immer verfügbar. Der Arbeitgeber, auf den ihr Visum ausgestellt ist, zahlt ihre Anreisekosten im voraus und zieht ihren Paß ein, um sie an sich zu binden. Nach zwei Jahren und drei Monaten müssen sie Israel wieder verlassen. Die illegalen

Fremdarbeiter kommen mit einem Touristenvisum ins Land. Für sie gelten die Gesetze des freien Marktes: Angebot und Nachfrage. Beide Gruppen haben keinerlei soziale Rechte. Bei einem Arbeitsunfall werden sie zwar medizinisch versorgt, müssen dann aber Israel verlassen. Die meisten ausländischen Regierungen kümmern sich nicht darum, wie ihre Bürger in Israel behandelt werden. Seit der Autonomie ist Gaza eine geschlossene »Militärzone«, und israelische Arbeitervertretungsorganisationen dürfen die Interessen der Arbeiter in Gaza nicht mehr vertreten.

Von den mehr als 1900 palästinensischen Gefangenen, die auch nach Unterzeichnung der Oslo-Abkommen in israelischen Gefängnissen weiter inhaftiert sind, spricht heute niemand mehr. Israel hatte nur ein Fünftel von ihnen nach der Unterzeichnung der Oslo-Abkommen freigelassen, obwohl in Artikel 16 des »Interimsabkommens« die Freilassung aller zugesagt worden war; es wurden außerdem später weitere Palästinenser verhaftet, eingesperrt und von Militärgerichten verurteilt.

Abschließend soll noch an die libanesischen Häftlinge in Israel erinnert werden. Diese Häftlinge dienen quasi als Geiseln, denn sie sollen gegen israelische Soldaten ausgetauscht werden, die bereits früher oder nach dem Rückzug der Israelis von der Hisbollah im Libanon gefangengenommen worden sind. Zu den bekanntesten Häftlingen gehören Scheich Abd al-Karim Obeid und Mustafa al-Dirani. Sie haben keinen Kontakt zur Außenwelt. Ihr Aufenthaltsort wird geheimgehalten. Gegenüber amnesty international erklärte am 9. Februar 1996 der stellvertretende israelische Verteidigungsminister Uri Orr: »Wir werden sie freilassen, wenn wir mehr Informationen über Ron Arad erhalten haben.« (Ron Arad wurde über dem Libanon abgeschossen und gilt seither als vermißt.) Rabin und Peres bestätigten diesen Zusammenhang. Dies gilt auch für alle nachfolgenden israelischen Regierungen.

Das Verhalten der israelischen Besatzungsmacht und ihrer libanesischen Kollaborateure kann nach dem Abzug der Israelis im Mai 2000 endlich aufgearbeitet werden. Es stellt ein dunkles Kapitel in der israelischen Geschichte dar, weil das Land zusammen mit der SLA über 22 Jahre schwerste Menschenrechtsverletzungen begangen hat. Vor allem die Mißhandlung von Libanesen im Gefängnis von Khiam sollte vor einem internationalen Tribunal erörtert werden. In diesem Gefängnis wurden gravierende Menschenrechtsverletzungen begangen, für die Israel als Besatzungsmacht nach Völkerrecht verantwortlich ist. Israel muß die Opfer entschädigen und für die Beseitigung der 130 000 Landminen sorgen.[37]

Der Besuch des Likud-Abgeordneten und jetzigen israelischen Ministerpräsidenten Ariel Sharon auf dem Haram el-Sharif am 28. September 2000 provozierte einen Aufstand der Palästinenser, der sich über das gesamte besetzte Gebiet ausdehnte. Die israelische Armee setzte daraufhin massiv schweres Kriegsgerät ein. Steine werfende Jugendliche und Kinder wurden von Scharfschützen gezielt erschossen, wie Einschüsse oberhalb des Bauchnabels und im Brustbereich sowie im Kopf belegen. Mehr als 1 400 Palästinenser, davon mehr als 289 Kinder, wurden getötet, mehr als 30 000 zum Teil schwer verletzt. Auch 420 Israelis verloren seither ihr Leben. Die Bewegungsfreiheit der Bewohner der Autonomie-Gebiete wurde seit Ausbruch des Aufstandes total eingeschränkt. Die zivile Infrastruktur wurde zum Teil völlig unterbrochen. Städte wie Bet Jala, Bethlehem, Ramallah oder Gaza wurden erheblich zerstört. Die israelische Armee fällt immer wieder in die Gebiete ein und begeht massive Zerstörungen auch privaten Eigentums. Die Zerstörungen machen auch vor heiligen Stätten nicht halt. So wurden 14 Moscheen, eine Kirche der Samaritaner in Nablus sowie mehrere Kirchen in der Gegend von Bethlehem zerstört. Aufgrund einer Militärverordnung wurde die Mashhad Al-Arbe'een-Moschee im Zentrum von Hebron beschlagnahmt, um sie für militärische Zwecke zu nutzen. Die Geburtskirche in Bethlehem wurde wochenlang belagert, weil sich dort Terroristen verschanzt hatten.

An Informationen mangelt es nicht. Öffentliche Reaktionen auf die Menschenrechtsverletzungen gibt es erschreckend wenig. »Laßt die Armee gewinnen«, ist zu einem geflügelten Wort in Israel geworden. Kein Israeli kann also behaupten, er habe von den Menschenrechtsverletzungen nichts gewußt.

3. Menschenrechtsverletzungen der Autonomiebehörde gegenüber Palästinensern

Arafat wurde von den Israelis und den USA sowie von islamistischen Gruppen wie Hamas und Islamischer Jihad in Gaza in die Rolle des despotischen Friedensengels gedrängt. Die ihm abverlangten Sicherheitsgarantien können jedoch nicht rechtfertigen, daß die Autonomiebehörde von Beginn an gegen jegliche Opposition eine repressive Politik betrieben hat und elementare Rechte der Palästinenser verletzt – das Recht auf Leben, Versammlungs- und Redefreiheit, friedliche Opposition und persönliche Sicherheit. Dutzende von Palästinensern wie Menschenrechtsaktivisten, Journalisten, religiöse Würdenträger, Schriftsteller, Angehörige der Autonomieverwaltung, Gewerkschaftler und Wissenschaftler, die das Recht auf Meinungsfreiheit ausübten, wurden verhaftet. Selbst wegen des Protestes gegen die völkerrechtswidrigen Luftangriffe der USA und Großbritanniens gegen den Irak wurden Palästinenser von der Autonomiebehörde verhaftet. Nur gegen wenige von ihnen gab es einen Haftbefehl, und fast alle wurden ohne eine Anklageerhebung wieder freigelassen. Vor ihrer Freilassung mußten einige Häftlinge eine Erklärung unterschreiben, in der sie versicherten, die Autonomiebehörde nicht mehr zu kritisieren. Seit Arafat den Amtssitz der PLO im Juli 1994 nach Gaza verlegt hat, werden Kritiker des Friedensprozesses eingeschüchtert, bedroht, willkürlich gefangengenommen, mißhandelt und exekutiert.[38]

Es ist Arafat gelungen, weite Teile der säkularen Opponenten zu korrumpieren und sie politisch einzubinden. Gegen die Hamas und den Islamischen Jihad, die seine Autorität untergraben und mit Terroranschlägen auch Gegenreaktionen der Israelis provozieren, ging er bis zum Ausbruch des Aufstandes im September 2000 mit harter Hand vor. Den Festgenommenen wurde monatelang der Kontakt mit Anwälten erschwert oder verweigert. Durch den Aufstand haben Hamas und der Islamische Jihad wieder Oberwasser bekommen.

Zu den ersten Handlungen des PLO-Chefs gehörte der Aufbau eines umfassenden Sicherheitsapparats. Dies war von Israel und den USA gewollt, da die Autonomiebehörde die Sicherheit Israels garantieren und die Kritiker mundtot machen sollte. Neben der regulären Polizei sind acht Sicherheitsdienste tätig: Der General Intelligence Service (GIS), der Preventive Security Service (PSS), die Presidential Security, die Force 17, das Criminal Investigations Bureau, die Military Intelligence (MI), die Naval Police und die Disciplinary Police. Alle haben eigene Gefängnisse und arbeiten außerhalb des gesetzlichen Rahmens. Am 7. Februar 1995 berief Arafat auf Druck der USA und Israels zudem ein »Staatssicherheitsgericht«. Es dient der »legalen« Terrorismusbekämpfung. Die palästinensischen Geheimdienste haben von ihrem Vorbild, dem Shin Bet, gelernt und arbeiten mit ihm sowie dem amerikanischen Geheimdienst eng zusammen. Die Menschenrechte wurden dem überzogenen Sicherheitsbedürfnis Israels untergeordnet.[39] Die Leidtragenden sind die Palästinenser, die die befohlene Repression zu ertragen haben. Folter und willkürliche Verhaftungen zählen zu den gängigen Methoden,[40] und es kommt auch zu Morden, die nicht aufgeklärt werden können. Bereits am 4. Juli 1994 – also kurze Zeit nach Arafats Ankunft – war das erste Opfer zu beklagen. Dessen Vater erklärte gegenüber der Presse: »Ich machte mir keine Sorgen, denn ich wußte, daß er in den Händen der eigenen Leute und nicht in denen der Israelis war. Ich hätte niemals geglaubt, daß sie schlimmer als die Juden sein würden.«

Bei so vielen miteinander konkurrierenden Geheim- und Sicherheitsdiensten ist es für Angehörige schwer zu ermitteln, wer ihre Verwandten verschleppt oder gefoltert hat. Selbst der Distriktgouverneur, dem die Dienste unterstehen, ist nicht immer über deren Aktionen informiert und kann sich bei Übergriffen auf Personen nicht ohne weiteres einschalten. Arafats Dienste beeinträchtigen auch die Arbeit der Menschenrechtsorganisationen. Der Leiter des Gaza Center for Rights and Law, Raji Sourani, und Jan Abu Shakrah vom Palestine Human Rights Information Center mußten wegen Kritik an Arafats Vorgehen und am »Staatssicherheitsgericht« zurücktreten. Der Aufsichtsrat des Gaza Center for Rights and Law begründete übrigens die Absetzung Souranis mit dessen »Führungsstil«. Beide Organisationen, die viel zur Aufdeckung israelischer Menschenrechtsverletzungen beigetragen hatten, verloren unter ihrer neuen Leitung an Glaubwürdigkeit und wurden bedeutungslos. Raji Sourani hat mit dem Palestine Centre for Human Rights eine neue Organisation aufgebaut; Abu Shakrah ist in die USA zurückgekehrt, weil sie für sich unter diesen Umständen in Palästina keine Zukunft sah, wie sie in einem Gespräch mit dem Verfasser erklärte.

Der Menschenrechtler und Direktor der Palestinian Human Rights Monitoring Group (PHRMG) Bassem Eid gehört zu jenen, die Mißstände in den palästinensischen Behörden offen kritisieren. Im Bericht seiner Organisation[41] heißt es: »Die Autonomiebehörde hat sich entschlossen, das Recht zu untergraben … Sie ignoriert Gerichtsentscheidungen, einschließlich derjenigen des Obersten Gerichts.« Rolle und Funktion der Militärgerichte seien nicht eindeutig festgelegt, sie akzeptierten unter Folter erzwungene Aussagen. Haidar Abd al-Shafi bestätigte in »The Jerusalem Times« vom 30. Januar 1998 diese Kritik. »Ich kann das ›Rechtssystem‹ gar nicht genug kritisieren. Der Generalstaatsanwalt ist jeglicher wirklichen Macht beraubt, und die Gerichtsurteile werden nicht respektiert.«

Der PSS (Preventive Security Service) und die anderen Sicherheitsdienste halten sich nicht an geltendes Recht. Entführungen, Folter und willkürliche Festnahmen von Palästinensern in der Westbank und dem Gaza-Streifen sind an der Tagesordnung. Familien erfahren meist durch Nachbarn oder die Presse von der Festnahme oder sogar vom Tod ihrer Angehörigen. Die Verhafteten werden entweder in Polizeistationen vor Ort verhört oder gewaltsam nach Jericho gebracht. Ihnen werden »moralische Verstöße« wie Prostitution oder außerehelicher Sexualverkehr zur Last gelegt, Drogenkonsum, Diebstahl oder Kollaboration mit israelischen Behörden. Nur in wenigen Fällen wird ein Haftbefehl erlassen, formal Anklage erhoben oder ein Verteidiger zugelassen. »Folter ist zur Routine und zur täglichen Realität in den Autonomiegebieten geworden.«[42]

Die Methoden gleichen denen des Shin Bet bis ins Detail. Nach Angaben des Mandela Instituts für Politische Gefangene in Ramallah und dem Palestinian Centre for Human Rights in Gaza werden zwar andere Foltermethoden angewendet, jedoch werde nicht so systematisch gefoltert wie beim Shin Bet. Bisher kamen 25 Palästinenser im Gefängnis zu Tode, ob sie alle aufgrund von Folter starben, konnte von den Menschenrechtsorganisationen nicht nachgewiesen werden. Die palästinensischen Behörden führen wie die israelischen einige Todesfälle auf Selbstmord, Herzversagen oder gar auf ein »Versehen« zurück. Um negative Schlagzeilen zu verhindern, hat die Autonomiebehörde Berichte über die Untersuchung von Todesfällen oder über die Arbeit der Behörden bisher nicht zugänglich gemacht.

Immer wieder wird im Zusammenhang mit Mißhandlungen von Palästinensern der Sicherheitschef von Jericho erwähnt. Jibril Rajoub, der Chef des Preventive Security Service (PSS), saß 17 Jahre in israelischen Gefängnissen, bevor er 1988 in den Libanon deportiert wurde. Auf einer Pressekonferenz im Oktober 1995 griff er die »politisch motivierten« Menschenrechtsaktivisten an, insbesondere Bassem Eid, einen langjährigen Mitarbeiter von B'Tselem. Rajoub beschuldigte Eid, für die israelische Polizei als »Agent« zu arbeiten, das bedeutet quasi das Todesurteil. Bassem Eid und Mitarbeiter anderer Menschenrechtsorganisationen wandten sich an Yassir Arafat, der durch seinen Sprecher erklären ließ, Eids Leben sei nicht in Gefahr, die Anschuldigungen aber nicht zurücknahm. Am 2. Januar 1996 wurde Eid aus seiner Wohnung im Flüchtlingslager Shuafat in Ost-Jerusalem zur Polizeistation in Ramallah gebracht und dort 24 Stunden im Hauptquartier der Force 17 festgehalten. Eid hatte zuvor in einem offenen Brief an Arafat das Verbot der Zeitung »An-Nahar« als »einen schweren Angriff auf die Menschenrechte« verurteilt, der »für die Demokratie in einem zukünftigen palästinensischen Staat Schlimmes befürchten« lasse. Neben Eid prangert vor allem LAW immer wieder die Folterungen durch die palästinensischen Geheimdienste an. Den Angriff auf den französischen Ministerpräsidenten Lionel Jospin am 26. Februar 2000 auf dem Campus der Bir-Zeit-Universität, wo er von Studenten mit Steinen beworfen wurde, nahm die Autonomiebehörde zum Anlaß, eine Diffamierungskampagne gegen die Menschenrechtsorganisationen, insbesondere LAW zu starten. Die Organisation sei fragwürdig und verstoße gegen palästinensische Interessen, da sie falsche Behauptungen über die Geheimdienste verbreite.[43]

Die Versuche der palästinensischen Behörden, ihre Opponenten einzuschüchtern, waren erfolgreich. Die israelische Menschenrechtsorganisation B'Tselem sowie LAW und PHRMG auf palästinensischer Seite sind rühmliche Ausnahmen. Sie haben in ihren Berichten die vom PSS angewandten Foltermethoden aufgelistet: heftiges Schlagen, Schlafentzug, Drohungen, Erniedrigungen und stundenlanges Fesseln. Einigen Gefangenen oder Personen, die man dazu machen wollte, wurde ohne Grund in die Beine geschossen. PSS-Chef Rajoub bestritt die Angaben, hat sie aber nicht widerlegt. Seine Drohung gegenüber einem Journalisten, dessen Folterungen er überwacht hatte, wird in den Berichten ebenfalls zitiert: »Ich kann den Präsidenten persönlich anrufen und ihm sagen, daß ich dich töten will, und der Präsident gibt mir seinen Segen.«[44]

Der Druck der Autonomiebehörde auf interne Kritiker sowie auf die islamistische Opposition und speziell die Folterungen sind seit Ausbruch der Al-Aqsa-Intifada zurückgegangen. Die Parole lautet nun: Alle nationalen Kräfte haben sich gegen den Feind, die israelischen Besatzer, zusammenzuschließen.

Offiziell darf die PSS nur im Gaza-Streifen tätig werden, aber de facto wirkt sie durch Arafats Fatah in jedem Ort oder Flüchtlingslager in der Westbank. Nach Artikel 43 der HLKO ist Israel weiter für die Sicherheit und das Wohlergehen der Bevölkerung unter seiner Besatzung verantwortlich. Da es die Aktivitäten des PSS toleriert, trägt es Mitverantwortung für die massiven Verstöße gegen die Menschenrechte der Palästinenser. Die enge Kooperation zwischen den israelischen und den palästinensischen Sicherheitsdiensten geht auf eine geheime Vereinbarung zwischen GSS und PSS zurück. Die PSS-Chefs in der Westbank, Rajoub, und in Gaza, Mohammed Dahlan, trafen sich im Januar 1994 mit dem ehemaligen israelischen GSS-Chef Yaacov Peri und dem damaligen stellvertretenden Generalstabschef Lipkin-Shahak in Rom und schlossen dort Vereinbarungen über die Zusammenarbeit der beiden Sicherheitsdienste. Dieses geheime Abkommen wurde niemals in der Knesset diskutiert, geschweige denn verabschiedet. Bis zum Ausbruch der Al-Aqsa-Intifada arbeiteten beide Geheimdienste geräuschlos und effektiv auf der Basis dieser »Rom-Vereinbarungen« zusammen. Diese Zusammenarbeit funktionierte, geriet aber durch den Aufstand ins Stocken. Unter Leitung des CIA-Chefs trafen sich die israelischen und palästinensischen Geheimdienstchefs in Ägypten, um über Sicherheitskooperation zu verhandeln. Wie tief das Mißtrauen auf beiden Seiten sitzt, zeigt der Beschuß des Hauses von Rajoub im Mai 2001 in Ramallah durch das israelische Militär.

Laut Oslo-Abkommen ist Arafat verpflichtet, Straftäter an Israel auszuliefern. Da ihm eine Auslieferung von der Opposition als Versagen angelastet wird, toleriert er rechtsstaatlich fragwürdige Verfahren. Das von Arafat im Februar 1995 auf Geheiß Israels und der USA eingerichtete »Staatssicherheitsgericht« ist nicht in das reguläre Justizsystem integriert. Diesem Sondergericht sitzen drei Militärrichter vor, deren Entscheidungen von Arafat bestätigt werden müssen. Laut Gründungserlaß soll das Gericht sich mit Verbrechen befassen, »die die Sicherheit im Land und außerhalb« betreffen sowie mit solchen, die »das Wohlergehen der Sicherheitsbehörden unterminieren«. Es ist auch für Straftaten von Mitgliedern der palästinensischen Sicherheitskräfte zuständig. Jeder, der »vorsätzlich eine Tat begeht, die der Unabhängigkeit des Staates schadet, wird zum Tode verurteilt«.

Das Gericht verletzt selbst Minimalstandards für ein faires Verfahren. Die Häftlinge und ihre Angehörigen werden erst kurz vor der Eröffnung des Prozesses über die Anklage informiert, es sind keine Pressevertreter zugelassen und nur vom Gericht gestellte Anwälte, die zum Teil den Sicherheitskräften angehören; von den Verhandlungen gibt es keine Protokolle. Manche Prozesse dauern nur Minuten. Für Außenstehende ist es unmöglich, mit den »Richtern« oder den Verurteilten zu sprechen. Das Gericht verhängt drakonische Strafen, gegen die kein Einspruch erhoben werden kann. Die Verurteilten können nur an die Gnade Arafats appellieren. Er hat die Macht, die Strafen zu erhöhen oder zu reduzieren.[45] Nach Angaben von PHRMG wurden bislang 36 Todesurteile verhängt, fünf davon wurden vollstreckt. Zuletzt wurden zwei der Kollaboration mit Israel Angeklagte am 31. Januar 2001 exekutiert. 29 Todesurteile sind noch anhängig. Alle

Menschenrechtsorganisationen in Israel und Palästina protestierten gegen die Exekution. Die Autonomiebehörde rechtfertigte die Exekutionen mit der abschreckenden Wirkung, die diese auf andere Kollaborateure hätten.[46] Nach Angaben der palästinensischen Regierung sollen über 10 000 Palästinenser mit den Israelis zum Schaden des eigenen Volkes zusammenarbeiten.

Die Geheimhaltung schützt das Staatssicherheitsgericht vor der Kritik der Öffentlichkeit, der Presse oder der Menschenrechtsorganisationen. Seine Arbeit hat auch Anerkennung gefunden. Bevor das Gericht zum ersten Mal getagt hatte, würdigte der damalige US-Vizepräsident Al Gore die Einrichtung laut »Los Angeles Times« vom 26. März 1995 als »einen wichtigen Schritt in Richtung vertrauensbildende Maßnahmen in diesem Friedensprozeß und dem Bemühen der Behörde, die Gewalt zu kontrollieren und den Terrorismus zu stoppen sowie die Feinde des Friedensprozesses zu besiegen«. In einer Rede am 5. April vor dem Institute For Near East Policy in Washington ging er auf Kontroversen über das Staatssicherheitsgericht ein. »Ich persönlich halte diese Anschuldigungen für falsch, ich denke, daß die Palästinenser das Richtige tun und daß sie die gerichtliche Verfolgung fortsetzen.« Der frühere israelische Bildungsminister Yossi Sarid zeigte sich nach den ersten Verurteilungen zufrieden, wie in der »Jerusalem Post« vom 12. April 1995 zu lesen war: »Wir hatten besondere Forderungen, eine davon war, die Terroristen vor Gericht zu bringen, was gestern geschehen ist, und so sollte es auch sein. Wenn sich zeigt, daß dies keine einmaligen Aktionen sind, sondern ein Teil einer bestimmten und dauerhaften Politik, dann glaube ich, daß die Chancen für den Abschluß der Verhandlungen zum 1. Juli und deren Umsetzung im Herbst steigen werden.« Im April 1995 erklärte der Sprecher des US-Statedepartments, er hoffe, daß grundlegende Menschenrechtsstandards und rechtsstaatliche Prinzipien durch dieses Gericht geachtet würden. Die palästinensischen Menschenrechtsorganisationen und die palästinensische Anwaltskammer äußerten Bedenken. Nur wenige Palästinenser wagen so deutliche Kritik wie ein bekannter Rechtsanwalt aus Ramallah: »Wir machen unsere ganze Profession und das Rechtssystem lächerlich, indem wir vor diesem Gericht (Staatssicherheitsgericht – L. W.) erscheinen.« Das sogenannte »Friedenslager« in Israel um »Frieden Jetzt« oder der Meretz-Partei hat die entwürdigenden Prozesse nie beanstandet.

Dem »Staatssicherheitsgericht« sind spezielle Militärgerichte untergeordnet, die Arafat unterstellt sind und die nach den gleichen Prinzipien arbeiten wie das Staatssicherheitsgericht. Die von Arafat vor jedem Prozeß neu zusammengestellten Richter besitzen kaum juristische Kompetenz und fällen meist selbst bei Anklagen wegen Mordes innerhalb weniger Minuten ein Urteil. Den Entscheidungen der Gerichte leisten Arafat und die Geheimdienste nur dann Folge, wenn sie ihnen genehm erscheinen. Der Generalstaatsanwalt wird in der Regel nicht über die Verfahren informiert, und seine Entscheidungen werden von den Geheimdiensten häufig wieder aufgehoben. So ist es vorgekommen, daß der Generalstaatsanwalt die Entlassung eines Gefangenen verfügte, der Mann aber am gleichen Tag wieder vom Geheimdienst verhaftet wurde. Positiv wirkt sich die Schaffung eines Obersten Juristischen Rates aus, der 15 »Versöhnungsrichter« für die verschiedenen Bezirke in der Westbank ernannte. Seine Arbeit kam durch den Aufstand jedoch zum Erliegen.

In den Autonomiegebieten herrsche Chaos, Willkür, Unterdrückung und völlige Rechtsunsicherheit, erklärte der palästinensische Psychiater Eyad al-Sarraj am 6. Mai 1996 in einem Interview mit der »New York Times«: »Die Menschen fühlen sich eingeschüchtert. Es gibt ein überwältigendes Angstgefühl. Das Regime ist korrupt, diktatorisch und unterdrückerisch. Ich sage das mit einem Gefühl der Traurigkeit, aber während der israelischen Besatzung war ich hundert Mal freier. Ich schrieb in der israelischen und arabischen Presse. Heute werde ich von unserer Presse und unserem Fernsehen boykottiert. Es gibt viele willkürliche Verhaftungen, ohne Anklage, ohne Grund. Die Behörden unterhalten neun Sicherheitsdienste, jeder mit eigenen Gefängnissen. Menschen werden systematisch gefoltert.« Zur israelischen Besatzung sagte er: »Unter der Besatzung fühlten wir die brutale Gewalt, aber wir fühlten nicht die tägliche Erniedrigung, da wir heute von der eigenen Regierung unterdrückt werden. ... Dieser Prozeß hat Gaza und die Westbank in ein neues Gefängnis verwandelt. Präsident Arafat wird gedemütigt; sein Volk wird gedemütigt. Wir sind nicht stolz auf unsere Regierung.« Der Druck werde durch die katastrophale wirtschaftliche Lage noch verschärft. »Die Menschen sind damit beschäftigt, ihre Grundbedürfnisse zu befriedigen. Demokratie und Menschenrechten stehen sie gleichgültig gegenüber. Die Stimmung in Gaza ist schlecht. Die Menschen fühlen sich entfremdet, deprimiert und hoffnungslos.«

Al-Sarraj, Direktor des Mental Health Programms in Gaza, setzt sich schon seit Jahren für einen »Frieden in Würde« mit Israel ein. »Die Art des Friedens, den wir haben, kommt einer totalen Selbstaufgabe gleich. Dieser Friede ist viel schädlicher für die Menschen, als einen Krieg zu führen«.

Auch gegenüber dem Verfasser betonte al-Sarraj im September 1996, das Oslo-Abkommen habe weder Menschenrechte noch Frieden gebracht, die Lage sei »schlimmer als vorher«. Für Arafat habe Sicherheit jedoch höchste Priorität, Menschenrechte interessierten ihn nicht. Ohne Menschenrechte und Demokratie habe das palästinensische Volk jedoch keine Zukunft. Bevor die Palästinenser einen Ausweg aus ihrem Dilemma finden könnten, müßten sie mit ihren eigenen Schwierigkeiten fertig werden.[47]

Al-Sarraj hat sowohl gegen die Verhaftungen von Anwälten und Menschenrechtlern als auch gegen Folter und andere gewaltsame Übergriffe der Autonomiebehörden interveniert. Im Jahresbericht 1995 empfahl die Bürgerrechtskommission PICCR der Autonomiebehörde Maßnahmen, die einen wesentlichen Beitrag zur Rechtssicherheit und zur Gewährleistung bürgerlicher Freiheitsrechte leisten könnten: eine Reduktion des Sicherheitsapparates, die Abschaffung der Todesstrafe u. a.[48]

Al-Sarraj wurde in den folgenden Jahren wegen seiner kritischen Äußerungen mehrmals verhaftet. Beim ersten Mal, im Mai 1996, wurde er aufgrund intensiver internationaler Proteste nach einigen Tagen wieder freigelassen. Die Untersuchungen gegen ihn wurden jedoch fortgesetzt. Al-Sarraj mußte sich verpflichten, keine öffentliche Kritik mehr zu üben.

Am 10. Juni wurde er erneut festgenommen, da der Sicherheitsdienst Haschisch in seinem Büro gefunden hatte. Weil er einen Sicherheitsbeamten angegriffen haben sollte, wurde er drei Tage später vor das Staatssicherheitsgericht gestellt. Sein Aufenthaltsort blieb zunächst geheim, er durfte weder die Familie noch seine Anwälte sehen. Die Repressionen gegen al-Sarraj hatten die erhoffte Wirkung. Während er mir im September 1996, kurz nach seiner Freilassung schilderte, wie er von seinen eigenen Landsleuten mißhandelt worden war, übte er in einem späteren Interview, das in der »taz« vom 16. Juli 1997 erschien, Zurückhaltung. Am 5. August 1999 wurde al-Sarraj erneut verhaftet, weil er die Korruption angeprangert hatte. Bis heute übt er in Zeitungen weiter Kritik, wenn auch eher zurückhaltend.

Die vielen unbekannten Palästinenser, die in Arafats Gefängnissen eingesperrt sind, weil sie an den Autonomieverträgen Kritik übten, brauchen ebenfalls die Unterstützung und den Protest der internationalen Öffentlichkeit gegen die Willkür der palästinensischen Behörden.

Auch vor 1948 haben Juden Land von Palästinensern erworben. Nach islamischem Recht ist der Verkauf von Land an das »Volk des Buches« nicht grundsätzlich verboten; wenn er jedoch, wie in Palästina, die Interessen der Gemeinschaft beeinträchtigt, gilt er als ungesetzlich. Wer heute Land an Juden abtritt oder verkauft, gilt in Palästina als Kollaborateur. Die Autonomiebehörde ordnete für »Landverkauf an Feinde« die Todesstrafe an, nachdem einige israelische Palästinenser Grundstücke an israelische Juden veräußert hatten.

Die Ermordung von drei palästinensischen Grundstücksmaklern Mitte 1997 entfachte eine kontroverse Diskussion in Israel und in den Autonomiegebieten und erregte international Aufsehen. Die Leichname wurden auf einer Straße in Ramallah gefunden. El-Bashitis waren die Hände gefesselt und Gliedmaßen gebrochen worden, sein Mund war mit einem Klebeband verklebt. Abu Sara war durch vier Kopfschüsse getötet worden. Alle Indizien deuteten darauf hin, daß der palästinensische Geheimdienst für diese Morde verantwortlich war. Die israelische Polizei machte PSS-Chef Rajoub dafür verantwortlich, nannte allerdings seinen Namen nicht. Ein vierter Makler beging im

Gefängnis von Jericho Selbstmord, weitere wurden verhaftet. Dutzende sitzen noch in den Gefängnissen, auch in der B- und C-Zone, wo Arafat keine Regierungsgewalt ausüben kann.

Während Artikel 2 des Pressegesetzes grundsätzliche Pressefreiheit garantiert, wird diese weitreichende Regelung in Artikel 37 teilweise wieder zurückgenommen.

Untersagt werden Veröffentlichungen, die »gegen die Moral und Religion verstoßen« oder »der nationalen Einheit schaden«. Diese vagen bzw. sehr weitgefaßten Formulierungen lassen Raum für Mißbrauch. Da jeder Verstoß gegen das Pressegesetz mit Inhaftierung bestraft wird, erhöht das Gesetz geradewegs die Zahl der »politischen Gefangenen«. Im November 1998 wurde der präsidiale Erlaß Nr. 3 verabschiedet, der die Nationale Einheit stärken soll und Aufwiegelung verbietet. Es war kein Zufall, daß im Wye-Memorandum, das einen Monat zuvor unterzeichnet worden war, gefordert wurde, die Autonomiebehörde müsse »einen Erlaß herausgeben, der jede Art von Aufruf zur Gewalt und Terror« verbiete. Seit ihrer Einsetzung hat die Autonomiebehörde systematisch das Recht der freien Meinungsäußerung durch die erwähnten Vorschriften eingeschränkt und Zuwiderhandelnde durch ihre diversen Geheimdienste verhaften und einschüchtern lassen. Journalisten sind ihnen – zumal während der totalen Abriegelung durch Israel – schutzlos ausgeliefert, werden mit Folter oder Verhaftung bedroht. Gegen jede Zeitung, deren Linie nicht der von Arafat vorgegebenen entsprach oder die es wagte, ihn zu kritisieren, wird vorgegangen. Die Redaktion einer Lokalzeitung in der Stadt Jenin mußte ihr Erscheinen einstellen, nachdem der Herausgeber vorübergehend verhaftet worden war. Die größte Zeitung, »Al-Quds«, die eine Anzeige der Hamas-Bewegung und ein Statement von PLO-»Außenminister« Faruq Qaddumi veröffentlicht hatte, der Oslo einen »Ausverkauf« nannte, durfte im August 1994 nicht gedruckt werden. »An-Nahar« wurde von August bis September 1994 verboten. »Al-Umma« wurde im Mai 1995 die Lizenz entzogen, weil sie einige Karikaturen und kritische Artikel über Arafat veröffentlicht hatte. Die Presse der Hamas und des Islamischen Jihad mußte nach Bombenanschlägen im Februar und

März 1996 ihr Erscheinen einstellen. Arafat spendierte der Hamas 31 000 US-Dollar, damit sie unverzüglich die neue Zeitung »Al-Risala«gründen konnte.[49]

Da sich Maher Alameh, ein Herausgeber der Zeitung »Al-Quds« weigerte, über Arafats Treffen mit dem griechisch-orthodoxen Patriarchen zu berichten, wurde er fünf Tage in Haft genommen. Oft werden Journalisten auf eine Tasse Kaffee zum Verhör gebeten. So auch Daoud Kuttab, der einen amerikanischen Paß besitzt. Er mußte nach vier Tagen in Polizeiarrest und drei Tagen im Gefängnis von Ramallah aufgrund von Protesten lokaler Menschenrechtsgruppen und der US-Regierung wieder freigelassen werden. Weil der bekannte Fernsehsender Al-Jazeera[50] im März 2001 nicht im Sinne Arafats berichtete, wurde das Büro in Ramallah für einige Tage geschlossen.

Der Autonomiebehörde ist es gelungen, Journalisten und Herausgeber so stark einzuschüchtern, daß viele von ihnen vornehmlich über die politischen Aktivitäten der Fatah berichten; Menschenrechtsverletzungen bzw. deren Hintergründe werden ausgeblendet, Selbstzensur zur patriotischen Pflicht erklärt. Die Preisgabe des kritischen Denkens verhindert, daß die Medien Mißstände aufdecken und der Gesellschaft Impulse vermitteln. Sie werden zum Propagandainstrument bzw. zum Sprachrohr der Autonomiebehörde. Ihr Status in Palästina ähnelt dem der halboffiziellen Presse in den meisten arabischen Ländern.

Die plumpe Einschüchterung von Journalisten und Menschenrechtsaktivisten hat Ende der neunziger Jahre nachgelassen, doch das Recht auf Meinungsfreiheit ist keineswegs gesichert, wie folgende Beispiele zeigen: Am 27. November 1999 unterzeichneten 20 prominente Palästinenser, darunter neun Abgeordnete des Legislativrates, eine Petition (den »Schrei des Vaterlandes«), in der sie die Nachlässigkeit der Autonomiebehörde bei den Autonomieverhandlungen, die Korruption und die Ausbeutung des palästinensischen Volkes vehement kritisierten. Der Legislativrat verurteilte die Erklärung, die Autonomiebehörde reagierte umgehend: Acht der Unterzeichner wurden verhaftet, zwei ehemalige Bürgermeister unter Hausarrest gestellt. Als der Abgeordnete Abd al-Jawad Saleh dagegen protestierte, wurde er von Sicherheitskräften verhaftet und geschlagen, obwohl Abgeordnete Immunität genießen. Drei maskierte Männer, die mit Äxten und Gewehren bewaffnet waren, schlugen den Abgeordneten Muawyia al-Masri und schossen ihm ins Bein.

Der Imam (Prediger) der Moschee in Ras al-Amud, Sabri Abu Diab, wurde am 5. November 1999 wegen Kritik an der Autonomiebehörde und ihren Verhandlungen mit Israel für 20 Tage inhaftiert und vom Geheimdienst verhört. Selbst ein Berater des Präsidenten für Flüchtlingsfragen, Abd al-Fattah Ghanem, wurde am 20. Juni 2000 ins Zentralgefängnis von Ramallah einbestellt. Bis zum 7. August konnte er noch nicht mit einem Anwalt sprechen. Er wird beschuldigt, die Autorität der Autonomiebehörde untergraben und über das Internet falsche Behauptungen über deren Repräsentanten verbreitet zu haben.[51]

Mit dem Aufbau eines internen Repressionsapparates ging die Herausbildung mafioser Strukturen im Gaza-Streifen einher. Minister und andere hohe Regierungsvertreter, die die wichtigsten Wirtschaftsbereiche kontrollieren, werden zu Millionären, während der größte Teil der Bevölkerung weiter verarmt. Solange die Autonomiebehörde keine demokratischen Institutionen aufbaut und niemand wegen Gesetzesverstößen zur Verantwortung gezogen wird, schafft sie selbst den Nährboden für Korruption und Menschenrechtsverletzungen. Damit die Spirale von Gewalt und Terror unterbrochen wird, müssen die Sicherheitskräfte endlich die Menschenrechte respektieren.

David Hirst schreibt über das »System Arafat« und die internationalen Förderer: »Selten hat es eine Revolution geschafft, so zu degenerieren wie die Arafats und trotzdem zu überleben. Sie überlebt nur, weil sie ihre Bürger ausraubt und ihre Bürokraten besticht. Es hat sich als so wichtig erwiesen, Arafat in den Friedensprozeß einzubinden, daß die Partner, von denen er total abhängig ist – die Israelis, die Amerikaner und die internationale Gemeinschaft –, bereit sind, seine offenkundige Korruption zu ignorieren, wenn nicht sogar zu ermutigen.« (»The Guardian weekly«, 27. April 1997) Arafat und Funktionäre der Autonomiebehörde bereichern sich privat durch Korruption und Monopolwirtschaft. Zwischen 1994 und 1998 hat die Palästinensische Autonomiebehörde internationale Hilfe in Höhe von 3,5 Milliarden Dollar erhalten, davon 2,5 Milliarden als Direkthilfe. Im Jahr 1997 wurden 200 Dollar Entwicklungshilfe pro Einwohner gezahlt. Ein Teil des Geldes ist auf Auslandskonten der Funktionäre geflossen.[52] Die EU stellte im Jahr 2000 Fördergelder in Höhe von 207 Millionen Euro bereit.

Die Bilanz ist bedrückend: Weder für die Regierungen in Israel und den USA noch für die Autonomiebehörde hatte seit Beginn des Friedensprozesses die Durchsetzung von Demokratie und Menschenrechten einen hohen Stellenwert. Unter den gegenwärtigen Umständen werden sie in den besetzten Gebieten weiter eingeschränkt. Die Israelis setzen ihre willkürliche Politik gegenüber den Palästinensern ungehindert fort. Seit dem Ausbruch der Al-Aqsa-Intifada führt Israel Krieg gegen das palästinensische Volk. Das öffentliche Leben in den Autonomiegebieten ist völlig zerrüttet, und alle Institutionen der Autonomiebehörde sind zerstört. Die Menschenrechtsverletzungen unter der Sharon-Regierung haben Ausmaße erreicht, die nicht vorstellbar waren.

In Arafats Herrschaftsbereich ist das Demokratiedefizit noch größer; der Legislative Rat ist kaum mehr als Staffage; Gesetzesvorlagen werden vom Präsidenten ignoriert. Vetternwirtschaft und Korruption wachsen und gedeihen; die Autonomiebehörde toleriert die Exzesse der Sicherheitsdienste; das Justizsystem verhöhnt das Recht; die Medien werden wie in allen arabischen Staaten zensiert. Die palästinensische Behörde ist letztlich nur eine Fassade für Arafats Ein-Mann-Herrschaft. Er ist Präsident, Regierungschef, oberster Richter, Staatsanwalt und Verteidiger, steht über dem Gesetz, hält alle Macht in seinen Händen und kontrolliert das gesamte Geld, inklusive großer Mengen der Hilfsgelder.

Wer an seiner Person Kritik übt, muß mit harten Konsequenzen rechnen. Jede organisierte abweichende Meinung wird von der Autonomiebehörde als Verrat betrachtet. Renommierte Kritiker wie Edward Said oder Eyad al-Sarraj werden durch Verbreitung falscher Behauptungen verleumdet oder gefoltert.

Arafat hat das Vertrauen der palästinensischen Diaspora verloren; auch in den Autonomieinseln schwinden seine Reputation und seine Macht. Ob es ihm gelingt, durch den erneuten Aufstand der Palästinenser seinen Ruf wiederherzustellen und seine Position zu stabilisieren, ist fraglich. Möglicherweise führt der Aufstand auch zu seinem Sturz. Die israelische Regierung und die USA scheinen ihn nicht mehr unbedingt als »partner in peace« zu benötigen. Nach seiner Wiederwahl muß Arafat »Reformen« einleiten. In einer Rede am 14. Mai 2002 hat er dies versprochen. Inwieweit es ihm gelingt, bleibt abzuwarten.

Israel zwischen »jüdischer« Demokratie und fundamentalistischem Gottesstaat

Israel definierte sich von Beginn an als ein »jüdischer Staat«. Wie politisch, ideologisch, religiös und moralisch fragwürdig und umstritten seine Gründung war, hat der britische Wissenschaftler Michael Prior aufgezeigt.[1] Nach der Eroberung Ost-Jerusalems, der Westbank, der Golan-Höhen und des Gaza-Streifens im Sechstagekrieg 1967 verschärfte sich die Kontroverse zwischen säkularen und religiösen Zionisten sowie orthodoxen Juden über den Charakter des Staates Israel noch einmal.

Seit Beginn der zionistischen Besiedlung haben Vertreter der beiden Hauptströmungen des Zionismus, die sozialistische und die revisionistische, um den rechten Weg gestritten. Die ersteren obsiegten wegen ihrer machtpolitisch geschickteren Strategie, die vornehmlich David Ben-Gurion entwickelt hatte. Der Zionismus der Arbeitspartei dominierte und beeinflußte Israel und sein Image im Ausland bis 1977. Der Wahlsieg des Likud-Blocks 1977, der eine Wende in der israelischen Politik herbeiführte, zeigte, wie stark die ursprüngliche zionistische Ideologie der Arbeitspartei bereits erodiert war. Nach dem Sechstagekrieg vom Juni 1967 bildete sich ein neues Bündnis zwischen Messianismus und expansionistischem Nationalismus heraus. Die Ermordung Rabins und die Strategie Netanyahus nach dem erneuten Sieg des Likud bei den Wahlen von 1996 sind das Ergebnis dieser »unheiligen Allianz«. Diese Kräfte beeinflussen bis heute mittels ihrer religiösen Definitionsmacht den politischen Diskurs und sitzen unter Ministerpräsident Sharon wieder an den Schalthebeln der Macht. Je stärker Israel sich auf die fundamentalistische Variante des Judentums orientiert, um so irrationaler wird seine Politik, das heißt auch um so gefährlicher für seine Nachbarn.

Die Allianz zwischen expansionistischem Nationalismus und religiösem Fundamentalismus offenbart sich am sinnfälligsten im Anspruch auf Eretz Israel, der von einigen religiösen Zirkeln und politischen Gruppen aggressiv vorgetragen wird. Die »historischen Grenzen« werden zum Teil weit in Gebiete der Nachbarstaaten verschoben. Für die nationalistische Siedlerbewegung Gush Emunim (Block der Getreuen), die rechtsextremen Gruppen Kahane und Kahane-Chai sowie die Nationalreligiöse Partei (NRP=Mafdal) ist es sogar ein »göttliches Gebot«, Land zu erobern, das zum »Land Israel« gehört. Ariel Sharon schlug 1993 auf einem Likud-Parteitag vor, die Partei solle sich die »biblischen Grenzen« offiziell zu eigen machen. Damals wurde ein solches Konzept nicht angenommen. Bereits in der Netanyahu-Regierung befürworten die religiösen und nationalistischen Vertreter einen solchen Expansionismus in »Eretz Israel«. Der Wissenschaftler und Vorsitzende der Liga für Menschenrechte Israel Shahak sieht im politischen Einfluß des »jüdischen Chauvinismus« und des »religiösen Fanatismus« eine ebenso große Gefahr wie im Antisemitismus. Beide, der »Antisemitismus und der jüdische Chauvinismus, können nur gleichzeitig bekämpft werden«.[2]

1. Das Bündnis zwischen expansionistischen Nationalisten und religiösen Fundamentalisten

Die Ermordung des Ministerpräsidenten Yitzhak Rabin wies die Weltöffentlichkeit auf ein bis dahin kaum wahrgenommenes Phänomen der israelischen Gesellschaft hin: die radikale Rechte. In Israel gibt es keine formal institutionalisierte »Rechtspartei«, wie wir sie in einigen Ländern Europas kennen, es existieren jedoch eine ganze Anzahl von Parteien, deren Gedankengut nach westlich-demokratischen Maßstäben als »rechtsextrem« und »nationalistisch« bis »chauvinistisch« zu bezeichnen ist, sie sind alle im Parlament vertreten. Nationalistisches Gedankengut reicht bis weit in die Arbeitspartei hinein. Ideen, die man in westlichen Demokratien als »rechts« bis »rechtsextrem« einstufen würde, sind in Israel ein Massenphänomen.

Zu den Vorläufern der heutigen Rechten gehörten auch Vladimir Jabotinsky, führender Repräsentant der revisionistischen

Richtung im Zionismus, die militärischen Kampf- oder Terror-organisationen Etzel, bekannt unter dem Namen Irgun, und die Stern-Bande oder Lechi, genannt nach ihrem Gründer Abraham Stern. Beide Organisationen beeinflußten vor 1948 durch ihre Ideologie und Terrorakte den Staatswerdungsprozeß Israels nicht unwesentlich. Die gewaltsamen Auseinandersetzungen zwischen Rechten und Linken erreichten ihren Höhepunkt nach der Versenkung des Schiffes Altalena, das Waffen für die Terror-organisation Irgun transportierte. Diese Aktion, die den gerade gegründeten Staat fast an den Rand eines Bürgerkrieges brachte, hatte David Ben-Gurion angeordnet, der nach der Gründung Is-raels keinen Sinn mehr im Weiterbestehen von Milizen sah. Ein weiteres einschneidendes Ereignis war die Ermordung von UN-Vermittler Count Folke Bernadotte durch die Terrororganisation Lehi am 17. September 1948. In den fünfziger Jahren setzte sich die Gewalt aus der vorstaatlichen Phase weiter fort. Wegen der Frage der Reparationszahlungen Deutschlands an Israel ließ Me-nachem Begin im Januar 1952 die Knesset belagern. Die extreme Rechte ermordete Israel Kastner, einen ungarischen Juden, dem Kollaboration mit den Nazis vorgeworfen wurde. Hinzu kamen die gewaltsamen Auseinandersetzungen zwischen Gewerkschaft und Arbeitspartei sowie der Rechten und den Orthodoxen in der Gesellschaft. Diese Tradition der Gewalt setzt sich bis heute in einigen gesellschaftlichen Gruppen fort: In den fanatischen Sied-lern hat die extreme Rechte nun eine Massenbasis.

Der Sechstagekrieg war der wichtigste Einschnitt in der Ge-schichte Israels. Er hat das kollektive Bewußtsein der Israelis nachhaltig beeinflußt. So leitete er die Re-Religiosierung großer Teile der Bevölkerung ein und bewirkte die Wiedergeburt der ra-dikalen Rechten. Das besetzte palästinensische Land hatte zu-nächst als politisches Faustpfand gegolten, wurde jedoch rasch zu einem »Objekt ideologisch begründeter Begierde«.[3] Es hieß nicht mehr Westbank, die Nationalisten gaben ihm den biblischen Na-men Judäa und Samaria. Die nationalistischen und religiösen Kreise distanzierten sich vom Standpunkt des Außenministers Abba Eban, Israel sei ein »großzügiger Sieger«, der sich als libe-raler und demokratischer Beherrscher verhalten wolle. Der Sieg war in ihren Augen der göttliche Lohn für das jüdische Volk.

Infolge des Sechstagekriegs wurden auch zwei Gruppen der extremen Linken populär: Die radikal antizionistische Matzpen hatte schon vor 1967 existiert; Siah entstand nach dem Juni-Krieg, ihre Anhänger traten für eine Koexistenz von Zionismus und palästinensischem Nationalismus ein. Im Gegensatz zu den Rechten in Israel haben diese Gruppen keinen Beitrag zur Gewalt gegen die Palästinenser geleistet.

Die Kommunistische Partei Israels war die einzige Gruppierung, die den Krieg verurteilte. Am 14. Oktober 1967 wurde ihr Generalsekretär Meir Vilner bei einem Attentat schwer verletzt. Der Attentäter arbeitete in der Druckerei der Tageszeitung »Hajom«, dem Organ des Gachal-Blocks, dem Vorgänger des Likud-Blocks. Jüdische terroristische Gruppen – vor allem die DOV (Unterdrückung der Verräter) und TNT (Terror gegen Terror) – haben Anhänger der Linken jahrelang bedroht, weil diese die Übergriffe des israelischen Militärs auf Palästinenser kritisierten. Trotz ihrer kriminellen Aktivitäten nahm die Polizei die beiden Untergrundorganisationen nicht ernst.

Abraham Yitzhak Hakohen Kook war einer jener Männer, die den Boden für die Synthese von Judaismus und Zionismus mitbereitet haben. 1904 hatte Kook in Jaffa das Amt des Chefrabbiners übernommen. Er bezog sich auf die Schriften des jüdischen Philosophen Maimonides (auch Rambam genannt), eines Rabbiners des 12. Jahrhunderts aus Cordoba, Spanien, und legte das letzte Buch des jüdischen Rechts (Halacha), die Mischne Thora, neu aus. Der Mischne Thora zufolge gab es zwei Messiasse. In Kooks Interpretation waren die Zionisten kollektiv nichts anderes als der erste Messias, der Vorläufer der zweiten heiligen Phase der Erlösung. 1922 gründete Kook in Jerusalem die Jeschiwa Merkhaz-ha-Rav, die eine neue Elite formen sollte, die die Lehren des Judaismus und Zionismus vereint. Kook betrachtete den Zionismus nicht mehr als Hindernis für die Erlösung wie die Haredim (Gottesfürchtigen), sondern als Instrument, das die Ankunft des Messias beschleunigen würde. Der Geist Gottes und der Geist Israels seien eins, so Kook.

Kooks Sohn Zwi Jehuda Hakohen interpretierte die abstrakten Ideen seines Vaters neu und sorgte für deren Weiterverbreitung. Für ihn waren »der Staat, die Regierung und die Armee heilig«. Die Juden seien aufgerufen, alle Länder zurückzuerobern, die Gott ihnen verheißen hatte. Er entwickelte sich schnell zum geistigen Mentor der religiös-zionistischen Jugendgruppe B'nai Akiva. Seine Schüler gehörten zu den ersten Soldaten, die bei der Eroberung der Altstadt von Jerusalem im Juni 1967 an der Klagemauer waren. Als ihr Befehlshaber Motta Gur Zwi Jehuda Kook auf Bitten der Soldaten zur Klagemauer holen ließ, verkündete dieser: »Wir geben hiermit dem Volke Israels und der gesamten Welt bekannt, daß wir in himmlischem Auftrag soeben zum heiligen Berg und in unsere heilige Stadt heimgekehrt sind. Wir werden sie nie wieder verlassen.« Ähnlich pathetisch erklärte Netanyahu fast 30 Jahre später anläßlich seiner Wahl zum Ministerpräsidenten: »Wir werden die israelische Souveränität über das vereinte Jerusalem erhalten. Ich gebe dies heute Nacht in Jerusalem, der ewigen Hauptstadt des jüdischen Volkes, bekannt, daß die Stadt nicht wieder geteilt wird.«

Kook definierte Israel als das »Halachische Königreich Israel« (»Königreich des Himmels auf Erden«). Jeder Jude in Israel war demnach heilig und jedes Staubkorn mit Heiligkeit durchtränkt. Über eine Rückgabe der besetzten Gebiete konnte nicht mehr verhandelt werden. Die Befreiung urbiblischen Landes deuteten Kook und seine Schüler als Beweis für die bevorstehende Erlösung. Um dem Messias den Weg zu bereiten, strebten sie die Besiedelung der besetzten Gebiete an.

In der Siegeseuphorie schlossen sich auch Teile der damals regierenden Arbeitspartei der Ideologie des sogenannten Eretz Israel Haschlema (Groß-Israel-Ideologie) an. Das besetzte Land wurde in den ersten Jahren nur spärlich besiedelt. Die Initiative dazu ging von religiösen Fanatikern aus. Die säkulare Regierung der Arbeitspartei und ihre jeweiligen Koalitionspartner trugen die Aktionen mit. Die ersten Siedlungen entstanden auf dem Sinai, im Jordantal, um Hebron, Ost-Jerusalem und auf dem Golan. Das Siedlungskonzept der Arbeitspartei basierte auf einer Sicherheitsdoktrin, derzufolge das politische Handeln Sicherheitserwägungen untergeordnet werden muß. Die Doktrin blockiert die israelische Gesellschaft bis heute: sie dient als Herrschaftsinstrument gegenüber den Palästinensern und legitimiert die Dominanz der herrschenden Ashkenasim über die orientalischen

Sephardim. Nachdem der Likud-Block 1977 an die Macht gekommen war, nahm die Politik eine stark national-religiöse Wende. Der Likud setzte die »Judaisierung« der Westbank auf die politische Agenda und intensivierte die Siedlungspolitik. Die Gründung eines Palästinenserstaates sollte mit allen Mitteln verhindert werden.

Die 1974 gegründete Siedlerbewegung Gush Emunim (Block der Getreuen) gewann beständig an Einfluß. Zu ihren Gallionsfiguren der ersten Stunde zählten der Rabbiner Moshe Levinger und Zevulun Hammer, der Mitte Januar 1998 verstarb. Ihr Spiritus rector war kein geringerer als der Rabbiner Zwi Jehuda Kook. Zu dessen Schülern hatten auch die Rabbiner Chaim Druckman und Elieser Waldman gehört, die in den von der Nationalreligiösen Partei (NRP) getragenen Hesder-Jeshiva (Talmudschulen) Tausende von Schülern und angehenden Soldaten mit ihrer militanten Ideologie indoktrinieren. Die Studenten dieser Hesder Yeshiwots werden als geschlossene Gruppe eingezogen und von einem Rabbiner, der für ihre »religiöse Reinheit« verantwortlich ist, betreut. Sie dienen nur 18 Monate statt der üblichen drei Jahre. Nach sechs Monaten Militärdienst ziehen sie sich für sechs Monate zum Studium des Talmuds in ihre Yeshiva zurück. Als Reservisten leisten sie den regulären Reservedienst ab. Die Rabbiner Chaim Druckman und Elieser Waldman riefen die Soldaten offen zur Befehlsverweigerung auf, falls sie zur Räumung von Siedlungen eingesetzt werden sollten.

Waldman vertrat in seinen Schriften die Meinung, Gott habe den Juden den Holocaust als Prüfung auferlegt. Dies sei ein verzweifelter Versuch Gottes gewesen, die Juden nach »Zion« zu treiben. Die orthodoxen Haredim dagegen interpretierten den Holocaust als Gottes Strafe für die Assimilation der Juden und den weltlichen Zionismus. Der Sieg im Krieg von 1948 sei ein »Akt Gottes« gewesen. Mit dem Yom-Kippur-Krieg von 1973 habe Gott den Juden »einen weiteren Schock« versetzen wollen, damit sie endlich begriffen, daß sie das Land besiedeln sollten, so Waldman.

Der »Gush« ersetzte den Rechtsbegriff »Staat Israel« durch den biblischen Begriff »Land Israel« (Eretz Israel). Dieser Begriff rechtfertigte die Besetzung der Gebiete im Namen eines besonderen Bundes zwischen Gott und dem »auserwählten Volk«. Nach Ansicht des »Gush« verzögert sich die Ankunft des Messias, wenn Land an Nichtjuden zurückgegeben werde. Da sich die Anhänger des »Gush« als die Stellvertreter des Messias auf Erden verstehen, glauben sie ein Recht auf Widerstand gegen den »unreligiösen Staat« zu haben. Sie führten einen jüdisch-fundamentalistischen »Jihad« gegen die Begin-Regierung und insbesondere gegen die nachfolgende unter Rabin. Verbündete dieser Ideologie finden sich in den Reihen der Nationalreligiösen Partei (NRP), früher nannte sie sich Misrachi. Sie hatte den Zionismus stets religiös ausgelegt. Seit Mitte der siebziger Jahre unterstützt die Partei den »Gush«, propagiert eine kompromißlose nationalistische Linie und tritt für die Schaffung eines Groß-Israel und die Annexion der Gebiete ein. Ihr Parteivorsitzender Yitzhak Levy war Wohnungsbauminister unter Ehud Barak. Deshalb wurde seine Regierung von den Siedlerorganisationen nicht angegriffen.

Die Gush Emunim-Bewegung war nur eine von vielen Rejudaisierungsbewegungen, die sich in Israel und der Diaspora formierten. Ihre politische Speerspitze bildet die Nationalreligiöse Partei. Alle Gruppen vertreten gegenüber den Palästinensern eine Politik der »eisernen Faust« und der rassischen Diskriminierung. In ihren zahlreichen Thora- und Talmud-Schulen verbreiten sie auch ideologisch-rassistische Ansichten. Die Schüler werden auf eine Linie gebracht, die im völligen Gegensatz zu den westlichen Wertvorstellungen der israelischen Gesellschaft steht. Ein ähnliches Phänomen stellte Joseph Algazy für die Schulen der Ultraorthodoxen (Haredim) fest. In »Le Monde diplomatique« vom 18. Februar 1998 schrieb er: »In den Schulen der Ultraorthodoxen werden die Jugendlichen – und über sie auch ihre Eltern – einer regelrechten Gehirnwäsche unterzogen, erhalten aber auch Hilfe bei der Bewältigung ihrer Probleme.« Die Journalistin Stefanie Christmann schlußfolgerte in der Wochenzeitung »Freitag« vom 6. Juni 1997: »Rassistisches Denken kommt nach 30 Jahren Besatzung in Israel mittlerweile offen, stolz und ›frech‹ daher.« Die staatlichen Stellen finanzieren diese Einrichtungen zum Teil und haben mit den extremistischen Gruppierungen große Nachsicht gezeigt. In einem Interview mit dem Verfasser wies Israel Shahak auf den Extremismus der Nationalreligiösen Partei hin. »Sie ist eine messianistische Partei. Sie glaubt, daß wir in einer Zeit der Erlösung leben ... Deshalb müsse man Taten vollbringen, die uns hoffen lassen, daß Gott zu unseren Gunsten eingreifen wird ... Nur die Mafdal fordert die Gründung eines religiösen Staates, in dem das talmudische Gesetz anstatt des säkularen Gesetzes gilt. Des weiteren gibt es eine starke Tendenz in dieser Partei, den dritten Tempel wieder zu errichten. Das heißt, die Al-Aqsa-Moschee und der Felsendom müssen zerstört werden. Dies würde zu einem Konflikt mit der islamischen Welt führen, der viel gefährlicher wäre als alles, was die Zionisten bisher getan haben.«[4] Die Ideologie der Partei ist eine Mixtur aus politisch-nationalistischen und religiös-messianistischen Elementen. Der Schriftsteller Abraham B. Yehoshua plädierte in einem Interview mit der »Frankfurter Rundschau« vom 30. August 1997 für einen Dialog mit der Mafdal, um die Abkapselung der Nationalreligiösen zu verhindern. Dies sei auch aus kulturellen Gründen wichtig, weil sonst die »amerikanische CNN-Identität« das eigene Selbst zerstöre.

Weitere fundamentalistische Strömungen sind die Haredim, die sich in ashkenasische und sephardische sowie zionistische und antizionistische Gruppen aufspalten. Am extremsten antizionistisch eingestellt sind die Neture Karta, eine Gruppe, die den Staat Israel völlig ablehnt, da die Erlösung Gottes Werk sei. Als nichtzionistisch gelten die Agudat Israel und die Degel Hatorah, die im Jahdut Hatorah-Block vereinigt sind. Sie galten in der Vergangenheit als politisch moderat, haben sich aber aus Opportunitätsgründen der harten Haltung der proannektionistischen Rechten angenähert. Im Gegensatz zu den ashkenasischen Haredim treten die sephardischen Juden von der Shas-Partei für einen Kompromiß mit den Palästinensern ein. In diesem Punkt unterstützten sie die Arbeitspartei in der Knesset, als die Oslo-Abkommen verabschiedet wurden.

Die Shas ist eine Klientel-Partei, die ursprünglich aus der ashkenasischen Agudat Israel hervorging. Sie arbeitet nach dem Grundsatz des Gebens und Nehmens (do ut des), um ihre zahlreichen Einrichtungen, die ausschließlich religiöse Juden unterstützen, finanzieren zu können. Zu ihrem religiösen und sozialen Netzwerk gehören Kindergärten und religiöse Schulen. »Insgesamt wenden die religiösen Parteien die gleichen Techniken der Rekrutierung von neuen Mitgliedern an wie die islamistische Bewegung in Israel und die Hamas im Westjordanland und im Gaza-Streifen«, so Joseph Algazy. Politisch nähert sich die Shas immer stärker dem Likud und den anderen rechtsreligiösen Parteien an, mit denen sie die Abneigung gegen die Nichtjuden und der Anspruch auf ideologische »Exklusivität« der jüdischen Religion eint. Ihr Fundamentalismus speist sich nicht zuletzt aus den Diskriminierungen, die ihnen von den Ashkenasim zugefügt worden sind. Zu dieser Ächtung gehört für sie die Verurteilung ihres ehemaligen Parteichefs Arie Deri wegen Korruption. Geistiges Oberhaupt der Shas-Partei ist der frühere sephardische Oberrabbiner Ovadia Yosef. Er setzte sich im Gegensatz zu Deri für das Recht der 1948 geflüchteten Palästinenser ein. Für Yosef ist es mit einem moralischen und humanitären Standpunkt unvereinbar, Menschen, die entwurzelt worden sind, die Rückkehr an den Ort zu verwehren, an dem sie geboren sind. Aus der jüdischen Lehre zieht er den Schluß, daß ein Menschenleben oberste Priorität besitzt und nicht die »Heiligkeit des Landes«, wie andere nationalistische Gruppen propagieren. Um Frieden zu erreichen, tritt er für die Rückgabe von Gebieten ein.

Die politische Klasse Israels zeigte sich überrascht, als im April 1984 die Polizei Mitglieder einer jüdischen Terrorgruppe verhaftete, die verdächtigt wurde, mehrere Studenten der islamischen Universität in Hebron ermordet und Attentate gegen palästinensische Bürgermeister verübt zu haben. Diese Organisation traf gerade letzte Vorbereitungen für die Sprengung des Felsendoms auf dem Tempelberg. In einem Verhör, das der Inlandsgeheimdienst Shin Bet durchführte, enthüllte ein Verhafteter die satanische Logik dieser Terroristen: »Die Zerstörung dieser Moscheen hätte Abermillionen Muslime in Wut versetzt. Ihr Zorn hätte sehr wahrscheinlich einen Krieg ausgelöst, der zu einem Weltkrieg eskaliert wäre. Solch ein Krieg würde mit seiner enorm hohen Todesrate den Erlösungsprozeß der Juden und des Landes Israel vorantreiben. Dann wären alle Muslime verschwunden und somit alles bereit für die Ankunft des Messias.« Damit sei das Palästinenserproblem im »gelobten Land« endgültig gelöst.

Unter den Terroristen waren auch »Gush«-Aktivisten wie Yehuda Etzion. Der »geistige Vater« des jüdischen Untergrunds erklärte, »der Herr« habe ihn mit der Sprengung des Tempelbergs beauftragt (dies stand nicht auf der politischen Agenda des »Gush«). Yehuda Etzion wollte nicht akezptieren, daß sich der »Gush« mit der zivilen Regierung Israels abfinden konnte, obwohl die Zeit des Messias angebrochen sei. Für Etzion war bereits das letzte Stadium der Erlösung erreicht, zu der eine theokratische Regierung auf dem Tempelberg und die Kontrolle über Israel, den Sinai, Jordanien, Syrien, Teile des Libanon und des Irak gehörten. Die »Operation Tempelberg« sollte die Transformation Israels von einem Rechtsstaat zum »Status des Königtums Israel« beschleunigen, in dem die Priester herrschen und die Natur der Welt verändern sollten.[5] Der ehemalige Polizeiinspektor Assaf Hefets enthüllte am 31. Dezember 1997, Mitglieder des »Gush« wollten die heiligen islamischen Stätten zerstören, um »den Salomonischen Tempel an deren Stelle wieder zu errichten«, dies würde den »Prozeß der Erlösung des jüdischen Volkes« beschleunigen. Die israelischen Behörden sollten die Absichten der extremistischen Elemente ernst nehmen. Felicia Langer warnte zu Recht: »Man muß kein Prophet oder Mitglied des Geheimdienstes sein, um zu begreifen, welch ein Gefahrenpotential von den Anhängern einer solchen Lehre ausgeht, sobald sich ihr Glaube mit den vielen und mörderischen Waffen verbindet, die in ihrem Besitz sind, und wenn ihr Glaube in einer Atmosphäre von Nachsicht, wohlwollendem Verständnis und manchmal sogar mit direkter Unterstützung durch die Armee praktiziert wird.«[6]

Der im September 1971 nach Israel übergesiedelte amerikanische Rabbiner Meir Kahane trug wesentlich zur Radikalisierung der Rechten in Israel bei. Er war der Anführer der als rassistisch und terroristisch bekannten »Jüdischen Verteidigungsliga« in den USA. 1984 wurde er zum Knesset-Abgeordneten gewählt. Seine »Philosophie der jüdischen Gewalt« setzte sich in religiösen Kreisen immer stärker durch. Kahane war offenbar von den Morden an den Juden so traumatisiert, daß er nur an Rache dachte. Der jüdische Staat gewann für ihn seinen Wert allein aus den Taten an den Gojim (Nicht-Juden). Israel sah er nicht als eine Belohnung, sondern als ein Instrument der Bestrafung an. Er hatte einen unersättlichen Drang, alle Nicht-Juden zu vernichten. Jüdische Gewalt gegen sie deutete er als »Glorifizierung Gottes«. Er gründete die rassistisch-faschistische »Kach«-Bewegung (So ist das), hetzte gegen die Palästinenser und brachte als Knesset-Abgeordneter einen außerordentlich rassistischen Gesetzesentwurf ein. Die »Kach«-Mitglieder betrachten Hinterlist, Gewalt und Terror als typisch »arabische Eigenschaften«. Kahane schlug vor, die Vertreibung aller Araber aus Groß-Israel mit folgenden Methoden durchzusetzen: Zwangsdeportationen aller Nichtjuden, die sich weigerten, den zweitklassigen Status eines »ausländischen Bewohners« anzunehmen; Wohnverbot für alle Nichtjuden in der Region von Jerusalem; Verurteilung zu fünfzig Jahren Gefängnis für jeden Nicht-Juden, der sexuelle Beziehungen zu einer Jüdin hatte; die Einrichtung von »getrennten Ständen« für Juden und Nichtjuden.

Der extremistische Rabbi hatte viele offene und geheime Förderer, unter ihnen war auch der ehemalige Ministerpräsident Yitzhak Shamir. Dennoch verbot das Oberste Gericht eine weitere Kandidatur von Kahane, da seine Partei »faschistisch« sei. Nach Kahanes Ermordung 1990 in New York gründete sein Sohn Benjamin die Gruppe »Kahane Chai« (Kahane lebt). »Kach« und »Kahane Chai« agitieren gegen den Friedensprozeß, provozieren Gewalttätigkeiten und organisieren tödliche Attentate auf Palästinenser. Sie wurden zwar nach dem Massenmord von Goldstein verboten, konnten aber ihre Aktivitäten unbehelligt fortsetzen. Weitere Parteien, die extremes und rassistisches Gedankengut vertreten, sind Tsomet (Wegkreuzung), geführt vom ehemaligen Generalstabschef und jetzigen Knesset-Abgeordneten Raphael Eitan, und Moledet (Vaterland). Ihr Führer, der General und jetzige Tourismusminister Rechawan Ze'evi, setzt sich für die Umsiedlung der Palästinenser ein. Für Ze'evi ist Arafat »kein Neonazi«, sondern eindeutig ein »Nazi«, so in der Knesset-Debatte vom 22. Januar 1998.

Ha'etzni, Moshe Levinger, der »Gush«, der Siedlerrat (Yesha) und andere extremistische Gruppen gehörten zu den schärfsten Kritikern der Politik von Rabin. Im Umfeld von »Kach« und

»Kahane-Chai« ist auch die Eyal-Gruppe entstanden, zu der der Rabin-Attentäter Yigal Amir gehörte. All diese Organisationen verschanzen sich hinter den rechten bürgerlichen Politikern des Likud und der Mafdal-Partei. Sie haben seit der Unterzeichnung der Oslo-Abkommen gegen die rechtmäßig gewählte israelische Regierung agitiert. Einige rechtsgerichtete Politiker wollten die Ausstrahlung des Fernsehberichts verhindern, der diese Verbindungen aufdeckte, doch das Oberste Gericht gab ihrem Antrag nicht statt. Die genannten Parteien haben die Aktivitäten des »Gush« oder auch von »Zu Arzeno« (Das ist unser Land) zumindest indirekt gedeckt, deren Aufruf zum zivilen Widerstand an offene Rebellion grenzte. Für sie ist das Camp David-Abkommen sowie der Vertrag von Oslo ein Fiasko, da die israelische Regierung durch ihre Bereitschaft, Land zurückzugeben, Juden direkt in Gefahr gebracht habe. Eine solche Landrückgabe stelle eine »Rebellion gegen Gott« dar. Die Vereinbarung Rabins mit Arafat signalisiere, daß Gott nicht länger Nachsicht übe und die apokalyptischen Leiden begännen.

Solche Ansichten vertreten nicht nur religiöse Außenseiter. Beispielsweise erklärten der ehemalige Knesset-Abgeordnete Eliyakim Ha'etzni und Ariel Sharon bei einem gemeinsamen Auftritt im Herbst 1995 vor israelischen Soldaten, auch in Hitlerdeutschland habe es Soldaten gegeben, die erkannt hätten, daß die Regierung das deutsche Volk ins Verderben führe. Auch die israelische Regierung tue dies, so Ha'etzni. »Sie will uns das Land unter den Füßen rauben, das Land der Bibel, das Heilige Land, ohne das der Staat Israel völlig sinnlos ist.« Sharon teilte diese Ansicht und versprach Unterstützung im Widerstand gegen die Regierung. Nicht die Palästinenser, sondern die Rabin-Regierung sei der eigentliche Feind des Friedens. »Die erste Tat einer anderen, jüdisch-nationalen Regierung, die mit Gottes Hilfe der jetzigen folgt, wird die Weiterentwicklung der Siedlungen sein.« Dieser Wunsch Sharons ist nach seiner Wahl zum Ministerpräsidenten in Erfüllung gegangen. In einem Interview mit »Ha'aretz« vom 12. April 2001 unterstrich er, daß keine einzige Siedlung geräumt werde. Auf die Frage, ob er bei Unterzeichnung eines Abkommens mit den Palästinensern Siedlungen räumen würde, antwortete der Ministerpräsident: »Nein, selbstverständlich nicht. Es ist kein Zufall, daß die Siedlungen dort sind, wo sie sind. ... Ich sehe absolut keinen Grund, die Siedlungen zu räumen. Solange es keinen Frieden gibt, bleiben wir da. Gibt es Frieden, besteht kein Grund, nicht mehr dort zu leben.«

Haetzni hatte auf der Veranstaltung im Herbst 1995 Peres des »Verrats an den Juden« bezichtigt und ihn als »Rehabeam« beschimpft, eine der schlimmsten Beleidigungen für einen Juden: Ein »Rehabeam« zettelt einen Bürgerkrieg an, so daß »Juden gegen Juden« kämpfen. Daher sei es die Aufgabe, ja sogar die »göttliche Pflicht« eines jeden Juden, gegen die Politik seiner Regierung vorzugehen und Widerstand zu leisten, wenn diese territoriale Kompromisse mit den Arabern eingehe, denn jede Gebietsverletzung komme einem Sakrileg gleich. Für die fundamentalistische Siedlerzeitung »Nekuda« gibt es keinen Raum mehr für einen Dialog mit der Regierung, weil sie die Entstehung eines palästinensischen Staates fördere. Die Arbeitspartei habe sich zu einer Partei der »Feiglinge« und »Ängstlichen« entwickelt; sie verteidige die Rechte der Palästinenser in Eretz Israel.

Die Logik der Rechten ist schlüssig: Ha'etzni fragt zu Recht, warum die Israelis Tel Aviv beanspruchen, wenn sie auf Hebron verzichten wollen. Erhebe Israel nicht auf das gesamte Eretz Israel Anspruch, verliere es seinen Anspruch auf das Land in den Grenzen von 1948 und damit seine Existenzberechtigung. Die Israelis seien dann nichts anderes als bloße Landräuber, Eindringlinge, die sich der Vertreibung der indigenen Bevölkerung schuldig gemacht hätten. Diese religiös-mythischen »Rechtskonstruktionen« besitzen zwar keine Rechtsgültigkeit, doch die Extremisten, die sich als die Hüter der wahren Legitimität Israels und der Bibel sehen, nehmen die israelische Politik als Geisel. Sie haben den geistigen Nährboden für das Attentat auf Rabin am 4. November 1995 bereitet. Die extremistischen Siedler lieferten sich schon zu Beginn von Rabins Amtszeit Straßenschlachten mit den israelischen Ordnungskräften, bezeichneten den Ministerpräsidenten als »Verräter« und schickten ihm Morddrohungen. Nachdem drei Palästinenser Chaim Mizrahi aus der Siedlung Beit El erstochen und verbrannt hatten, steigerte sich der Zorn der Siedler gegen den Regierungschef noch, der sie in die Nähe der Hamas gerückt hatte. In dem Ort Or Akiva wurde ein Aufkleber mit der Forderung »Rabin muß umgebracht werden!« gefunden.

105 prominente rechte Persönlichkeiten unterschrieben einen »ethischen Verhaltenskodex gegen eine Regierung von Kollaborateuren, die eine Allianz mit dem Feind« eingegangen seien. Die Unterzeichner lehnten die Oslo-Vereinbarungen ab und sprachen der »terroristischen Rabin-Regierung« jegliche Legitimität ab, da sie sich auf die Stimmen arabischer Abgeordneter stütze. Ein Rückzug aus den Siedlungen wurde als »Verbrechen« bezeichnet, dem man sich widersetzen müsse. Gegen eine eventuelle Räumung von Siedlungen sollte mit Waffengewalt Widerstand geleistet werden. In diesem »Kodex« wurde auch die Registrierung der »Friedensverbrechen« der Rabin-Regierung für einen späteren Prozeß gefordert.[7]

Yigal Amir – der Rabin-Attentäter – war Jurastudent an der namhaften Universität Bar-Ilan in Tel Aviv, einem Zentrum des religiösen Fundamentalismus und extremer Gesinnung. Vor Gericht erklärte Amir, daß ein Jude, der »sein Volk und sein Land dem Feind überläßt, wie Rabin es getan hat, gemäß der Halacha getötet werden muß«. Rabin sei persönlich für die Ermordung von Juden durch palästinensische Terroristen verantwortlich. Er sei ein Verbündeter der Palästinenser (»Rabin-Judenrat«). »Als ich zielte, war es, als zielte ich auf einen Terroristen.« Er habe es für Volk, Land und Thora Israel getan. Amir war von einem tiefen Haß auf die Araber und all jene durchdrungen, die mit ihnen kooperierten. Für Amir hatte die Rabin-Regierung ihre Legitimität verloren. Als er die Menschen auf dem »Platz der Könige« gesehen habe, habe er gesagt: »Schaut euch das Publikum an, die Hälfte davon sind Araber.« Bei der Vernehmung versuchten die Beamten vergebens, Amir Informationen über Hintermänner oder die Rabbiner zu entlocken, die ihm die religiöse Dispens für den Mord erteilt hatten, ohne die er die Tat nicht ausgeführt hätte, wie er gestand. Die Beamten waren überrascht, daß Amir dieses Attentat über einen langen Zeitraum geplant hatte; zweimal zuvor war er Rabin sehr nahegekommen, hatte seinen Plan jedoch nicht ausgeführt.

Bei seiner Vernehmung offenbarte Amir, daß zwei Rabbiner Rabin als Rodef und Mosser bezeichneten. Ein Rodef, das heißt ein Verfolger, bringt einen Juden in Todesgefahr. Wenn es keine andere Möglichkeit gibt, muß dieser Verfolger getötet werden, um andere Menschenleben zu retten. Das gilt nicht als Strafe, sondern als Erlösung. Ein Mosser ist ein Spitzel oder jemand, der andere ausliefert, vor allem Juden oder ihre Güter an Nichtjuden. Ebenso wie ein Rodef kann er ohne Urteil getötet werden. Die Ermordung war also ein Befehl von oben, und keiner konnte sie verhindern, wie Haggai, der Bruder Yigal Amirs, sagte. Die Tat Amirs war nach dem jüdischen Gesetz kein Mord. Sie war zwingend notwendig, um Gefahr vom jüdischen Volk abzuwenden. Der langjährige Chefarzt der psychiatrischen Abteilung an der Universitätsklinik Tel Hachomer in Tel Aviv, Aron Ronald Bodenheimer, wies dies nach und machte Gott als den einzig Schuldigen aus. »Wer über Amir richtet, der richtet über Gott ... der Täter wohnt im Himmel. Wenn es derselbe Gott ist, der die biblischen Bücher beider Testamente in die Welt getragen hat, so ist er der Schuldige.«[8]

Der Campusrabbiner Israel Hess von der Bar-Ilan-Universität veröffentlichte Anfang der achtziger Jahre ein Traktat mit dem Titel »Das Gebot zum Völkermord in der Thora«. Alle, die dem »Volk Gottes« den Krieg erklärten, seien »Amalekiter« (Erzfeinde Israels). Gott erkläre den Gegen-Jihad, so Hess. In einem solchen Krieg müßten die »Amalekiter« bis zum letzten Weib und Kind ausgerottet werden. Hess lehrt noch immer an dieser Universität, wo die Anhänger Meir Kahanes Plakate anbringen durften, die Rabin zeigten, wie er sich Blut von den Händen wäscht.

Rabbiner waren federführend beteiligt an aufrührerischen Aktionen gegen die rechtmäßig gewählte Regierung, die sie bezahlt hat. Zu ihren Standardargumenten gehörte, die Regierung stütze sich nicht auf eine jüdische Mehrheit, noch schlimmer sei, daß sie in der Knesset die Stimmen der arabischen Abgeordneten benötige, die ihre Weisungen von Arafat erhielten. Diese Abgeordneten sind jedoch israelische Staatsbürger.

Auch der spätere Ministerpräsident Netanyahu hat sich an der Hetze beteiligt. Er attakierte Rabin bei der Beratung über das Interimsabkommen im September 1995 in der Knesset mit den Worten: »Sie, Herr Premierminister, werden als der Premierminister in die Geschichte eingehen, der eine Armee palästinensischer Terroristen gegründet hat ... Sie, Yitzhak Rabin, klage ich an, Sie schüren den arabischen Terror, Sie tragen die unmittelbare Verantwortung für das scheußliche Massaker in Tel Aviv. Sie sind schuldig. Dieses Blut komme über Ihr Haupt.« Netanyahu und andere Likud-Politiker wie Sharon und Ehud Olmert sprachen auf Kundgebungen, auf denen die Likud-Anhänger eine kleine Minderheit in einem Meer von religiösen Fanatikern waren. Sie distanzierten sich nicht von Plakaten, auf denen Rabin als »Verräter«, »Mörder« oder als »Rabin-Judenrat« bezeichnet wurde.

Dies ist eine der übelsten Verleumdungen, da sie Rabin eine Kollaboration mit den Palästinensern unterstellt, die zur Vernichtung Israels führen müsse. Auf Demonstrationen wurde u. a. eine Rabin-Puppe mit einer palästinensischen Keffieh, in SS-Uniform und mit Hakenkreuzbinde gezeigt. Diese Puppe baumelte am Galgen, oder sie lag auf einem Sarg mit der Aufschrift »Rabin, Mörder des Zionismus«. Während einer Kundgebung schrien Rechtsextremisten: »Mit Blut und Feuer werden wir Rabin vertreiben.« Sie verglichen ihn mit Marshall Petain, präsentierten eine Anklageschrift für einen späteren Hochverratsprozeß. Die Redner hämmerten dem Publikum feindselige Parolen regelrecht ein.

Am 4. Oktober 1995 veranstaltete eine Gruppe von »Mystikern«, hauptsächlich Rabbiner, eine gespenstische Zeremonie vor Rabins Wohnung, die als die furchtbarste aller Stigmatisierungen gilt. Dabei wurde eine »Pulsa denura« ausgesprochen, ein Fluch, der die Tötung des mit dem Verdikt Belegten verlangt: In ihr beschworen sie »Racheengel«, die Rabin mit »peitschenden Feuerhieben« (Pulsa denura) töten sollten. »Und gegen ihn, Yitzhak, Sohn der Rosa, den man als Rabin kennt, ist es uns erlaubt, die Engel der Vernichtung anzurufen, damit sie das Schwert erheben, um diesen schlechten Menschen zu töten; denn er händigt das Land von Israel an unsere Feinde aus, an die Söhne von Ismael.« Ein Teilnehmer äußerte vor der Fernsehkamera: »Der Verräter Rabin wird verdammt. Dieses Urteil ist das stärkste und wenn es angewandt wird, funktioniert es immer.« Am 4. November, 30 Tage nach diesem religiösen Mummenschanz, war Rabin tot.[9]

Diese Aktionen gehören gewiß zu den politischen und moralischen Tiefpunkten in der Geschichte Israels. Für den Vorsitzenden der Liga für Menschenrechte Israel Shahak liegen die Wurzeln solcher Gedanken in der jüdischen Religion, die von allen Orthodoxen und Nationalreligiösen befolgt wird; diesem Gedankengut könnten sich auch die säkularen Israelis nicht vollständig entziehen.[10]

Heftige Kritik am Verhalten und den Erklärungen der Rabbiner übte der Wissenschaftler Haim Gordon. »Das Einzigartige an diesem Götzendienst ist, daß er durch nationalistische, politische Ansichten bestimmt wird und von Juden kommt, die sich als religiös bezeichnen«, so auf einer Konferenz im Juni in Beer Sheva. Dieser Götzendienst verbreite sich wie ein »Krebsgeschwür« und werde zur Normalität. Keiner der führenden Rabbiner und Politiker habe sich dagegen gewandt. »Die Rabbiner sind keine ›spirituellen Führer‹. Sie sind Schwindler … Hunderte von Rabbinern in Israel sind Götzendiener, weil sie ihre Anhänger nicht zu einem Leben in Gerechtigkeit gemäß den Geboten anhalten, statt dessen ermutigen sie sie, die Gebote zu mißachten und das Land Israel zu verehren.« Diese Art des Judentums sei zu einer fanatischen und wahnsinnigen Religion geworden, die die Spiritualität der Bibel vermissen lasse. Viele Israelis hätten sich gegenüber ihren Nachbarn »versündigt«, was zu Wiedergutmachungsleistungen führen müsse.[11] Diese religiösen Kräfte, so Stefanie Christmann im oben zitierten »Freitag«, blockierten nicht nur die Rückgabe der Gebiete, »sondern bekämpfen und unterminieren darüber hinaus auch den säkularen Rechtsstaat, um an seiner Statt einen fundamentalistischen Judenstaat zu errichten«.

Teile der Linken und die Arbeitspartei bewerteten die Tat als die eines »verrückten Siedlers« (Ehud Barak) oder als ein »ausländisches Implantat« (Amos Oz). »Diese Morde mögen Wahnsinn sein, aber die Weltanschauung, die ihnen zugrunde liegt, ist nichts Wesensfremdes, nichts, was Israels politischer Kultur fremd wäre. Ihre geistigen Wurzeln reichen vielmehr tief in die

Geschichte des Zionismus hinein.«[12] Amir und Goldstein sind zwar Mörder, aber Wahnsinnige waren sie nicht. Deshalb kann dem Journalisten Amos Elon nicht gefolgt werden, der Amir als den im Lande aufgewachsenen guten Jungen von nebenan und Goldstein dagegen als amerikanischen Cowboy auf der Suche nach dem Wilden Westen charakterisierte.[13] Dieses Argument ignoriert die theologische Tradition, in der beide stehen. Die Taten wurden nicht von politischen Wirrköpfen oder Wahnsinnigen verübt, »sondern von rational handelnden Intellektuellen«[14].

Für die Arbeitspartei und Meretz sowie andere liberale und linke Gruppierungen trugen die Rechten Schuld an dem Attentat. Die Linke stilisierte Yitzhak Rabin zu einem »Heiligen«, »Friedenspolitiker« oder wie Lea Rabin zu einem »Denkmal«.[15] Nach seiner Ermordung verstieg sich die Linke zu kuriosen Äußerungen: »Yitzhak, Du siehst von oben auf uns herab« oder »Rabin, sage Gott, dem Du so nahe bist, schaffe Netanyahu weg.« Auch die »Denkmal-Pose« wird Rabin nicht gerecht, der den größten Teil seines Leben ein »Mann des Krieges« war. 1948 und 1967 war er an den Vertreibungen der Palästinenser maßgeblich beteiligt. Erst seit 1993 war er aus strategischer Notwendigkeit bereit, sich um einen Ausgleich mit den Palästinensern zu bemühen. Wenn man die Abkommen analysiert, die er ausgehandelt hat, kann man nur schwer nachvollziehen, warum die westliche Öffentlichkeit ihn einen »Friedenspolitiker« genannt hat. Rabin war gegen einen souveränen Palästinenserstaat, gegen die Auflösung der Siedlungen, gegen das Rückkehrrecht der Palästinenser und gegen Ost-Jerusalem als Hauptstadt für die Palästinenser. Es muß daran erinnert werden, daß er Ende März 1993 die Politik der Abriegelung initiierte, die bis heute in Kraft ist, und im Juli 1993, als in Oslo bereits Geheimverhandlungen geführt wurden, einen Kurzkrieg im Libanon geführt hat, durch den 500 000 Menschen vertrieben worden sind.

Nach dem Attentat auf Rabin schien die Rechte in Israel zunächst wie gelähmt. Plötzlich wollte keiner von ihnen die Hetztiraden geäußert, keiner an den Anti-Regierungsdemonstrationen teilgenommen haben. Die Linke beging den Fehler, den Geheimdienst pauschal zu verteidigen. Nach der Regierungsübernahme durch Netanyahu bezichtigte die Rechte ihrerseits die Linke sowie den Geheimdienst Shin Bet, am Mord Rabins nicht unschuldig zu sein. Die Rechte verbreitete zwei Versionen über den Mord an Rabin: eine extreme und eine moderate.

Nach der extremen Variante, die am 31. Oktober 1997 in der Zeitung der Nationalreligiösen Partei, »Hatzofe«, veröffentlicht und am 2. November von »Ha'aretz« nachgedruckt wurde, soll der Geheimdienst von Amirs Mordplan gewußt und den Ministerpräsidenten informiert haben. Er habe den Anschlag gebilligt, aber den Geheimdienst angewiesen, die Kugeln gegen Platzpatronen auszutauschen. Ein leitender Shin Bet-Agent habe Peres informiert, und beide hätten beschlossen, die Patronen nicht auszutauschen. Fast alle israelischen Politiker, einschließlich Netanyahu und Peres, haben diese Darstellung zurückgewiesen. Am 9. November berichtete »Ha'aretz«, ein erheblicher Teil gemäßigter Besucher von Synagogen schenke der Version Glauben. Der Wissenschaftler Israel Shahak ging von zirka 20 Prozent der Israelis aus.[16] Der Rabbiner Yitzhak Ben-Nun gab zu Protokoll: »Ist es nicht eine Schande, daß die Linke die Hälfte der israelischen Bevölkerung des Mordes bezichtigt? Bin ich ein Mörder? Wenn sie wissen wollen, wer der Mörder ist, sollen sie Shimon Peres fragen ... Ich glaube, daß der Shin Bet Rabin umgebracht hat, um ihn durch Peres zu ersetzen.«

Die moderate Version geht ebenfalls von einer Verwicklung Shimon Peres' aus und wirft dem Geheimdienst vor, bei dem Mord entweder geholfen oder ihn arrangiert zu haben. Diese Vorwürfe beziehen sich einerseits auf die Aktivitäten des Verbindungsmannes zum Geheimdienst, Avishai Raviv, und seine Verbindung zu Amir und andererseits auf den nachlässigen Schutz von Rabin. Durch immer neue Enthüllungen hat der im allgemeinen gute Ruf des Shin Bet immensen Schaden genommen. Der Geheimdienst gilt als ein Exportschlager Israels. Allein in Afrika sollen 20 000 Israelis Sicherheitsaufgaben ausführen. Der Untersuchungsbericht zur Ermordung Rabins unter Leitung des ehemaligen Präsidenten des Obersten Gerichts Meir Shamgar kam zu dem Schluß, daß der Shin Bet seine Pflichten vernachlässigt habe. Über das extremistische Potential in Israel und das religiöse Milieu, in dem Leute wie Amir gedeihen konnten, fiel darin kein Wort.

Der Shin Bet ist in fast alle Vorgänge der israelischen Politik direkt involviert und beeinflußt Entscheidungen. Der Politologe Ilan Pappe vertritt die These, daß der Shin Bet den Politikern die Strategie gegenüber den Palästinensern »diktiert«.[17] Bisher hat das israelische Parlament noch kein Gesetz verabschiedet, das dem Shin Bet legale Fesseln anlegen würde. Die Öffentlichkeit sollte seine rechtswidrigen Aktionen nicht mit dem »Sicherheitsargument« rechtfertigen und seine bestimmende innergesellschaftliche Rolle nicht länger akzeptieren.

Baruch Goldstein, Yigal Amir und hunderttausend andere, die Gruppen wie dem »Gush«, »Kach«, »Kahane Chai«, »Zu Arzeno« angehören, haben eine religiöse Erziehung genossen, ohne die die Morde dieser beiden und der latente Ethnozentrismus der israelischen Gesellschaft nicht zu verstehen sind. Die extrem nationalistische Rechte hatte ihren Mitgliedern immer wieder eingeimpft, kein Mitglied des eigenen »Stammes« zu töten; dieses Tabu wurde jedoch in Folge der Radikalisierung der Gesellschaft gebrochen. Da die Israelis sich immer um die äußeren Feinde gekümmert haben, blieben ihnen die inneren Feinde verborgen. Hinzu kommt, daß man die Tötung von Palästinensern jahrzehntelang quasi als Kavaliersdelikt akzeptiert und in den seltensten Fällen strafrechtlich geahndet hatte. Straftaten der Siedler wurden meist lax verfolgt. Ihren illegalen Aktivitäten gaben beide Regierungslager oft nach. Die Regierung hat auch lange geduldet, daß sich die Religiösen und die Nationalisten im Widerspruch zum säkularen Recht immer wieder auf »göttliches« Recht berufen haben. Dagegen sind Palästinenser wie jüngst drakonisch bestraft worden: Die palästinensischen Menschenrechtsorganisationen LAW und PCATI auf israelischer Seite haben übereinstimmend berichtet, daß am 21. Januar 2001 zwei israelische Gerichte völlig gegensätzliche Urteile gefällt haben. So wurde ein israelischer Siedler wegen Totschlags an einem palästinensischen Kind zu sechs Monaten Gemeinschaftsdienst und einer Geldstrafe von 17 500 US-Dollar verurteilt, ein palästinensisches Mädchen dagegen, das einen Siedler mit einem Messer angegriffen hatte und ihn dabei leicht verwundete, bekam sechseinhalb Jahre Gefängnis.

Die Idolisierung von Extremisten treibt in der israelischen Gesellschaft seltsame Blüten. So errichtete man dem Massenmörder Baruch Goldstein im Meir-Kahane-Park in der Extremistensiedlung Kiryat Arba ein Grabdenkmal, das zu einer Wallfahrtsstätte aller religiösen Extremisten und Nationalisten in Israel wurde. Erst nach Jahren verabschiedete die Knesset ein Gesetz, das dieses Denkmal verbot; es wurde daraufhin entfernt. Auch der Rabin-Mörder wurde in Israel zum »Idol«. So berichtete das israelische Fernsehen von drei etwa 17jährigen Schülerinnen, die einen Yigal-Amir-Fanclub gegründet haben. Sie erklärten, Eltern und Lehrern rechtfertigten und förderten dies sogar aktiv. Vor der Kamera reichten sie Fotos ihres »Helden« herum, rühmten seinen Mut und priesen das Lächeln, das er während seines ganzen Prozesses auf den Lippen trug. Die Mädchen besuchen religiöse Schulen und sind dem orthodoxen Flügel der israelischen Gesellschaft zuzurechnen. Die Schuldirektorin sprach von »wirren« Ideen irregeleiteter Halbwüchsiger, aber an den Wänden der Schule fanden sich Schmierereien, die Shimon Peres den Tod wünschten.

Die Journalisten Ariel Weiss und Avi Segal berichteten am 6. Dezember 1996 in »Yerushalayim«, ein Viertel der jüdischen, nationalreligiösen Öffentlichkeit unterstütze die Tat von Yigal Amir. Der Leiter der religiösen Schule »Dugma Uziel« lehnte es ab, der Ermordung Rabins in seiner Schule offiziell zu gedenken, da es zu Unruhen kommen könne. Ein erheblicher Teil der Schüler gehöre zu Familien, die die Ermordung gutheißen würden. Eine Untersuchungskommission, die vom Erziehungsministerium mit dem Ziel eingesetzt worden war, diese Behauptungen zu widerlegen, kam zu dem Schluß, es gebe eine besorgniserregend starke Minderheit, »die sich gegenüber der Ermordung entweder indifferent verhält oder sich in einigen Fällen sogar damit identifiziert«. Auf einer Pressekonferenz erklärte der ehemalige Erziehungsminister Zevulun Hammer: »Falls es Lehrer gibt, die eine solche Position vertreten, haben sie keinen Platz im Bildungssystem.«

Da sich Israel als ein »jüdischer« Staat definiert, werden alle nichtjüdischen Bürger per definitionem diskriminiert. Die Orthodoxen betrachten alle Nichtjuden als nicht gleichwertig, religiöse Fundamentalisten und extreme Nationalisten berufen sich auf das jüdisch-orthodoxe Gesetz, demzufolge der Boden des »Landes Israel« heiliger als ein Menschenleben ist und von den Gojim (Nichtjuden) befreit werden muß.

Professor Israel Shahak schrieb am 8. April 1994 in der Zeitung »Davar«: »Nach der Aufdeckung der Mordanschläge des ›Jüdischen Untergrunds‹ wurde kein Versuch gemacht, die halachischen Wurzeln dieser Taten zu begreifen. Meiner Ansicht nach ist das der Hauptgrund dafür, daß der Mörder Goldstein seinen Plan ausführen und die Sympathie und das Verständnis so weiter Kreise gewinnen konnte. Ich hoffe, jenem Teil der Öffentlichkeit, der nicht wünscht, daß wir in Israel Zustände wie im Iran Khomeinis bekommen, genügt diese Erfahrung mit dem Ignorieren grundlegender Probleme, und dieser abscheuliche Mord wird zum Anlaß genommen, sich mit seinen ideologischen Wurzeln zu beschäftigen.

Einem Juden ist es gemäß der Halacha generell verboten, einen Gojim vom Tode zu erretten. Diese Regel gilt auch für einen jüdischen Arzt – sofern er die Halacha praktiziert. Wenn ein religiöser Jude Goldstein daran gehindert hätte, Nichtjuden zu töten, hätte er sich gemäß der Halacha nur von der Frage leiten lassen dürfen, ob dieses Töten den Juden oder den jüdischen Siedlungen ›zum Guten‹ diene, so wie wir es tatsächlich von gewissen religiösen Wortführern hören. Die Grundregel, daß das Leben eines Nichtjuden nach der Halacha keinerlei Wert besitzt, wird noch deutlicher bei einem in der Halacha ausführlich behandelten Thema, nämlich dem Problem der Entweihung des Sabbats im Fall der Behandlung eines kranken Gojim. Handelt es sich um einen Juden, gilt das Gesetz von der ›Errettung aus Lebensgefahr‹, das das Sabbatgesetz aufhebt. Der Halacha (und Kabbala) zufolge haben aber die Nichtjuden keine Seele, und daher entscheidet die Halacha, daß ein Jude, inklusive ein jüdischer Arzt, den Sabbat nicht entweihen soll, um einen Gojim zu retten oder zu behandeln, es sei denn im Falle einer Gefahr für Juden …

Diesen religiösen Gesetzen folgen die meisten Nationalreligiösen und alle Orthodoxen. Darauf beruht ihr Standpunkt, den sie zur Tötung von Arabern durch einen Juden einnehmen, so wie das im Fall des ›Jüdischen Untergrunds‹ geschah. Es besteht auch kein Zweifel daran, daß diese Gesetze nicht nur die gesamte religiöse Öffentlichkeit beeinflussen, sondern auch jene säkularen Kreise, die sich nicht gänzlich von der Religion befreit haben, speziell in ihrem Verhalten zu den Nichtjuden.«

Da sich der latente Rassismus der israelischen Gesellschaft aus der in der Religion fixierten »Auserwähltheit« des jüdischen Volkes speist, betonte Israel Shahak: »Obwohl der Kampf gegen den Antisemitismus (und alle anderen Formen des Rassismus) niemals nachlassen sollte, ist der Kampf gegen den jüdischen Chauvinismus, der eine Kritik des klassischen Judentums mit einschließt, jetzt von gleicher oder größerer Wichtigkeit.«[18]

Indirekt wies auch der Rabbiner David Hartman in der »Jewish Week« auf dieses Problem hin: »Ich denke, wenn wir dies alles als etwas uns Fremdes, als eine Art Unfall betrachten, dann entziehen wir uns einer Auseinandersetzung mit uns selbst. Es handelt sich um keinen Unfall, sondern eindeutig um etwas, was in diesem Land gedeiht. Etwas, das aus unserer Tradition erwächst ... Es besteht gar kein Zweifel daran, daß es in der jüdischen Religion manches gibt, was zu solch einem rassistischen Verständnis anleiten kann ... Was Goldstein tat, gemahnt mich daran, wie gefährlich es ist, das Reden über Amalek unwidersprochen zu lassen. Goldstein hat mich erkennen lassen, welche Verbrechen gegen die Menschlichkeit und die Moral man unter dem Vorwand begehen kann, es gebe nur einen Wert, der alles andere ausschließe, nämlich das Land (Israel), und die Herrschaft über das ganze Land sei der Endzweck ... Das ist keineswegs nur irgendeine abwegige Nebensache. Das ist ein kranker Bestandteil, der das jüdische Selbstverständnis zu infiltrieren vermag.«

Goldstein hatte sich als Militärarzt aus religiösen Gründen stets geweigert, Nichtjuden zu behandeln. Dies gab er auch gegenüber dem Obersten Militärrabbiner Gad Navon laut »Yediot Aharonot« vom 1. März 1994 zu Protokoll: »Ich bin als Arzt nicht bereit, jemanden zu behandeln, der kein Jude ist. Ich erkenne nur den Rambam und Kahane an.« Trotzdem wurde ihm nicht gekündigt. Wie Shahak belegt, weist die Halacha solches

Verhalten an: »Besteht das Risiko, daß die Weigerung eines frommen jüdischen Arztes, Nichtjuden zu behandeln, den Behörden gemeldet werden könnte, dann darf er sie behandeln, doch nur, um sich selbst und anderen Juden irgendwelche Unannehmlichkeiten zu ersparen. Es gibt gute Gründe anzunehmen, daß fromme Ärzte – und Goldstein war solch ein frommer Arzt –, falls sie durch die Umstände dazu gezwungen waren, Araber zu ›behandeln‹, diese nicht zu heilen versuchten. Selbst wenn sie den Tod ihrer Patienten nicht ausdrücklich herbeiwünschten, so unternahmen sie doch nichts Wirksames, um ihren Zustand zu verbessern.«

Der Rabbiner Dov Lior aus Kiryat Arba nannte den Massenmörder einen »Gerechten«, da Goldstein im Namen Gottes gehandelt habe. Goldstein bekam ein pompöses Begräbnis mit einem Trauerumzug in Jerusalem und der Beisetzung in Kiryat Arba. Seine Witwe, eine »Kach«-Aktivistin, wurde insgeheim zur Heldin. Für das Auskommen von Miriam Goldstein und ihren vier Kindern ist gesorgt. Sie äußerte kein Wort des Bedauerns gegenüber den Angehörigen der von ihrem Mann Ermordeten, forderte aber die »Bestrafung« der Mörder ihres Mannes. In welcher religiösen Wahnwelt die Bewohner Kiryat Arbas leben, verdeutlicht folgende Eintragung im Tagebuch von June Leavitt: »Baruch Goldstein hat unser aller Bewußtsein verändert ... (er) konfrontiert jeden von uns erneut mit dem Prinzip des ›Märtyrertums‹ ... (er) hat wie die Juden in der Bibel gehandelt ... Wenn sie unsere Basis ist, dann geht auch Baruchs Verhalten damit konform.«[19]

Viele Rabbiner, die der Lehre des Talmud folgen, betrachten Nichtjuden als Tiere, deren Leben nicht heilig sei. David Kavits, Rabbiner aus der Siedlung Yitshar in der Nähe von Nablus, wurde von der Zeitung »Ma'ariv« am 22. Januar 2001 mit den Worten zitiert: »Das Töten von Arabern stellt kein moralisches Problem dar.« Einige Tage zuvor hatte der Rabbiner eine jüdische Fatwah veröffentlicht, in der es heißt, Juden sei das Töten von Palästinensern unter der Bedingung erlaubt, »daß damit kein jüdisches Leben gefährdet wird und der Jude damit ungestraft davonkommt«.

Nach dem Sechstagekrieg hat sich das Militär zunehmend mit

der religiösen Variante des Zionismus identifiziert. Die oberen Ränge des Offizierskorps fühlten sich eher dem säkularen Zionismus der Arbeitspartei verpflichtet, doch Oberst Mikha Regev, ein stellvertretender Bataillonskommandeur, verwies in einem Interview, das am 23. November 1995 in der Zeitung »Davar« erschien, auf eine wachsende Zahl von Soldaten hin, die aus den Hesder-Jeshivas kommen, von Rabbinern in der messianischen Tradition, wie sie Kook gelehrt hat, erzogen wurden und »das säkulare Regime in Israel« tief verachten. Eine keineswegs unbedeutende Zahl dieser nationalreligiösen Trends sei »sehr gefährlich«: »Sie betrachten den Zionismus als einen Prozeß kosmischer Erlösung, den säkularen Zionismus definieren sie als einen kollektiven Messias.« Ihre Vorstellungen haben nichts mit der ursprünglichen Idee des Zionismus gemein, sie nutzen ihn als Hülle für religiös-nationalistische Gedanken. Insbesondere die Eliteeinheiten der israelischen Armee werden auf Anweisung der Rabbiner von Extremisten mit dieser Gesinnung infiltriert. »Diese Yeshiwot verkörpern eine Verbindung von Thorastudium und Militärdienst par excellance«, so Moshe Zimmermann.[20]

Baruch Kimmerling, Professor für Soziologie an der Hebräischen Universität, hat bereits 1994 darauf hingewiesen, daß die »Penetration der Armee durch religiöse Eiferer« auf lange Sicht zu tiefgreifenden gesellschaftlichen Veränderungen führen werde: »Einerseits ist es schwer vorstellbar, wie die Armee einer großen Anzahl von Soldaten, die der Ideologie der Siedler nahestehen, befehlen kann, eine Siedlung zu räumen, andererseits kann ich mir kaum vorstellen, wie die israelische Armee ideologisch gereinigt werden kann.« (»Ha'aretz«, 6. April 1994) Die Armeeführung ignorierte seine Warnung.

Auch Shahak betrachtet die Verflechtung von Militär und Religion langfristig als Gefahr für die Sicherheit Israels. »Die Zahl der religiös orientierten Offiziere und Soldaten nimmt stark zu, weil die messianischen Juden die stärksten Militaristen in Israel sind. Sie erziehen ihre Kinder für den Militärdienst über die drei Jahre hinaus. Sie unterhalten Schulen mit einem militärischen Ausbildungsprogramm, in denen die Schüler mit dem Ziel erzogen werden, Offiziere in Elite-Einheiten zu werden. Zirka 30

Prozent eines Offiziersjahrganges gehören den messianischen Juden an. Sie sind exzellente Soldaten. Die Armee bevorzugt sie. Sie könnten versucht sein, einen Staatsstreich zu organisieren, der von ihrem ideologischen Standpunkt aus immer mehr eine Möglichkeit darstellt.«[21] Die Regierung Barak scheiterte mit ihrem Vorhaben, orthodoxe Religionsstudenten zum Militärdienst einzuziehen. Ariel Sharon hat von diesem Vorhaben endgültig Abschied genommen.

Bereits das Attentat auf Rabin signalisierte, wie stark der gesellschaftliche Konsens in Israel erschüttert ist. Noch haben die religiösen Fundamentalisten die geistige Hegemonie über die Gesellschaft nicht errungen, jedoch agieren sie immer offensiver. Die Zeitung »Maariv« druckt jeden Tag ein bis zwei Seiten mit gegenseitigen Anschuldigungen von Religiösen und Säkularen ab. Gezielt werden säkulare Israelis aus Wohnvierteln der Religiösen verdrängt. In der israelischen Siedlung Ramot in Ost-Jerusalem soll das Schwimmbad in ein religiöses Reinigungsbad (Mikwe) umfunktioniert werden. Immer öfter findet die Vereidigung der Rekruten vor der Klagemauer in Jerusalem und nicht mehr auf der ehemaligen Festung Massada statt. Die Fundamentalisten verlangen außerdem eine eigene Holocaust-Gedenkstätte, da in Yad Vashem Fotos ausgestellt sind, auf denen nackte Menschen in die Gaskammern getrieben werden, die Religion aber Nacktheit verbiete.

Der israelisch-palästinensische Konflikt hat den Kulturkampf, in dem es darum geht, ob Israel sich weiter als säkularer Staat versteht oder sich zu einem »Gottesstaat« entwickelt, in den Hintergrund gedrängt.

Der Zorn der Fundamentalisten richtete sich auch gegen Netanyahu, obwohl ihr Einfluß in seiner Amtszeit als Ministerpräsident zunahm. Nach der Unterzeichnung des Hebron-Protokolls stempelte das nationalistische Lager um die verbotene »Kach«-Bewegung Netanyahu zum »Verräter«. Die »Habad«-Bewegung drohte, ihn wegen gebrochener Versprechen vor ein Thora-Gericht zu stellen. Diese mystische Bewegung hatte im Wahlkampf mit dem Slogan »Netanyahu ist gut für die Juden« geworben. Die Orthodoxen führten im Zusammenhang mit dem geplanten Konversionsgesetz eine weitere Machtprobe herbei, konnten aber ihren Alleinvertretungsanspruch nicht durchsetzen. Das Gesetz sollte regeln, wer Jude ist und wie man zum Judentum konvertieren kann. Die Konversion garantiert automatisch ein Recht auf Staatsbürgerschaft; die Mehrzahl der amerikanischen Juden wären nicht mehr als Juden anerkannt worden, wenn dies ausschließlich orthodoxen Rabbinern überlassen worden wäre. Liberale, die für eine Trennung von Staat und Religion plädierten, aber auch Konservative befürchteten zu Recht, nichtorthodoxe Juden könnten dann weitgehend von Ämtern und vom öffentlichen Leben ausgeschlossen werden.

Die Furcht der durch den Mord an Yitzhak Rabin in eine Identitätskrise gestürzten säkularen israelischen Elite, weiter an Einfluß zu verlieren, ist nicht unbegründet. Die durchschnittliche Geburtenrate in Israel liegt bei 2,9, die der Orthodoxen bei 5,9. Nach einer Umfrage der Zeitung »Yediot Aharonot« haben 17 Prozent der Israelis in den letzten sechs Jahren eine enge Beziehung zur Religion aufgebaut. So sind 13 000 nichtreligiöse Juden zu Haredim geworden, 24 000 zu praktizierenden Gläubigen und 130 000 zu Traditionalisten. 175 000 Traditionalisten zu praktizierenden Gläubigen und 24 000 praktizierende Gläubige zu Haredim. Der gleichen Umfrage zufolge bekennen 44 Prozent, daß sie der Religion näher stünden als ihre Eltern, 33 Prozent der Fälle geben eine gleiche Beziehung an, und nur 22 Prozent waren weniger religiös als ihre Eltern.

Im Streit zwischen religiösen und säkularen Israelis geht es nach Israel Shahak in erster Linie um die Haltung gegenüber den Nichtjuden. »Die wirkliche Frage ist, ob die israelischen Juden weiterhin eine Haltung von Haß, Verachtung und den Wunsch nach Trennung von allen Nichtjuden pflegen sollten, die für die jüdische Haltung (mit wenigen Ausnahmen) gegenüber Nichtjuden charakteristisch war in der Zeit von 400 v. Chr. bis ins 19. Jahrhundert und die für orthodoxe Juden bis heute gilt.«[22]

Dieser These Shahaks hat der der Arbeitspartei nahestehende Rabbiner Tzvi Elimelekh Halberstam in »Ha'aretz« vom 15. August 1997 widersprochen: »Die Gefahr, die von den Reformjuden für Israel ausgeht, ist für das Land größer als jede andere, weil sie nicht nur eine materielle, sondern eine spirituelle Gefahr ist. Die Nichtjuden, die von der reformierten Bewegung zum Judentum konvertieren, und die Israel als Juden betrachtet, behalten aber eine nichtjüdische Mentalität. Als solche fahren sie fort, Juden zu hassen, da die Nichtjuden immer Juden hassen. Aus diesem Grund bilden diese Juden eine fünfte Kolonne und deshalb muß man die Reformjuden in Tel Aviv und Netanya mehr fürchten als die Araber in Ramallah.« Während Shahak den Haß der in der talmudischen Tradition verwurzelten Juden auf alle Nichtjuden beschrieb, bezog sich Halberstam auf das zionistische Vorurteil, die Nichtjuden hätten schon immer Juden gehaßt. Der Vorwurf des Hassens klingt für westliche Ohren geradezu unglaublich.

Vom Phänomen des Hasses in der israelischen Gesellschaft sprach auch Moshe Zuckermann in einem Interview mit dem Verfasser. Er berichtete von Schülern, die nach Auschwitz fahren, den Holocaust nicht mehr mit Deutschland in Verbindung bringen und die Polen hassen, weil sie ja jemanden hassen müssen. Eine junge israelische Journalistin habe unumwunden erklärt, sie hasse Deutsche aufgrund ihres Deutschseins. Auch gegen die Palästinenser richte sich Haß. Statt zu differenzieren, werde der universelle Amalek (Erzfeind) beschworen. Es sei wichtig, daß es zu einer Abkehr vom Haß komme. Konkret könne dies so aussehen, daß aus dem Holocaust der Schluß gezogen wird: Nie wieder Opfer.[23]

Professor Yehuda Elkana hatte bereits neun Jahre früher ein »Plädoyer für das Vergessen« des Holocaust (»Ha'aretz« vom 8. März 1988) vorgeschlagen. Die systematische Verinnerlichung des Holocaust als nationales Trauma im öffentlichen israelischen Bewußtsein beeinträchtige das politische Urteilsvermögen und die persönlichen moralischen Maßstäbe in Israel zu stark. Die Israelis sollten die Herrschaft des historischen Mahnrufes »Zachor« über ihr Leben abschütteln und sich der Zukunft widmen, anstatt sich von früh bis spät mit Sinnbildern, Zeremonien und den Lehren der Shoa zu beschäftigen.

2. Die Kluft zwischen Ashkenasim und Sephardim/Mizrahim

Die Auseinandersetzung zwischen den ashkenasischen und den sephardischen Juden sowie der Streit über das Definitionsmonopol der orthodoxen Juden legen die These nahe, daß ein grundsätzlicher Gegensatz zwischen Judentum (Religion) und Nation (Israel) besteht. Die beiden Strömungen des Judentums basieren auf grundverschiedenen Lebensformen und unterschiedlichen kulturellen Fundamenten; die Juden aus verschiedenen Herkunftsländern können nur zu einer Nation werden, wenn sie im »Israelismus« assimiliert werden. Hat der heute vorherrschende »ethnozentrische Zionismus« überhaupt noch etwas gemein mit dem säkularen Zionismus, aus dem der »Israelismus« hervorgegangen ist?

Meines Erachtens sind die von Beginn an im Zionismus bestehenden Gegensätze bis heute erhalten geblieben. Die ashkenasische Hegemonie in Politik, Militär, Wirtschaft und Kultur wurde durch die demographischen Verschiebungen zugunsten der Sephardim nicht aufgehoben. Dabei mag der Impetus des westlichen Fortschrittsanspruchs gegenüber den »rückständigen« Orientalen eine Rolle gespielt haben.

Der ursprüngliche Zionismus hat sich als eine Emanzipationsbewegung für alle Juden verstanden, seine Protagonisten haben die Begriffe »jüdisch« und »zionistisch« immer synonym verwendet. Praktisch war der Zionismus zunächst für eine kleine Minderheit europäischer Juden eine Art »Befreiungsbewegung«. Die Zionisten hatten mit einer Massenauswanderung europäischer und vor allem osteuropäischer Juden nach Palästina gerechnet. Nachdem im Holocaust ein Drittel der Judenheit ermordet worden war und Stalin den in der Sowjetunion lebenden Juden die Ausreise untersagt hatte, sollten jüdische Einwanderer aus anderen Ländern die Bevölkerung des Staates auffüllen und einen ausreichenden Bestand an Arbeitskräften sichern. Die Jewish Agency entschied sich für die Juden aus arabischen Ländern. Jene dreiviertel Million arabischer Juden wurde zu einem wichtigen politischen Faktor.[24] Erstmals wurde den Mizrahim/Sephardim ein eigener Wert zugesprochen. Wie der Journalist Tom Segev nachweist, gab es innerhalb der zionistischen Elite Israels heftige Widerstände gegen eine solche Politik. Eine Erste-Welt-Elite schuf eine Nation mit einem Dritte-Welt-Volk, den Sephardim, denen in der israelischen Gesellschaft nur ein untergeordneter Platz zugestanden wurde. Aus dieser latenten Diskriminierung resultiert die weitverbreitete Abneigung innerhalb der sephardischen Bevölkerung Israels gegenüber den Ashkenasim.

Wie groß die Abneigung der Sephardim gegenüber den Ashkenasim ist, zeigen die Äußerungen des ehemaligen Vorsitzenden der Shas-Partei Arie Deri aus dem Jahr 1999: »Es findet augenblicklich ein Kulturkampf zwischen Shas und der Meretz-Partei statt, die für westliche Werte und Säkularisierung steht. Wir lehnen die Moderne nicht ab, aber es gibt einen Unterschied zwischen Modernität und westlicher Kultur. Das Problem mit der westlichen oder europäischen Kultur liegt in der Ideologie; sie ist permissiv ... Mit Kulturkampf meine ich den Krieg gegen den säkularen Zionismus, der Ideologie von Herzl und dem Zionistischen Kongreß. ... Gäbe es da nicht die Fragen von Frieden, Sicherheit und Terrorismus, würde der wirkliche Konflikt zwischen Säkularen und Religiösen verlaufen – ein Konflikt, der sich in den nächsten Jahren zu einem Krieg ausweiten könnte ... Für mich ist derjenige ein Zionist, der in Israel lebt und leidet. Er hat seine eigene Kultur und seine eigenen geistigen Führer. Herzl ist nicht mein Führer. Er ist mir fremd. Sein Sohn konvertierte zum Christentum. Für mich ist ein Rabbiner in Marokko wichtiger als Herzl. Seine einzige Leistung ist die zionistische Idee. Ich werde meine Kinder nicht in der Tradition von Herzl und Nahman Bialik (Israels Nationaldichter – L. W.) erziehen, weil beide gegen die Thora eingestellt waren. Dies habe ich auch öffentlich gesagt, und die säkularen Zionisten waren sehr aufgebracht. Der säkulare Zionismus wurde mir aufgebürdet. Sie benutzen uns, um eine ›neue Generation‹ zu schaffen. Shas entstand, um dagegen zu kämpfen. In der Zukunft wird es einen neuen Zionismus geben. Es wird kein Zionismus sein, der Macht und Gewalt repräsentiert ... Ich und meine Kollegen fühlen uns der arabischen Kultur näher als der ashkenasischen.«[25]

Die Mehrheit der Sephardim unterstützt rechte und religiöse

Parteien. Die Ashkenasim schätzen sie als traditional, emotional, nationalistisch, intolerant, extremistisch und als Araber-Hasser ein sowie als kompromißlos in Hinblick auf den israelisch-palästinensischen Konflikt. Da die Medien speziell ihre Kommentare zu Anschlägen der Palästinenser veröffentlichen, erscheinen sie als extrem, Ashkenasim dagegen als rational, pragmatisch, kompromißbereit, als Unterstützer der Linken sowie als Friedensfreunde.

Die Haltung der Ashkenasim wie auch der Sephardim ist von extremen Vorurteilen gegenüber der jeweils anderen Gruppe geprägt. Gängige Meinungen der Ashkenasim sind:

– Die Sephardim sind stärker antiarabisch eingestellt, weil sie in ihren Ursprungsländern verfolgt wurden und sich von ihrem Arabertum befreien wollen. In Israel haben sie die Möglichkeit der Vergeltung. Ihr geringer Bildungsstand und ihr religiöser Traditionalismus leisten Irrationalität und Intoleranz Vorschub.

– Einerseits profitieren die Sephardim von der Besetzung stärker als die Ashkenasim, weil sie die niedrigsten Arbeiten an die palästinensischen Arbeiter delegieren können. Die Unterdrückung der Palästinenser ist deshalb in ihrem Interesse.

– Andererseits resultiert der Haß der Sephardim auf die Palästinenser aus der Konkurrenz, die durch den Wettbewerb um einen begrenzten Arbeitsmarkt entsteht.

Sephardische Intellektuelle sehen in den Ashkenasim in erster Linie ein Hindernis für den Frieden:

– Die Ashkenasim haben den Konflikt mit den Arabern ausgelöst, als sie eine separatistische und ethnozentrische zionistische Bewegung gründeten. Sie führen sich im Land wie europäische Kolonialisten auf und haben einen eigenen, von den Arabern getrennten Staat geschaffen. Bis heute verachten sie die Araber und ihre Kultur und lehnen eine Integration ab. Es werde so lange keinen Frieden geben, bis die Ashkenasim ihre Haltung gegenüber den Arabern geändert, d. h. sich ihrer Kultur geöffnet und ihren Eurozentrismus aufgegeben hätten.

– Die Ashkenasim sehen die Sephardim als eine Art Araber

an und lehnen sie deshalb ab. Die Sephardim ihrerseits fühlen sich dadurch verletzt und unterstellen den Ashkenasim,
ihre Friedensabsichten seien unehrlich. Da sie nicht an
einem Abbau sozialer Unterschiede interessiert sind, können die Sephardim sie nicht als Verbündete im Kampf um
Frieden betrachten.

Die beiderseitigen Stigmatisierungen enthalten einen Kern
von Wahrheit, und sie machen bewußt, wie komplex die gegenseitigen Beziehungen sind. In den fünfziger und sechziger Jahren tendierten die Sephardim eher zum linken Spektrum. In den
siebziger Jahren orientierten sie sich stärker nach rechts, da sie
sich von der Arbeitspartei enttäuscht fühlten. Sie wurden mit
leeren Versprechungen abgespeist und bekamen Verachtung und
Arroganz zu spüren. So äußerte z. B. der frühere Außenminister
Abba Eban 1969: »Es soll unser Ziel sein, ihnen (Sephardim –
L. W.) einen okzidentalen Geist einzuflößen, und ihnen nicht zu
erlauben, uns in einen unnatürlichen Orientalismus zu ziehen.«[26] Neben dieser Geringschätzung war die wirtschaftliche
Diskriminierung der entscheidende Grund für ihren Wechsel
zum Likud. Von ihm erhofften sich die Sephardim eine Verbesserung ihres Lebensstandards und eine stärkere Anerkennung
ihrer Kultur und Tradition.

Jene 20 Prozent der Israelis, die der Idee eines Groß-Israel anhängen, gelten mehrheitlich als Sephardim. Sie stehen in der
Tradition von Jabotinsky, Kook und Yitzhak Tabenkin und bilden die soziale Basis der politischen Rechten in Israel. Sami
Smouha interpretiert die Entscheidung für die Rechte als Ausdruck der Hoffnung auf soziale Mobilität und weniger als eine
Bestätigung für die Befürworter der Groß-Israel-Ideologie.[27]

Die Mehrzahl der Mitglieder extremistisch-rassistischer Gruppierungen (»Gush«, »Kach«, »Kahane-Chai«, »Zu Arzeno«), der
säkularen Rechtsparteien Tsomet und Moledet sowie der religiös-nationalistischen Mafdal und des rechten Flügels des Likud
kommen aus den Reihen der Ashkenasim, sie setzen auch die politisch-ideologischen Akzente in den Organisationen. Bei den
Anti-Rabin-Demonstrationen überwogen die Ashkenasim ebenso
wie in der terroristischen Untergrundbewegung, die einen plan-
mäßigen Terror gegen Araber betrieb.

Ashkenasim sehen zwar in Sephardim »bessere« Araber, weil sie jüdischen Glaubens sind, aber dennoch eine Bedrohung für Israels europäische Kultur. Eine Gesellschaft, in der die Ashkenasim alle Bereiche dominieren, toleriert die Ansichten der Sephardim nur bedingt. Entsprechend halbherzig sind die verschiedenen Versuche, sie zu integrieren, ausgefallen. David Ben-Gurion initiierte in den fünfziger Jahren mit seiner Idee, »einen Jemenitischen Generalstabschef« zu ernennen, eine erste Integration oder »erste Befreiung«. Damals wurde die Gleichberechtigung beider Bevölkerungsgruppen durch eine Reihe von Maßnahmen vorgetäuscht, die wie der Sitz eines Sepharden im Obersten Gericht kaum mehr als symbolischen Wert hatten.

Zwischen der sogenannten ersten und zweiten Befreiung der Sephardim entstand eine eigenständige Protestbewegung. Anfang der siebziger Jahre begehrten vor allem die nordafrikanischen Juden gegen die Ausgrenzung in den Gemeinden auf und forderten eine gerechtere Verteilung der ökonomischen Ressourcen. Sie orientierten sich am Protest der Afro-Amerikaner in den USA. Die »Black-Panther-Bewegung« vermochte sich mit den ashkenasischen Linken nicht zu verbünden. Der Einfluß der »Black-Panther-Bewegung« wird im öffentlichen Bewußtsein weitgehend verdrängt. Häufig betonen führende sephardische Politiker, sie seien keine »Black-Panther«, damit implizierend, sie seien »nett«. Der radikale Mizrahi-Aktivist Sami Shalom Chetrit behauptet, die Bewegung habe das Fundament für den Kampf um Gleichberechtigung in Israel gelegt: »Das Israel vom März 1971 war ein anderes als das Israel vor dieser Zeit.«[28]

Seit der Einwanderung hatten die Sephardim sich schwergetan, eine Beziehung zum westlich orientierten jüdischen Nationalismus zu entwickeln. Sie stellten die europäische Definition des Zionismus immer stärker in Frage und vertraten eher eine religiöse Grundhaltung. Als sich die revisionistische Interpretation des Judentums mit der Machtübernahme Begins durchsetzte, wandten sich die Sephardim von der Arbeitspartei ab. Mit ihren Stimmen hatte die Rechte unter Führung Begins die Arbeitspartei von der Regierung verdrängt. Der Likud interessierte sich kaum für die Belange der Sephardim, hatte es jedoch verstanden, sie durch geschickte Beeinflussung für sich zu gewinnen. Während eines Wahlkampfauftritts in der Stadt Beit wurde Shemesh Shimon Peres mit faulen Tomaten beworfen. Später stellte sich heraus, daß die Leute vom Likud gekauft worden waren. Auf einer Veranstaltung in Tel Aviv spielte Begin die Rolle eines Sephardim, was einen tiefen Eindruck hinterließ. Mit dem Slogan »30 Jahre« und anderen Parolen spielten sie auf die 30jährige Regierungszeit der Arbeitspartei an, die für die Sephardim eine Zeit der Erniedrigung und Unterdrückung gewesen sei, und suggerierten, nach der Rückkehr aus dem Exil nach 2000 Jahren wären die Sephardim zum zweitenmal vom Glück heimgesucht worden, da sie die Unterdrückung durch die Ashkenasim abschütteln würden.

Nach der Abwahl der Arbeitspartei 1977 begann angeblich die »zweite Befreiung« in der Geschichte der Sephardim, weil es dem Likud gelang, ihnen den Eindruck zu vermitteln, die Kluft zwischen ashkenasischer und sephardischer Bevölkerung sei überwunden. Die Gegensätze dieser im Grunde antagonistischen Klassen konnten nur durch die Verflechtung von Nationalismus und Religion so lange überdeckt werden. Darüber hinaus gelang es Menachem Begin, den Holocaust zu universalisieren. Tom Segev hat dargestellt, wieso die Sephardim die Rolle des Holocaust-Opfers[29] annehmen konnten, obwohl sie von ihm nicht betroffen waren. In dieser Zeit formierte sich eine junge Generation von sephardischen Politikern, die zu den Gründern der Shas-Partei gehörten.

Der Versuch, den Protest in parlamentarische Bahnen zu lenken, scheiterte. Aharon Abuhazera gründete 1981 die Tari-Partei als Gegenkraft zur Nationalreligiösen Partei und zog in die Knesset ein. Tarri konnte sich nicht durchsetzen, da ihre Führung sich von der dominanten zionistischen Ideologie nicht klar abgrenzte. Eine sephardische Bewegung nannte sich »Die Zelte«. Ihre Mitglieder, obdachlose Mizrahim, schlugen aus Empörung gegen soziale Benachteiligung in Tel-Aviv und Jerusalem ihre Zelte auf. All diese Proteste richteten sich nur nach innen und wurden vom Ausland nicht wahrgenommen.

Die Gründung der Shas-Partei Mitte der achtziger Jahre brachte eine entscheidende Wende für die sephardische Gemeinschaft. Eine Gruppe, die in den ultraorthodoxen Rabbiner-

seminaren der Ashkenasim studiert hatte, gründete die Shas, um
die »Ausrottung des Spirituellen« (Shmad) zu stoppen. Die Sephardim seien in ihrer Heimat religiös gewesen, in Israel jedoch
von der Religion abgefallen. Dieser Vorwurf richtete sich nicht
gegen die israelische Gesellschaft im allgemeinen, sondern gegen bestimmte Institutionen wie die Kibbuzim. Shas orientierte
sich primär auf die städtischen Armen. Die Partei führte die
schlechte wirtschaftliche, soziale und kulturelle Lage der Sephardim auf den Abfall Israels von seiner religiösen Tradition
zurück. Sie baute ein gut funktionierendes System sozialer und
finanzieller Unterstützung für arme orthodoxe Familien auf.
      Shas ist die einzige unabhängige politische Bewegung der
Mizrahim. Der Partei gelang es, sich von zwei wichtigen Pfei-
lern des politisch-ideologischen Systems zu emanzipieren, eine
eigene Identität aufzubauen und die religiöse Lebensweise neu
zu begründen. Erstens hat sich Shas vom klassischen zionistischen Diskurs gelöst. Seither besteht die Möglichkeit, sich vom
Militärdienst befreien zu lassen, ohne sozial diskriminiert zu
werden. Zweitens hat sich Shas von der Sozialisation durch die
Ashkenasim generell losgesagt. Die religiöse Sozialisation hatte
stets in den Händen der Ashkenasim gelegen, die Mizrahim waren als ethnische Gruppe kulturell unterdrückt worden. Nun
konsolidierten sich Mizrahim als ein Kollektiv, als eine Gruppe.
Sie entwickelten ein ethnisch fundiertes Bewußtsein.
      In der Frage der sozialen Gerechtigkeit hat Shas jedoch ver-
sagt. In den letzten Jahren hat die Partei 15 antisoziale Gesetze
mitgetragen. (Für die antisoziale Teilung des Sozialbudgets sind
vor allem Deri und Netanyahu verantwortlich.) Auch gegen die
wirtschaftliche und die ideologische Unterdrückung ihrer Anhänger ist Shas nicht eingeschritten. Sie hat ein eigenes paralle-
les Schul- und Sozialsystem aufgebaut, um ihre religiöse Kli-
entel in Abhängigkeit zu halten, aber für die andere Hälfte ihrer
Anhänger, die nicht orthodox sind und der Arbeiterklasse angehören, hat sie politisch und wirtschaftlich nichts erreicht. Die
Anhänger haben nur die ashkenasische Abhängigkeit gegen eine
sephardische eingetauscht.
      Die Vernachlässigten haben eine Bewegung gegründet, die
sich »Der Mizrahim Regenbogen« nennt. In ihr wollen sich die

»neuen Mizrahim« organisieren. Sie stehen dem Zionismus äußerst kritisch gegenüber, vertreten radikale sozioökonomische Ansichten und in politischen Fragen sehr linke Standpunkte, agieren völlig unabhängig von jeder ashkenasisch-zionistischen Partei und bestehen auf einem eigenen Gedenkritual. Vorläufer dieser neuen »Organisationsform« waren »Hila« und »Kedma«. Ihr Versuch, sich mit Shas-Mitgliedern über Bildung zu verständigen, wird mit dem Argument zurückgewiesen, daß die »neuen Mizrahim« erst »gläubige Juden« werden und die ideologische Plattform der Partei akzeptieren müssen.

Für die »neuen Mizrahim« ist es generell schwierig, einen Dialog mit den Mizrahim[30] zu führen. Sie gehen nicht vom Antagonismus zwischen Palästinensern und Juden aus, sondern sehen sich selbst als Teil des Nahen Ostens. Im Gegensatz zur zionistischen Linken in Israel wollen sie die Palästinenser nicht einfach loswerden, sondern integrieren.

Für die herrschende Klasse der Ashkenasim waren die Sephardim nur Objekte der Politik. In offiziellen Darstellungen der israelischen Geschichte spielen sie meist nur eine marginale Rolle, bzw. die Autoren verzerren oder verharmlosen ihr Schicksal – wie das der Palästinenser. So werden die Masseneinwanderung der Jahre 1948–1951 und die Massenvertreibung der Palästinenser in Folge des Krieges von 1948 als simple Verschiebungen von Bevölkerungsgruppen interpretiert: »Die Auswanderung von Arabern, die das Land verließen, und die Einwanderung von Juden, die Aliya nach Israel aus arabischen Staaten unternahmen, war gleichsam ein Austausch von Bevölkerungen. Ungefähr 650 000 Araber verließen das Land, und zirka 750 000 Juden aus arabischen Staaten wanderten ins Land ein.«[31] Mit der These, fast alle Einwanderungen der fünfziger Jahre seien Rettungsaktionen gewesen, wird eine Parallele zwischen dem Schicksal der Überlebenden des Holocaust und dem der Juden in den arabischen Ländern gezogen und unterstellt, die Ashkenasim hätten die Juden der arabischen Länder gerettet.

Die Sephardim fühlen sich in Israel »rassisch« diskriminiert. Ein Beispiel sei die Verurteilung des ehemaligen Vorsitzenden ihrer Partei wegen Korruption. Alle mitangeklagten Ashkenasim habe das Gericht freigesprochen, nur Deri sei verurteilt worden. Er verbüßt zur Zeit eine vierjährige Strafe. Die ashkenasische Elite feierte das Urteil als einen »Sieg des Gesetzes«. Wochenlang wurden Deri und Ovadia Yosef in den Medien verlacht und verspottet. Die Verbitterung der Sephardim ist verständlich. Eine Lösung dieses Konflikts könnte sich nur durch die Aufarbeitung der israelischen Geschichte und eine Auseinandersetzung mit dem innerjüdischen Rassismus anbahnen. Beides ist bislang nicht in Sicht. Auch die »neuen Historiker«, die sich um die Entzauberung der Geschichtslegenden des Zionismus bemühen, haben sich der Sephardim bisher nicht angenommen.

3. Vom klassischen zum ethnozentrischen Zionismus: »jüdische Exklusivität« versus »Staat aller seiner Bürger«

Der ursprüngliche, d. h. der säkulare Zionismus wird seit Beginn der Kolonisierung Palästinas von den Vertretern des religiösen Zionismus bekämpft. Für sie kann es nur eine »Wiedergeburt des jüdischen Volkes« im Zeichen der Thora geben. Moshe Zimmermann ist der Auffassung, mit der Ermordung Yitzhak Rabins sei auch der ursprüngliche Zionismus zu Grabe getragen worden. Dieses Attentat sei auf die Vereinnahmung der zionistischen Ideologie durch die ethnozentristische, orthodox-religiöse Variante des Judentums zurückzuführen. Damit sei der ursprüngliche Zionismus delegitimiert worden.[32] Diesem Ziel schienen sie mit dem Wahlsieg Netanyahus nähergekommen zu sein; mit seiner Abwahl im Mai 1999 wurde ihr Vormarsch vorerst gestoppt. Auch unter Ariel Sharon werden sie sich mit ihren Vorstellungen nicht durchsetzen können, da dessen Regierung der »nationalen Einheit« auf einer breiteren parlamentarischen Basis beruht und nicht so leicht erpreßbar sein wird, wie es die Netanyahus war.

In den achtziger Jahren begannen die »Neuen Historiker« die Geschichtsdeutungen des traditionellen Zionismus, die sich am »nationalen Interesse« und der »herrschenden Klasse« orientierten, zu hinterfragen.[33] Dieser Historikerstreit wurde durch die

Freigabe von Dokumenten über die Ereignisse des Krieges von 1948, die Anwendung der historisch-kritischen Methode und einen Skeptizismus bei der Interpretation der Geschichte Israels ausgelöst. Die »Neuen Historiker« werden auch als »Postzionisten« bezeichnet. Zimmermann weist darauf hin, daß die Bezeichnung »postzionistisch«, mit der in der Regel Wissenschaftler des linksorientierten Akademikerspektrums belegt werden (und die sie auch selbst verwenden), insofern unpräzise und irreführend sei, als sich die Kritik keineswegs gegen die Grundidee des Zionismus richte, sondern vielmehr gegen deren Umsetzung. Man könne sie eher als die »radikalen« oder »ursprünglichen« Zionisten bezeichnen; ihre ausgesprochenen Gegner, die Verfechter einer national-religiösen Form des Zionismus, die den ursprünglichen Begriff des Zionismus usurpiert hätten, seien die eigentlichen »Postzionisten« oder »Neozionisten«. Auch der ehemalige Vorsitzende der Shas, Arie Deri, hält die Mitglieder seiner Partei für die »wahren Zionisten«: Sie lehnten den von den Askhenasim geprägten säkularen Zionismus ab und strebten einen religiösen Zionismus an.

Der Wissenschaftler Uri Ram identifiziert den »Postzionismus« mit dem Ende einer Epoche – der Epoche der Kolonisierung, der Besiedelung und des Aufbaus Israels. Wie Zimmermann weist er darauf hin, daß die Vorherrschaft der ashkenasischen Geschichtsinterpretation in Frage gestellt worden sei. Die »Neuen Historiker« sehen sich mit einer Gegenoffensive der etablierten Geschichtswissenschaft konfrontiert, die ihnen eine »antinationale« und »antizionistische«, also staatsfeindliche Haltung vorwirft. Ilan Pappe, Professor für Geschichte an der Universität Haifa, schlägt vor, die »Postzionisten« als »Revisionisten« zu bezeichnen – analog zur revisionistischen Schule in der amerikanischen Geschichtswissenschaft während des Kalten Krieges; so könne die Begriffsverwirrung behoben werden.[34] Die religiös-ethnozentristische Variante des Zionismus, deren Vordringen in seinen Augen eine Gefahr für die israelische Demokratie darstellt, bezeichnet Pappe als »Neuen Zionismus« und seine Anhänger als »Neozionisten«.

Die Darstellung der Geschichte ist eine entscheidende Waffe in der Auseinandersetzung um »das Judentum«. Die Antwort auf die Frage nach der »Geburtsstunde des Zionismus« wird zum Schlüssel für die adäquate Definition des Judentums und dient der Rechtfertigung des Hegemonieanspruchs. Ist der Zionismus gegen Ende des 19. Jahrhunderts entstanden, so ist er als Träger eines neuen, säkularen Judentums zu verstehen. Ist der Zionismus jedoch eine Bewegung, die »das Judentum« seit der Zerstörung des Zweiten Tempels begleitet hat, so ruht der Staat Israel auf anderen als den bisher vom säkularen Zionismus genannten Fundamenten. Diese Interpretation der Geschichte hat sich in den letzten Jahren zunehmend erfolgreich durchsetzen können. Die den Staat tragenden Kräfte, die seit der politischen Wende im Jahr 1977 eine verstärkte Neuinterpretation des Zionismus anstreben, bezeichnen sich als »Neozionisten«.

Warum stellen die »Postzionisten« die Geschichte der letzten hundert Jahre in Frage, die für den Zionismus sehr erfolgreich verlief? Der Antizionist Israel Shahak lehnt eine Ideologie, die auf der Idee der Reinheit der Religion, der Rasse, der Nationalität beruht, ab. Die zionistische Idee sei selbst für den Fall nicht vertretbar, daß »der jüdische Staat auf einer verlassenen Insel gegründet worden wäre, ohne jemanden zu verletzen. Der Grund für meine Kritik ist sehr einfach. Ich meine, daß der Zionismus eine Form des Rassismus ist. Ich habe immer wieder gesagt, daß er das Spiegelbild des Antisemitismus ist. So, wie der Antisemitismus Ausdruck des Hasses gegenüber Juden ist, so ist der Zionismus ein Ausdruck des Hasses gegenüber allen Nichtjuden (Gojim); nicht nur gegenüber Arabern, sondern gegen alle Gojim.«[35] Geht es den »Neuen Historikern« oder den sogenannten Postzionisten auch primär um den rassistischen Aspekt des Zionismus oder geht ihre Kritik darüber hinaus?

Die »Neuen Historiker« behaupten, die Vergangenheit sei zum Zweck einer »nationalen Mobilisierung« der Bevölkerung bewußt einseitig interpretiert worden. Der Zionismus habe mit der Gründung des Staates Israel seine eigentliche Aufgabe erfüllt, er sei auch in der Aufbauphase nützlich gewesen, nunmehr aber überflüssig. Israel müsse ein normaler Nationalstaat werden, die Verbindung zu den Juden in der Diaspora gelockert und die Aufnahme von Immigranten gestoppt werden. Die Siedlungspolitik und das Konzept der »Erlösung des Landes« beurteilen sie als

anachronistisch. Damit stellen sie viele zentrale Thesen der offiziellen Geschichtsschreibung in Frage: die Unvermeidbarkeit
und die Legitimität der Kriege, die Israel führte bzw. »führen
mußte«; die kulturelle Hegemonie der Ashkenasim über die Se-
phardim/Mizrahim, die »ashkenasische Lüge«: der Zionismus
sei die einzig mögliche Antwort auf die Judenfrage; der Staat Israel als Antwort auf den Holocaust. Die Beziehung zwischen
Zionismus und Imperialismus und die Ursachen des palästinensischen Flüchtlingsproblems gehören ebenfalls zu den großen
Tabus der traditionellen Historiographie.

Jede kritische Thematisierung dieser Fragen bedeutet einen
direkten Angriff auf das Selbstverständnis der Israelis; der Ansatz der »Postzionisten« stellt die traditionelle Werteordnung in
Frage und erschüttert so die Legitimität des Staates. Die »Neuen
Historiker« werfen den Vertretern der traditionellen Schule vor,
den Holocaust als »Geheimwaffe« gegen jegliche Kritik am Zionismus einzusetzen. Ihr wissenschaftlicher Ansatz sei eine Mixtur aus Ideologie, Ethnozentrismus und empirischer Buchhal-
tung, welche die nationalen Mythen geschaffen habe, auf denen
die israelische Selbstwahrnehmung beruhe.[36]

Die Legende von der Flucht der Palästinenser 1948, die damaligen Kriegsziele der Israelis, das Verhalten der israelischen Soldaten in den verschiedenen Kriegen und die These von der Frie-
densbereitschaft der Araber stehen als Dauerthemen im Zentrum
der Debatten. Die »Neuen Historiker« zweifeln die Behauptung
der offiziellen Geschichtsschreibung an, die jüdische Gemeinschaft habe am Vorabend des Krieges von 1948 vor der Auslö-
schung gestanden. Der Verklärung des Krieges von 1948 setzt
Ilan Pappe folgende drei Argumente entgegen: Der Yishuv sei
aufgrund des militärischen Kräfteverhältnisses nie der Gefahr
der Vernichtung ausgesetzt gewesen, das Abkommen zwischen
der Jewish Agency und dem Haschemitischen Königreich habe
die Bedrohung durch die arabischen Armeen entschärft, und die
Großmächte hätten die Gründung Israels unterstützt. »Allgemein ausgedrückt, gründete sich der Erfolg der Zionisten darauf, daß sie große Teile der öffentlichen Meinung von dem Zusammenhang zwischen dem zionistischen Unternehmen und
dem Holocaust überzeugen konnten.«[37] Die Verantwortung für

die Entstehung des israelisch-palästinensischen Konflikts wird nicht mehr allein den Palästinensern zugeschrieben, die durch ihre ablehnende Haltung gegenüber Israel die Auseinandersetzung und den Krieg provoziert hätten. Damit erscheint die Entstehung des palästinensischen Flüchtlingsproblems in einem anderen Licht: Israel wird vom Opfer zum Täter. Die Existenz des Staates Israel steht auch für die »Postzionisten« nicht zur Disposition; sie fordern, der Staat müsse zum »Staat aller seiner Bürger« werden und die Diskriminierung der Palästinenser beenden.

Gegen diese Auffassungen hat der israelische Historiker Yoav Gelber erhebliche Einwände geltend gemacht. Er wirft den »Neuen Historikern« vor, »die israelische Version der amerikanischen ›political correctness‹« zu vertreten.[38] Besonders unverschämt sei die Behauptung der »neuen« Historiker, sie selbst verkörperten Objektivität und geistige Offenheit, seien frei von ideologischen Voreingenommenheiten – im Unterschied zu den »alten« Historikern, denen eine tendenziöse Haltung bescheinigt werde. Von der Erschließung neuer Horizonte könne nicht die Rede sein, die »neuen« Historiker hätten in methodologischer Hinsicht nichts Bahnbrechendes vorzuweisen. Im Gegenteil: Sie gingen selektiv und einseitig mit Quellenmaterial um, ihre Interpretationen seien abwegig. Hinter der Darstellung der Palästinenser als unschuldige Opfer israelischer Schandtaten und Verschwörungen stecke die Auffassung von der »Geburt Israels in Sünde«. Wenn sich die »neuen« Historiker einseitig dem Leiden der Palästinenser widmeten, würden Grundtatsachen wie die Ablehnung des UN-Teilungsbeschlusses durch die Araber nicht hinreichend berücksichtigt. Als Beispiel führt Gelber Ilan Pappe an, der den Ursprung des israelisch-palästinensischen Konflikts weniger in der Gegnerschaft der Araber gegen das zionistische Siedlungsprojekt sieht als vielmehr im Teilungsbeschluß der Vereinten Nationen.[39]

Der Historiker Walter Laqueur hat in der »Neuen Zürcher Zeitung« heftig gegen die »Neuen Historiker« polemisiert. Seiner Meinung nach handelt es sich bei dieser »postzionistischen Geschichtsschreibung um eine Art Propaganda«, die zwar psychologisch als Reaktion auf Netanyahu und die Rechten durchaus verständlich sei, »aber so stark politisch-ideologisch motiviert ist, daß sie keinen Anspruch auf ein Minimum an Objektivität erheben kann«. Laqueur versucht, die Intention der »Neuen Historiker« auf eine Rebellion der Jugend gegen die Ideen ihrer Väter und Großväter zu reduzieren. Derartige »intellektuelle Moden« träten in kleineren Ländern immer mit einer Verzögerung auf, doch nun habe die postmoderne Welle auch Israel erfaßt.[40]

Gegen die Sichtweise der »Neuen Historiker« erhebt auch Natan Sznaider, Soziologieprofessor in Tel Aviv, gravierende Einwände. Er bezeichnet den »Postzionismus« als ein »intellektuelles Gespenst« und wirft seinen Vertretern vor, sie wollten keine Juden mehr sein, sondern nur noch Israelis, »Staatsbürger ohne Ethnos«. Universal wolle man sein und auf der Seite des vermeintlichen Opfers stehen. Israel solle ein westlicher, liberaler Staat sein, ohne Juden, nur noch mit »guten Israelis«; die israelische Nationalidentität beruhe auf dem Territorialprinzip. »Das heißt Gleichheit vor dem Gesetz für alle Staatsbürger innerhalb des Staates Israel, ohne auf ethnische und religiöse oder andere Identitätskriterien Rücksicht zu nehmen: Verfassungspatriotismus israelischer Art.«(»taz« vom 22. August 1997) Diese Kritik an der Intention der »Neuen Historiker« provoziert die Frage, ob Sznaider nicht die andauernde Diskriminierung der palästinensischen Israelis rechtfertigt und billigt, die ja auf dem Ethnozentrismus des Zionismus und seinen Definitionen im Rückkehrgesetz beruht. (Dieses Gesetz erlaubt es jedem Juden, wo immer er auch lebt, jederzeit nach Israel einzuwandern und sofort Staatsbürger zu werden. Den Palästinensern dagegen wird das Recht, in ihre Heimat zurückzukehren, verweigert.) Die gesamte spätere Gesetzgebung bezieht sich direkt oder indirekt auf das Rückkehrgesetz, das die Grundlage für die rechtliche Ungleichbehandlung der nichtjüdischen Israelis darstellt.[41]

Im Gegensatz zu Sznaider hebt der französische Journalist Dominique Vidal den Mut der »Neuen Historiker« hervor. »Denn ihr Bemühen, die Wahrheit ans Licht zu bringen, betrifft keine x-beliebige Episode der Geschichte, sondern die israelische Erbsünde schlechthin. Soll das Recht der Überlebenden des Hitlerschen Völkermordes, in einem sicheren Staat zu leben, das

Recht der Töchter und der Söhne Palästinas ausschließen, ebenfalls in Frieden in ihrem Staat zu leben? Fünfzig Jahre danach ist es Zeit, endlich mit dieser kriegerischen Logik zu brechen und den Völkern ein Leben im Miteinander zu ermöglichen, ohne weiter schamhaft zu verschweigen, wie die Ursprünge der Tragödie ausgesehen haben.« (»Le Monde diplomatique« vom 12. Dezember 1997)

»Die Originalität der Postzionisten liegt nicht in der Neuartigkeit dieser Ideen, die allesamt dem westlichen politischen Gedankengut entstammen. Vielmehr wird hier zum ersten Mal umfassend durchdacht, was für Konsequenzen die Anwendung des viel umstrittenen Begriffs der ›Normalität‹ auf Israel mit sich bringen wird.«[42] Der Status Israels wurde immer mit der »Auserwähltheit durch Gott«, mit dem latenten Antisemitismus, dem Holocaust sowie dem »Belagerungszustand« begründet. Da der Antisemitismus von Europa in den Nahen Osten transferiert wurde, ist das Leben der jüdischen Bevölkerung auf der ganzen Welt durch die Existenz Israels nicht sicherer, sondern gefährdeter als zuvor, so Moshe Zimmermann. Um sich einer kritischen Selbstreflexion zu entziehen, deklarierten die Vertreter des Status quo die zionistischen »Werte und Visionen« als weiterhin aktuell, anstatt den israelischen Partikularismus und die Exklusivität in einer gewandelten Umgebung zu analysieren und zu begründen. Da einige Faktoren nicht mehr vorhanden oder durch die Geschichte im kollektiven Gedächtnis unscharf geworden sind, dürfte ein solcher Erklärungsversuch nicht einfach sein.

Neben den »Neuen Historikern« spielen die »Neuen Soziologen« in der Auseinandersetzung mit der zionistischen Weltanschauung eine zentrale Rolle. Ihre Kritik setzte mit dem Yom-Kippur-Krieg 1973 ein, als sich erste Risse in der Fassade aus israelischer Selbstzufriedenheit und moralischer Spießigkeit zeigten. Proteste der Juden aus Afrika verwiesen damals auf Widersprüche der Melting-Pot-Ideologie. Die ethnische Herkunft (Askhenasim oder Sephardim) bedingte einen besseren oder schlechteren sozialen Status, das verbindende Element des »Jüdischen« konnte diese Differenzen nicht völlig überdecken. Die Auffassungen der »Neuen Soziologen« waren wesentlich heterogener als die der Historiker, da sie die Debatte als eine Erscheinung der allgemeinen politischen Kultur in Israel bewerteten und nicht nur als eine innerakademische Angelegenheit wie die Historiker. Für die Soziologen stellte die Geschichtsdebatte eine erneute Auseinandersetzung über die Definition der israelischen Identität dar. Ihr wichtigster Beitrag zur Perzeption der israelischen Gesellschaft war die Neuinterpretation des Zionismus als kolonialistische Bewegung.

Noch zwei weitere Mythen wurden durch die »Postzionisten« entzaubert: die israelische Armee könne niemals Feindseligkeiten provozieren, und Sicherheit gehe über alles. Die Wissenschaftler wiesen die Erklärung der Regierung zurück, Sicherheitsüberlegungen seien für die Marginalisierung der Sephardim oder für die Diskriminierung der israelischen Palästinenser verantwortlich. Sie bezeichneten die Politik der Regierung als »rassistisch« und »nationalistisch« und bezogen sich dabei auf die Vertreibung der Palästinenser durch die israelische Armee.

Der Versuch, die Essenz des ursprünglichen Zionismus in Frage zu stellen, wurde in Israel als ein Unterfangen von »sich selbst hassenden Juden« im »Dienste des Feindes« denunziert. Diese Angriffe kamen nicht von den Rechten, sondern von zionistischen Linken wie z. B. Ahron Megged. Megged warf in der Wochenendbeilage von »Ha'aretz« vom 10. Juni 1994 den »Neuen Historikern« vor, sie charakterisierten die israelische Gesellschaft als kolonialistisch und dienten damit den Feinden Israels. Er verglich sie mit einer »Welle, die Stück für Stück die Antikörper in unserem Körper vernichtet und ihn schwächt«.

Die zionistische Linke (Frieden Jetzt, Meretz-Partei) plädiert für einen »jüdischen Staat«, akzeptiert zwar Kritik an der israelischen Politik nach 1967, setzt sich jedoch vornehmlich mit den Auswirkungen der Besatzungspolitik auf die eigene Moral auseinander. Ihr Wunsch nach Frieden mit den Palästinensern geht eher auf das Verlangen nach endgültiger Trennung zurück als auf die Bereitschaft, historisches Unrecht einzugestehen oder unmoralisches Verhalten zu beenden. Sie blockt die Aufarbeitung der zionistischen Strategie in den Jahren 1882 bis 1967 ab. Dies wurde überdeutlich, als sich die politische Klasse Israels gegen das Rückkehrrecht der Palästinenser aussprach, weil ihre Rückkehr Israel zerstören würde. Die »Postzionisten« oder »Anti-Zionisten« identifizieren sich stärker mit den Palästinensern, den Opfern der Besatzungspolitik, als mit den moralischen Problemen der israelischen Soldaten. Sie treten für einen säkularen »Staat aller seiner Bürger« ein. In der israelischen Presse werden postzionistische Positionen nur hin und wieder veröffentlicht. Sie ist nach wie vor zionistisch orientiert.[43]

Letztendlich haben die »Postzionisten« bewirkt, daß die Israelis die Frage nach dem Selbstverständnis ihres Staates neu diskutieren. Viele Intellektuelle setzen Judentum mit Israelitum gleich. Seit seiner Gründung hatte Israel eine besondere Beziehung zum Diasporajudentum. Doch wird immer häufiger die Frage gestellt, was israelische Juden noch mit den Juden anderer Länder verbindet. Diese Debatte, die auch das Rückkehrrecht nach Israel einschließt, offenbart die schleichende Entfremdung zwischen israelischen Juden und dem Diasporajudentum. So meint der Chefredakteur der Zeitung »Ha'aretz«, Chanoch Marmari, die Juden in der Diaspora seien den Israelis im Grunde gleichgültig. Eine Aufhebung des Rückkehrrechts scheint unwahrscheinlich, denn es besteht in allen Lagern Konsens darüber, daß jedem verfolgten Juden die Tore des Landes offenstehen müssen. Die automatische Verleihung der Staatsbürgerschaft stößt hingegen durchaus auch auf Kritik.

Warum die politisch dominante zionistische Elite die »Neuen Historiker« so heftig angreift, ist nicht ganz verständlich. Es hat sich eine merkwürdige Allianz gebildet: Gemeinsamer Gegner der Verteidiger des ursprünglichen Zionismus und der ethnozentrischen Variante des Zionismus sind die »Postzionisten«. Säkulare Zionisten wie der ehemalige Knesset-Abgeordnete Amnon Rubinstein wollen sich nicht in diese »unheilige Allianz« mit den Gegnern des Säkularismus begeben. Ihre natürlichen Verbündeten sind die »Neuen Historiker«, die zu Recht einige Geschichtsmythen des ursprünglichen Zionismus in Frage stellen.

Die israelischen Intellektuellen schwanken zwischen der Beibehaltung des Zionismus als der den Zusammenhalt des Landes garantierenden Ideologie und der Orientierung auf eine von Abraham B. Jehoschua in die Debatte eingeführten »Mittelmeeridentität« (»Ha'aretz« vom 29. Dezember 1995), die Spannungen zwischen Orient und Okzident auflösen könne. Die Identitätskrisen werden solange fortdauern, bis Israel ein normaler Nationalstaat geworden ist und sich seinen Nachbarn gegenüber auch so verhält. Es darf nicht mehr Vorposten oder Brückenkopf der westlichen Zivilisation sein wollen. Der Sharon-Regierung sind solche Probleme völlig fremd, sie will mit einer neuen Bildungsoffensive den Schülern wieder die »Werte« des Zionismus vermitteln.

Zimmermann führt in der Sondernummer der »Neuen Zürcher Zeitung« vom 27. August 1997, die anläßlich des 100. Jahrestages des ersten Zionistenkongresses in Basel erschien, fünf Grundsätze der »eigentlichen Postzionisten« an:

- Palästinozentrismus: Das Streben nach »Eretz Israel« (Sehnsucht nach Zion) wird mit dem Zionismus gleichgesetzt. Er dient als Fundament und Rahmen für ein jüdisches Leben. Dieser Palästinozentrismus stellt die Rechte der israelischen Palästinenser und die Legitimität des Diasporajudentums in Frage, da die ersteren nicht in einen jüdischen Staat gehören und letztere ausschließlich nur in ihm leben sollten.

- Romantisch-territorialer Nationalismus: Gab sich der klassische Zionismus noch mit einem Teil Palästinas zufrieden, deklarierte man nach dem Sechstagekrieg die Westbank zu heiligem Land. Nablus, Hebron, die Altstadt von Jerusalem und die anderen religiösen Stätten wurden zum wichtigsten Inhalt und zur »Essenz des Zionismus«. Die säkulare zionistische Ideologie, die sich im Kibbuz symbolisierte, wurde durch eine religiös-romantische Beziehung zum Land Israel ersetzt.

- Aufgabe des sozialen Experiments: Die Siedlungen in Judäa und Samaria wurden zum Kontrastprogramm gegenüber dem Kibbuz aufgebaut. Auch die mit der Kibbuzbewegung einhergehende Idee vom »neuen Menschen« und der »zionistischen Gesellschaft« wurde zurückgedrängt. Die angestrebte »Mustergesellschaft« wurde durch die Rückkehr zu den »traditionellen Werten« ersetzt, die fortan als die »zionistischen Werte« gelten.

- Enteuropäisierung: Der Holocaust und die Masseneinwanderung nichteuropäischer Juden hat zu einer starken Verringerung des Anteils der Juden mit europäischem Hintergrund geführt und so das ursprüngliche Konzept eines »besseren Europa« relativiert.

– Religiosierung des öffentlichen Lebens: Das zentrale Merkmal des ethnozentrischen Zionismus ist die Identifikation von Zionismus und jüdisch-religiöser Orthodoxie. Der Zionismus wird nicht mehr als nationale Bewegung verstanden, sondern als die ewige Sehnsucht des jüdischen Volkes nach »Eretz Israel«. Der Judenstaat wird im religiös orthodoxen Sinne interpretiert. Im Falle eines Wertekonflikts zwischen Demokratie und Judentum hat letzteres Priorität. Die Orthodoxie gilt als einzig legitime Art des Judentums; damit ist der Weg in die Theokratie geebnet.

Während sich die »Postzionisten« noch mit der Kritik an den Geschichtslegenden des ursprünglichen Zionismus beschäftigen, haben die »Neuen Zionisten« eine neue Ideologie für Israel entwickelt, die weniger tolerant sein wird als die des säkularen Zionismus. Wenn eine Demokratie keine »jüdische Mehrheit« mehr garantieren kann, scheint die Demokratie »krank«, so die Argumentation der Religiösen.

Die große Herausforderung für den ursprünglichen Zionismus kommt nicht von den »Postzionisten« oder den »Neuen Historikern«, sondern von der Rechten oder vom »Neo-Zionismus«[44] (Uri Ram). Die vor 1967 nur rudimentär im Lager der Arbeitspartei und unter den Revisionisten sowie in der Nationalreligiösen Partei (NRP) vertretene Richtung erlebte nach dem Sechstagekrieg einen enormen Aufschwung. Expansionistisches Gedankengut verbreitete sich in der Arbeitspartei, im Likud-Block und unter führenden Rabbinern. In den achtziger Jahren ging der »Neo-Zionismus« Allianzen mit den Siedlern in den besetzten Gebieten sowie mit den marginalisierten Unterschichten ein: »Eine unheilige Allianz aus expansionistischen Nationalisten, ultraorthodoxen Rabbinern und ethnisch ausgerichteten geistigen Führern der Mizrachi Juden.«[45] Dieser Allianz fühlen sich auch die ultraorthodoxen Parteien, die säkulare Rechte sowie die russische Immigrantenpartei Israel Beitainu (Israel ist unser Zuhause) zugehörig, dessen Vorsitzender, Avigdor Lieberman, Infrastrukturminister unter Ariel Sharon ist und massiven Waffeneinsatz gegen den Palästinenseraufstand gefordert hat.

Die Attraktivität des »Neo-Zionismus« liegt in seiner Einfachheit, wie Pappe meint. Diese Bewegung vermittelt Vertrauen in die Zukunft. Die jüdische Religion und der Nationalismus würden die Gesellschaft vor weiterer Fragmentierung und Desintegration bewahren. Die Gruppen, die sich in dieser Allianz zusammengefunden haben, sehen in einer »ethnisch religiösen Theokratie« die beste Herrschaftsform, um mit den zukünftigen Problemen fertig zu werden. Die bestimmenden Kräfte sind religiöse Persönlichkeiten aus allen politischen Bereichen und Gesellschaftsschichten. Gemeinsam ist ihnen eine extreme Voreingenommenheit gegenüber den säkularen israelischen Juden. Nachdem diese ihre Pflicht erfüllt hätten, die Juden ins Heilige Land zurückzuführen, seien sie nun überflüssig und könnten behandelt werden wie alle Nichtjuden. Dem Talmud zufolge sind Nichtjuden nicht mehr wert als Tiere und können dementsprechend behandelt und ausgebeutet werden. Auf diesen Tatbestand hat auch Israel Shahak hingewiesen und betont, daß er ein Schlüssel für das Verständnis der israelischen Politik sei. Die extreme Feindschaft gegenüber allen Nichtjuden habe hierin ihre Wurzeln.

Ein Ministerpräsident, der sich mit Rabbinern wie Eliahu Chaduri trifft und bei dieser Gelegenheit der Linken in Israel vorwirft, sie wisse nicht, was Jüdischsein bedeute, setzt Akzente für die künftige Entwicklung des Landes. Signale des Zurückdrängens des liberalen Judentums kamen auch aus Tel Aviv. Im Vorort Ramat Aviv wurde ein neues Einkaufszentrum eröffnet. Der Eigentümer, der Diamantenhändler Lev Leviev, ein Orthodoxer, verlangte von den Ladenbesitzern, an Samstagen zu schließen, obwohl nach den Verträgen die Öffnung gestattet war. Trotz der Proteste von Anwohnern entschied das Gericht zugunsten Levievs.

Es ist religiösen israelischen Soldaten verboten, bei ihren Bildungsausflügen in Jerusalem auch Moscheen und Kirchen zu besuchen. Die Knesset-Abgeordneten Moshe Gafni von der Yahadut Hatorah-Partei und Arie Deri von der Shas-Partei hatten diese Besuche moniert. Der damalige Generalstabschef Amnon Lipkin-Shahak erließ daraufhin einen entsprechenden Befehl. Als Grund gab Lipkin-Shahak an, die Kameradschaft unter den jüdischen Soldaten sei sonst gefährdet. Derzeit, so führte er aus, sei es für einen religiösen Soldaten eine Sünde, eine nichtjüdische heilige Stätte zu besuchen. Der Besuch einer christlichen Stätte sei eine Todsünde und der Besuch einer muslimischen Stätte eine läßliche, so Israel Shahak.

Der Machtzuwachs der Orthodoxen wurde auch sichtbar, als die Bar-Ilan-Straße in Jerusalem, welche die Nord- und Südviertel der Stadt miteinander verbindet, nach wochenlangen Straßenschlachten mit der Polizei und Säkularen am Sabbat teilweise geschlossen wurde. Als der Konflikt vor das Oberste Gericht kam, sah sich dieses außerstande, eine Entscheidung zu treffen. Es empfahl die Bildung eines Ausschusses, der die Auseinandersetzungen in Jerusalem innerhalb eines gesamt-israelischen Kontextes lösen sollte. Der daraufhin gebildete »Zamaret-Ausschuß« setzte sich aus acht Mitgliedern zusammen: vier nichtreligiöse traditionelle Juden, zwei Orthodoxe und zwei Nationalreligiöse. Kein israelischer Palästinenser gehörte diesem Ausschuß an. Der Ausschuß empfahl, die Bar-Ilan-Straße am Sabbat und an Feiertagen für den Verkehr zu sperren, unter der Voraussetzung, daß die Stadtverwaltung Verkehrsalternativen für die nicht-religiöse Bevölkerung finde. Die orthodoxen Mitglieder weigerten sich aus religiösen Gründen, das Dokument zu unterschreiben. Die Straße wurde gesperrt und die Empfehlung des Ausschusses ignoriert.

Die entscheidende innerisraelische Auseinandersetzung spielt sich nicht zwischen denjenigen ab, die den Palästinensern einige Quadratmeter mehr oder weniger Land überlassen wollen. Es geht um das grundsätzliche Verständnis vom Staat Israel. Welches Gesetz wird die israelische Gesellschaft in Zukunft bestimmen: säkulares oder religiös-halachisches? Dies ist keine rhetorische Frage, sind doch die rassistischen Ansichten eines Meir Kahane für einen immer größeren Teil der politischen Klasse Israels akzeptabel. Kahanes Hauptanliegen bestand darin, Israel in einen theokratischen Staat zu verwandeln, in dem die Halacha als Gesetz gelten sollte. Die gewaltsame Vertreibung der Palästinenser war in seinem Projekt nur ein Nebeneffekt. Einige religiöse Gruppen in Israel haben Kahanes Botschaft nur aus taktischen Gründen zurückgewiesen. So haben die Orthodoxen die Prinzipien grundsätzlich akzeptiert; deren Umsetzung wollen sie dem Himmel überlassen. Auch bei einem Großteil der rechten Nationalisten stoßen die Ideen keineswegs auf Ablehnung, sie wollen das erforderliche psychologische Klima schaffen. Der »Gush« glaubt, daß es möglich ist, Israel in einen halachischen Gottesstaat zu verwandeln, will sich aber anderer Strategien und einer anderen Terminologie bedienen.

Die Auseinandersetzung um die Rolle der Nation und den Charakter der Religion wird die Zukunft Israels bestimmen. Noch haben die Vertreter eines nach westlichen Maßstäben ausgerichteten Israel zentrale Machtpositionen inne; ob sie auf Dauer die Angriffe der rechten und der religiösen Nationalisten parieren können, ist fraglich. Welche der fanatischen religiösen Parteien die Oberhand behalten wird und wie sich die jeweils unterlegenen damit abfinden werden, ist ebenfalls offen. Der säkulare Sektor der Gesellschaft wird trotz des anscheinend dominanten religiösen Auftretens nicht verschwinden. Immerhin bezeichnen sich zwischen 60 und 70 Prozent der Israelis als nicht religiös.

Umfragen der Hebräischen Universität zufolge besteht zu Optimismus kein Anlaß. Nach diesen Untersuchungen stufen sich 30 Prozent der israelischen Gymnasiasten als »Rassisten« ein. Nur 50 Prozent meinen, Araber seien Bürger mit gleichen Rechten. 72 Prozent der Befragten sind dagegen, daß Araber für einen Sitz in der Knesset kandidieren, da sie ein Sicherheitsrisiko darstellten. Diese Zunahme des Rassismus bestätigt Deborrah Karmil von der Universität Haifa. Nach ihrer Studie sprechen sich 61,7 Prozent der israelischen Jugendlichen gegen gleiche Rechte für die israelischen Palästinenser aus. 73,5 Prozent halten eine arabische Vertretung in der Knesset für eine Gefahr für Israel. Hätten nicht fast acht Jahre »Friedensprozeß« andere Resultate zeigen müssen?

Die Zeichen für die Weiterentwicklung der Demokratie nach westlichem liberalen Verständnis stehen in Israel schlecht: Das Land soll »jüdischer« und nach Ariel Sharon »zionistischer«

werden. Gefahr für den Bestand des säkularen Israel droht nicht von den Palästinensern im allgemeinen oder den israelischen Palästinensern im besonderen, sondern von den extremen Nationalisten und den religiösen Fundamentalisten des Landes, die den Staat von innen aushöhlen und unterminieren. Solche Kräfte sind auch in der Sharon-Regierung vertreten. Außerdem fördert die Regierung durch ihre Unnachgiebigkeit gegenüber den Palästinensern die Gefahr einer »Libanonisierung«. Nicht die arabischen Staaten bedrohen Israel, dazu sind sie militärisch viel zu schwach, sondern die eigene Regierung bereitet dafür den Boden. Wenn sich in der Regierung nicht die Kräfte des Kompromisses und der Vernunft durchsetzen, könnte das seit über hundert Jahren erfolgreiche zionistische Kolonisierungsprojekt in Palästina scheitern. Dafür wären die Bannerträger des Zionismus verantwortlich und nicht die angeblich »feindliche Umgebung«.

Ausblick: Friede in Nahost ist möglich

Die Zeichen im Nahen Osten stehen zur Zeit nicht auf Frieden. Der »neue Nahe Osten«, der in den Reden bei der Unterzeichnung der »Osloer-Abkommen« 1993 in Washington beschworen wurde, ist eine Fata Morgana geblieben. Der Friedensprozeß hat die elementaren Bedürfnisse der Palästinenser nicht befriedigt und ihnen keine Perspektiven für eine bessere Zukunft eröffnet. Er brachte nicht die ersehnte Freiheit von Unterdrückung, sondern verstärkte Repression in Form von Beschießung durch Panzer, Kampfhubschrauber und F-16 Kampfbomber, Häuserzerstörungen, Drangsalierungen jeder Art, monatelange Abriegelung, totale militärische und wirtschaftliche Belagerung, die Demütigung Arafats durch die israelischen Verhandlungsführer usw. Diese Desillusionierung ist die Basis für die schrecklichen Terroranschläge. Sie sind nicht zu rechtfertigen, aber man darf ihre wahren Ursachen nicht verkennen.

Die Palästinenser werden nicht als »Terroristen« geboren. Israels Staatspräsident Moshe Katsav hat in seiner Erklärung vom 23. Mai 2001 die politischen Umstände, die sie zu solchen werden lassen, völlig negiert. Eine rassistische Argumentation wie die seine schürt letztlich den Haß: »Es gibt eine riesige Kluft zwischen uns (Juden) und unseren Feinden – nicht nur, was die Fähigkeit anbelangt, sondern auch hinsichtlich der Moral, Kultur, der Achtung des Lebens und des Gewissens. Sie sind hier unsere Nachbarn, aber es scheint, als ob auf einer Distanz von einigen hundert Metern Menschen leben, die nicht zu unserem Kontinent, zu unserer Welt, tatsächlich aber zu einer anderen Milchstraße gehören.«

Der Journalist Gideon Levy schätzte in »Ha'aretz« sachlich ein: »Die Polizei in Südafrika behandelte die Schwarzen, als ob sie keine Menschen wären. Das gleiche geschieht hier. Ein Nicht-Volk, Nicht-Menschen, Menschen ohne Rechte oder Menschenwürde – deshalb ist es in Ordnung, alles mit ihnen zu tun. Und dies durchdringt alles.«

In Oslo blieben alle zentralen Streitpunkte ungelöst bzw. wurden auf einen späteren Zeitpunkt verschoben. Der eigenen Bevölkerung und dem Westen hat die israelische Regierung den Friedensprozeß als einen großen Erfolg verkauft. Tatsächlich haben die Palästinenser substantielle Zugeständnisse gemacht, ohne dafür entsprechende Gegenleistungen zu erhalten. Als es im Februar und März 1996 in Jerusalem und Tel Aviv zu den ersten schweren Bombenanschlägen kam, fragten viele Israelis konsterniert: Wieso antworten die Palästinenser auf unsere Konzessionen mit Gewalt? Diese weitverbreitete Ansicht und die Fortsetzung des Besatzungsregimes zeigen, daß den Palästinensern bis heute das Recht auf eine selbstbestimmte Zukunft nicht zugestanden wird.

Der Westen, des Konflikts überdrüssig, hat dies zu lange ignoriert. Ein weiterer Trugschluß westlicher Politiker und Befürworter des Friedensprozesses kommt in der Annahme zum Ausdruck, es gebe wesentliche Differenzen zwischen einer von der Arbeitspartei oder einer vom Likud-Block geführten Regierung. Zwischen beiden besteht jedoch weitgehend Konsens über die Behandlung der Palästinenser, die Rückgabe von Gebieten und die Verweigerung des Rückkehrrechtes für die Flüchtlinge. Der Likud ist bereit, 42 Prozent des besetzten Landes aufzugeben, vielleicht ein Prozent mehr. Die Arbeitspartei hatte sich in dieser Frage lange nicht festgelegt. Baraks Angebot vom Juli 2000 in Camp David, 95 Prozent zurückzugeben, kommt einem Täuschungsmanöver gleich. Da Israel bereits 60 Prozent der Westbank als Staatsland deklariert hat, die es nicht zurückgeben wird, bezogen sich die 95 Prozent auf jene unumstrittenen 40 Prozent des besetzten Territoriums, von denen auch der Likud stets ausgeht. Für die Arbeitspartei ist Trennung das Zauberwort, sie möchte den neokolonialistischen Einfluß behalten und die Bewohner der Gebiete separieren, wohingegen Sharon ein Zusammenleben mit den Palästinensern für möglich hält.

Die Befürworter des Oslo-Prozesses argumentierten, dies sei erst der Anfang. Die These vom »Fuß in der Tür« (Roni Ben Efrat, Chefredakteurin des Magazins »Challenge«) war ein weitverbreiteter Standpunkt innerhalb der israelischen Friedensbewegung und unter Vertretern der internationalen Staatengemeinschaft. Meine Befürchtung nach der Analyse des Abkommens war, daß die palästinensischen Unterhändler zu viele Kompromisse gemacht haben und ihr Volk letztendlich leer ausgehen würde. Die Vereinbarung enthielt weder einen detaillierten Zeitplan noch Angaben über die israelischen Vorstellungen vom Endziel, wie zum Beispiel: nach fünf oder mehr Jahren vertrauensvoller Zusammenarbeit bekommen die Palästinenser Zone A, B und C.

Die PLO-Führung hat sich seit Beginn der Oslo-Verhandlungen zu sehr von ihren eigenen Interessen leiten lassen. Hätte Arafat durch ein Referendum ermittelt, ob die Palästinenser mit den erzielten Resultaten einverstanden sind und ob der Friedensprozeß fortgesetzt werden soll oder nicht, wäre die Illusion von einem neuen Hongkong oder Singapur nicht aufgekommen.

Kein unabhängiger Palästinenserstaat, nur einige Quadratkilometer Land hier und dort – dies war von Anfang an die Position der israelischen Unterhändler. Die Vereinbarungen sind Sicherheitsabkommen zum alleinigen Nutzen Israels. Um die Opposition innerhalb der eigenen Bevölkerung niederzuhalten, bekam Arafat eine starke Polizeitruppe. Im Gegenzug gewährte Israel ihm sowie anderen Funktionären der Autonomiebehörde »Vergünstigungen« in Form von VIP-Pässen. Selbst Arafat besitzt jedoch kein Recht auf freie Ein- und Ausreise. Das Hissen der palästinensischen Fahne, eigene Briefmarken, eine Dudelsackkapelle, die bei offiziellen Anlässen aufspielt, sind Insignien einer Pseudosouveränität, denn den Palästinensern wird das Recht auf Souveränität noch immer verweigert, und sie leben in einem »Gefängnis mit Mittelmeerblick«.

Die Oslo-Verträge bieten ihnen keinerlei Möglichkeit, eine eigenständige Wirtschaft aufzubauen. Dem Wirtschaftsabkommen von Paris zufolge ist die palästinensische Ökonomie der israelischen untergeordnet. Sie ist mit dem israelischen Markt eng verknüpft, hat aber keinen Zugang zum arabischen.

Die USA und die Europäische Union bewerten die Oslo-Abkommen als Weg zu einer gerechten Lösung. Auch die Medien haben den Eindruck vermittelt, die Palästinenser hätten ihre Freiheit erhalten. Insbesondere die einseitige Fixierung der USA auf israelische Sicherheitsinteressen trägt langfristig eher zur Destabilisierung der Region bei, weil sie die Dominanz und die hegemonialen Interessen Israels festigt. Kein US-Präsident war so pro-israelisch wie Bill Clinton. Die Clinton-Administration hat systematisch die Aushöhlung und Uminterpretation des Völkerrechts zugunsten Israels vorangetrieben. Frühere US-Regierungen bezeichneten die Westbank, den Gaza-Streifen und die Golanhöhen als »besetzte Gebiete«, in Clintons Amtszeit galten sie lediglich als »umstrittene Gebiete«, deren Status in bilateralen Verhandlungen geklärt werden sollte. Als die Palästinenser Baraks Pläne ablehnten und damit den Camp David-Gipfel scheitern ließen, wies Clinton ihnen öffentlich im israelischen Fernsehen die Schuld zu: »Arafat hat in Camp David daran gearbeitet, die israelische Sehnsucht nach Jerusalem zunichte zu machen.« Eine entsprechende palästinensische Sehnsucht war für ihn nicht relevant. Die wahren Gründe für das Scheitern lagen aber in der Intransigenz Israels und dem Unvermögen oder der mangelnden Bereitschaft Clintons, Israel zu wirklichen Konzessionen zu bewegen. Der US-Präsident sah in jeder palästinensischen Verhandlungsposition eine potentielle Bedrohung Israels.

Die USA und Israel verhindern jeglichen Fortschritt in Richtung palästinensischer Selbstbestimmung, solange sie die Bantustanisierung der Westbank als Lösung favorisieren. Wenn die Vereinigten Staaten zu einem dauerhaften Frieden im Nahen Osten beitragen wollen, müssen sie wieder zur Rolle eines ehrlichen Maklers wie unter Jimmy Carter zurückfinden und das Völkerrecht ins Zentrum der Verhandlungen rücken. Gelingt es der neuen amerikanischen Regierung unter George W. Bush nicht, Israel zur Einhaltung des Völkerrechts und zur Achtung der Menschenrechte der Palästinenser anzuhalten, wird auch er keinen Erfolg im Nahen Osten haben. Die USA können vor der Weltöffentlichkeit die Nichtachtung des Völkerrechts durch Israel nicht permanent ignorieren, gleichzeitig aber unter Berufung auf dieses Recht Kriege gegen andere Völker führen.

Bisher hat keine israelische Regierung den Anspruch der Palästinenser auf einen souveränen Staat anerkannt. Im jetzigen Kabinett Ariel Sharons sind rechtsnationalistische und religiös-fundamentalistische Politiker vertreten, die den besetzten Gebieten einen »heiligen« Status zuweisen. Ein Teil der Regierungsparteien lehnt den säkularen israelischen Staat prinzipiell ab. Daß diese Kräfte keinen positiven Ansatz zur Lösung des Nahostkonfliktes entwickeln, liegt in der Logik ihres Denkens.

Durch den mehr als 50jährigen »Belagerungszustand« hat sich in Israel eine stark militaristische Kultur entwickelt. Doch selbst mit einem solchen Militärpotential kann man ein Volk nicht auf Dauer beherrschen. Südafrika ist ein Beispiel dafür, daß sich ein Volk nicht für immer unterdrücken und in Bantustans verbannen läßt. Einen solchen Irrweg sollte sich Israel ersparen, denn er verlängert nur die Tragödie für beide Seiten. Nicht auszudenken wäre es, wenn eines Tages israelische Atomraketen unter die Kontrolle fanatischer Rabbiner kämen, die Israel in einen halachischen Gottesstaat verwandeln wollen. Die Kontrolle dieser Massenvernichtungswaffen müßte im Interesse des Westens liegen; es ist völlig unverständlich, warum die USA den Atomwaffensperrvertrag in bezug auf Israel nicht anwenden, das als einziger Staat in der Region über Atomraketen verfügt. Alle anderen Regierungen des Nahen Ostens wurden gezwungen, dem Vertrag beizutreten.

Ein souveräner Palästinenserstaat läge aus mehreren Gründen im Interesse Israels. Er wäre weder ökonomisch und politisch noch militärisch eine Bedrohung für das Land. Im Gegenteil: Die verspätete Staatsgründung aufgrund der UNO-Resolution würde die Existenz Israels in den international anerkannten Grenzen legitimieren. Ein zu schaffendes regionales Sicherheitssystem und die daraus resultierende Kooperation kämen dem Sicherheitsbedürfnis Israels entgegen. Durch die Rückgabe der besetzten Gebiete wäre jedem Terror die Grundlage entzogen. Auch Hamas und die anderen islamistischen Gruppen hätten dies zu akzeptieren, weil die Grundlage für ihren weiteren Widerstand entfallen wäre.

Für die Schaffung eines dauerhaften Friedens bedarf es zweier neuer Grundlagen: einer veränderten politischen Einstellung Israels und eines anderen internationalen Verhandlungsrahmens.

Die erste Vorbedingung ist, ein Minimum an Gerechtigkeit für die Palästinenser zu schaffen. Der Journalist Arnold Hottinger hat 1994 im Vorwort zu meinem Buch »Frieden ohne Gerechtigkeit?« bereits darauf hingewiesen: »Die Palästinenser können nicht ›gerecht‹ behandelt werden, solange man vor sich selbst, vor ihnen und vor der ganzen Welt abstreitet und leugnet, was sie erleiden mußten und bis zur Gegenwart weiter erleiden. Dies ist nicht nur eine moralische, sondern auch eine politische Grundfrage. Es wird und kann keinen wirklichen Frieden geben, solange die Israelis sich selbst und dem Rest der Welt erklären, sie hätten immer moralisch und politisch richtig, gerecht und sauber gehandelt. Nur wenn sie einmal selbst erkennen, daß sie den Palästinensern schweres Unrecht angetan haben, besteht die Möglichkeit, daß ein dauernder Frieden mit ihren heutigen Untertanen und künftigen Nachbarn (?) zustande kommen kann.«

Die im folgenden dargelegten ideologischen Prämissen als Voraussetzung für einen dauerhaften Frieden zu akzeptieren, erfordert Mut von den Konfliktparteien: Israelis und Palästinenser müssen die kollektive Erinnerung des anderen ernst nehmen, die Teil des gewaltsamen existentiellen Kampfes um das nationale Überleben ist. Beide sehen sich als Opfer. Dadurch wird eine gegenseitige Anerkennung der Leiden verhindert. Israel muß seine Rolle in der Nakba (Katastrophe) bei der Vertreibung der Palästinenser im Jahre 1948 anerkennen, die Palästinenser müssen die Bedeutung des Holocaust für die israelische Gesellschaft akzeptieren. Die Mehrheit der Israelis weigert sich, die Ereignisse von 1948 unter dem Aspekt von Recht und Gerechtigkeit zu betrachten, sie leugnen diese ethnische Säuberung.

Israel muß seine Rolle als Täter (Viktimisierer) akzeptieren. Dies dürfte der politischen Klasse des Landes schwerfallen, da sie das Selbstbild des Opfers von Anfang an gepflegt hat. Das Opferimage als Quelle der moralischen Unterstützung ist seit dem mit Frankreich und Großbritannien 1956 geführten kolonialistischen Angriffskrieg auf Ägypten, dem Sechstagekrieg von 1967, der Invasion des Libanons 1982, der Intifada von 1987 und besonders seit der Al-Aqsa-Intifada vom September 2000 immer zweifelhafter geworden.

Die Ideologie des Zionismus ist ein Haupthindernis für die

Aussöhnung mit den Palästinensern. Uri Avnery plädierte in der »Frankfurter Rundschau« vom 5. Mai 2001 für eine völlig neue Darstellung der nationalen Geschichte. Der Mitbegründer von Gush Shalom erklärt in seinen 80 Thesen zur Lösung des Konfliktes, ein neu zu schaffendes Friedenslager müsse »die öffentliche Meinung zu einer mutigen Neubewertung der nationalen ›Historie‹ und deren Befreiung von falschen Mythen stimulieren«. Beide Völker müßten sich darauf einigen, ihre gemeinsame Geschichte vorurteilsfrei aufzuarbeiten. Der israelischen Öffentlichkeit müsse vermittelt werden, daß mit den angeblich positiven Seiten des Zionismus »dem palästinensischen Volk ein furchtbares Unrecht angetan wurde«.

Der Politikwissenschaftler Ilan Pappe hat mit einem ähnlichen Vorschlag einen Weg aus dem Dilemma gewiesen: »Das Atomwaffenarsenal, der riesige militärische Komplex, der allgegenwärtige Sicherheitsdienst – es erwies sich als nutzlos gegenüber der Intifada und dem Guerillakrieg im Südlibanon. Es ist nutzlos angesichts der Millionen ständig frustrierter und radikalisierter palästinensischer Bürger Israels oder gegenüber dem Aufbegehren der Flüchtlinge, die ihre Enttäuschung über die opportunistische palästinensische Autonomiebehörde und die zerfallende PLO nicht mehr zurückhalten können … Versöhnung ist nur zu erreichen durch ein Ende der Viktimisierung und die Anerkennung der Rolle Israels als Viktimisierer.«

Der Friedensprozeß à la Oslo ist gescheitert und sollte auf dieser Grundlage auch nicht fortgesetzt werden. Nur die oben skizzierte ideologische Umorientierung in Israel und eine internationale Friedenskonferenz unter Federführung der Vereinten Nationen und mit Beteiligung der USA, der Europäischen Union und Rußlands kann wieder Bewegung in den völlig festgefahrenen Prozeß bringen. Wenn alle Konfliktparteien – Israel, Syrien, Libanon und die Palästinenser – daran teilnehmen, könnte es gelingen, der Region einen stabilen Frieden zu sichern. Gegen einen solchen Plan wehren sich die USA und Israel jedoch vehement, weil sie in dieser Konstellation ihre machtpolitischen Vorstellungen nicht durchsetzen könnten, die bisher nur Israel genützt haben.

Wenn ein Akteur berufen ist, am Verhandlungstisch zu sitzen, dann sind es die Vereinten Nationen. Israel ist der einzige Staat der Welt, der durch eine UN-Resolution geschaffen worden ist. Die palästinensischen Flüchtlinge werden seit ihrer Vertreibung durch Israel von der UN-Organisation UNRWA betreut. Eine Umsetzung der UN-Resolutionen zum Nahostkonflikt würde den Frieden wesentlich stärker befördern als der bisherige »Friedensprozeß«, der die Unterwerfung der Palästinenser als Voraussetzung hat.

Frieden in der Region kann niemals auf Basis der Hegemonie und Dominanz der USA oder Israels gesichert werden, sondern nur auf der Grundlage des Völkerrechts. Die Resolution 242 des UN-Sicherheitsrats betont die »Unzulässigkeit des Erwerbs von Territorium durch Krieg« und verweist auf die Charta der Vereinten Nationen. Die Grundsätze dieser Charta verlangen die Herstellung eines gerechten und dauerhaften Friedens im Nahen Osten. Dies setzt voraus, daß die israelische Besetzung palästinensischen Landes beendet, das Selbstbestimmungsrecht der Palästinenser anerkannt, ein souveräner Palästinenserstaat mit der Hauptstadt Ost-Jerusalem geschaffen, die Rückkehr der Flüchtlinge in diesen neuen Staat gemäß den UN-Resolutionen gestattet sowie die Auflösung der Siedlungen in den besetzten Gebieten beschlossen wird. Von einer solchen Lösung würden Palästinenser und Israelis profitieren.

Die UN-Resolutionen zu Jerusalem sind Legion. Die Teilungsresolution 181 definiert Jerusalem als »corpus separatum« und stellt die Stadt unter internationale Verwaltung; Resolution 194 regelt die Rückkehr und die Entschädigung der palästinensischen Flüchtlinge. Die Resolution 242 des UN-Sicherheitsrates verlangt den Rückzug Israels aus allen besetzten Gebieten und betont, daß Landerwerb durch militärische Besetzung unzulässig sei. Israel hat aber allein 60 Prozent der Westbank für den Siedlungsbau und für ein separates Straßensystem zur Vernetzung der Siedlungen enteignet. Der Transfer der eigenen Bevölkerung in besetztes Gebiet widerspricht der 4. Genfer Konvention, ebenso die Annexion der Golanhöhen oder Ost-Jerusalems.

Die Europäische Union leistet den größten finanziellen Beitrag im Friedensprozeß. Die Uneinigkeit der europäischen Staaten und ihre mangelnde Bereitschaft, größere Verantwortung zu übernehmen, haben es bisher verhindert, daß sie eine relevante Rolle bei der Lösung des Nahostkonflikts spielen. Vorstellbar wäre die Entsendung einer bewaffneten Friedenstruppe gemeinsam mit den USA, um die Kontrolle der Grenze zum Gaza-Streifen oder der Westbank zu übernehmen und Israel gemäß der UN-Resolution 242 zum Rückzug aus den besetzten Gebieten zu veranlassen. Mit der Beteiligung von Javier Solana, dem Beauftragten für die »gemeinsame Außen- und Sicherheitspolitik« der EU, am Krisengipfel im August 2000 in Sharm el-Sheikh wurde ein Präzedenzfall geschaffen. Dieses »window of opportunity« sollten die Europäer kreativ nutzen, damit sie ein permanenter Verhandlungspartner werden. Der Versuch, die Assoziierungsabkommen mit Israel und der palästinensischen Autonomiebehörde sowie die hohen Zuwendungen der EU an die Autonomiebehörde als Macht- und Druckmittel einzusetzen, scheiterte an der Tatsache, daß jede nationale europäische Regierung ihre eigene Nahostpolitik verfolgt.

Die Bundesregierung weigert sich aus historischen Gründen, eine stärkere Rolle im Nahostkonflikt zu spielen. Daß sie auch aktiver handeln kann, hat Außenminister Joschka Fischer mit seiner Pendeldiplomatie während eines Besuches in Israel Anfang Juni 2001 gezeigt. Seinen Gesprächen mit der israelischen und palästinensischen Führung sowie mit den USA und Vertretern der UNO ist es zuzuschreiben, daß Arafat überzeugt werden konnte, nach dem Bombenanschlag vom 1. Juni in Tel Aviv den Terror zu verurteilen und gegen die Drahtzieher solcher Anschläge vorzugehen. Diese positive Erfahrung sollte die Bundesregierung ermutigen, ihre Bremserrolle in bezug auf den Nahen Osten in der EU aufzugeben. Mitglied im UN-Sicherheitsrat sein zu wollen und politische Abstinenz zu üben – das widerspricht sich. Kanzler Schröders Forderung, das Selbstbestimmungsrecht der Palästinenser müsse realisiert und ein Palästinenserstaat geschaffen werden, entspricht der EU-Erklärung von Venedig im Jahre 1971 und von Berlin im März 1999. Zusammen mit Frankreich könnte die Bundesregierung dieser Forderung mehr Nachdruck verleihen und politisch handlungsfähiger werden. Europäische Interessenpolitik in der Region muß die

Hegemonie und Dominanz der USA ausbalancieren. Wie glaubwürdig deren Politik ist, zeigt sich, wenn sie trotz »Schurkenstaaten-Doktrin« mit dem Irak ökonomisch gut im Geschäft sind, während sie von den Europäern verlangen, sich an die unsinnigen Prämissen dieser »Doktrin« zu halten. Für eine Selbstbeschränkung der EU, sich aus dem Nahostkonflikt herauszuhalten, gibt es also keine rationale Basis mehr.

Die Reaktionen der Palästinenser auf Camp David und die Provokationen von Ariel Sharon, die zum Al-Aqsa-Aufstand führten, haben den USA und Israel deutlich gemacht, daß die Kompromißbereitschaft und die Leidensfähigkeit dieses Volkes Grenzen hat. Sharon will die israelischen Positionen in bezug auf die Essentials des Konflikts durchsetzen. Unter diesem Ministerpräsidenten, dessen Vita für Konfrontation und Abenteurertum steht, wird Israel noch weniger zu einem fairen Ausgleich mit seinen Nachbarn bereit sein als in den letzten Jahren. Sollte es zu einem Krieg gegen den Irak kommen, könnten die Israelis versucht sein, die Palästinenser aus der Westbank zu vertreiben. In Israel wird in der Öffentlichkeit und im Parlament offen über die »Vollendung« der Aktion von 1948 diskutiert. Der entsprechende populäre und populistische Slogan lautet: »Laßt die IDF (Armee) gewinnen.« Sollte sich ein Sieg der Armee in Form einer Massenvertreibung oder eines Völkermordes manifestieren, müßte eine internationale Interventionsstreitmacht die Palästinenser schützen. Wie die Verhinderung des Einsatzes einer UN-Untersuchungskommission in bezug auf das Massaker im Flüchtlingslager Jenin zeigt, ist damit nicht zu rechnen. Die UNO kapitulierte vor Israel und den USA.

Die Autonomiebehörde hat eine staatsähnliche Struktur geschaffen, und »Präsident Arafat« wird bei seinen »diplomatischen Weltumsegelungen«, so der Nahostkorrespondent der »Neuen Zürcher Zeitung«, Victor Kocher, von allen Staatsoberhäuptern empfangen. Einen souveränen Staat und eine frei prosperierende Gesellschaft können die Palästinenser jedoch erst dann aufbauen, wenn ihre völkerrechtlich legitimen Rechte anerkannt und gesichert werden.

Dieses Ziel scheint gegenwärtig utopischer denn je. Fortschritte bei der Lösung des israelisch-palästinensischen Konflikts hängen nicht nur von der Einstellung des Widerstandes der Palästinenser ab, sondern auch von den Israelis. Sie müssen das kolonialistische Siedlungsabenteuer beenden und das gegenüber den Palästinensern begangene Unrecht eingestehen. Beide Seiten müssen Extremisten in ihren Reihen in die Schranken weisen und sich gegenseitig respektieren lernen. Ein großer Teil der Israelis und Palästinenser ist friedenswillig, ob ihre Führer friedensfähig werden, hängt auch von den verantwortlichen Politikern in den USA und in Europa ab.

Mehrere Selbstmordattentate, die Mitglieder von Hamas, al-Aqsa-Brigaden und Islamischer Dschihad im israelischen Kernland durchführten, veranlaßten Sharon, militärische Gegenschläge einzuleiten. Die Attentate, die viele Opfer unter der Zivilbevölkerung forderten, haben wesentlich dazu beigetragen, daß der Befreiungskampf der Palästinenser als Terrorismus diskreditiert wird. Israel und die USA wollen ihre völkerrechtswidrigen Ordnungsvorstellungen mit aller Macht durchsetzen. Die EU sollte eigene Initiativen zur Eindämmung des Konflikts zwischen Israel und den Palästinensern entwickeln und die von den USA praktizierte Doppelmoral nicht mittragen.

Chronologie des Nahostkonflikts

1880   Beginn des ›modernen‹ Antisemitismus auf der Grund-
        lage ›wissenschaftlicher Rassenkunde‹ in Westeu-
        ropa. In Palästina, das von 1516 bis 1917 zum Osma-
        nischen Reich gehörte, also unter türkischer Herrschaft
        stand, leben zu Beginn der zionistischen Besiedlung
        zirka 430 000 Araber und 25 000 Juden. Von diesen
        sind die orientalischen »Sephardim« in die Wirtschafts-
        und Sozialstruktur Palästinas integriert, während die
        aus Europa stammenden »Ashkenasim« meist aus re-
        ligiösen Gründen ins Land gekommen sind und gro-
        ßenteils von Spenden der Diaspora-Juden leben.

1881   Die Ermordung des russischen Zaren Alexander II.
        löst antijüdische Pogrome aus, die in Russisch-Polen,
        Weißrußland und der Ukraine eine Flucht- und Aus-
        wanderungsbewegung in Gang setzen (»l. Alijah«).

1882   Angesichts der Judenpogrome in Rußland fordert der
        Odessaer Arzt Leo Pinsker in seiner Schrift »Auto-
        emanzipation« eine Heimat für das bedrängte Juden-
        tum, das vor allem wieder eine Nation werden müsse.
        Bau von Rishon Le Zion. Das zionistische Siedlungs-
        projekt in Palästina nimmt seinen Anfang.

1896   Theodor Herzl, in Wien aufgewachsener jüdischer
        Journalist, beschreibt in seinem Buch »Der Juden-
        staat« unter dem Eindruck antisemitischer Vorfälle in
        Frankreich (»Dreyfus-Affäre«) die Judenfrage als
        eine nationale Frage.

1897   In Basel tritt auf Betreiben Herzls der 1. Zionisten-
        kongreß zusammen und verabschiedet das Baseler
        Programm, mit dem die Schaffung einer »öffentlich-
        rechtlich gesicherten Heimstätte« für das jüdische Volk
        in Palästina angestrebt wird. Gleichzeitig wird die

Gründung der »Zionistischen Weltorganisation« beschlossen. Ihr erster Präsident wird Theodor Herzl.

1905/06 Gescheiterte russische Revolution, Pogrome, Auswanderung (»2. Alijah«). Bis 1915 wandern rund 2,6 Mio. Juden aus dem Russischen Reich nach Amerika und Westeuropa aus, etwa 55 000 gehen nach Palästina.

1908/09 Zu den wichtigsten Ergebnissen des Aufstandes der Jungtürken 1908 gehören die Anfänge einer arabischen nationalen Bewegung, die sich vor allem in Syrien, im Libanon und in Palästina entwickelt. Arabische Zeitungen werden gegründet, die sich systematisch gegen jüdische Einwanderung und Siedlung aussprechen.

1915 Großbritannien verspricht den Arabern als Gegenleistung für ein Bündnis gegen die Türkei die Unabhängigkeit nach dem Krieg. Geplant ist ein »Arabisches Königreich« einschließlich Palästina südlich des 37. Breitengrades.

1916 Entgegen ihrem Versprechen gegenüber den Arabern teilen sich Großbritannien und Frankreich im geheimen Sykes-Picot-Abkommen den Nahen Osten auf: Syrien und Libanon fallen an die Franzosen, Irak an die Briten, für Palästina wird ein »internationales Regime« vereinbart. Mit einer Unabhängigkeitserklärung eröffnen die Araber im Sommer 1916 den Krieg gegen die Türkei.

1917 Am 2. November sagt Großbritannien der zionistischen Bewegung in der »Balfour-Erklärung« zu, die Schaffung einer »nationalen Heimstätte in Palästina« für das jüdische Volk zu unterstützen. Die Rechte bestehender nichtjüdischer Gemeinschaften sollen allerdings nicht beeinträchtigt werden.

1918 Am 7. November proklamieren Großbritannien und Frankreich das Selbstbestimmungsrecht für alle Völker des Vorderen Orients. Damit gibt es einander widersprechende, teilweise sogar sich gegenseitig ausschließende politische Programme für den Nahen Osten, die zwangsläufig zum Konflikt führen.

1919	Emir Feisal für die Haschemiten-Dynastie und Chaim Weizmann für die zionistische Bewegung schließen am 3. Januar in London ein Abkommen. Mit Blick auf das von Großbritannien in Aussicht gestellte »arabische Königreich« begrüßen die Araber die jüdische Einwanderung nach Palästina. Araber und Juden vereinbaren die Zusammenarbeit.
1920	Der Allgemeine Syrische Kongreß erklärt am 7. März die Unabhängigkeit Syriens einschließlich Libanons und Palästinas und wählt Feisal zum König des Vereinigten Königreichs von Syrien.
	Der Oberste Rat der Alliierten verweigert auf seiner Konferenz in San Remo (19.–26. April) die arabische Unabhängigkeit und fördert den Zionismus, indem es Großbritannien das Mandat für Palästina überträgt. Damit sind die Vereinbarungen zwischen dem britischen Hochkommissar McMahon und dem Großscherifen von Mekka, Hussein, sowie die feierliche Proklamation des Selbstbestimmungsrechts annulliert. Die Araber sind enttäuscht. Den ersten blutigen Unruhen 1920 folgen weitere 1929 und von 1936 bis 1939. Großbritannien benutzt die aufkommende arabisch-jüdische Feindschaft zur Festigung seiner eigenen Machtposition in Palästina.
	Frankreich vertreibt im Juli 1920 König Feisal mit militärischer Gewalt aus Syrien.
1921	Im Mai kommt es zu ersten arabischen Unruhen in Jaffa.
1922	Der Völkerbund ratifiziert am 24. Juli einstimmig das Palästina-Mandat für Großbritannien und bestätigt die Balfour-Erklärung. Am 16. September 1922 verfügt Großbritannien, daß das Ostjordanland vom Mandatsgebiet Palästina abgetrennt und als Emirat Transjordanien dem Hussein-Enkel Abdallah unterstellt werden soll. Damit sollen die Haschemiten für den Bruch des Versprechens von 1915 entschädigt werden.
1923	Am 7. März kommt es zur Unterzeichnung des Vertrages zwischen der britischen Mandatsregierung von

Palästina und der französischen Mandatsregierung von Syrien und Libanon (Friedensvertrag von Sèvres). Darin werden der Grenzverlauf zwischen den beiden Gebieten sowie Wasser- und Fischereirechte geregelt.

1928/29 Auseinandersetzungen um die Rechte am Haram el-Sharif (Tempelberg) und der Klagemauer führen zu gewaltsamen Unruhen, in deren Verlauf 133 Juden (davon 64 in Hebron) und 116 Araber getötet werden. Nach den Untersuchungen einer britischen Kommission (»Shaw-Bericht«) ist die Haltung der arabischen Bevölkerung durch die Furcht bestimmt, »daß die Boden- und Einwanderungspolitik der Zionisten notwendig die volle Unterwerfung der Araber als Volk und die Verdrängung der arabischen Volksangehörigen vom Boden zur Folge haben müsse«.

1933 Die jüdische Einwanderung, vor allem durch Flüchtlinge aus Deutschland, verstärkt sich, als Juden in NS-Deutschland immer gezielter verfolgt werden. Verstärkte Abwehrreaktionen der Araber sind die Folge.

1934 Die »Arabische Exekutive« löst sich auf. Die Führung der palästinensischen Nationalbewegung geht auf den Vorsitzenden des »Obersten Moslemischen Rates«, den Mufti von Jerusalem, Mohammad Said Amin al Hussaini, über. Die gemäßigten Kräfte werden in den Hintergrund gedrängt.

1936 bis 1939 Unter dem Eindruck gescheiterter Bemühungen um einen Gesetzgebenden Rat, der nach arabischer Vorstellung den sofortigen jüdischen Einwanderungsstop, das Verbot des Landtransfers und eine demokratische Regierung verfügen soll, sowie aufgrund erfolgreicher Unabhängigkeitsbestrebungen im Irak, Ägypten, Syrien und Libanon bricht im April 1936 in Palästina der »Arabische Aufstand« aus, in dessen Verlauf etwa 2850 Araber, 1200 Juden und 700 Briten ums Leben kommen. Im Herbst 1937 muß Hussaini nach Libanon fliehen, im Oktober 1939 entzieht er sich durch Flucht nach Bagdad seiner Verhaftung, 1941 siedelt er nach Berlin um; die palästinensische Nationalbewegung ist am Ende. Mitte 1938 stellen die Briten das Mandatsgebiet unter Notstandsverordnungen. Zwischen den zionistischen Untergrundbewegungen wie Hagana, Irgun sowie Stern-Bande und den Briten kommt es zur Zusammenarbeit.

Die britische Regierung setzt im August 1936 eine Untersuchungskommission (»Peel-Kommission«) ein, welche die Unvereinbarkeit der Ansprüche des Zionismus und des palästinensischen Nationalismus feststellt und die Errichtung eines palästinensischen Staates und eines Korridors zwischen Jaffa und Jerusalem unter britischer Oberhoheit vorschlägt. Trotz schwerer Bedenken stimmt die zionistische Führung dem Plan zu, weil in ihm erstmals ein jüdischer Staat prinzipiell anerkannt ist; die palästinensische Seite lehnt ab. Infolge dieser Ablehnung unterbleibt auf palästinensischer Seite die Ausformung von Institutionen für den kommenden Staat, während sich auf der jüdischen Seite das vorstaatliche zionistische Gemeinwesen, der »Jischuw«, immer deutlicher herausbildet.

1939   Am 17. Mai beschließt die britische Regierung im »Weißbuch über Palästina« die Zusammenarbeit mit Teilen der arabischen nationalen Bewegung, um den Versuchen der faschistischen Regierungen Deutschlands und Italiens, sich in den arabischen Ländern zu etablieren, entgegenzuwirken. In diesem Zusammenhang beschränkt London die jüdische Einwanderung auf jährlich 15 000 Personen für die kommenden fünf Jahre und untersagt jüdischen Bodenkauf, was zu einer anitbritischen Bewegung der Zionisten führt.

1942   Eine zionistische Konferenz in New York setzt sich mit der Forderung zur Bildung eines jüdischen Staates in Palästina (»Biltmore-Programm«) durch. Damit ist die Niederlage der Gemäßigten um Martin Buber, die auf einer Londoner Konferenz von 1939 für die Errichtung eines unabhängigen binationalen Staates in Palästina mit Gleichberechtigung beider Volksgruppen eingetreten waren, besiegelt.

1945 Als das ganze Ausmaß des deutschen Völkermords an den Juden bekannt wird, verstärkt sich die Einwanderung überlebender europäischer Juden. Wegen anhaltender Unruhen in Palästina gibt Großbritannien 1947 der UNO die Entscheidung über die Fortsetzung des Mandats zurück.

1946 Beendigung des britischen Mandats über Transjordanien; am 2. Juni erfolgt die Ausrufung Transjordaniens als unabhängiges Königreich (Haschemitisches Königreich Jordanien).

1947 Das UN-Sonderkomitee für Palästina (UNSCOP) schlägt im April das Ende des britischen Mandats zum 15. Mai 1948 und die Teilung Palästinas in zwei unabhängige Staaten bei wirtschaftlicher Einheit und Sonderstatus für Jerusalem (Mehrheitsvorschlag) oder Bildung eines Föderativstaates mit zwei Parlamenten (Minderheitsvorschlag) vor. Die zionistische Organisation ist für den Mehrheitsvorschlag, die arabischen Staaten lehnen beide Vorschläge ab.
Die UN-Vollversammlung beschließt am 29. November die Teilung Palästinas entsprechend dem Mehrheitsvorschlag der UNSCOP mit 33 gegen 13 Stimmen bei 10 Enthaltungen (Resolution 181/II). Zu diesem Zeitpunkt leben in Palästina 1 319 500 Araber (69,2 Prozent) und 589 340 Juden (30,2 Prozent). Dem jüdischen Staat werden 55 Prozent, dem arabischen 45 Prozent des Mandatsgebiets zugesprochen.

1948 Die Unruhen in Palästina gehen in einen Bürgerkrieg (»Unabhängigkeitskrieg«) über, der mit terroristischen Mitteln geführt wird. Von Anfang 1948 bis zum Ende des ersten Nahostkrieges werden ca. 700 000 palästinensische Araber aus dem für den jüdischen Staat vorgesehenen Gebiet vertrieben. Gefördert wird die Vertreibung durch Anschläge und Terrorakte jüdischer Untergrundorganisationen. In Folge der Flucht- und Vertreibungswelle werden 350 arabische Dörfer und Kleinstädte im Staatsgebiet Israel zerstört.

Großbritannien erklärt das Mandat über Palästina am 14. Mai, dem Staatsgründungstag Israels, für beendet. Der Bürgerkrieg geht nahtlos in den ersten Nahostkrieg über. Während die letzten britischen Truppen das Land verlassen, ruft David Ben-Gurion vor den Mitgliedern des jüdischen Nationalrates in Tel Aviv den Staat Israel aus. Sofort dringen die Streitkräfte Ägyptens, Transjordaniens, Syriens, Iraks und Libanons, die den UN-Teilungsplan ablehnen, in Palästina ein. In den folgenden Militäroperationen bis zum Waffenstillstand gewinnt Israel rund 5700 qkm zu dem ihm im UN-Teilungsplan zugesprochenen Territorium hinzu und erreicht eine Gesamtfläche von 20 700 qkm. Transjordanien besetzt den Rest Palästinas, die Westbank (Annexion 1950). Der durch Flüchtlinge übervölkerte Gazastreifen kommt unter ägyptische Verwaltung.

Die UN-Vollversammlung beauftragt am 11. Dezember eine von ihr eingesetzte Schlichtungskommission, um die Repatriierung, Wiederansiedlung, wirtschaftliche und soziale Wiedereingliederung der Flüchtlinge sowie die Zahlung von Entschädigungen zu ermöglichen. Darüber hinaus sollen enge Beziehungen zum Leiter der UN-Hilfsorganisation für palästinensische Flüchtlinge (UNRWA) und durch ihn mit den geeigneten Organen und Vertretungen der Vereinten Nationen unterhalten werden. Wiederholte UN-Resolutionen bleiben wirkungslos.

1949 Am 10. März wird David Ben-Gurion Israels erster Ministerpräsident. Die zionistische Arbeitspartei regiert mit kurzen Unterbrechungen bis 1977.

Unter UN-Vermittlung schließt Israel mit Ägypten (24. 2.), Libanon (23. 3.), Transjordanien (3. 4.) und Syrien (20. 7) vom Februar bis Juli 1949 auf der Insel Rhodos Waffenstillstandsverträge. Sie enthalten die Klausel, »die Lösung der Palästina-Frage nicht mit militärischer Gewalt herbeizuführen«.

Aus Transjordanien wird im Mai/Juni 1949 das »Haschemitische Königreich Jordanien«.

Israel kündigt im Januar an, daß es den von ihm besetzten westlichen Teil Jerusalems nicht länger als besetztes Gebiet betrachte. Am 10. Dezember 1949 verlangt die UN-Vollversammlung die internationale Kontrolle über ganz Jerusalem (gemäß der Teilungsresolution vom 29. November 1947).

Vom April bis September 1949 verhandeln israelische und arabische Delegationen in Lausanne ergebnislos über die Zukunft der palästinensischen Flüchtlinge.

1950　　Am 23. Januar 1950 erklärt das israelische Parlament, die Knesset, Jerusalem zur »Ewigen Hauptstadt Israels«. Die meisten Staaten eröffnen ihre Botschaften in Tel Aviv. Die Knesset beschließt am 5. Juli das »Gesetz der Rückkehr«, nach dem jeder Jude das Recht hat, nach Israel einzuwandern.

Jordanien gliedert am 24. April 1950 das Westjordangebiet in sein Staatsgebiet ein.

Ägypten sperrt am 12. Juli 1950 den Suezkanal für israelische Schiffe und für den Warenverkehr mit Israel.

1950　Aus Gründen der »nationalen Sicherheit« wird die
bis　arabische Bevölkerung Israels einer Militärregierung
1965　unterstellt. Mit Hilfe von Notstandsverordnungen aus der britischen Mandatszeit erhalten die Militärgouverneure weitreichende Befugnisse, die nicht der richterlichen Kontrolle unterliegen. Gesetze aus den Jahren 1950 und 1953 ermöglichen Landenteignungen und die Übernahme von Bodeneigentum der palästinensischen Flüchtlinge, denen die Rückkehr verweigert wird.

1951　König Abdullah von Jordanien, der in Geheimverhandlungen mit Israel die Annexion der Westbank vereinbart hatte, wird am 20. Juli in der Al-Aqsa-Moschee in Jerusalem ermordet.

1952	Ab Mai 1952 wird Jordanien von König Hussein Ibn Talals regiert.

Am 10. September 1952 unterzeichnen Deutschland und Israel in Luxemburg das »Wiedergutmachungsabkommen«. Deutschland verpflichtet sich zu »Wiedergutmachungsleistungen« in Höhe von 3,45 Milliarden DM.

1954   In Ägypten übernimmt Oberst Gamal Abdel Nasser im April endgültig die Macht. Mit ihm gewinnt der »Panarabismus« starken Einfluß im arabischen Raum.

1956   Nach Verstaatlichung des Suezkanals im Vertrag von Sèvres (24. Oktober 1956) zwischen Großbritannien, Frankreich und Israel verpflichtet sich Israel, Ägypten anzugreifen, und drängt auf den Sinai vor, um den Bündnispartnern einen Vorwand für eine militärische Intervention in der Suezkanal-Zone zu liefern. Im Gegenzug verpflichtet sich Frankreich zu umfangreichen Waffenlieferungen an Israel zur Verteidigung gegen ägyptische Luftangriffe. Nach mehrfachen Aufforderungen der UNO und amerikanischen Drohungen mit einem Waffenembargo treten Israel, Großbritannien und Frankreich den Rückzug aus Ägypten an. Entlang der Grenze wird auf ägyptischer Seite eine UN-Friedenstruppe stationiert. Israel und seine Verbündeten erreichen keines ihrer Ziele, im Gegenteil: Der Imageschaden, den das Land durch diesen Angriffskrieg erleidet, ist beträchtlich.

1964   In Kairo wird im Mai auf Betreiben von Nasser von der Arabischen Liga die Palästinensische Befreiungsorganisation (PLO) gegründet.

1965   Die Bundesrepublik Deutschland und Israel nehmen am 12. Mai volle diplomatische Beziehungen auf.

1967   Im April und Mai nehmen die Spannungen zwischen Israel und Syrien zu, da Israel Syrien in der entmilitarisierten Zone beständig provoziert.

Nasser verlangt am 18. Mai 1967 den Rückzug der UN-Friedenstruppe von ägyptischem Territorium und verkündet am 22. Mai die Blockade der Straße von

Tiran (und damit des israelischen Hafens Eilat). Am 30. Mai unterzeichnet König Hussein von Jordanien ein Verteidigungsabkommen mit Ägypten.

Israel bildet am 1. Juni 1967 eine »Regierung der nationalen Einheit«, greift am 5. Juni in einem Blitzkrieg (»Sechstagekrieg«) Ägypten an und rückt auf die Sinai-Halbinsel vor. Drei Tage später greift Israel auch Syrien erfolgreich an und besetzt den Golan. Das Westjordanland und Ost-Jerusalem fallen in israelische Hand. Auf Drängen der UNO tritt am 11. Juni ein Waffenstillstand in Kraft. Am 29. Juni 1967 beansprucht Israel Souveränität über Ost-Jerusalem.

Minister Yigael Allon legt am 26. Juni 1967 Ministerpräsident Eschkol einen Plan vor, der entlang dem Jordan einen Siedlungsgürtel als sicherheitspolitische Sperre vorsieht. Der Plan dient in den folgenden Jahren als Regierungsleitlinie für den Bau jüdischer Siedlungen im besetzten Gebiet.

Die arabische Gipfelkonferenz verabschiedet im August 1967 die Erklärung von Khartum mit ihrem dreifachen Nein: »Keine Anerkennung Israels, kein Frieden und keine Verhandlungen mit Israel«.

Von Jordanien aus beginnen im Herbst 1967 Operationen der »Bewegung zur Befreiung Palästinas« (Al-Fatah).

Der UN-Sicherheitsrat fordert am 22. November 1967 mit der Resolution 242 den Rückzug Israels aus den besetzten Gebieten und die Anerkennung Israels durch die arabischen Nachbarstaaten.

1968   Die PLO beschließt auf der Tagung ihres ›Parlaments‹, des Palästinensischen Nationalrates, am 17. Juli eine Nationalcharta. Darin wird der bewaffnete Kampf als der einzige Weg zur Befreiung Palästinas proklamiert, gleichzeitig die Vertreibung der nach 1920 in Palästina eingewanderten Juden als Ziel festgelegt. Yassir Arafat (Vorsitzender der Al-Fatah) kehrt die panarabische Ideologie um: Erst Befreiung Palästinas, dann panarabischer Staat.

Die UN-Vollversammlung fordert am 19. Dezember 1968 Israel auf, den während des Sechstagekrieges 1967 aus der Westbank und dem Gazastreifen geflüchteten 300 000 Palästinensern die Rückkehr zu gestatten.

1969   Auf dem 5. Palästinensischen Nationalkongreß vom 1. bis 4. Februar in Kairo wird Yassir Arafat zum Vorsitzenden des PLO-Exekutivkomitees gewählt.

1970   Nachdem die der PLO angehörende »Volksfront für die Befreiung Palästinas« (PFLP) am 6. und 9. September drei westliche Verkehrsmaschinen nach Jordanien entführt hat, entschließt sich König Hussein am 17. September zum militärischen Eingreifen gegen die PLO und löst damit einen Bürgerkrieg mit Tausenden von Toten aus (»Schwarzer September«). Abwanderung Tausender von Palästinensern in den Libanon, wo durch die Bildung großer Palästinenserlager ein Staat im Staate entsteht, was allmählich die schwierige innenpolitische Balance des Libanon zerstört.

Die UN-Vollversammlung bekräftigt am 8. Dezember 1970 erstmals ausdrücklich die »unveräußerlichen Rechte des Volkes von Palästina«. Damit wird erstmals die Palästinafrage nicht als Flüchtlingsfrage behandelt, sondern als nationale Frage anerkannt.

1972   König Hussein von Jordanien zeigt im Februar gegenüber Israel die Bereitschaft zu Friedensverhandlungen, sein Angebot wird jedoch von der israelischen Regierung zurückgewiesen.

1973   Mit der erfolgreichen Überquerung des Suezkanals am 6. Oktober durch ägyptische Truppen beginnt der Yom Kippur-Krieg. Sadat versucht damit, die unhaltbare Situation im Nahen Osten zu durchbrechen; Syrien schließt sich mit einer Offensive auf den israelisch-besetzten Golanhöhen an, Jordanien beteiligt sich nicht am Krieg. Israel kann die militärische Wende erst nach 10 Tagen herbeiführen. Der UN-Sicherheitsrat erzwingt einen Waffenstillstand am Kilometerstein 101 vor Kairo.

Die Resolution 338 des UN-Sicherheitsrats vom 23. Oktober 1973 fordert den unverzüglichen Beginn von Friedensverhandlungen.

Am 21./22. Dezember 1973 beginnt die Friedenskonferenz in Genf unter UN-Schirmherrschaft mit Beteiligung der USA, der Sowjetunion, Israels, Ägyptens und Jordaniens. Zwischen Israel und Syrien sowie Israel und Ägypten wird ein Truppenentflechtungsabkommen vereinbart. Die Verhandlungen bleiben ohne weitere greifbare Ergebnisse.

1974   Als Bewegung zur Besiedlung der besetzten Gebiete tritt im April Gush Emunim (»Block der Getreuen«) auf. Die Besiedlung wird fortan nicht mehr ausschließlich sicherheitspolitisch und militärstrategisch begründet, sondern auch mit historischen und religiösen Rechtstiteln.

Die arabische Gipfelkonferenz von Rabat erkennt am 13. Oktober 1974 die PLO als »einzige legitime Vertreterin des palästinensischen Volkes« an.

PLO-Chef Arafat vertritt am 13. November 1974 vor der UN-Vollversammlung das Konzept eines »demokratischen progressiven Staates Palästina, in dem Christ, Jude und Moslem mit gleichen Rechten, in Gerechtigkeit und Brüderlichkeit miteinander leben können«.

1975   Im Sommer beginnt der Bürgerkrieg im Libanon, der die innenpolitische Balance zwischen Maroniten, Orthodoxen, Schiiten, Sunniten und Drusen zerstört. Syrische Truppen marschieren in den Libanon ein.

Die UN-Vollversammlung stellt in ihrer Resolution 3379 vom 10. November 1975 fest, der Zionismus sei »eine Form des Rassismus und der rassischen Diskriminierung«.

1976   Bei Protestdemonstrationen unter den israelischen Palästinensern in Galiläa gegen neuerliche Landenteignungen durch die Regierung werden 6 Palästinenser getötet. Seither wird jährlich am 30. März der »Tag des Bodens« begangen.

Bei den Kommunalwahlen am 12. April 1976 in der Westbank setzen sich überwiegend jene Kräfte durch, die der PLO nahestehen. Kurz danach werden die meisten gewählten Bürgermeister von der israelischen Militärverwaltung abgesetzt oder deportiert.

1977   Die Arbeitspartei erleidet bei den Wahlen zur Knesset am 17. Mai eine vernichtende Niederlage. Der Block der Rechtsparteien (Likud) gewinnt und wählt Menachem Begin zum Ministerpräsidenten. Umgehend kündigt er zahlreiche neue jüdische Siedlungen in den besetzten Gebieten an. Fortan werden für die Westbank nur noch die biblischen Begriffe Judäa und Samaria verwandt.

Die Jerusalemreise des ägyptischen Präsidenten Sadat vom 19. bis 21. November 1977 gipfelt in einem dramatischen Friedensappell vor der Knesset: Ägypten ist zu einer dauerhaften Friedenslösung mit Israel bereit. Als Grundlagen dafür nennt Sadat die Rückgabe der besetzten Gebiete, die Gründung eines palästinensischen Staates, Sicherheitsgarantien für Israel sowie einen Gewaltverzicht.

1978   Am 17. September finden unter Vermittlung der USA zwischen Begin und Sadat in Camp David bei Washington Verhandlungen statt, die zu einem Rahmenabkommen über einen Autonomiestatus der besetzten Gebiete und zu einem Friedensvertrag zwischen Israel und Ägypten führen. Dieser Vertrag wird am 26. März 1979 in Washington unterzeichnet. Ägypten ist daraufhin in der arabischen Welt isoliert.

1980   In der »Erklärung von Venedig« vom 13. Juni erkennt die Europäische Gemeinschaft das Selbstbestimmungsrecht der Palästinenser an.

Die Knesset erklärt per Gesetz am 30. Juli 1980 Jerusalem zur »ewig ungeteilten Hauptstadt Israels«.

1981   Menachem Begin gewinnt am 30. Juni erneut die israelischen Parlamentswahlen. Die neue Regierung unterstreicht das »Recht Israels auf Souveränität über Judäa, Samaria und den Gazastreifen«.

Der ägyptische Präsident Sadat wird bei einer Militärparade am 6. Oktober 1981 in Kairo von Anhängern der Moslembruderschaft ermordet; sein Nachfolger wird Hosni Mubarak.

1982 Der israelische Rückzug aus dem Sinai wird am 25. April abgeschlossen. 5000 Siedler der Gush Emunim-Bewegung müssen Yamit verlassen. Ariel Sharon läßt die Stadt sprengen.

Der fünfte Nahostkrieg beginnt am 6. Juni und dauert bis zum 20. August 1982. Israelische Streitkräfte dringen zwecks Vernichtung der militärischen und politischen Infrastruktur der PLO unter der Parole »Frieden für Galiläa« in den Libanon ein. Das Vorgehen von Verteidigungsminister Ariel Sharon wird von einer wachsenden außerparlamentarischen Opposition kritisiert.

US-Präsident Ronald Reagan warnt am 1. September 1982 die israelische Regierung vor der Annexion der besetzten Gebiete und fordert ein Ende der Siedlungspolitik. Er schlägt eine Autonomie für die Palästinenser im Rahmen einer jordanischen Lösung vor.

PLO-Chef Arafat muß am 4. September 1982 Beirut verlassen. In Tunis errichtet er sein neues Hauptquartier. Seine Kämpfer werden auf mehrere arabische Staaten verteilt.

Die Arabische Gipfelkonferenz in Fez verabschiedet am 9. September 1982 einen Friedensplan, in dem die Existenz des Staates Israel (ohne Namensnennung) mehrfach angesprochen und akzeptiert wird.

Auf der größten Kundgebung seit Gründung des Staates Israel am 25. September 1982 demonstrieren in Tel Aviv 400 000 Menschen für den Rücktritt Begins und seines Verteidigungsministers Ariel Sharon. Dieser muß tatsächlich aufgrund der Ergebnisse eines Untersuchungsberichtes zu den Massakern in den palästinensischen Flüchtlingslagern Sabra und Shatila (16.–18. September) von seinem Amt zurücktreten.

1985	In Etappen ziehen sich israelische Truppen vom Januar bis Juli aus dem Libanon zurück. Israel kontrolliert weiterhin mit der von ihm finanzierten Südlibanesischen Armee (SLA) eine 10 Kilometer breite »Sicherheitszone« entlang der Grenze auf libanesischem Gebiet.
1987	Am 7. Dezember beginnt der Palästinenseraufstand (»Intifada«) im Gazastreifen und in der Westbank. Israel erkennt, daß eine militärische Lösung nicht möglich ist.
1988	König Hussein erklärt am 31. Juli den Verzicht Jordaniens auf die Westbank.
	Der Palästinensische Nationalrat tagt vom 12. bis 15. November 1988 in Algier, ruft den Staat »Palästina« aus und bekundet mit der Anerkennung der UN-Resolutionen 242 und 338 die Anerkennung des Staates Israel und die Bereitschaft zu einer Zwei-Staaten-Lösung. Die rechtsnationalistische Regierung unter Yitzhak Shamir lehnt eine Anerkennung durch die »Terrororganisation« PLO jedoch ab.
1990	Der Irak marschiert am 2. August in Kuwait ein. Trotz intensiver Verhandlungen und der UN-Sicherheitsratsresolution 678, die den Irak zum Rückzug auffordert, bleibt Saddam Hussein uneinsichtig. Am 17. Januar 1991 beginnt der 2. Golfkrieg nach Weigerung des Irak, das besetzte Kuwait zu verlassen.
1991	Am 27. Februar 1991 werden die irakischen Truppen aus Kuwait vertrieben. Nach monatelangen diplomatischen Bemühungen von US-Außenminister James Baker können die Präsidenten George Bush und Michail Gorbatschow in Madrid am 30. Oktober die Friedenskonferenz über den Nahen Osten eröffnen. Zum ersten Mal in der Geschichte sitzen sich Vertreter der Staaten Ägypten, Israel, Jordanien, Libanon, Syrien und der Palästinenser gegenüber, letztere jedoch nicht als eigenständige Delegation, sondern als Annex der jordanischen. Die USA fordern die Verwirklichung der UN-Sicherheitsratsresolutionen 242

und 338 nach dem Prinzip »Land gegen Frieden«. Bis Juli 1993 finden neun weitere Verhandlungsrunden in Washington statt, die jedoch zu keinem Ergebnis führen.

1992   Die Wahlen zur 13. Knesset am 23. Juni bringen den Sieg der Arbeitspartei unter Yitzhak Rabin, der daraufhin mit der Meretz- und der Shas-Partei eine Regierung bildet. Shimon Peres wird Außenminister. In der Folgezeit schleppen sich die Verhandlungen in Washington ohne greifbare Ergebnisse dahin. Durch Anschläge in Israel veranlaßt, deportiert Rabin in einer Nacht-und-Nebel-Aktion 415 Hamas-Aktivisten am 13. Dezember 1992 in den Libanon.

1993   Israels Ministerpräsident Yitzhak Rabin und PLO-Chef Yassir Arafat unterzeichnen in Washington am 13. September die »Prinzipienerklärung über vorübergehende Selbstverwaltung«, deren Umsetzung sich als äußerst schwierig erweist.

1994   Nach langwierigen Verhandlungen wird am 4. Mai in Kairo das Abkommen über »Gaza and Jericho first« (Oslo I) unterzeichnet. In Gaza und Jericho etabliert sich nach der Umgruppierung der israelischen Truppen die »Palestinian National Authority« (PNA) unter Yassir Arafat.

1995   Am 28. September wird von Yitzhak Rabin und Yassir Arafat in Washington ein weiteres Abkommen (Oslo II) unterzeichnet: Die besetzte Westbank wird in 3 Zonen geteilt. Zone A: 6 palästinensische Städte unter voller palästinensischer Kontrolle (3 % der Westbank); Zone B: 450 palästinensische Dörfer und Kleinstädte unter gemischter Kontrolle (27 %); Zone C: jüdische Siedlungen, israelische Militärbasen, »strategisch wertvolles Gebiet« unter voller israelischer Kontrolle (70 %).

Der israelische Ministerpräsident Yitzhak Rabin wird nach einer Friedenskundgebung in Tel Aviv am 4. November 1995 von dem jüdischen Fundamentalisten Yigal Amir ermordet. Der Attentäter beruft sich dabei auf eine »jüdische Fatwa« durch Rabbiner, ohne die er den Mord nicht ausgeführt hätte. Außenminister Shimon Peres wird Ministerpräsident.

1996   Bei der ersten Direktwahl des israelischen Minister-präsidenten entfallen am 29. Mai auf Benjamin Ne-tanyahu 50,4 %, auf Shimon Peres 49,5 % der abgege-benen Stimmen. Die Wahlen zur 14. Knesset ergeben 64 Stimmen für die Koalitionsfraktionen (von 120). In der Folgezeit gerät der Friedensprozeß völlig in die Sackgasse.

Die Öffnung eines archäologischen »Tunnels« längs der Grundmauern des Jerusalemer Tempelberges am 25. September 1996 durch Ministerpräsident Ne-tanyahu löst scharfen Protest der Palästinenser aus und führt zu den schwersten Unruhen seit Beendi-gung der Intifada 1993.

1997   Unterzeichnung des Hebron-Protokolls am 15. Januar. Die Stadt Hebron wird in eine H-1- und eine H-2-Zone geteilt. In ersterer leben ca. 100 000 Palästinen-ser, in letzterer 450 jüdische Extremisten und 20 000 Palästinenser weiter unter direkter israelischer Ok-kupation. Diesem Abkommen ist ein Brief von US-Außenminister Warren Christopher beigefügt, in dem es Israel freigestellt wird, Land nur dann zurückzu-geben, wenn seine »Sicherheitsinteressen« nicht be-rührt sind.

1998   Unterzeichnung des »Wye River Memorandums« in den USA am 28. Oktober zwischen Benjamin Netan-yahu und Yassir Arafat. In ihm verpflichtet sich Israel zu einem weiteren Truppenrückzug und der Über-gabe von Land an die Palästinenser. Die Netanyahu-Regierung hat nur 2 Prozent des Landes übertragen und die anderen Verpflichtungen des Abkommens ignoriert.

1999   Am 4. Mai endet die fünfjährige Interimsperiode im Friedensprozeß. Auf Anraten der USA und der EU setzt Arafat die Proklamation des Staates »Palästina« für ein Jahr aus.

1999	Ehud Barak (Arbeitspartei) wird am 17. Mai zum neuen israelischen Ministerpräsidenten gewählt. Er ist ebenfalls nicht bereit, die Vereinbarungen von Wye umzusetzen. Durch die Unterzeichnung des Zusatzabkommens von Sharm el-Sheikh am 4. September wird der Zeitrahmen weiter ausgedehnt.
2000	Anfang Januar beginnen die Verhandlungen mit Syrien über einen Friedensvertrag in Shepardstown in den USA. Die Verhandlungen scheitern zum einen an der Unnachgiebigkeit Israels, zum anderen an den USA, die den syrischen Präsidenten Hafez al-Assad zu fragwürdigen Konzessionen überreden wollen.
	Mitte Juli 2000 treffen sich Clinton, Barak und Arafat in Camp David. Nach zweiwöchigen Verhandlungen ist Arafat nicht bereit, ein »palästinensisches Versailles« zu akzeptieren. Nach der Rückkehr zerfällt Baraks Regierung, er tritt von seinem Amt zurück und macht dadurch den Weg frei für die Neuwahl des Ministerpräsidenten. Am 31. Juli wird Moshe Katzav (Likud-Block) zum neuen Präsidenten gewählt.
	Der extremistische Likud-Abgeordnete Ariel Sharon besucht am 28. September 2000 in Begleitung von zirka 3000 Soldaten und Polizisten und mit Genehmigung Baraks den Haram al-Sharif (Tempelberg) in Jerusalem. Daraufhin bricht ein neuer Aufstand (Al-Aqsa-Intifada) der Palästinenser aus. Bei diesem Aufstand werden mehr als 530 Palästinenser getötet, darunter mehr als 100 Kinder; und mehr als 130 Israelis kommen ums Leben.
2001	Ariel Sharon (Likud-Block) erzielt am 6. Februar mit 59,5 Prozent der abgegebenen Stimmen einen überragenden Wahlsieg über Ehud Barak. Sharon bildet eine rechtsnationalistische Regierung, an der sich auch die Arbeitspartei unter Shimon Peres beteiligt. Diese Koalitionsregierung versucht seitdem, den Aufstand der Palästinenser mit allen militärischen Mitteln niederzuschlagen. Zu einer ernsthaften Annäherung der Kontrahenten kommt es nicht.

Nach dem arabischen Gipfeltreffen am 27. und 28. März 2001 verkünden Ägypten und Jordanien ihren Friedensplan für den Nahen Osten. Während Sharon den Friedensplan ablehnt, läßt sich Peres auf diesen ein. Am 5. Mai legt eine Kommission unter Leitung des früheren US-Senators George Mitchell einen Bericht über die Hintergründe der Al-Aqsa-Intifada vor. Der sogenannte Mitchell-Bericht schlägt einen Stufenplan vor, an dessen Ende Verhandlungen zwischen Israelis und Palästinensern stehen sollen.

Diese Chronologie wurde vom Autor zusammengestellt.

Anmerkungen

Zur Geschichte Israels und Palästinas

1 Vgl. Moses Hess, Ausgewählte Schriften. Köln 1962.

2 Vgl. Leo Pinsker, Autoemanzipation. Berlin 1917.

3 Vgl. Theodor Herzl, Der Judenstaat. Leipzig 1896.

4 Vgl. Alfred Lilienthal, The Other Side of The Coin. New York 1970, S. 184.

5 Israel Zangwill, The Voice of Jerusalem. London 1920, S. 88.

6 Theodor Herzl, Tagebücher. Band 1, Berlin 1922, S. 98.

7 David Ben-Gurion, Zionistische Außenpolitik. Berlin 1937, S. 28.

8. Nur Masalha, Imperial Israel and the Palestinians. The Politics of Expansion, London – New York 2000, S. 90.

9 Vgl. Rashid Khalidi, Palestinian Identity. The Construction of a Modern National Consciousness. New York 1977; vgl. zur Entstehung des palästinensischen Nationalbewußtseins Alexander Flores, Die Entwicklung der palästinensischen Nationalbewegung bis 1948, in: Helmut Mejcher (Hrsg.), Die Palästina-Frage 1917–1948, 2. Aufl., Paderborn 1993, S. 89–122; ebenso Guido Quetsch, Auf dem Weg zur Nation. Die palästinensische Bewegung in den fünfziger und sechziger Jahren, Würzburg 2000.

10 Vgl. Joan Peters, From Time Immemorial. New York 1984.

11 Norman G. Finkelstein, Image and Reality of the Israeli-Palestine Conflict. London – New York 1995, S. 22.

12 Vgl dazu Akiva Orr, Israel: Politics, Myths and Identity Crisis. London – Boulder, Col. 1994, S. 67; vgl. ders., Hundert Jahre Zionismus – eine Kritik. In: Hundert Jahre Zionismus. Befreiung oder Unterdrückung? Beiträge der Gegentagung zum Herzl-Jubiläum, hrsg. vom Verein Gegentagung zum Herzl-Jubiläum, Köln 1998, S. 35–52.

13 Die Zeit ist reif für normale Beziehungen. In: Süddeutsche Zeitung, 23. September 1997.

14 Vgl. Arthur Ruppin, Dreißig Jahre Aufbau in Palästina. Berlin 1937.

15 Michael Wolffsohn, Ewige Schuld? 40 Jahre Deutsch-Jüdisch-Israelische Beziehungen. München 1988.

16 Ilan Pappe, Von Lausanne nach Oslo. Zur Geschichte des israelisch-

palästinensischen Konflikts. In: Aus Politik und Zeitgeschichte, B 14/98, S. 31.

17 Vgl. Benny Morris, The Birth of the Palestinian Refugee Problem, 1947–1949. Cambridge 1987; Simcha Flapan, Die Geburt Israels. Mythos und Wirklichkeit. München 1988; Ilan Pappe, The Making of the Arab-Israeli Conflict, 1947–1951. London 1992; Finkelstein (Anm. 11), S. 51 ff. Einen guten Überblick dazu gibt Kenneth Lewan, Der israelische Historikerstreit. In: Das Argument, (1997) 221, S. 545.

18 Zu den Teilveröffentlichungen vgl. Livia Rokach, Israels Heiliger Terror. Mit einer Einführung von Noam Chomsky, Pfungstadt 1982, S. 19.

19 Yoram Kaniuk, Vergleichende Studie über den Umgang mit dem Schmerz. In: ders./Emil Habibi, Das zweifach verheißene Land. München 1997, S. 100.

20 Vgl. Israel Shahak, Open Secrets. Israeli Nuclear and Foreign Policies. London – Chicago 1997.

21 Avi Shlaim, The Iron Wall. Israel and the Arab World. New York – London 2000, S. 185.

22 Zu diesen Aussagen vgl. Finkelstein (Anm. 11), S. 123–149.

23 Vgl. das Interview mit Noam Chomsky. In: Freitag, 1. August 1997. Vgl. auch die Langfassung im englischen Original. In: Challenge, VIII (1997) 4, S. 6–7.

24 Die beiden Interviews mit Moshe Dayan. In: Journal of Palestine Studies (JPS), XXVII (Autumn 1997) 1, S. 144–149; auszugsweise auch in: Challenge, VIII (1997) 4, S. 14 f.

25 Adel S. Elias, Wer wirft den letzten Stein. Der lange Weg zum Frieden im Nahen Osten. Düsseldorf u. a. 1993.

26 Alexander Flores, Intifada. Aufstand der Palästinenser. Berlin 1989.

27 Dazu Norman G. Finkelstein, The Rise & Fall of Palestine. A Personal Account of the Intifada Years. Minneapolis – London 1996, S. 82.

28 Norbert Mattes, Einleitung. In: ders. (Hrsg.), »Wir sind die Herren und ihr unsere Schuhputzer«. Der Nahe Osten vor und nach dem Golfkrieg. Frankfurt a. M. 1991, S. 15.

29 Edward W. Said, The Politics of Dispossession. The Struggle for Palestinian Self-Determination 1969–1994. London 1995.

30 Vgl. Adel S. Elias, Dieser Frieden heißt Krieg. Israel und Palästina – die feindlichen Brüder. München 1997.

31 Vgl. Hanan Ashrawi, Ich bin in Palästina geboren. Berlin 1995.

32 Vgl. Marek Halter/Eric Laurent, Unterhändler ohne Auftrag. Die geheime Vorgeschichte des Friedensabkommens zwischen Israel und der PLO. Frankfurt a. M. 1994, S. 34–50.

33 Vgl. zur Geschichte dieser bilateralen Verhandlungen Elias (Anm. 30), S. 15–52.

34 Vgl. The Oslo Agreement. An Interview with Nabil Shaath. In: JPS, XXIII (Autumn 1993) 1, S. 5–13.

35 The Oslo Agreement. An Interview with Haidar Abd Al-Shafi. In: ebenda, S. 18.

36 Ludwig Watzal, Das »Gaza-Jericho-Abkommen«. Ein Weg zum Frieden in Israel und Palästina? In: Schweizer Monatshefte, 74 (1994) 5, S. 11.

37 Ders., Frieden ohne Gerechtigkeit? Israel und die Menschenrechte der Palästinenser. Köln – Weimar – Wien 1994, S. 9.

38 Felicia Langer, Wo Haß keine Grenzen kennt. Göttingen 1995, S. 60 f.

39 Ebenda, S. 41.

40 Vgl. »Eine gewisse Furcht, die Meinung zu äußern«. Interview mit Eyad al-Sarraj. In: ai-Journal, (1997) 9, S. 16 f.

41 Vgl. Ludwig Watzal, Mit peitschenden Feuerhieben. Israels Rechte gewinnt an Boden. In: Lutherische Monatshefte, (1997) 9, S. 24.

42 Der lange Weg zum dauerhaften Frieden im Nahen Osten führt über Katastrophen. Interview mit Moshe Zimmermann. In: Das Parlament, 22. August 1997.

43 Vgl. U. N. Security Council, Report on the Secretary-General on the United Nations Interim Force in Lebanon (for the period from 22. January 1996 to 20. July 1996), S/1996/575, 20. July 1996; amnesty international, Unlawful Killings During Operation »Grapes of wrath«, London, July 1996; Human Rights Watch/Middle East, Israel/Lebanon, »Operation Grapes of Wrath«. The Civilian Victims, 9 (September 1997) 8.

Der Friedensprozeß in Israel und Palästina

1 Brief des PLO-Vorsitzenden Arafat an Ministerpräsident Rabin. In: Frieden. Die Vereinbarungen zwischen Israel und der PLO vom 13. September 1993, hrsg. von der Presse- und Informations-Abteilung der Botschaft des Staates Israel. O.O. (Bonn), o.J. (1993), S. 4. Alle folgenden Zitate sind dieser Dokumentation entnommen.

2 Vom Terroristen zum Friedensaktivisten. Interview mit Uri Avnery. In: die tageszeitung (taz), 1. September 1997.

3 Edward W. Said, The Politics of Dispossession. The Struggle for Palestinian Self-Determination 1969–1994, London 1995, S. xxxiv.

4 Graham Usher, Palestine in Crisis. The Struggle for Peace and Political Independence after Oslo. London – East Haven 1995, S. 15.

5 Avi Shlaim, The Oslo Accord, in: JPS, XXIII (Spring 1993) 3, S. 33.

6 Vgl. Burhan Dajani, The September 1993 Israeli-PLO Documents: A textual Analysis, in: JPS, XXII (Spring 1994) 3, S. 8.

7   Ebenda, S. 13.

8   Vgl. Ludwig Watzal, Das »Gaza-Jericho-Abkommen«. Ein Weg zum Frieden in Israel und Palästina? In: Schweizer Monatshefte, 74 (1994) 5, S. 11.

9   Yacov Ben Efrat, A Deal, Not Peace. In: Challenge, IV (1993) 5, S. 10.

10 A warning ignored. In: Challenge, V (1994) 2, S. 5.

11 Felicia Langer, Wo Haß keine Grenzen kennt. Eine Anklageschrift. Göttingen 1995, S. 41.

12 Ebenda, S. 155.

13 Vgl. Agreement on the Gaza Strip and the Jericho Area. o. O. (Bonn), o. J. (1994). Alle folgenden Verweise sind dieser Ausgabe entnommen.

14 Sharif S. Elmusa/Mahmud el-Jaafari, Power and Trade: The Israeli-Palestinian Economic Protocol. In: JPS, XXIV (Winter 1995) 2, S. 29.

15 Vgl. Sara Roy, The Gaza Strip. The Political Economy of De-development. Washington, D. C. 1995, S. 328.

16 Graham Usher, Palestine in Crisis. The Struggle for Peace and Political Independence after Oslo. London – East Haven 1995, S. 42.

17 Vgl. Alexander Flores, Oslo: Modell für den Frieden in Nahost? Israel und die Palästinenser. In: Der Islam und der Westen. Anstiftung zum Dialog. Hrsg. von Kai Hafez. Frankfurt a. M. 1997, S. 170.

18 Raja Shehadeh, Questions of Jurisdiction: A legal Analysis of the Gaza-Jericho-Agreement, in: JPS, XXIII (Summer 1994) 4, S. 20.

19 Ebenda, S. 23.

20 Ludwig Watzal, Menschenrechte und Friede im Nahen Osten. In: Vorgänge, 34 (1995) 3, S. 5 f.; vgl. dazu auch ders., Der israelisch-palästinensische Friedensprozeß. Palästinas Weg in die Bantustanisierung? In: Versöhnung im Verzug. Probleme des Friedensprozesses im Nahen Osten. Hrsg. von Sabine Hofmann/Ferhad Ibrahim. Bonn 1996, S. 139 ff.

21 Vgl. Agreement on Preparatory Transfer of Powers and Responsibilities vom 29. August 1994.
    Internetversion: ask@israel-info.gov.il.

22 Vgl. Friedensvertrag zwischen dem Staat Israel und dem Haschemitischen Königreich Jordanien, Ein Avrona, 26. Oktober 1994, hrsg. von der Botschaft des Staates Israel, Presse- und Informationsabteilung, o. O. (Bonn), o. J. (1994).

23 Vgl. William B. Quandt, The Urge for Democracy, in: Foreign Affairs, 73 (July/August 1994) 4, S. 2.

24 Felicia Langer, Laßt uns wie Menschen leben. Schein und Wirklichkeit in Palästina. Göttingen, 1996, S. 72.

25 Vgl. Israel Shahak, The Real Aims of Oslo. In: From the Hebrew Press, IX (1997) 5, S. 2.

26   Haim Baram, Peace and Security, in: Middle East International (MEI) vom 7. Juli 1995, S. 7.

27   Vgl. Amos Perlmutter, The Israel-PLO Accord Is Dead. In: Foreign Affairs, 74 (May/June 1995) 3, S. 59–68.

28   Vgl. Ministry of Foreign Affairs Jerusalem, Israeli-Palestinian Interim Agreement on the West Bank and the Gaza Strip, Washington, D. C., 28. September 1995. Alle nachfolgenden Verweise beziehen sich auf dieses Abkommen.

29   Vgl. Jan de Jong, Palestine after Oslo II. Preparing the Final Map. In: News from within, XII (1996) 1, S. 7.

30   Ha Moked, Newsletter, Nr. 7, Dezember 1995, S. 3.

31   Vgl. zu den Wahlergebnissen: Special Election Issue von Palestine report, 24. Januar 1996.

32   Vgl. Das palästinensische Nationalabkommen. Beschluß des 4. Kongresses des Palästinensischen Nationalrates vom 10. bis 17. Juli 1968 in Kairo, insbesondere die Artikel 3, 9–11, 20–23.

33   Vgl. Palestine report vom 8. März 1996, S. 6.

34   Vgl. Assaf Adiv/Michal Schwartz, Sharon's Star Wars: Israel's Seven Star Settlement Plan. Jerusalem 1992.

35   Ludwig Watzal, »Frieden« zwischen Israel und Palästina. In: Schweizer Monatshefte, 76 (1996) 9, S. 9 f.

36   Vgl. Benjamin Netanyahu, A Place among Nations. Israel and the World. New York 1993; ders., Der neue Terror. Wie die demokratischen Staaten den Terrorismus bekämpfen können. Gütersloh 1996 (engl. Fighting Terrorism, New York 1995).

37   Vgl. Protocol Concerning the Redeployment in Hebron vom 15. Januar 1997 mit den dazugehörigen Anlagen. Internetversion: ask@israel-info.gov.il.

38   Lamis Andoni, Redefining Oslo: Negotiating the Hebron Protocoll. In: JPS, XXVI (Spring 1997) 3, S. 27.

39   Vgl. Ludwig Watzal, Das Hebron-Protokoll und die Folgen. In: Schweizer Monatshefte, 77 (1997) 7–8, S. 7 f.

40   Haim Baram, A New Middle East. In: MEI, Nr. 558, 12. September 1997, S. 5.

41   Vgl. The Wye River Memorandum vom 23. Oktober 1998: http://www.israel-mfa.gov.il

42   Mahmoud Abbas (Abu Mazen), Through Secret Channels. Reading 1995, S. 218.

43   Avi Shlaim, The Iron Wall. Israel and the Arab World. New York – London 2000, S. 609.

44   Michael Warschawski, The Sharem Protocol. In: News from within, XV (1999) 9, S. 10.

45 Vgl. The Sharm al-Sheikh-Memorandum (Wye II) and Related Documents. In: Journal of Palestine Studies, XXIX (Winter 2000) 2,
   S. 143–156.
46 Tikva Honig-Parnass, »Barakyahu« and more! In: News from within,
   XV (1999) 10, S. 4 f.
47 Ludwig Watzal, Israel und die Reflexe einer Besatzungsmacht. In:
   Freitag, 13. 10. 2000, S. 2.
48 Jan de Jong, Palestine after Oslo: Borderlines Between Sovereignty
   and Dependency. In: Beyond Rhetoric: Perspektives on a Negotiated
   Settlement in Palestine. Part Two, hrsg. von The Center for Policy Analysis on Palestine. Washington, D. C. 1996, S. 8.
49 Vgl. zu Sharons Siedlungsplänen Assaf Adiv/Michal Schwartz, Sharon's Star Wars: Israel's Seven Star Settlement Plan. Jerusalem 1992.
50 Vgl. insbesondere zum Jerusalem-Komplex Jan de Jong, Reading Between the Lines of Palestinian Strategy on Jerusalem. »To Save What
   Can Be Saved«. In: News from within, XII (1996) 5, S. 9–14.

Die Menschenrechte der Palästinenser unter israelischer
Besatzung und palästinensischer Autonomie

1 Vgl. B'Tselem, Oslo: Before and After. The Status of Human Rights
   in the Occupied Territories. Jerusalem, Mai 1999, S. 4 f.
2 Interview with Bassem Eid. In: News from withim, XVI (1999) 4,
   S. 38.
3 Vgl. HaMoked, Newsletter, Nr. 7, Dezember 1995, S. 3.
4 Vgl. Ludwig Watzal, Frieden ohne Gerechtigkeit? Israel und die Menschenrechte der Palästinenser. Köln – Weimar – Wien 1994; ders., Die
   Menschenrechtspraxis im israelisch-palästinensischen Verhältnis. In:
   Orient, 34 (1993) 4, S. 625–635; ders., Die Menschenrechte in Israel/
   Palästina im Friedensprozeß. In: Humanitäres Völkerrecht, 8 (1995) 2,
   S. 94–101; ders., Menschenrechte und Friede im Nahen Osten. In: Vorgänge, 34 (1995) 3, S. 1–9.
5 Amnesty international, Israel and the Occupied Territories. State
   Assassinations und other unlawful Killings vom 21. Februar 2001,
   S. 1.
6 Vgl. B'Tselem, Israel's Assassination Policy: Extrajudical Executions,
   Jerusalem 2001.
7 Vgl. dies. und Palestinian Lawyers for Human Rights, Summary Exe-
   cution: Jabalya Refugee Camp, March 28, 1994, S. 6.
8 Vgl. dies., Lethal Training. The Killing of Muhammad al Hilu by Undercover Soldiers in Hizmeh Village. Jerusalem, March 1997.

9 Vgl. dazu Watzal 1994. In meiner Studie über systematische Menschenrechtsverletzungen durch Israel stellte das Sicherheitsargument
   die zentrale Begründung dar. Jede illegale Maßnahme wurde damit begründet.

10 Vgl. dazu Watzal 1994 (Anm. 2), S. 215 ff.; B'Tselem, Prisoners of
   Peace. Administrative Detention During the Oslo Process. Jerusalem,
   July 1997, S. 9–18.

11 B'Tselem, ebenda, S. 39, vgl. auch amnesty international, Israel/Oc-
   cupied Territories. Administrative detention: Despair, uncertainty and
   lack of due process. London, April 1997.

12 Vgl. dies., Torture during Interrogations: Testimony of Palestinian Detainees Testimony of Interrigators. Jerusalem, November 1994.

13 Zur Geschichte des Landau-Berichts und die Folterpraxis in Israel vgl.
   Watzal 1994 (Anm. 3), S. 84–115.

14 B'Tselem, Israel proposes to legalize torture. In: The B'Tselem Human Rights Report, 4 (Spring 1996) 1, S. 14. (GSS = General Security
   Service (Allgemeiner Sicherheitsdienst) = Shin Bet oder Shabak).

15 Vgl. Allegra Pacheco, Torture by the Israeli Security Services: the Case
   of Abdel Rahman Abdel Ahmar. Hrsg. von PCATI. Jerusalem, June
   1996; dazu auch April 17 Bulletin. Information and Support of Palestinian Political Prisoners, October 22, 1995 – March 15, 1996. Hrsg.
   von Alternative Information Center, Bulletin, 15. 3. 1996, S. 3 f.

16 Vgl. B'Tselem, Detention and Interrogation of Salem and Hanan Ali,
   Husband and Wife, Residents of Bani Na'im Village. Jerusalem, June
   1995.

17 Vgl. die drei Urteilsbegründungen B'Tselem, Legitimizing Torture:
   The Israeli High Court of Justice Rulings in the Bilbisi, Hamdan and
   Mubarak Cases. An Annotated Sourcebook. Jerusalem, January 1997.

18 PCATI, Torture by Israel's security services vom 11. Mai 1999. Vgl. zur
   Praxis des Shin Bet auch die zahlreichen Presseerklärungen der Organisation vom April und Mai 1999.

19 Vgl. B'Tselem, Legislation Allowing the Use of Physical Force and
   Mental Coercion in Interrogations by the General Security Service. Jerusalem, January 2000, S. 77.

20 Vgl. The State of Israel Ministry of Justice, Proposed Law of the General Security Service, 1996, Version 10 vom 18. January 1996. Dazu
   auch die Einwände von PCATI, Comments and Objections by the
   PCATI to the Final Report of the Committee on Legislation Against
   Torture (of the Ministry of Justice and the Office of the Attorney General, issued July 7, 1995, Jerusalem) vom 23. Oktober 1995.

21 LAW, Israeli Attorney General: Torture investigation »not in the public
   interest« vom 15. January 2001.

22 Vgl. LAW, Israeli interrogators torture Palestinian detainees of Asqalon prison vom 22. January 2001; PCATI, Order of Meeting Prohibition by Israel's Security Services. Incommunicado Detention, Presseerklärung vom 15. January 2001.

23 Vgl. Neve Gordon/Ruchama Marton, Torture. Human Rights, Medical Ethics and the Case of Israel. London 1995; zum Konferenzverlauf vgl. Ludwig Watzal, Die Bürokratisierung der Folter. In: taz, 17. Juni 1993; ders., The international struggle against torture and the case of Israel. In: Orient, 34 (1993), 2, S. 190–194; ders., Zur Lage der Menschenrechte. Die »Folterkonferenz« in Tel Aviv. In: Die Neue Gesellschaft/Frankfurter Hefte, 40 (1993) 10, S. 919–925.

24 Amnesty international, Under Constant Medical Supervision: Torture, Ill-Treatment and Health Professionals in Israel and the Occupied Territories. London, August 1996. – Zur Situation der Ärzte vgl. auch: The Public Committee Against Torture in Israel/IMUT-Mental Health Workers for the Advancement of Peace, Dilemmas of Professional Ethics as a Result of the Involvement of Doctors and Psychologists in Interrogations and Torture. A symposium. Jerusalem, April 1993.

25 Vgl. zu den Angaben über Häuserzerstörungen: amnesty international, Israel and the Occupied Territories. Demolition and dispossession the destruction of Palestinian homes vom 8. Dezember 1999; B'Tselem, Demolishing Peace. Israel's Policy of Mass Demolition of Palestinian Houses in the West Bank. Jerusalem, September 1997, S. 18; vgl. auch das Kapitel »Häuserzerstörung« in: B'Tselem, Without Limits: Human Rights violations under Closure. Jerusalem, April 1996, S. 5–11; LAW – The Palestinian Society for the Protection of Human Rights and the Environment, Annual Report of LAW. Human Rights Violations in Palestine, 1996. Jerusalem 1996, S. 29–35; Watzal (Anm. 2), S. 148–162.

26 Vgl. LAW, House Demolition and the Control of Jerusalem. Case Study of al Issawiya Village. Jerusalem, June 1995.

27 HaMoked/B'Tselem, The Quiet Deportation. Revocation of Residency of East Jerusalem Palestinians. Jerusalem, April 1997.

28 Ein Hauch von Apartheid. Interview mit Khader Shkirat, in: Die Zeichen der Zeit/Lutherische Monatshefte, (2000) 8, S. 30–32.

29 HaMoked/B'Tselem (Anm. 27), S. 33; vgl. auch dies., Families Torn Apart. Separation of Palestinian Families in The Occupied Territories. Jerusalem, July 1999, sowie die verschiedenen Berichte der israelischen und palästinensischen Menschenrechtsorganisationen im Internet.

30 Vgl. LAW, By-Pass Road Construction in the West Bank. The End of the Dream of Palestinian Sovereignity. Jerusalem, February 1996.

31 Vgl. B'Tselem, Expulsion of Palestinian Residents from the South Mt. Hebron Area, October-November 1999. Jerusalem, February 2000.

32 Vgl. B'Tselem, Civilians under Siege. Restrictions on Freedom of Movement as Collective Punishment. Jerusalem, January 2001.

33 B'Tselem, Thirst for a Solution. The Water Crisis in the Occupied Territories and its Resolution in the Final-Status Agreement. Jerusalem, July 2000.

34 Vgl. zu den massiven Beschränkungen für die Palästinenser: B'Tselem, Civilians under Siege. Restrictions on Freedom of Movement as Collective Punishment. Jerusalem, January 2001.

35 Vgl. Wiltrud Rösch-Metzler, Ohne Wasser, Ohne Land, Ohne Recht. An der Seite der Palästinenser die israelische Anwältin Lynda Brayer. Ostfildern 1997, S. 140–155.

36 Vgl. LAW, Palestinian Bedouins: Past, Present and Future, written by Amer Arouri. Jerusalem 2000.

37 Zu den umfassenden Menschenrechtsverletzungen der libanesischen Bevölkerung vgl. B'Tselem, Israeli Violations of Human Rights of Lebanese Civilians. Jerusalem, Januar 2000.

38 Darauf hat der Verfasser in der »taz« vom 24. September 1994 bereits frühzeitig hingewiesen, als sich alle Welt noch im »Friedensrausch« befand. Zu den Exekutionen vom Januar 2001 vgl. die Presseerklärungen aller palästinensischen und israelischen Menschenrechtsorganisationen im Internet. Sie wurden einhellig verurteilt.

39 Vgl. amnesty international, Israel/Occupied Territories and the Palestinian Authority. Five years after the Oslo Agreement: human rights sacrificed for »security« vom September 1998.

40 Vgl. amnesty international, Palestinian Authority. Prolonged political detention, torture and unfair trails. London, December 1996; dies., Palestinian Authority. Silecing dissent, London, September 2000.

41 Vgl. The Palestinian Human Rights Monitor, The State of Human Rights in Palestine in 1997. Jerusalem 1998.

42 The Jerusalem Times, Nr. 5, Dezember 1997, S. 4.

43 Vgl. LAW, The PSS: Torture and Criminal Liability. Jerusalem, April 2000, S. 4.

44 B'Tselem, Neither Law nor Justice. Extra-Judicial Punishment, Abduction, Unlawful Arrest, and Torture of Palestinian Residents of the West Bank by the Palestinian Preventive Security Service. Jerusalem, August 1995; vgl. auch LAW's Report on Security Services Violations against Citizens. Jerusalem 1997.

45 Vgl. amnesty international, Trial at Midnight. Secret, summary, unfair trials in Gaza. London, June 1995.

46 Vgl. zur kontroversen Problematik der Behandlung der Kollaborateure in der palästinensischen Gesellschaft: PHRMG, Human Rights and Legal Position of Palestinian »Collaborators«. Jerusalem 2001. Schon vor

dem Friedensprozeß wurden Kollaborateure durch palästinensische Gruppen liquidiert, vgl. dazu B'Tselem, Collaborators in the Occupied Territories. Human Rights Abuses and Violations. Jerusalem, January 1994; dazu auch Watzal 1994 (Anm 2), S. 310–317.

47 Vgl. Ludwig Watzal, Eyad al-Sarraj. In: Orient, 37 (1996) 4, S. 573 bis 577; ders., Ein korruptes und diktatorisches Regime. Es gibt unter Arafats Herrschaft schwere Verletzungen der Menschenrechte. In: FAZ vom 14. November 1996.

48 Vgl. The Palestinian Independent Commission for Citizen's Rights, Second Annual Report, 1. July 1995 to 31. December 1996, o. O., o. J. (1997).

49 Vgl. Human Rights Watch/Middle East, Palestinian Self-Rule Areas. Human Rights under the Palestinian Authority, 9 (1997) 10. Eine differenzierte Darstellung aus palästinensischer Sicht bietet Samih Muhsen, Freedom of Press and Opinion under the Palestinian Authority, LAW-Publication. Jerusalem, June 1996. LAW, Annual Report 1999. Human Rights Violatios in Palestine. Jerusalem 1999, S. 133–233. Zur theoretischen Grundlage von Verhaftungen und einzelnen Beispielen vgl. LAW, Detentions in PNA controlled Areas, written by Ma'en Id'eis. Jerusalem, April 2000.

50 Vgl. zur Bedeutung von Al-Jazeera für eine kritische Berichterstattung in der arabischen Welt: Ludwig Watzal, Ein Emir und die Tabus. In: Das Parlament vom 27. Oktober 2000.

51 Vgl. amnesty international, Palestinian Authority. Silencing dissent vom 5. September 2000.

52 Vgl. Marcia Pally, Wo ist das Wasser geblieben? Warum es mit der Unabhängigkeit für die Palästinenser so schwierig ist. In: Berliner Zeitung, 5. Mai 2001.

Israel zwischen »jüdischer« Demokratie und fundamentalistischem Gottesstaat

1 Vgl. Michael Prior, Zionism and the State of Israel. A moral Inquiry. London – New York 1999.

2 Israel Shahak, Jewish History, Jewish Religion. The Weight of Three Thousend Years. London – Boulder 1994, S. 12 (deutsch: Jüdische Geschichte, Jüdische Religion. Der Einfluß von 3000 Jahren. Süderbrarup 1998).

3 Moshe Zuckermann, Die eigentliche Bewährungsprobe steht noch aus. In: Vereinte Nationen, 45 (1997) 6, S. 201.

4 Arafat ist ein Diktator. Interview mit Israel Shahak. In: International, (1997) 3–4, S. 17.

5 Vgl. Ehud Sprinzak, Brother against Brother. Violence and Extremism in Israeli Politics from Altalena to the Rabin Assassination. New York 1999, S. 161 ff.

6 Felicia Langer, Wo Haß keine Grenzen kennt. Eine Anklageschrift. Göttingen 1995, S. 87.

7 Vgl. Peretz Kidron, Right-wing hysteria. In: MEI, 7. Juli 1995, S. 6.

8 Aron Ronald Bodenheimer, Rabins Tod. Ein Essay. Zürich 1996, S. 35.

9 Vgl. Amnon Kapeliuk, Rabin. Ein politischer Mord. Nationalismus und Rechte Gewalt in Israel, Heidelberg 1997; Michael Karpin/Ina Friedman, Der Tod des Yitzhak Rabin. Anatomie einer Verschwörung, Reinbek 1998.

10 Vgl. Shahak (Anm. 2) sowie ders./Norton Mezvinsky, Jewish Fundamentalism in Israel. London 1999.

11 Ludwig Watzal, Thirty years since the six day war: economical and social perspectives, 8–9 June 1997 in Beer Sheva. In: Orient, 38 (1997) 3, S. 450; vgl. Haim Gordon, A Lost Opportunity. A Buberian Outlook on the Occupation, in: ders. (Hrsg.), Looking back at the June 1967 War. Westport – London 1999, S. 61–72.

12 Roger Friedland/Richard Hecht, Zuviel Liebe zum Land. In: Lettre international, Frühjahr 1996, S. 20.

13 Vgl. Amos Elon, Israels Demons. In: The New York Review of Books vom 21. Dezember 1995.

14 Ludwig Watzal, Die Rechte in Israel und ihr extremistisches Umfeld. In: Vorgänge, 35 (1996) 4, S. 16; vgl. auch ders., Mit peitschenden Feuerhieben. Israels Rechte gewinnt an Boden. In: Lutherische Monatshefte, (1996) 9, S. 22–25; diese These wird auch von Ehud Spinzak (Anm. 5) geteilt.

15 Vgl. Lea Rabin, Ich gehe weiter auf seinem Weg. Erinnerungen an Yitzhak Rabin. München 1997. Wesentlich differenzierter die Mitarbeiter des »Jerusalem Report«: Yitzhak Rabin. Feldherr und Friedensstifter. Die Biographie. Berlin 1996.

16 Vgl. Israel Shahak, The Renewed Debate about Rabin's Assassination. In: From the Hebrew Press, IX (1997) 12, S. 18.

17 Ilan Pappe, Die Israelische Haltung im Friedensprozess. In: Aus Politik und Zeitgeschichte, B49/2000, S. 4.

18 Shahak (Anm. 2), S. 103. Äußerst aufschlußreich über die Ursachen dieses Rassismus ist die Studie von Israel Shahak/Norton Mezvinsky, Jewish Fundamentalism in Israel. London 1999.

19 June Leavitt, Hebron, Westjordanland: Im Labyrinth des Terrors. Tagebuch einer jüdischen Siedlerin. Hildesheim 1996, S. 206

20 Moshe Zimmermann, Wende in Israel. Zwischen Nation und Religion. Berlin 1996, S. 110.

21 Arafat ist ein Diktator (Anm. 4), S. 18 f.

22 Israel Shahak, The Basic Reasons for Secular-Religious Struggle in Israel. In: From the Hebrew Press, IX (1997) 9, S. 24; vgl. dazu auch die Literatur in Anm. 9.

23 Vgl. »Mit Schuldgefühlen ist nichts getan«. Ludwig Watzal im Gespräch mit Moshe Zuckermann. In: Universitas, 52 (1997) 616, S. 964 f.

24 Vgl. Devora Hacohen, The Plan of a Million: David Ben-Gurion's Plan for Mass Immigration in the Years 1942–1945, zit in: News from within, XV (1999) 8, S. 34.

25 Believers in Blue Jeans: an Interview with Rabbi Aryeh Deri: In: Graham Usher, Dispatches from Palestine. The Rise and Fall of the Oslo Peace Process. London 1999, S. 153 f.

26 Abba Eban, zit, in: Felix Gregor Neugart, Die alte Herrlichkeit wiederherstellen. Der Aufstieg der Shas-Partei in Israel, Schwalbach im Taunus 2000.

27 Vgl. Sami Smouha, Mizrahim's Parting of Ways. In: News from within, X (1994) 1, S. 20.

28 Sami Shalom Chetrit, 30 Years to the Black Panthers: »Either the cake will be shared by all or there will be no cake.« In: Between the Lines, 1 (2001) 4, S. 16.

29 Vgl. Tom Segev, Die siebte Million. Der Holocaust und Israels Politik der Erinnerung. Hamburg 1995.

30 Vgl. dazu Sami Shalom Chetrit, Shas. In: News from within, XVI (2000) 5, S. 26–31.

31 From Diaspora to State – Chapters in the History of the People of Israel and the State of Israel, 1881–1951. Hrsg. vom Ministry of Education, Curriculum. Jerusalem 1992.

32 Vgl. Zimmermann (Anm. 20), S. 13; ders., Die Geschichte des Zionismus steht nach 100 Jahren an ihrem Ende. In: Frankfurter Rundschau, 6. September 1996.

33 Vgl. Benny Morris, The Birth of the Palestinian Refugee Problem, 1947–1949. Cambridge 1987. Als ein Vorläufer der »Neuen Historiker« kann Simcha Flapan, The Birth of Israel: Myths and Realities. New York 1987, angesehen werden.

34 Vgl. Ilan Pappe, Post Zionist Critique on Israel and the Palestinians. Part I: The Academic Debate. In: JPS, XXVI (Winter 1997) 2, S. 33; ders., Israel at a Cross road between Civic Democracy and Jewish Zealotocracy. In: IPS, XXIX (Spring 2000) 3, S. 33–44.

35 Shahak (Anm. 4), S. 16.

36 Vgl. Pappe, 1997, (Anm. 34), S. 31.

37 Ebenda, S. 33.

38 Yoav Gelber, Die Geschichtsschreibung des Zionismus: Von Apologe-
    tik zu Verleugnung. In: Barbara Schäfer (Hrsg). Historikerstreit in Is-
    rael. Die »neuen« Historiker zwischen Wissenschaft und Öffentlich-
    keit. Frankfurt/M. 2000, S. 41.

39 Vgl. ebenda, S. 41–43.

40 Vgl. Walter Laqueur, Akuter Kulturkampf in Israel. In: Neue Zürcher
    Zeitung, 20./21. Juni 1998. Vgl. dazu auch die Kritik von Ludwig
    Watzal, Kontroverse um Israels »neue Historiker«. In: Neue Zürcher
    Zeitung, 8./9. August 1998.

41 Vgl. zur Diskriminierung aller Nichtjuden durch die israelische Ge-
    setzgebung Israel Shahak, Israeli Diskrimination Against Non-Jews.
    In: From the Hebrew Press, IX (1997) 11, S. 14 f.

42 Julia Brauch, Ein Staat aller seiner Bürger? Die Postzionismus-Debatte
    in Israel. In: Internationale Politik und Gesellschaft, (1997) 1, S. 43.

43 Vgl. dazu Ilan Pappe, Post-Zionist Critique on Israel and the Palestini-
    ans. Part II: The Media. In: JPS, XXVI (Spring 1997) 3, S. 41.

44 Uri Ram, Post-Nationalist Pasts: The Case of Israel. In: Social Science
    History, 22 (Summer 1989) 4, S. 513–545.

45 Pappe 2000 (Anm. 34), S. 35.

46 Vgl. Shahak (Anm. 2 und 10).

Personenregister

Literarische Spaziergänge mit Büchern und Autoren

Das Kundenmagazin der Aufbau Verlagsgruppe
Kostenlos in Ihrer Buchhandlung

Aufbau-Verlag

R&L
Rütten & Loening

AtV
Aufbau Taschenbuch
Verlag

Gustav
Kiepenheuer

D>A<V
Der >Audio< Verlag

Oder direkt: Aufbau-Verlag, Postfach 193, 10105 Berlin
e-Mail: marketing@aufbau-verlag.de
www.aufbau-verlag.de

Victor Klemperer

Ich will Zeugnis ablegen
bis zum letzten
Tagebücher 1933–1945

*Herausgegeben von Walter
Nowojski unter Mitarbeit
von Hadwig Klemperer*

*8 Bände in Kassette
1800 Seiten
Band 5514
ISBN 3-7466-5514-5*

Victor Klemperers Tagebücher haben sich als unverzichtbare und
unvergleichliche Zeitdokumente von außergewöhnlicher Faszi-
nation erwiesen. »Beobachten, notieren, studieren« – das war die
ständige Forderung, die er an sich selbst stellte. Seine minutiösen
Notizen über den Alltag der Judenverfolgung mitten in einer
deutschen Großstadt lösten die selbstgesetzte Chronistenpflicht
des zwangsemeritierten jüdischen Professors ein, den die Liebe
seiner nichtjüdischen Ehefrau Eva vor der Deportation bewahrte.
Tag für Tag, trotz ständiger Todesgefahr, Zwangsarbeit und ent-
würdigender Existenz im »Judenhaus«, hielt Victor Klemperer
fest, was er erlebte, hörte, sah, was ihm zugetragen wurde: den
täglichen Terror mit Razzien, ständig neuen Verboten und Schikanen, gelegentlich auch Gesten der Solidarität von Unbekannten, Gerüchte, politische Witze oder Berichte von Frontsoldaten.
Er wollte der »Kulturgeschichtsschreiber der Katastrophe« sein,
er wurde darüber hinaus auch der Chronist von bewegenden
Schicksalen und Familientragödien, über die die Zeit hinwegging.

A^tV
Aufbau Taschenbuch Verlag

Arno Lustiger

Schalom Libertad!

Juden im spanischen
Bürgerkrieg

442 Seiten
Band 8059
ISBN 3-7466-8059-X

Arno Lustiger recherchierte über Jahre in der ganzen Welt, um
den heroischen Beitrag der Juden im Kampf für die Freiheit Spa-
niens und Europas in unser Bewußtsein zu rücken. Die span-
nendsten Abschnitte sind die zahllosen Biographien.

Die Zeit

Spanien war der erste Ort, wo man Hitler mit der Waffe bekämpfen konnte. Überproportional viele Juden ergriffen im
Spanischen Bürgerkrieg Partei für die Republik. Arno Lustiger
thematisiert dieses Phänomen und erinnert damit an einen wichtigen Abschnitt in der Geschichte des jüdischen Widerstandes.

Der Tagesspiegel

A^{t}V
Aufbau Taschenbuch Verlag

Thomas T. Blatt

Nur die Schatten bleiben

*Der Aufstand im
Vernichtungslager Sobibór*

*Aus dem Amerikanischen
von Monika Schulz*

*335 Seiten
Mit 62 Abbildungen
Band 8068
ISBN 3-7466-8068-9*

Der Aufstand in Sobibór ist ein Schlüsselereignis im Widerstand
gegen den Terror- und Vernichtungsapparat der Nationalsozialisten. Plan und Ablauf, bei dem die SS-Lagerleitung mehrheitlich getötet wurde und mehr als 300 Insassen fliehen konnten,
sind beispiellos. Dennoch blieben die Einzelheiten des Aufstandes sowie die Geschichte des Lagers bis heute weitgehend unbekannt.

Thomas Blatt war an der Revolte beteiligt und gehört zu den
wenigen Überlebenden des Holocaust. Er schildert seine un-
begreiflichen Erlebnisse in einer nüchternen Sprache, die weder
die Opfer heroisiert noch die Täter dämonisiert. Seine Geschichte
ist ein erschütterndes Dokument, das zeigt, wie der Kampf um
die nackte Existenz sein Leben bis zum heutigen Tage prägt.

A*t*V
Aufbau Taschenbuch Verlag

Ernest Heppner

Fluchtort Shanghai
Erinnerungen 1938-1948

*Aus dem Amerikanischen
von Roberto de Hollanda*

*274 Seiten
Band 1724
ISBN 3-7466-1724-3*

Als Ernest Heppner und seine Mutter sich 1939 zur Flucht aus Deutschland entschlossen, war die Wahl des Exilortes nicht der Abenteuerlust geschuldet: Shanghai verlangte als einziger Ort der Welt kein Einreisevisum. Doch die Heimatlosigkeit wog für die Shanghai-Flüchtlinge, die zum größten Teil in bitterster Armut im Ghetto Hongkew leben mußten, besonders schwer.

Heppners Bericht gehört zu den leisen, unspektakulären Versuchen, dieses Kapitel der Exilgeschichte aufzuarbeiten, und weist durch seine chronistische Genauigkeit weit über die persönliche Geschichte hinaus: ein einzigartiges und spannendes Zeugnis des Überlebens unter widrigsten Umständen in einer völlig fremden Welt.

»Fluchtort Shanghai ist eine ›sine ira et studio‹ verfaßte und daher um so lesenswertere Chronik des bislang wenig beachteten und daher wenig bekannten jüdischen Exilorts an der chinesischen Pazifikküste.«

Süddeutsche Zeitung

A*t*V
Aufbau Taschenbuch Verlag

Ingo Hasselbach
Winfried Bonengel

Die Abrechnung

Ein Neonazi steigt aus

Aktualisierte Ausgabe
192 Seiten
Band 7036
ISBN 3-7466-7036-5

Ingo Hasselbach, jahrelang ein führender Neonazi, gibt einen authentischen Bericht über den Rechtsextremismus in Deutschland. Er beschreibt seinen eigenen verhängnisvollen Weg vom Punk zum Neonazi. Hasselbach nennt Namen, zeigt Strukturen, charakterisiert »Führer« und Anhänger. Er schildert seine Motive für den radikalen Ausstieg aus einer Szene, die wie eine Droge wirkt im Kampf um Anerkennung und Gemeinschaftsgefühl. Auch heute, Jahre nach seinem Ausstieg, muß Hasselbach im verborgenen leben. Präzise verfolgt er die neuesten Entwicklungen und analysiert Fehler, die vor allem von Politikern im Umgang mit der rechten Szene begangen werden.

»Ingo Hasselbach hat sich an seinen eigenen Haaren aus dem rechten Sumpf gezogen.«

Die Zeit

»Mit seiner Abrechnung will er die eigene Vergangenheit abschütteln und stellt dabei das rechtsextreme Milieu bloß.«

Focus

A*t*V
Aufbau Taschenbuch Verlag

Ilse Schmidt
Die Mitläuferin

Erinnerungen einer
Wehrmachtsangehörigen

Mit einem Vorwort
von Annette Kuhn und einem
Nachwort von Gaby Zipfel

Mit 45 Abbildungen
192 Seiten
Band 8086
ISBN 3-7466-8086-7

Ilse Schmidt wird in der Dokumentation »Hitler und die
Frauen« porträtiert, die mehrfach in der ARD und den Dritten
Programmen lief. Die junge Frau war als Stabshelferin der
Wehrmacht zunächst in Paris, später in Belgrad und im ukraini-
schen Rowno. Das tägliche Töten droht ihr den Verstand zu rauben. Doch sie schweigt und funktioniert. Erst Jahrzehnte später stellt sich Ilse Schmidt ihren Erlebnissen im Krieg und
beginnt diesen ungeschminkten Bericht. »Eine Stimme aus dem
Heer der Schweigenden.« *Der Tagesspiegel*

A*t*V
Aufbau Taschenbuch Verlag

Dieter Kronzucker
Mein Europa

356 Seiten
Band 7028
ISBN 3-7466-7028-4

Dieter Kronzucker hat sich auf die alten Tugenden eines kritischen und engagierten Reporters besonnen. Er bietet eine informative Reise durch den alten Kontinent, der seit dem Fall der Mauer in einem historischen Umbruch ist. Neben vielen persönlichen Erlebnissen, die im lockeren Plauderton geschildert werden, geht es um politische Bildung im besten Sinne.

Süddeutsche Zeitung

Kronzucker, brillanter Analytiker und charmanter Polit-Plauderer, referiert höchst aufschlußreich über geschichtliche Zusammenhänge, kultur-politische Aspekte und realpolitische Perspektiven.

Augsburger Allgemeine

A^{t}V
Aufbau Taschenbuch Verlag